己丑年暮春於京 丁宏高	少数民族学习古汉语	少數民族學習古漢語	少數民族學習古漢語	少數民族學習古漢語	少數民族學習古漢語	少數民族學習古漢語

大篆
小篆
隶书
草书
行书
楷书
简体

中央民族大学"985工程"
中国少数民族语言文化教育边疆史地研究创新基地文库

中国少数民族汉语教学系列丛书

主编◎戴庆厦

民族院校古汉语读本
MINZU YUANXIAO GUHANYU DUBEN

（修订本）

曹翠云◎编著

中央民族大学出版社
China Minzu University Press

图书在版编目（CIP）数据

民族院校古汉语读本/曹翠云编著. —北京：中央民族大学出版社，2010.8

ISBN 978-7-81108-773-4

Ⅰ.民… Ⅱ.曹… Ⅲ.汉语—古代—少数民族教育—自学参考资料 Ⅳ.H109.2

中国版本图书馆CIP数据核字（2009）第182104号

民族院校古汉语读本（修订本）

编　　著　曹翠云
责任编辑　戴苏芽
封面设计　布拉格工作室·李佳
出 版 者　中央民族大学出版社
　　　　　北京市海淀区中关村南大街27号　邮编：100081
　　　　　电话：68472815（发行部）　传真：68932751（发行部）
　　　　　　　　68932218（总编室）　　　68932447（办公室）
发 行 者　全国各地新华书店
印 刷 者　北京华正印刷有限公司
开　　本　787×960（毫米）　1/16　印张：30
字　　数　402千字
版　　次　2010年8月第1版　2010年8月第1次印刷
书　　号　ISBN 978-7-81108-773-4
定　　价　55.00元

版权所有　翻印必究

编写说明

一、本书编排次序是散文、韵文和古汉语常识。散文和韵文又都基本按时代先后编排。

二、本书的散文和诗词大抵选自北京大学中文系郭锡良等和中国人民大学中文系古汉语教研室编的《古代汉语》课本。选择的标准：除语言文学的代表作以外，还注意选择思想内容较好的篇章。

三、凡第一次出现的作者或专著之前，有作者或专著的简要介绍，在每篇散文和韵文之前，也有关于文章内容的简要说明。

四、在文字方面，为了便于广大读者参阅使用，我们一律采用简化汉字；注音也是用汉语拼音方案。

五、在注释方面，我们选用了中国人民大学的《古代汉语》，有些地方也参考了北京大学的《古代汉语》，注释力求详尽，便于自学。

六、译文语句力求通俗易懂，韵文部分基本押韵，但为了让诗词的译句通顺好懂，有少部分诗词译文没有完全押韵。

七、为了方便读者，我们在很多译文之后，根据需要附上了一些地图或年表等资料。这些资料和课文是密切配合的，对学习和较深入地掌握该篇古文很有助益。

八、第三部分简介古汉语常识，目的是适应全国广大古文读者的需要。

九、通假字用"通×"表示；古今字用"即×"表示；异体字用"同×"表示。原文中的讹误、脱衍，在注释中均有说明。

序

  自从王力先生主编的《古代汉语》（四册，中华书局）出版后，各地在学习和使用这部教材的基础上，根据自己的实践经验和实际情况，又陆陆续续地出版了多种《古代汉语》教材以及一些辅助的参考材料（如"习题集"之类）。这些教材和参考资料各有其重点和特色，水平也不一致。曹翠云先生的这部《民族院校古汉语读本》是其原来的《大学古文诗词选译附图》的修订本，则是主要为适应民族院校教学与学生自学需要而编写的又一部新的古代汉语读本。经过 20 多年的教学实践和一些少数民族学生古文爱好者的自修学习之后，根据大家的要求，增添了《汉书》中有关反映古代兄弟民族人民在历史上的生活情景的篇章。如：《张骞传》、《西域传》、《匈奴传》、《朝鲜传》、《两粤传》、《西南夷传》、《南蛮传》和《吐蕃传》等，都能客观如实地反映我国各民族人民在古代的生活和往来的部分情况。

  本书 1990 年初版时我曾读了书稿的"选目"和部分文选的译文以及所附"中国历史年表"和"春秋郑国形势图"等等。十多年后的这次增订本，我又读了校样的约三分之一，着重古汉语常识和部分文选注解，我感到本书有以下三个突出的特点：

  第一，选文精当。本书以散文为重点，而所选散文又主要是先秦的典范作品。这是很有见地的。先秦作品是古代汉语的源头，是文言文的基础。正如王力先生所说："学习先秦典范作品的语言，可以收到溯源及流，举一反三的效果。"（见《古代汉语·绪论》）

  第二，注释详细，译文比较自然。而且在教学中能联系少数民族语言里的汉语借词和《诗经》、《楚辞》中的特殊语句与苗语中的"动名状"及"形名状"格式进行比较教学，不仅可以激发同学们和其他古文爱好者的学习兴趣，而且还可将以往被解释得众说纷纭、莫衷一是的许多特殊语句进行新的、通顺的解释，使学习古文收到新的效果。

　　第三，所附资料丰富多样。全书有历史年表8张、古书目录10余张、其他各种古代文化常识10多篇。这些都是学习古汉语应该掌握的资料。并且大都以图表形式出现，一目了然。实践证明，很受学生欢迎。这可以说是本书很突出的一大特色。

　　曹翠云先生是位研究苗语的专家，在汉语音韵学和汉语史方面都有一定的修养。20世纪50年代初以来，她一直在中央民族学院和更名后的中央民族大学，共计30多年从事古代汉语等课的教学和研究工作。这本书就是她长期教学和研究的总结，相信对读者特别是对广大兄弟民族地区的古汉语教师和学员会有很多的启发。

　　曹翠云先生勤奋刻苦，虚心好学，不耻下问的精神，曾给我留下很深的印象，令我钦佩！30年前，她已年逾五旬，为了攻读汉语史等课，常常一大早从中央民院赶到北京大学来旁听一些课程，寒暑不辍，使我非常感动。这篇短序算是我对曹先生表示的一点敬意。

唐作藩
2010年3月10日

前　言

　　记得20世纪80年代初，我校部分语言专业尚未开设古汉语课，然而同学们深感有学习这门课的必要，不仅古汉语的被动句和判断句与现代汉语差别较大，而且支配关系与修饰关系的语序与现代汉语也不尽相同，尤其是词义变化很大：有的词义扩大了，有的缩小了，有的变得相反了，还有的词义消亡了。这不仅少数民族同学学习困难，汉族同学学习也不容易。就在同学们的纷纷要求下，古汉语课的开设很快得到了领导的同意和支持。

　　起初，我们采用了北京大学王力先生的《古代汉语》（四卷本），后来又采用了该校郭锡良、唐作藩、何九盈、蒋绍愚和田瑞娟先生的《古代汉语》和中国人民大学的《古代汉语》课本，讲课中还参考了黄岳洲《文言难句释例》和郭锡良、曹先擢《古代汉语讲义》等。这些课本和讲义都解释得很详细，对我们讲课起了很大的指导作用。经过多年的教学实践，发现少数民族同学虽然学习很用功，但由于基础较差，不大熟悉古代常识、古代地理、历史和其他有关情况，学习起来有的一知半解、有的理解有误、有的囫囵吞枣、更难全课融会贯通，只有极少数同学学习较好。后来，我们试着翻译一些难句或重点段，果然同学们很感兴趣。这就启发我们有必要新编译本，以利教学。于是我们从上述《古代汉语》中精选出一批富有教育意义的名篇和注释，进行整篇翻译，并附有古代地图、历史年表、古书目录以及其他古代常识等等，原名《大学古文诗词选译附图》。唐作藩教授在百忙中热情为它作《序》，指出该书有三大特色：选文精当；注释详细、译文比较自然；附图资料丰富多样。陈贻焮先生、张克武教授也都在百忙中帮助题签书名、增添了光彩。编译中得到了郭锡良教授和杨耐思教授的支持和鼓励。最后又得到了广西民族出版社卢云同志的支持，很快顺利付梓。我们用它教学，果然收到了事半功倍的效果，不仅老师讲课省力，而且同学们学习更感十分方便；不仅消灭了以往不及格的现象，而且有的高达90多分。可惜出版仓促、校对不够，书中错漏太多；有的老师建议增加反映古代少数民族的篇章。因此，在修订本中不仅改正了以往的全部错误，而且增添了《张骞传》、《西域传》、《匈奴传》、《朝鲜传》、《两粤传》、《西南夷传》、《南蛮传》和《吐蕃传》以及《五帝》、《孙膑》和《西门豹治邺》等篇章，而且在《诗经》、《楚辞》中存在的很多以往被译解得众说纷纭、莫衷一是的特殊语句，我们通过与苗语进行对比研究，仿照苗语的特殊语序，进行了新的通顺的译解。如：《诗经·豳风·七月》中的"采蘩祁祁"一句，金启华先生译作"许多人们采蒿忙"；顾振权先生译作"采的白蒿成堆"等等，我们按苗语格式新译作"慢慢地采摘白蒿"。又如《楚辞·离骚》中的"望瑶台之偃蹇兮"一句，顾振权先生译作"玉砌楼台高耸立啊"；姜亮夫先生译作"望着那瑶台的美丽高远"等等，我们仿照苗语格式新译作"望着高耸的玉台啊"……这都既有语言根据，而且又通顺好懂。

总之，这本新修订的《民族院校古汉语读本》，不仅吸取了北京大学和中国人民大学《古代汉语》的精华，而且又增添了反映古代少数民族活动的篇章，尤其是根据少数民族语言新译一些古汉语特殊语句的科研成果，特别是课文中的许多名言警句，使青年学到古代优良的传统文化，从而使学生增添热爱祖国、关心人民、尊敬老人、爱护幼小、善待朋友、刻苦攻读、虚心学习、克服困难、不辱使命以达到建功立业等目标的好思想好作风，对构建和谐社会、建设祖国、振兴中华是有助益的。我校和兄弟院校的文科各系的老师都可以用作教材、全国各民族的青年同学都可以用作学习参考书、广大古文爱好者更可以用作自学读本。虽然古汉语是一门不容易学好的课，但是古人云："业精于勤"、"天道酬勤"。的确勤是腾飞的翅膀，勤是上升的云梯，只要勤奋学习，世界上没有学不好的课。

古代汉语是个浩瀚无边的大海，我仅喝了大海的一滴水，今天大胆译注这本《民族院校古汉语读本》，是在专家面前班门弄斧，缺点错误在所难免，敬请各位专家、读者批评指教。谢谢！

作 者
2010年3月10日

目录

散 文

《论语》 ··· (1)
 《论语》十二则 ·· (2)
  附《论语》篇目 ·· (8)
 子路、曾晳、冉有、公西华侍坐 ································· (9)
  附九流三教简介 ··· (13)
 季氏将伐颛臾 ·· (14)
 阳货欲见孔子 ·· (18)
 长沮桀溺耦而耕 ··· (19)
 子路从而后 ··· (21)
《老子》 ·· (22)
 天下皆知美之为美 ·· (23)
  附《老子》篇目 ··· (25)
 小国寡民 ··· (26)
 其政闷闷 ··· (27)
《孟子》 ·· (28)
 齐桓晋文之事 ·· (29)
  附春秋五霸 ··· (39)
 夫子当路于齐 ·· (39)
  附齐国历代国君表 ·· (44)
 许行（节选） ·· (45)
 舜发于畎亩之中 ··· (56)
  附《孟子》篇目 ··· (58)
《庄子》 ·· (59)
 逍遥游 ·· (60)

附五虫简介 …………………………………………… (67)
　秋水（节选）…………………………………………… (67)
　　附《庄子》篇目 ……………………………………… (73)
《荀子》 …………………………………………………… (74)
　劝学（节选）…………………………………………… (75)
　天论（节选）…………………………………………… (83)
　　附"孰与"的几种用法 ……………………………… (91)
《韩非子》 ………………………………………………… (92)
　五蠹 ……………………………………………………… (93)
　　附《韩非子》篇目 …………………………………… (101)
《左传》 …………………………………………………… (102)
　郑伯克段于鄢 ………………………………………… (102)
　　附鲁国国君年代表、含春秋十二鲁君 ……………… (110)
　齐桓公伐楚 …………………………………………… (110)
　　附《左传》篇目 ……………………………………… (114)
　宫之奇谏假道 ………………………………………… (114)
　　附昭穆排列表 ………………………………………… (119)
　齐晋鞌之战 …………………………………………… (120)
　　附古代两种战车、战车的两种坐法 ………………… (127)
　晏婴论季世 …………………………………………… (127)
　　附新旧四量对照表 …………………………………… (132)
《国语》 …………………………………………………… (132)
　敬姜论劳逸 …………………………………………… (133)
　王孙圉论楚宝 ………………………………………… (138)
《战国策》 ………………………………………………… (141)
　苏秦以连横说秦王 …………………………………… (142)
　　附《战国策》篇目 …………………………………… (153)
　范雎说秦王 …………………………………………… (153)
　庄辛说楚襄王 ………………………………………… (160)
　触龙说赵太后 ………………………………………… (166)
　　附赵氏立国表 ………………………………………… (172)

谏逐客书（李斯）⋯⋯⋯⋯⋯⋯⋯⋯⋯⋯⋯⋯⋯⋯（172）
　　　　附秦君年表、诸侯并吞表⋯⋯⋯⋯⋯⋯⋯⋯（180）
　　报任安书（司马迁）⋯⋯⋯⋯⋯⋯⋯⋯⋯⋯⋯⋯（181）
　　　　附八卦图⋯⋯⋯⋯⋯⋯⋯⋯⋯⋯⋯⋯⋯⋯⋯（206）
《史记》⋯⋯⋯⋯⋯⋯⋯⋯⋯⋯⋯⋯⋯⋯⋯⋯⋯⋯⋯（206）
　　五帝⋯⋯⋯⋯⋯⋯⋯⋯⋯⋯⋯⋯⋯⋯⋯⋯⋯⋯⋯（207）
　　　　附三皇、五帝简表⋯⋯⋯⋯⋯⋯⋯⋯⋯⋯⋯（214）
　　孙膑⋯⋯⋯⋯⋯⋯⋯⋯⋯⋯⋯⋯⋯⋯⋯⋯⋯⋯⋯（214）
　　西门豹治邺⋯⋯⋯⋯⋯⋯⋯⋯⋯⋯⋯⋯⋯⋯⋯⋯（220）
《汉书》⋯⋯⋯⋯⋯⋯⋯⋯⋯⋯⋯⋯⋯⋯⋯⋯⋯⋯⋯（225）
　　张骞传（节选）⋯⋯⋯⋯⋯⋯⋯⋯⋯⋯⋯⋯⋯⋯（226）
　　西域传（节选）⋯⋯⋯⋯⋯⋯⋯⋯⋯⋯⋯⋯⋯⋯（238）
　　匈奴传（节选）⋯⋯⋯⋯⋯⋯⋯⋯⋯⋯⋯⋯⋯⋯（247）
　　朝鲜传（节选）⋯⋯⋯⋯⋯⋯⋯⋯⋯⋯⋯⋯⋯⋯（257）
　　两粤传（节选）⋯⋯⋯⋯⋯⋯⋯⋯⋯⋯⋯⋯⋯⋯（262）
　　西南夷传（节选）⋯⋯⋯⋯⋯⋯⋯⋯⋯⋯⋯⋯⋯（269）
《后汉书》⋯⋯⋯⋯⋯⋯⋯⋯⋯⋯⋯⋯⋯⋯⋯⋯⋯⋯（275）
　　南蛮传（节选）⋯⋯⋯⋯⋯⋯⋯⋯⋯⋯⋯⋯⋯⋯（275）
《新唐书》⋯⋯⋯⋯⋯⋯⋯⋯⋯⋯⋯⋯⋯⋯⋯⋯⋯⋯（280）
　　吐蕃传（节选）⋯⋯⋯⋯⋯⋯⋯⋯⋯⋯⋯⋯⋯⋯（280）
　　答李翊书（韩愈）⋯⋯⋯⋯⋯⋯⋯⋯⋯⋯⋯⋯⋯（289）
　　　　附骈体文简例⋯⋯⋯⋯⋯⋯⋯⋯⋯⋯⋯⋯⋯（295）
　　蝜蝂传（柳宗元）⋯⋯⋯⋯⋯⋯⋯⋯⋯⋯⋯⋯⋯（296）
　　滕王阁序（王勃）⋯⋯⋯⋯⋯⋯⋯⋯⋯⋯⋯⋯⋯（298）
　　　　附滕王阁重建图⋯⋯⋯⋯⋯⋯⋯⋯⋯⋯⋯⋯（311）

　　　　　　　　　　韵　文

《诗经》⋯⋯⋯⋯⋯⋯⋯⋯⋯⋯⋯⋯⋯⋯⋯⋯⋯⋯⋯（313）
　　关雎《诗经·国风·周南》⋯⋯⋯⋯⋯⋯⋯⋯⋯（314）
　　　　附本篇韵脚的上古音⋯⋯⋯⋯⋯⋯⋯⋯⋯⋯（316）
　　静女《诗经·国风·邶风》⋯⋯⋯⋯⋯⋯⋯⋯⋯（316）

氓《诗经·国风·卫风》 (318)
将仲子《诗经·国风·郑风》 (321)
　附《诗经》篇目 (322)
黄鸟《诗经·国风·秦风》 (324)
七月《诗经·国风·豳风》 (326)
无羊《诗经·小雅》 (332)
公刘《诗经·大雅》 (334)
噫嘻《诗经·周颂》 (339)

《楚辞》 (340)
离骚（节选）屈原 (341)
　附《楚辞》篇目 (352)
　哀郢　（屈原） (352)
　国殇　（屈原） (358)
　吊屈原赋　（贾谊） (360)
　敌戒　（柳宗元） (364)

唐宋古体诗 (366)
岁晏行　（杜甫） (366)
杜陵叟　（白居易） (368)
荔支叹　（苏轼） (370)

唐宋近体诗 (373)
五言绝句 (373)
　夜宿山寺　（李白） (373)
　江雪　（柳宗元） (373)
　八阵图　（杜甫） (374)
　杂诗　（王维） (375)
七言绝句 (376)
　从军行　（王昌龄） (376)
　赤壁　（杜牧） (377)
　泊秦淮　（杜牧） (378)
　黄鹤楼送孟浩然之广陵　（李白） (378)
五言律诗 (379)

送杜少府之任蜀州 （王勃）⋯⋯⋯⋯⋯⋯⋯⋯⋯⋯（379）
渡荆门送别 （李白）⋯⋯⋯⋯⋯⋯⋯⋯⋯⋯⋯⋯（380）
送梓州李使君 （王维）⋯⋯⋯⋯⋯⋯⋯⋯⋯⋯⋯（381）
别房太尉墓 （杜甫）⋯⋯⋯⋯⋯⋯⋯⋯⋯⋯⋯⋯（382）
七言律诗⋯⋯⋯⋯⋯⋯⋯⋯⋯⋯⋯⋯⋯⋯⋯⋯⋯⋯（383）
登柳州城楼寄漳汀封连四州 （柳宗元）⋯⋯⋯⋯（383）
西塞山怀古 （刘禹锡）⋯⋯⋯⋯⋯⋯⋯⋯⋯⋯⋯（384）
安定城楼 （李商隐）⋯⋯⋯⋯⋯⋯⋯⋯⋯⋯⋯⋯（385）
登楼 （杜甫）⋯⋯⋯⋯⋯⋯⋯⋯⋯⋯⋯⋯⋯⋯⋯（387）

宋　　词

渔歌子（西塞山前白鹭飞） （张志和）⋯⋯⋯⋯⋯（388）
浣溪沙（一曲新词酒一杯） （晏殊）⋯⋯⋯⋯⋯⋯（388）
望海潮（东南形胜） （柳永）⋯⋯⋯⋯⋯⋯⋯⋯⋯（389）
水调歌头（中秋） （苏轼）⋯⋯⋯⋯⋯⋯⋯⋯⋯⋯（391）
渔家傲（天接云涛连晓雾） （李清照）⋯⋯⋯⋯⋯（393）
诉衷情（当年万里觅封侯） （陆游）⋯⋯⋯⋯⋯⋯（394）
摸鱼儿（更能消几番风雨） （辛弃疾）⋯⋯⋯⋯⋯（396）
破阵子（醉里挑灯看剑） （辛弃疾）⋯⋯⋯⋯⋯⋯（398）
浪淘沙（帘外雨潺潺） （李煜）⋯⋯⋯⋯⋯⋯⋯⋯（399）
水调歌头（不见南师久） （陈亮）⋯⋯⋯⋯⋯⋯⋯（400）

古汉语常识

语音简介⋯⋯⋯⋯⋯⋯⋯⋯⋯⋯⋯⋯⋯⋯⋯⋯⋯⋯（403）
第一章　古汉语声母简介⋯⋯⋯⋯⋯⋯⋯⋯⋯⋯⋯（403）
上古、中古到三十六字母的简况⋯⋯⋯⋯⋯⋯⋯（403）
第二章　古汉语韵部简介⋯⋯⋯⋯⋯⋯⋯⋯⋯⋯⋯（409）
上古二十九部到中古二百零六韵⋯⋯⋯⋯⋯⋯⋯（410）
第三章　古汉语声调简介⋯⋯⋯⋯⋯⋯⋯⋯⋯⋯⋯（414）
由平、上、去、入到阴、阳、上、去⋯⋯⋯⋯⋯（415）
附唐诗平仄简介⋯⋯⋯⋯⋯⋯⋯⋯⋯⋯⋯⋯⋯⋯（416）

古汉语特殊语法简介 (418)
第一章　词类活用 (419)
　　第一节　名词的活用 (419)
　　第二节　动词的活用 (421)
　　第三节　形容词的活用 (423)
第二章　特殊语序 (425)
　　第一节　部分谓语在主语之前 (426)
　　第二节　部分宾语在动词之前 (426)
　　第三节　部分宾语在介词之前 (428)
　　第四节　部分定语在中心语之后 (430)
　　第五节　部分状语在中心语之后 (431)
第三章　特殊句式 (433)
　　第一节　判断句 (433)
　　第二节　被动句 (435)
第四章　部分词组的古今演变 (436)
　　所以 (437)
　　以为 (437)
　　非常 (437)
　　虽然 (437)
　　然后 (438)
　　可以 (438)
　　以及 (438)
　　足以 (439)
　　于是 (439)
　　然则 (439)

古汉语字、词简介 (440)
第一章　文字 (440)
　　第一节　六书 (440)
　　第二节　古今字、异体字、通假字 (444)
第二章　词汇简介 (447)
　　第一节　词义演变 (447)

第二节　词义分析简例……………………………………（451）
　　第三节　同义词和同源词（各一组）…………………（455）
附一、天干、地支、六甲和农历一年中的二十四个节气……（456）
附二、关于几个地图的说明………………………………（457）
附三、中国历史朝代简表…………………………………（458）

后记……………………………………………………（459）

散　文

《论　语》

　　《论语》一书主要是记载孔子的言论，由他的弟子和再传弟子编辑而成。孔子（公元前551—前479年），名丘，字仲尼，春秋时鲁国陬邑（今山东曲阜）人。他出生于没落的奴隶主贵族家庭，幼年丧父，生活比较清苦。年轻的时候曾做过吹鼓手，曾当过司空（掌建筑）、司寇（掌司法）。又曾周游列国，以推行他的政治主张。孔子的主要活动是从事教育和整理古代文献。他是儒家学派的创始者，是我国古代的大教育家和思想家。

　　孔子生活的春秋末期，正是奴隶制开始崩溃、封建制正在形成的时代。当时周天子失去了对诸侯的控制，西周以来的一套政治制度被冲垮，出现了礼崩乐坏的局面。孔子的政治立场是保守的，他极力维护旧的制度，对当时具有进步意义的社会变革表示反对。孔子思想的核心是"仁"。

　　孔子在教育上有很大的贡献。他打破了学在官府，开创了私人讲学授徒，扩大了教育的范围。他自己学而不厌，对人诲而不倦。相传他的弟子有三千之众。通过长期的教学实践，他总结了不少经验，有的至今仍有借鉴价值。孔子还搜集和整理了不少的文献资料，相传诗、书、礼、乐、春秋都经过他的整理，对古代文化的发展作出了不小的贡献。

　　《论语》共二十篇，主要记载孔子及其弟子关于治学、从政、修德等方面的论述，是研究孔子学说的基本资料，是儒家学说的经典著作。《论语》为语录体，语言通俗简炼，含蓄隽永，有很多富有哲理性的语句后来成为格言或成语，对后代文学语言的影响很大。

《论语》成书约在战国初期。汉初曾流传古论语、齐论语和鲁论语三种本子。今本《论语》是汉朝人在上述本子的基础上整理而成的。《论语》的注本很多，通行的有《论语注疏》（魏何晏集解，宋邢昺疏），宋朱熹的《论语集注》，清刘宝楠的《论语正义》和今人杨伯峻的《论语释注》。

《论语》十二则

[说明]　下面选录的十二则语录，是孔子关于治学、教育、伦理道德及政治主张等方面的论述，有的至今仍有借鉴意义。

一

子曰①："学而时习之②，不亦说乎③？有朋自远方来④，不亦乐乎？人不知而不愠⑤，不亦君子乎⑥？"（《学而》）

①子：指孔子。古时对男子的尊称。在《论语》中，"子曰"的"子"皆专指孔子。
②学习并按时地复习。学：学习。时：按时。习：复习，练习。之：指代学习的内容。
③不亦说（yuè）乎：不是很高兴吗？说：即"悦"，高兴。"不亦……乎"是古代汉语中常用的反问句式，意思是"不是…吗？"
④朋：同学。上古称同门（师）为朋，同志为友。
⑤人不知：别人不了解自己。知：了解。愠（yùn）：怒，生气。
⑥君子：道德高尚的人。

译文

孔子说："学习而且按时复习所学的知识，不是很高兴吗？有同学从远方来，不是很快乐吗？别人不了解自己，然而自己不生气，不也算得是道德高尚的人吗？"

二

子曰："君子食无求饱①，居无求安②，敏于事而慎于言③，就有道而正焉④，可谓好学也已⑤。"（《学而》）

①无：不。求：寻取，追求。
②居：居住。安：安逸，舒适。
③在办事上敏捷，在说话上谨慎。于：介词，相当于现代汉语的"在"。敏：解决问题快。慎：谨慎，严谨。言：说话。
④接近有道德修养的人并能借以端正自己。就：动词，走向、接近。有道：指有道德修养的人。正：动词，正定是非。
⑤谓：叫做，称为。好（hào）：喜欢。已：同"矣"，句尾语气词，相当于现代汉语的"了"。

译文

孔子说："道德高尚的人吃东西不追求饱足，住房子不追求安逸，但是做事情敏捷，说话谨慎，接近有道德修养的人，而且凭借人家的道德修养来端正自己，这可以说是爱好学习的人了。"

三

子曰："吾十有五而志于学①，三十而立②，四十而不惑③，五十而知天命④，六十而耳顺⑤，七十而从心所欲，不逾矩⑥。"（《为政》）

①我十五岁时立志学习。十有（yòu）五：十五岁。有：同"又"，古汉语中整数和零数之间加一"有"字，以表示整数和零数的关系。
②三十而立：三十岁时已能立身处世。
③不惑：遇事能知他的成因，不迷惑。
④孔子是唯心主义者，相信天命，所以说五十岁时懂得天命。天命：上天的旨意或命令。

⑤耳顺：耳闻心通，即所听到的都能尽知其理。
⑥到七十岁时，就随心所欲也不会做出越规的事。从心所欲：即随心所欲。逾（yú）：超越。矩：规矩，法度。

译文

孔子说："我十五岁就立志学习；三十岁能立身处世；四十岁遇事就知其所以，不疑惑；五十岁时知道天的旨意和命令；六十岁时所听到的都能尽知其理；七十岁时就能随心所欲，不会超越规矩。"

四

子曰："学而不思则罔①，思而不学则殆②。"（《为政》）
①只一味地读书而不思考，就没有心得。罔（wǎng）：迷罔无所得。
②只一味地思考而不去读书，就必然疑惑。殆（dài）：疑惑。

译文

孔子说："只是学习然而不加思考，就会没有心得；（或者）只是思考然而不去学习，那也就必然疑惑不解。"

五

子曰"由①！诲女知之乎②？知之为知之③，不知为不知，是知也④。"（《为政》）
①由：仲由，字子路，又字季路，孔子的弟子。
②教导你的知道吗？诲（huì）：教导。女（rǔ）：你，后来写作"汝"。
③知道就是知道。之：代词，泛指"知"的对象。为：相当于"就是"，动词。
④是知也：这就是聪明。"知"同"智"。是：这，指示代词。

译文

孔子说:"仲由,我教你的,你知道了吗?知道了所教的就算是知道,不知道所教的就算是不知道,这就是聪明啊。"

六

子曰:"默而识之①,学而不厌②,诲人不倦,何有于我哉③?"(《述而》)

① 默默地把所见所闻记在心里。识(zhì):记住。之:指代所见所闻之事。
② 厌:满足。
③ 我做到这些,有什么难呢?"何有"是当时的勿惯用语,在《论语》中一般是"不难之辞"。

译文

孔子说:"默默地把自己的所见所闻记在心里,学习不感到满足,教诲别人不感到疲倦,我做到这些,有什么难呢?"

七

子曰:"吾尝终日不食①终夜不寝②,以思③,无益④,不如学也。"(《卫灵公》)

① 尝:曾经。终日:整天。
② 寝:睡觉。
③ 以思:去想,去思考。以:连词,用来。
④ 益:好处。

译文

孔子说:"我曾经整天不吃东西,整晚不睡觉,用来思考,没有得到益处,不如学习哩。"

八

卫公孙朝问于子贡曰①："仲尼焉学②？"子贡曰："文武之道，未坠于地，在人③。贤者识其大者④，不贤者识其小者。莫不有文武之道焉⑤。夫子焉不学⑥，亦何常师之有⑦？"（《子张》）

①公孙朝（cháo）：姓公孙，名朝，卫国大夫。于：介词，向。
②孔子的学问是从哪里学来的？焉：哪里，疑问代词在句中做状语。
③周文王、周武王时的学说没有失传，还流传在人间。文武之道：指周文王、武王时的学说。
④贤者：有道德的人。者：代词，表示……的人。识（zhì）：记住。其：指示代词，指代文武之道。
⑤莫：否定性无定代词，没有什么地方。
⑥孔子哪里不学习？夫子：指孔子。在《论语》中，孔子的弟子一般尊称孔子为夫子。
⑦要有什么固定的老师呢？亦：助词，句首虚词，不译。"何……之有"：之：代词，复指提前的宾语。这是古汉语中常用来表示反问的格式。

译文
卫国的公孙朝问子贡说："孔子的学问是从哪里学来的？"子贡说："周文王、周武王的学说没有消失，还在人间流传。贤能的人记住了它的大部分，不贤能的人记住了它的小部分。普天之下，没有什么地方没有文武之道，孔夫子哪里不能学习，还需要有什么固定的老师呢？"

九

曾子曰①："吾日三省吾身②：为人谋而不忠乎③？与朋友交而不信乎④？传不习乎⑤？"（《学而》）

①曾子：名参（shēn），字子舆。孔子的弟子。

②三：表示多次，不是确数。省（xǐng）：反省，自我检查。吾身：自身。
③为人谋：替别人办事。为（wèi）：给，替。谋：计谋，策划。忠：竭心尽力。
④信：诚实。
⑤传（chuán）：传授，指老师传授的知识。习：温习，复习。

译文
曾参说："我一天多次地反省自己：替别人办事，有不尽心尽力的吗？跟同学和同志交往有不诚实的地方吗？老师传授给我的知识有没有复习的吗？"

十

子曰："见贤思齐焉①，见不贤而内自省也②。"（《里仁》）
①看见品德高尚的人就想着向他看齐。齐：用作动词，看齐。
②看见品德不好的人应该内心检查自己有没有和他一样的缺点。内：内心。自省（xǐng）：自我检查。

译文
孔子说："看见品德高尚的人就想着向他看齐，见到品德不好的人，就应该内心检查自己有没有和他相同的缺点啊。"

十一

子曰："三人行①，必有我师焉②。择其善者而从之③，其不善者而改之④。"（《述而》）
①三人：几个人。"三"在这里不是确指。行：行走。
②一定有我的老师在其中。焉：于此，在其中。"焉"是兼词。
③择：选择，挑选。其善者：他们的优点。从：依从，取法，引申为学

习的意思。

④这句的意思是：他们身上不好的地方，借以对照自己，如果自己有就加以改正。

译文

孔子说："几个人走路，其中一定有我的老师。我要选择他们的优点来学习，他们身上不好的地方，我也要借以对照自己来改正自己的缺点。"

十二

子夏为莒父宰①，问政。子曰："无欲速②，无见小利。欲速则不达③，见小利则大事不成。"（《子路》）

①为：做。莒父（jǔfǔ）：鲁邑名。宰：一邑之长。
②无欲速：办事不要企图很快成功。无：通"毋"，不要。
③不达：达不到目的。达：到达。

译文

子夏作莒父地方的邑长，向孔子请教政事。孔子说："做事不要图快，不要光看到细小的利益。图快往往达不到目的；光看到细小的利益往往办不成大事。"

附《论语》篇目

第一篇　学而	第七篇　述而
第二篇　为政	第八篇　泰伯
第三篇　八佾	第九篇　子罕
第四篇　里仁	第十篇　乡党
第五篇　公冶长	第十一篇　先进
第六篇　雍也	第十二篇　颜渊

第十三篇　子路	第十七篇　阳货
第十四篇　宪问	第十八篇　微子
第十五篇　卫灵公	第十九篇　子张
第十六篇　季氏	第二十篇　尧曰

子路、曾晳、冉有、公西华侍坐

[说明]　本文选自《论语·先进》，题目是后加的。这篇文章记述了孔子与四位学生的一次谈话。这是孔子了解和教育学生的一种方式。文章既表现了弟子们各自的志向和不同的性格，也表现了孔子对一些问题的看法和态度。

子路、曾晳、冉有、公西华侍坐①。子曰："以吾一日长乎尔②，毋吾以也③。居则曰④：'不吾知也⑤'如或知尔⑥，则何以哉⑦？"

子路率尔而对曰⑧："千乘之国⑨，摄乎大国之间⑩，加之以师旅⑪，因之以饥馑⑫。由也为之⑬，比及三年⑭，可使有勇⑮，且知方也⑯。"

夫子哂之⑰。

"求，尔何如？"⑱

对曰："方六七十，如五六十⑲，求也为之，比及三年，可使足民⑳。如其礼乐，以俟君子㉑。"

"赤，尔何如？"

对曰："非曰能之㉒，愿学焉㉓。宗庙之事㉔，如会同，端章甫㉖，愿为小相焉㉗。"

"点，尔何如？"

鼓瑟希㉘，铿尔，舍瑟而作㉙，对曰："异乎三子者之撰㉚。"

子曰："何伤乎㉛？亦各言其志也㉜！"

曰："莫春者，春服既成㉝，冠者五六人㉞，童子六七人㉟，浴乎沂㊱，风乎舞雩㊲，咏而归㊳。"

夫子喟然叹曰㊴："我与点也㊵。"

三子者出，曾晰后㊶。曾晰曰："夫三子者之言何如㊷?"

子曰："亦各言其志也已矣㊸!"

曰："夫子何哂由也?"

曰："为国以礼㊹，其言不让，是故哂之㊻"。"唯求则非邦也与㊼"? "安见方六七十如五六十而非邦也者"?㊽ "唯赤则非邦也与㊾"?"宗庙会同，非诸侯而何㊿? 赤也为之小，孰能为之大(51)?"

①曾晰（xī）：名点，曾参的父亲。冉有：名求，字子有。公西华：名赤，字子华，公西是复姓。皆孔子弟子。侍坐：陪伴长者坐着。

②因为我比你们年纪大一些。以：因为。一日：一两天。长（zhǎng）：年长。乎：介词，表示比较。尔：你们。

③不要因为我（而不敢讲话了）。毋：不要，否定副词。以：因为。"吾"是"以"的宾语，因在否定句中，宾语前置。

④居：闲居。指平时。

⑤不吾知：不了解我。否定句之宾语前置。

⑥如：如果。或：无定代词，有人。

⑦何以：用什么方法（治理国家）呢。

⑧率尔：不加思索、轻率的样子。

⑨千乘（shèng）之国：一千辆兵车的国家，指中等国家。乘：一车四马。

⑩摄：迫近。意思是夹在几个大国的中间。

⑪加之以师旅：以师旅加之，意思是把军队加到它的身上。师旅：古代军队编制单位，五百人为一旅。二千五百人为一师。这里指大国来犯的军队。之：指代千乘之国。

⑫因：继，接着。饥馑：荒年。《尔雅・释天》："谷不熟曰饥，菜不熟曰馑。"

⑬为之：治理它。

⑭比及：等到到了。

⑮使有勇：使之有勇。即使国家的人民有勇气。

⑯方：方向，这里指道义的方向。

⑰哂（shěn）：微笑。

⑱何如：怎么样。

⑲方六七十：纵横六七十里。如：连词，或者。与下文"如会同"的"如"同。

⑳足民：使民富足。足：使动用法。
㉑如：至于。其：那些。俟（sì）：等待。
㉒不敢说能做那样的事。之：指代下面所说的一些事。
㉓愿意学习这方面的事。焉：于是（此），指在这方面。
㉔宗庙之事：诸侯祭祀祖先的事。宗庙：祖庙。
㉕会同：诸侯之间会盟和诸侯共同朝见天子一类的事。
㉖端：古代用整幅布做的礼服，又叫玄端。章甫：一种礼帽。端章甫：都用作动词，即穿着礼服，戴着礼帽。
㉗相（xiàng）：在祭祀或会盟时，主持赞礼和司仪的人。主持赞礼的分大相和小相，公西华愿做小相，是谦词。
㉘鼓瑟：弹瑟。瑟：古代一种弦乐器。希：即"稀"。鼓瑟的声音稀疏，说明已近尾声。
㉙铿（kēng）尔：象声词，描写推开瑟时的声音。舍：这里是放下、推开的意思。作：起立。
㉚撰（Zhuàn）：议论、说法。
㉛何伤：伤害什么，意思是"有什么关系呢"。
㉜亦：副词。有"不过"的意思。
㉝莫（mù）春：指三月。莫：即"暮"。春服：春天穿的衣服，即夹衣。既成：已经做好，这里有穿到身上的意思。
㉞冠（guàn）者：成年人。古时男子到了二十岁要行冠礼，表示已成年。
㉟童子：指未冠的少年。即十九岁以下的青少年。
㊱沂（yí）：沂水。
㊲风：吹风，乘凉，用作动词。舞雩（yú）：古时求雨时的坛，在曲阜县城东南。雩：求雨的祭祀，祭祀时要筑土为坛。
㊳一面唱歌，一面往回走。咏：唱歌。
㊴喟（kuì）然：长叹的样子。
㊵与（yǔ）：同意，赞成。
㊶后：动词，后出来。
㊷夫：指示代词，那。
㊸也已矣：语气词连用，含有强调的语气。因与"亦"字相呼应，可译为"罢了"。
㊹礼：儒家所提倡的礼仪制度。
㊺其言：指子路说的话。让：谦让。
㊻是故：因此。

㊼难道冉求说的就不是治理国家吗？唯：句首语气词。求：冉求。邦：国家。与：在这里表反问语气。

㊽安：怎么。疑问代词，在这里作状语。这也是反问句。

㊾难道公西赤说的就不是治理国家吗？赤：即公西华。

㊿有宗庙会同一类的事，不是诸侯国的事那又是什么呢？诸侯：指国家。意思是公西华说的也是国家的事。

(51)为之小：给诸侯做小相。双宾语结构。为：动词。之：代词，指代诸侯。小：小相。“为之大”结构同前。孰：谁。大：指大相。

译文

子路、曾晰、冉有和公西华陪同（孔子）坐着

孔子说：“因为我比你们大一点，不要因为我大，你们就不说话了。你们平常总是说：‘人家不了解我呀！’如果有人了解你们，那么你们将怎么做呢？”子路不加思索地回答说：“有一千辆兵车的国家，夹在大国的中间，外面有大国的侵犯，国内又遭灾荒，我去治理它，等到一些年之后，我能使那儿的人有勇气，而且懂得亲近他们的国君等义理。”孔夫子讥笑了一下。孔子又问：“求，你怎么做呀？”冉有回答说：“每边长六七十里，或五六十里的地方，我去治理它，等到一些年之后，我能使那儿的人民富足。至于像他们的礼乐，那就有待于君子。”孔子又问：“赤，你怎么样？”公西华回答说：“不是说我能行，但我愿意学学那些：像宗庙里的祭祀工作，或诸侯朝见天子的时候，我穿着礼服、戴着礼帽，我愿意在那儿当一个赞礼的小相。”孔子又问说：“点，你怎么样？”曾晰正在弹瑟，弹瑟减速，哗地一声，曾晰放下瑟站起来回答说：“我不同意这三位学兄的说法。”孔子说：“那有什么关系呢？各人谈谈自己的志趣嘛！”曾晰说：“暮春三月的时候，夹衣也做成了，我和五六个二十岁以上的成年人，六七个十九岁以下的小青年一道，到沂水去游游泳，到舞雩坛上吹吹风，然后唱着歌回来。”孔夫子感叹地说：“我赞同点的想法呀！”

这三位学兄出去了，曾晰在后面。曾晰说：“这三位学兄的话怎么样？”孔子说：“各人谈谈自己的志向罢了。”曾晰说：“那您为什么笑

子路呢?"孔子说:"治理国家要用礼,他说话不谦让,因此笑他。"曾晰说:"难道冉求说的不是治理国家吗?"孔子说:"哪里看见纵横六七十里或五六十里还不是国家的呢?"曾晰说:"难道公西赤说的不是治理国家吗?"孔子说:"有宗庙、会同的事情,这不是诸侯国又是什么呢?赤只能作诸侯国的小相,谁又能担任诸侯国的大相呢?"

附九流三教简介

一、九流:我国古代的九种思想流派。

(一)儒家:先秦时期的一个思想流派,以孔子为代表,主张礼治,强调传统的伦常关系等。宣传仁礼孝悌忠恕,相信天命,轻视实践。

(二)道家:先秦时期的一个思想派别,以老子、庄子为主要代表。道家认为"道"是天地万物的根源和创造者,主张清静无为,顺其自然,反对斗争。

(三)阴阳家:古代思想家以阴阳(世间一切现象的正反面)来解释自然界两种对立和互相消长的物质势力。战国末期以邹衍为代表的阴阳家,则把"阴阳"变成了和"天人感应"说相结合的神秘概念。邹衍等人崇尚阴阳、四时、五行、六甲、占卜等。

(四)法家:先秦时期的一个思想流派,以申不害、商鞅、韩非为代表,主张法治,反对礼治,代表了当时新兴地主阶级的利益。

(五)名家:先秦时期以辩论名实问题为中心的一个思想派别,以惠施、公孙龙为代表。名家的特点是用比较严格的推理形式来辩论问题,但有时流于诡辩。它对我国古代逻辑学的发展有一定贡献。

(六)墨家:先秦时期的一个政治思想派别,以墨翟为创始人。主张人与人平等相爱(兼爱),反对侵略战争(非攻)。墨家同时也是有组织的团体,在战争中扶助弱小抵抗强暴。但是相信有鬼(明鬼),相信天的意志(天志)。墨家后期发展了墨翟思想的积极部分,对朴素唯物主义、古代逻辑学的发展都有一定贡献。

（七）纵横家：指先秦的游说之士。他们在政治、外交上运用手段进行离间或联合。如战国时期，苏秦、张仪师鬼谷子，苏秦主张合纵，即联合六国以攻强秦；张仪主张连横，即离间六国的联盟，个个击破六国。

（八）杂家：杂家出自议官。汉班固说杂家是兼有儒家、墨家、名家和法家的思想，即集众家之说而为一家。

（九）农家：先秦时期反映农业生产和农民思想的学术派别。战国时期这一学派主张劝农耕桑，以足衣食。

二、三教：我国古代的三种宗教。

（一）儒教：本指儒家，从南北朝起称儒教，以儒家思想为教义，跟佛教、道教并称。

（二）佛教：世界上主要宗教之一，相传为公元前六至五世纪，古印度的迦毗罗卫国（今尼泊尔境内）王子释迦牟尼所创，广泛流传于亚洲的许多国家，西汉末年传入我国。佛教信神，设有寺院佛堂、供奉佛像。佛教徒认为佛用法力，谓佛的法力如太阳普照大地，即所谓"佛法无边"，教育信徒自觉行善，不做恶事。

（三）道教：我国的宗教之一，由东汉张道陵创立，到南北朝时盛行起来。创立时，入道者须出五斗米，故又叫"五斗米道"。道教徒尊称张道陵为天师，因而又叫"天师道"。道教奉老子为教祖，尊称他为"太上老君"。

说明：以上资料引自《现代汉语词典》《辞源》《辞海》等书。

季氏将伐颛臾

[说明]　本文选自《论语·季氏》，题目是后加的。文章通过季氏将伐颛臾一事，表明了孔子的政治观点及政治思想。季氏要吞并颛臾，孔子维护先王之制，反对这样做。他主张用修文德的方法使别处的人主动到鲁国来。文中又提出了他的政治理想：均无贫，和无寡，安无倾。孔子的这些主张和理想，在当时的历史条件下，实际是一种空想。

季氏将伐颛臾①。冉有、季路见于孔子曰②："季氏将有事于颛臾③。"孔子曰："求，无乃尔是过与④？夫颛臾，昔者先王以为东蒙主⑤，且在邦域之中矣⑥。是社稷之臣也⑦，何以伐为⑧？"冉有曰："夫子欲之，吾二臣者，皆不欲也⑨。"孔子曰："求，周任有言曰⑩：'陈力就列，不能者止⑪。'危而不持⑫，颠而不扶⑬，则将焉用彼相矣⑭？且尔言过矣⑮。虎兕出于柙⑯，龟玉毁于椟中⑰，是谁之过与？⑱"

　　冉有曰："今夫颛臾，固而近于费⑲，今不取，后世必为子孙忧⑳。"孔子曰："求！君子疾夫舍曰欲之而必为之辞㉑。丘也闻有国有家者㉒，不患寡而患不均，不患贫而患不安㉓。盖均无贫㉔，和无寡㉕，安无倾㉖。夫如是㉗，故远人不服，则修文德以来之㉘。既来之，则安之㉙。今由与求也，相夫子㉚，远人不服而不能来也㉛，邦分崩离析而不能守也㉜，而谋动干戈于邦内㉝，吾恐季孙之忧不在颛臾，而在萧墙之内也㉞。"

①季氏：指季康子。伐：进攻，讨伐。颛臾（zhuān yú）：国名。鲁国的附庸国，在今山东费县附近。
②冉有、季路：孔子的弟子，当时在季康子那里作家臣。见（xiàn）：谒见。
③有事：有军事行动。事：指军事。古人把祭祀和战争看作是国家的大事。
④不是该责备你吗。"无乃…与"是表测度的格式，相当于"不是该……吧"。尔是过："尔"：你，是动词"过"的宾语，前置。是：代词，复指提前的宾语。过：责备。
⑤昔者：从前。先王：前代的君主。这里指周的先王。东蒙：即蒙山，在今山东蒙阴县南。主：主祭人，即主管祭祀东蒙山的人。
⑥且：连词，表示进一层。邦域之中：鲁国的国境之内。邦：国家。
⑦是：这，指代颛臾。社稷之臣：国家的臣属。社：土神；稷：谷神。后用社稷作为国家的代称。
⑧为什么要讨伐呢？"何以…为"是表示反问的格式。"以"即"以何"，相当于"为什么"。为：疑问语气词。
⑨夫子：指季康子。欲：贪求。吾二臣者：我们两个人。吾：在这里表

复数，我们。

⑩周任：古代的一位史官。言：话。

⑪能施展出才力就去任职，如果不能胜任，就应该罢休。陈：陈列，施展。力：才力，能力。就：走上，这里有担任的意思。列：位次，职位。

⑫危：不稳。这里指站不稳。持：把住，把着。

⑬颠：跌倒。扶：用手搀着。

⑭焉：哪里，疑问代词作状语，表示反问。彼：指示代词，那。相（xiàng）：扶着盲人走路的人。则将：那么还。矣：呢。以上三句是比喻说法。

⑮尔言：你的话。过：错。

⑯兕（sì）：独角犀牛。柙（xiá）：关猛兽的笼子。

⑰龟：龟甲，古时用来占卜吉凶，故视为宝物。玉：玉器，用于祭祀，也是宝器。椟（dú）：匣子。

⑱这是谁的过错呢？是：这。过：错误。

⑲今夫：句首偏义词。作用同"夫"。固：城墙坚固。费（旧读 bì）：季氏世代的封邑，在今山东费县。

⑳为：成为。忧：忧患。

㉑君子痛恨那种不说自己想要那样却一定给它找个借口。疾：痛恨。夫：那。舍：撇开、回避。欲：想。为之辞：双宾语结构。为：动词，替。之：代词，指自己，间接宾语。辞：名词，直接宾语。

㉒国：诸侯统辖的区域。家：大夫统辖的区域。

㉓这两句应该是"不患贫而患不均，不患寡而患不安"。这样上下文意才讲得通。《春秋繁露·制度篇》、《魏书·张普惠传》所引《论语》均作"不患贫而患不均"。不均：指财不均。寡：指人口少。不安：指国不安。

㉔大意是因为财产分配公平，能各得其分，就没有贫困。盖：连词，因为。

㉕大意是因为国家上下和睦，百姓都愿归顺它，这样人口就不会少。和：上下和睦。

㉖大意是国家安定，就没有倾覆的危险。

㉗如是：像这样。

㉘故：仍。远人：指本国以外的人。修：修明，搞好。文德：指礼义教化。来之：使之来。来：不及物动词的使动用法。

㉙既：已经，既然。则：就。安之：使之安。安：形容词的使动用法。

㉚相（xiàng）：辅佐。

㉛不能来：不能使之来。来：使动用法，后面省略了宾语。

㉜邦：这里指鲁国。分崩离析：四分五裂。
㉝在国内算计着动用武力。干戈：指军事。干：盾牌。戈：一种用来刺杀的长柄武器。
㉞大意是季孙氏的忧患不在颛臾，而在鲁国的朝廷内部。萧（xiāo）墙：国君宫门内的小墙，又叫屏。"萧墙之内"，隐指鲁国的宫廷之内。当时鲁君与季孙氏之间有矛盾，季孙氏权力很大，所以孔子才这样说。

译文

季氏将要攻打颛臾

鲁国的大夫季氏将要攻打颛臾。冉有和季路来拜见孔子说："季氏准备对颛臾发动进攻。"孔子说："求！不是该责备你们吗?!那个颛臾国呀，从前鲁国的国君曾授权给它主持东蒙山的祭祀，而且它已经是在鲁国国境里面，这是鲁国的臣属国，为什么要讨伐它呢？"冉有说："季康子要贪求它，我们两人都不同意哩。"孔子说："求！周任有句话说：'能够施展才能就去任职，如不能施展才能便作罢。'如盲人遇到了危险，（作助手的）不去照顾，盲人快要摔倒了，也不去扶持，那又何必用那个助手呢？况且你的话错了，猛虎、犀牛从木笼子里跑出来了；龟甲、玉石在匣子里损坏了，这是谁的过错呢？（难道看守人没有责任吗?）"

冉有说"现在那个颛臾的城墙非常坚固，而且离季氏的封地——费城又很近，现在不把它攻下来，以后一定会成为子孙的祸害。"孔子说："求！君子最讨厌那种不说自己想夺取它，却另外找借口。我听说诸侯和大夫们不担心财富少，只担心财富不均；不担心国内人口少，只担心国内不安定。如果每人的财富都一样，就不存在贫穷。国家上下和睦，就不担心人口少；国内安定，便不会倾倒。如果是这样，远方的人仍旧不来归服，那就要修明礼义教化使他们来。既已经使他们来了，就要使他们安定。现在由和求在辅佐季氏，远方的人不来归服，而且又不能使他们来，鲁国四分五裂，也不能做到团结，反而想在国内动用武力。我想季氏的忧患，恐怕不是在颛臾，而是在鲁国的宫廷内部哩。"

阳货欲见孔子

[说明]　本文选自《论语·阳货》，题目是后加的。季氏的家臣阳货想请孔子出来帮他管理鲁国的政事，孔子憎恶阳货，不愿答应他，但又不好当面拒绝，于是就采取敷衍回避的态度。

阳货欲见孔子①，孔子不见。归孔子豚②。孔子时其亡也而往拜之③。遇诸涂④。谓孔子曰："来！予与尔言⑤。曰：怀其宝而迷其邦，可谓仁乎⑥？曰：不可。好从事而亟失时，可谓知乎⑦？曰：不可。日月逝矣，岁不我与⑧。"孔子曰："诺⑨。吾将仕矣⑩。"

①阳货：名虎，字货，季氏的家臣，专权鲁国的政事。见（xiàn）孔子：使孔子谒见他。见：谒见，使动用法。
②归（kuì）：通"馈"，赠送。豚（tún）：小猪，这里指蒸熟的小猪。
③孔子趁他不在家时前去拜谒他。时（sì）：通"伺"，窥探。亡：不在家。
④在路上遇到他。诸：兼词，"之于"的合音字。涂（塗）：通"途"，路上。
⑤予：我，下面的话都是阳货自问自答。
⑥胸怀着才能却使国家迷乱，能叫仁吗？怀：揣（chuāi）着。宝：比喻才能。迷：乱，使动用法。
⑦好参与政事却屡次失去时机，能叫智吗？好（hào）：喜爱。从事，参与政事。亟（qì）：屡次。
⑧逝：消失。岁：时间。与：动词，等待。"我"是"与"的宾语，因在否定句中，前置。
⑨诺（nuò）：答应的声音，表示同意。
⑩仕：出仕，做官。这是孔子敷衍阳货的话。

译文
阳货要使孔子拜见自己

阳货要使孔子谒见自己，孔子不愿见。阳货送给孔子一头蒸熟了的小猪。于是孔子趁阳货不在家的时候前去回拜他。恰好在路上碰见了阳货,阳货对孔子说:"来!我跟你说:你满怀才能却让国家迷乱,能叫仁吗?当然不能。你喜欢参与政事却又屡次失去时机,能说明智吗?当然不能。日子一天天逝去了,时间不等待我们呀。"孔子说:"好!我就去作官吧。"

长沮桀溺耦而耕

[说明]　本文选自《论语·微子》,题目是后加的。文中反映了与孔子持不同政见的人对当时的社会及孔子的看法。孔子对此则不以为然,仍坚持自己的政治主张。

　　长沮桀溺耦而耕①,孔子过之,使子路问津焉②。
　　长沮曰:"夫执舆者为谁③?"子路曰:"为孔丘。"曰:"是鲁孔丘与④?"曰:"是也⑤。"曰:"是知津矣。"
　　问于桀溺。桀溺曰:"子为谁?"曰:"为仲由"。曰:"是鲁孔丘之徒与⑥?"对曰:"然⑦。"曰:"滔滔者,天下皆是也⑧,而谁以易之⑨?且而与其从辟人之士也,岂若从辟世之士哉⑩?"耰而不辍⑪。
　　子路行,以告⑫。夫子怃然⑬,曰:"鸟兽不可与同群⑭,吾非斯人之徒与而谁与⑮?天下有道⑯,丘不与易也。"

①长沮(jù)、桀溺(nì):当时的隐者。这里用的不一定是真实的姓名。耦(ǒu)而耕:用耦耕的方法耕地。耦:两人两耜(sì)即两犁并耕,一耜宽五寸,耕出的地宽为一尺。这是古代的一种耕作方法。
②津:渡口。
③那个在车上拿着缰绳的人是谁。夫:指示代词,那。执舆:是执辔(pèi)于舆的意思。
④这个人是鲁国的孔丘吗。是:指示代词,作主语。
⑤是也:是这个人。是:指示代词,作谓语。
⑥徒:徒党。同一类的人。
⑦然:是的。

⑧滔滔：大水弥漫的样子。这里用来比喻社会的混乱。前面问渡口，故用大水来比喻。皆是：都这样。
⑨谁以：以谁，与谁。易之：改变它。
⑩这两句是说，再说你与其跟随着孔子，哪儿比得上跟随着避世的隐者呢？而：人称代词，你。从：跟随。辟人之士：躲避坏人的人，指孔子。辟：即"避"。辟世之士：指隐者。"与其……岂若……"是表选择的格式。
⑪耰（yōu）：一种农具，这里用作动词，用耰把播下的种子盖上。辍（chuò）：停止。
⑫以告：以之告。以，介词，后面省去了宾语。即把上面发生的事情告诉了孔子。
⑬怃（wǔ）然：茫然有所失的样子。
⑭意思是不能隐居山林和鸟兽在一起。
⑮我不跟这些人群在一起而跟谁在一起呢？与：跟…在一起。斯：指示代词，此。徒：徒众，人群，指同观点的人。
⑯道：儒家所理想的政治原则。

译文

长沮、桀溺两人用两犁并耕

长沮和桀溺两人用两个耒耜并肩而耕。孔子路过，派遣子路去打听渡口。长沮说："那个在车上拿着缰绳的人是谁？"子路说："是孔丘。"长沮说："这是鲁国的孔丘吗？"子路说："是的。"长沮说："这个人知道渡口了。"

子路又向桀溺请问。桀溺说："您是谁？"子路说："是仲由。"桀溺说："那是鲁国孔丘的同类人吗？"子路说："是的。"桀溺说："天下的混乱现象像漫天的大水一样，到处都这样，与谁去改变它呢？再说你与其跟随着避人的孔子，哪里比得上跟随避世的隐士呢？"隐者一直没有停止劳动。

子路走后，把这事告诉了孔子，孔子很茫然地说："不能隐居同鸟兽在一起，我不跟这些人群在一起而去跟谁呢？如果现在天下有儒家思想的政治原则，我不想跟谁去改变它。"

子路从而后

[说明]　本文选自《论语·微子》,题目是后加的。荷蓧丈人是个隐者,他对孔子积极参与政治活动不满,说他是"四体不勤,五谷不分"。而子路则认为孔子这样做是为了"行君臣之义",像隐者那样洁身自好是不对的。

　　子路从而后①,遇丈人②,以杖荷蓧③。子路曰:"子见夫子乎?"丈人曰:"四体不勤④,五谷不分⑤,孰为夫子?"植其杖而芸⑥。子路拱而立⑦。

　　止子路宿⑧,杀鸡为黍而食之⑨,见其二子焉⑩。明日,子路行。以告。子曰:"隐者也⑪。"使子路反见之。至,则行矣⑫。

　　子路曰:"不仕无义⑬。长幼之节,不可废也;君臣之义,如之何其废之⑭?欲洁其身而乱大伦⑮。君子之仕也,行其义也⑯。道之不行,已知之矣⑰。"

①后:落在了后面。
②丈人:老者。
③荷(hè):扛。蓧(diào):除草的工具。
④四体:四肢。勤:劳。
⑤五谷:稻、黍、稷、麦、菽(shū)。分:辨。
⑥芸:通"耘",除草。
⑦拱(gǒng):拱手,表示尊敬。
⑧止:留下。宿:住下来过夜。
⑨为黍:做黄米饭。黍:黄米。食(sì):给人吃。
⑩见(xiàn)其二子焉:让他的两个儿子拜见子路。
⑪隐者:隐居起来的人。这句的主语是"丈人",承前省略。
⑫反见之:返回去见那位隐者。至:到了丈人的家里。则:连词,有"原来已经"的意思。
⑬不仕:不出来做官。无义:不合道义。
⑭长幼之节:长幼之间的礼节。这里指丈人见其二子一事。君臣之义:

君臣之间的礼义。如之何：怎么。其：语气词，表示反问语气。
⑮大伦：君臣之间的关系。这句话是对隐者而言，子路认为要尽人臣之义，就要出来做官，不能去做隐者。
⑯行其义：做他应该做的事。
⑰道：指自己的学说或政治理想。

译文

子路跟从孔子而落在后面

　　子路跟随孔子外出，然而老远地落在后面。遇见一个老头，用手杖挑着除草的工具。子路问他说："您看见了我的老师吗？"老头说："他四肢不会劳动，五谷不会分辨，谁知道你的老师是什么人！"老头说完话把拐杖插在地上就去除草。子路很恭敬地拱手站着。老头留子路住宿，并且杀鸡、做黄米饭给子路吃，使他的两个儿子拜见了子路。

　　第二天，子路启程，赶上了孔子，把这事告诉了孔子。孔子说："这是位隐士哩。"并且叫子路再返回去看看他。子路到了那家，那老头已经出去了。子路便说："不做官是不合理的。既然长幼之间的礼节不能废弃，君臣之间的义道，为什么又要废除它呢？光想自己洁身自好而隐居，那就会破坏君臣之间的伦常关系。君子出来做官，是来做他应该做的事情。至于儒家的一些好的政治主张行不通，那我们早就知道了。"

《老　子》

　　《老子》一书分上下两篇，上篇《道经》，下篇《德经》，共八十一章，五千多字。

　　老子（约公元前600—公元前500）春秋时思想家，道家创始人，姓李名耳字伯阳，楚国苦县厉乡曲仁里人，道是老子思想体系的核心，老子认为自然界和人类社会都是变动不居的，老子哲学作为中国古代思想的重要遗产，它在哲学，政治，人生诸方面都发生过积极或消极的重大影响。《老子》一书大概是战国时期老子的追随者根据他的学说加以发挥补充而成的，不失为了解老子思想的直接材料。成书约在《墨子》以后，《庄子》以前。

《老子》是先秦道家学派的代表著作，反映了战国时期某些贵族的一种思想。在哲学上老子是客观唯心主义，他提出了"道"这一范畴，用来取代主宰一切的造物主——上帝；在方法论方面，具有朴素的辩证法思想。老子认识到事物都有矛盾对立的两方面，对立的双方可以互相转化，但他不了解转化离不开一定的条件。在政治上，他主张"绝圣弃智"，"忘情寡欲"，"无为而治"，反对法令制度，反对文化科学，希望倒退到"小国寡民"愚昧无知的原始社会去。这是老子学说中消极的一面。老子思想对后世影响很大，特别是六朝时期，奉《老子》为经典，把它与《庄子》相配，形成"玄学"，成为没落阶级逃避现实、麻醉人民的精神鸦片。

《老子》较重要的注本是魏时王弼的《老子注》和后人假托的"汉河上公撰"的《老子章句》。今人对《老子》做了不少的整理研究工作，如马叙伦的《老子校诂》、任继愈《老子新译》。1974年初长沙马王堆三号墓出土的帛书《老子》，《德经》在前，《道经》在后，字句和今本《老子》有很多出入，对校勘和研究《老子》一书具有重要的参考价值。

老子的生平和成书年代，历来有不同看法。一般认为老子是春秋时的楚国人，和孔子同时，姓李，名耳，字聃（dān），曾任周王朝的史官。

天下皆知美之为美

[说明] 这是《老子》第二章。它反映了老子朴素的辩证法思想。他以有无、难易、长短、高下等的对立统一来说明美和丑、善和恶的对立统一，揭示了事物都会有对立的两个方面，而且二者是相互依存、联系在一起的，这是合乎辩证法的。但是老子由此引

出"无为"的政治主张，则是错误的。

天下皆知美之为美，斯恶已①；皆知善之为善，斯不善已②。故有无相生，难易相成③，长短相形，高下相倾④，声音相和，前后相随⑤。是以圣人处无为之事，行不言之教⑥，万物作焉而不辞⑦，生而不有⑧，为而不恃⑨，功成而弗居⑩。夫唯弗居，是以不去⑪。

① 天下的人都知道什么是美，这就有丑了。即没有美，也就无所谓丑。斯：指示代词，此：这里相当于"这就"。恶：丑。已：通"矣"，句尾语气词。

② 都知道什么是善，这就有恶了。即没有善，也就无所谓恶。这是下文，"处无为之事，行不言之教"的理论根据。

③ 所以有和无互相依存，难和易互相造成。相生：互相转化。即没有"有"也就无所谓"无"，没有"无"也就无所谓"有"。成：成就，即"相反相成"的成。因难见易，因易见难，二者相反相成。

④ 相形：互相体现。无长无以明短，无短无以见长。下：低。相倾：互相依靠。倾：倾斜。

⑤ 音：指音调有高低的乐音。声：指音调简单的和声。和：和谐。音与声是相对立的，两者相配合才能形成和谐的音乐，显现出声音的高低。相随：相跟从。事物只有相随才能看出前后。

⑥ 处无为之事：指行事顺其自然，不要改造客观现实，只要消极适应。处事：即"行事"。行不言之教：实行不用言辞的教育。这两句是宣扬采取无为而治、任其自流的政治主张，反映了没落贵族对现实生活的厌弃和无能为力。

⑦ 作：兴起。不辞：不辞谢，指顺应。

⑧ 有：指据为私有。

⑨ 有所施为，但是不依赖。这是说不依赖施为以求达到什么目的。恃：依赖。

⑩ 大功告成却不居功。这是说事功之所以建成是顺其自然，不把它看作自己的功劳。

⑪ 正因为不自居功，所以永远不会离开功。这是说，不居功，就无所谓离开它，因而就永远有功了。因为居和去是相对立的，有居才有去。夫(fú)：句首语气词。去：离开。

译文

天下的人都知道什么是美

天下的人都知道什么是美，这就有丑了；天下的人都知道什么是善，这就有恶了。所以有和无互相依存，难和易互相造成，长和短互相体现，高和低互相依靠，音调有高低的乐音和音调简单的和声，两者互相配合才能形成和谐的音乐。万物只有互相跟随时，才能看出前后。因此，圣人行事顺其自然，不改造客观现实，只消极适应，实行不用言辞的教育，万物兴起而只顺应，生长起来了而不占为私有，不依赖施为以求达到什么目的，认为事业的所以建成是顺其自然，不把它看作自己的功劳。正因为自己不居功，所以永远不会离开功。

附《老子》篇目

道经：道可道、天下皆知、不尚贤、道冲、天地不仁、谷神不死、天长地久、上善若水、持而盈之、载营魄、三十辐、五色、宠辱、视之不见、古之善为上、致虚极、太上、大道废、绝圣弃智、绝学无忧（卷一）

德经：孔德之容、曲则全、希言自然、跂者不立、有物混成、重为轻根、善行无辙迹、知其雄、将欲取天、以道佐人主、夫佳兵、道常无名、知人者智、大道氾分、执大象、将欲歙之、道常无为（卷二）

上德不德、昔之得一、反者道之动、上士闻道、道生一、天下之至柔、名与身、大成若缺、天下有道、不出户、为学日益、圣人无常心、出生入死、道生之、天下有始、使我介然、善建不拔、含德之厚、知者不言、以正治国、其政闷闷（卷三）

治人事天、治大国、大国者下流、道者万物之奥、为无为、其安易持、古之善为道、江海为百谷王、天下皆谓、善为士、用兵有言、吾言甚易知、知不知、民不畏威、勇於敢、民常不畏死、民之

饥、民之生、天之道、天下柔弱、和大怨、小国寡民、信言不美（卷四）

小国寡民

[说明]　这是《老子》第八十章。它反映了老子的社会政治理想。在这里，老子主张毁掉一切文明，倒退到无知无识的原始社会。这是违背人类进步和社会发展的反动思想，是没落贵族反对社会变革的思想感情的表现。

小国寡民①。使有什伯之器而不用，使民重死而不远徙②。虽有舟舆，无所乘之③；虽有甲兵，无所陈之④。使人复结绳而用之⑤。甘其食，美其服，安其居，乐其俗⑥。邻国相望，鸡犬之声相闻，民至老死不相往来。

①小：用作使动，使……小。寡：少；用作使动，使……少。
②什伯之器：效率十倍百倍的器具，指当时的机械。什：十倍。伯：通"佰"，百倍。重死：重视死。即爱惜生命。"重"用作意动。
③虽然有船和车子，没有地方要乘坐它。舆（yú）：车子。无所：没有什么地方（东西或原因等）。
④陈：陈列。
⑤结绳：相传在文字出现以前，人们用来记事的方法。即一件事结一个疙瘩。之：指结绳。
⑥甘、美、安、乐：都是形容词用作意动，即"认为……香甜"，"认为……美好"，"认为……安适"，"认为……满意"。其：指各小国的人民。

译文
使国家小使人口少

使国家的范围小些，使人口少些。使效率达十倍、百倍的器具不用。使人民爱惜生命而不远迁。即使有船和车子，没有地方要乘坐它；即使有武器装备，没有地方陈列它。使人民恢复用结绳记事的办法。小国的人民人人都认为自己的食物香甜,认为自己的衣服美好,认为自己的住处安适,认为自己的风俗满意。邻近的国家可以互相望见,鸡狗的声音可以互相听见,但人民直到老死不相往来。

其 政 闷 闷

其政闷闷①,其民淳淳②;其政察察③,其民缺缺④。福兮祸之所倚⑤,祸兮福之所伏⑥。孰知其极⑦?其无正⑧!正复为奇⑨,善复为妖⑩,人之迷,其日固久⑪。是以圣人方而不割⑫,廉而不刿⑬,直而不肆⑭,光而不耀⑮。

注释

①闷闷:即"闵闵"、"沉闷"、"沉默"。这里有"简单"的意思。
②淳淳:淳厚。
③察察:清明。有"仔细"、"繁冗"的意思。
④缺缺:狡诈。缺,通"狯"。
⑤兮:语气词。倚:依存。
⑥伏:潜藏,隐藏。
⑦极:终极,最后的标准。
⑧其:同"岂"。正:正常的道理。
⑨正复为奇:正常的又变成异常的。
⑩善复为妖:好事又变成坏事。
⑪其日固久:其由来的时间本来已经很久。
⑫方:方正,直角。不割:不伤害别人。
⑬廉:方正,有棱角。刿(guì):刺伤。
⑭肆:申,放纵。
⑮耀:照,指光芒耀眼。

译文

政 治 简 单

(国家的)政治简单的时候,往往百姓淳厚;政治烦琐的时候,往往百姓狡诈。幸福啊是祸患的依存之所,祸患啊是幸福的潜伏之处。世界上有谁知道这最后的标准呢？难道没有正确的道理吗？万事总是由正常的又变成异常的，好事又变成坏事，人们迷惑不解，它由来的时间本来已经很久了。因此聪明的圣人正直但不伤害别人，廉洁但不刺伤别人，正直但不放纵，明亮但不光芒耀眼。

《孟　子》

《孟子》是儒家的经典之一，《孟子》共七篇，具有鲜明的政治倾向。孟子的哲学是智者的哲学、是思辩的哲学，他基本上是继承孔子的仁政思想，孟子的哲学思想是他的政治思想的理论基础，他讲人性本善，《孟子》有许多长篇大论，气势磅礴、议论尖锐、大智而雄辩。

孟子（约公元前372—前289年），名轲，字子舆，战国时邹（今山东邹县）人。他幼年丧父，家境贫困，曾受业于孔子之孙子思的弟子。孟子曾出游于齐、魏（梁）、滕、宋等国，以推行他的政治主张，在齐国还一度为卿。但是他的主张不为各国所采纳。晚年退而与弟子一起著书。

孟子是继孔子之后儒家学派的主要代表。他在政治上主张行"仁政"、"王道"，反对"以力服人"的"霸道"。他要求统治者"制民之产"、"省刑罚、薄税敛"，对人民作出某些让步，使他们获得生存的权力。他认为这样就可以争取人心，进而达到统一天下的目的。他对统治者的罪恶曾作了某些揭露，即所谓"争地以战，杀人盈野；争城以战，杀人盈城"，"庖有肥肉，厩有肥马；民有饥色，野有饿莩"，认为"民之憔悴于虐政，未有甚于此时者也"。孟子还提出"民贵君轻"的口号，以唤起统治者对人民力量的重视。作为剥削阶级的思想家，孟子极力维护封建的等级制度，鼓吹"劳心者治人，劳力者治于人"，"无君子莫治野人，无野人莫养君子"，表现出他的局限性。孟子的哲学思想是唯心主义的，他宣扬"天命观"，主张"性善论"。这也是他思想中的糟粕。

孟子的文章长于辩论,善用比喻,雄辩有力,富于鼓动性,虽属语录体,但较之《论语》已有很大的发展,对后代散文的影响很大。

《孟子》的注本,通行的有《孟子注疏》(汉赵歧注,宋孙奭疏),宋朱熹的《孟子集注》,清焦循的《孟子正义》和今人杨伯峻的《孟子译注》等。

齐桓晋文之事

[说明] 本文选自《孟子·梁惠王上》,题目是后加的。这篇文章比较全面地阐述了孟子的"仁政"主张。孟子反对用武力称霸天下,主张实行"仁政"来统一天下。他认为行"仁政"如同"为长者折枝",只要统治者肯实践就行;而用武力称霸,如同"缘木求鱼",绝不会成功。文中对"仁政"、"王道"作了具体的描绘,特别把行"仁政"后的情景说得十分美好其心甚善。但孟子的这些主张,在当时的社会背景下是行不通的。

齐宣王问曰[①]:"齐桓晋文之事,可得闻乎[②]?"孟子对曰:"仲尼之徒,无道桓文之事者[③],是以后世无传焉,臣未之闻也[④]。无以,则王乎[⑤]?"

曰[⑥]:"德何如,则可以王矣?"曰:"保民而王,莫之能御也[⑦]。"曰:"若寡人者,可以保民乎哉[⑧]?"曰:"可。"曰:"何由知吾可也[⑨]?"曰:"臣闻之胡龁曰[⑩],王坐于堂上,有牵牛而过堂下者。王见之,曰:'牛何之[⑪]?'对曰:'将以衅钟[⑫]。'王曰:'舍之!吾不忍其觳觫[⑬],若无罪而就死地[⑭]。'对曰:'然则废衅钟与[⑮]?'曰:'何可废也?以羊易之[⑯]。'不识有诸[⑰]?"曰:"有之。"曰:"是心足以王矣[⑱]。百姓皆以王为爱也,臣固知王之不忍也[⑲]。"王曰:"然[⑳],诚有百姓者[㉑]。齐国虽褊小[㉒],吾何爱一牛?即不忍其觳觫[㉓],若无罪而就死地,故以羊易之也。"曰:"王无异于百姓之以王为爱也[㉔]。以小易大,彼恶知之[㉕]?王若隐其无罪而就死地,则牛羊何择焉[㉖]?"王笑曰:"是诚何心哉[㉗]?

我非爱其财而易之以羊也，宜乎百姓之谓我爱也㉘。"曰："无伤也㉙，是乃仁术也㉚，见牛未见羊也。君子之于禽兽也，见其生，不忍见其死；闻其声，不忍食其肉。是以君子远庖厨也㉛。"

①齐宣王：姓田名辟疆。战国时期齐国的国君。在位十八年（公元前319至前301年）。

②齐桓：齐桓公。晋文：晋文公。齐桓公、晋文公都是春秋时著名的霸主。

③大意是孔子的传承者没有人谈论齐桓公、晋文公这类称霸的事。仲尼之徒：孔子的传承者，指孔子学派的人。道：说。

④传（chuán）：传述。未之闻：即未闻之。之：指代齐桓晋文之事。因为是否定句，代词宾语置于动词之前。

⑤无以：不停止。以：通"已"，停止。王（wàng）：王天下，即用王道去统一天下。这两句的意思是，如果一定要我说，那就谈谈王天下的道理吧。

⑥曰：即齐宣王说。主语承前省略。下面在对话中单独出现的"曰"字，主语都承前省略。

⑦保：安抚，爱护。御：阻挡。

⑧若：像。寡人：君王自称，谦词。乎哉：两个疑问语气词连用，以加强疑问语气。

⑨何由：从哪里。由：介词，从。

⑩我从胡龁（hè）那里听说。胡龁：齐宣王的近臣。之：指代下面的一番话。"之"的后面省略了介词"于"。

⑪何之：到哪里去。之：到……去。

⑫以：介词，用，拿。后面省略了宾语"之"（指牛）。衅（xìn）：一种祭礼，即杀牲口把血涂在钟鼓上。

⑬舍之：释放它。觳觫（hùsú）：恐惧战栗的样子。

⑭好像没有罪的人平白无故地走向杀场。就：走向。

⑮然则：那么就。废：废止，废除。

⑯何：怎么，表示反问。易：换。

⑰不知道有这件事情吗？识：知道。诸："之乎"的合音字。

⑱是：指示代词，这。

⑲百姓：在先秦指贵族。爱：吝惜，吝啬。固：本来。

⑳然：是的，是这样。

㉑确实有像百姓所说的情况。诚：确实。

㉒褊（biǎn）：狭窄。
㉓即：副词，就。
㉔无：通"毋"，不要。异：奇怪。
㉕彼：他们，指百姓们。恶（wū）：哪里。
㉖隐：痛惜，怜悯。择：分别。
㉗这真是什么想法呢？
㉘宜：应当。乎：语气词，在这里表示感叹。这是一个感叹句，谓语"宜乎"置于主语"百姓之谓我爱也"之前，表示强调"应当"。
㉙无伤：没有损害，没有关系。
㉚仁术：实行仁政的方式、途径。术：道路，方法。
㉛远：形容词的使动用法，使……远。庖厨：厨房。

王说，曰："《诗》云：'他人有心，予忖度之。'夫子之谓也①。夫我乃行之，反而求之，不得吾心②。夫子言之，于我心有戚戚焉③。此心之所以合于王者，何也④？"曰："有复于王者⑤：'吾力足以举百钧，而不足以举一羽⑥；明足以察秋毫之末，而不见舆薪⑦，'则王许之乎⑧？"曰："否！""今恩足以及禽兽，而功不至于百姓者，独何与⑨？然则一羽之不举，为不用力焉⑩；舆薪之不见，为不用明焉；百姓之不见保⑪，为不用恩焉；故王之不王，不为也，非不能也。"曰："不为者与不能者之形，何以异⑫？"曰："挟太山以超北海⑬，语人曰⑭：'我不能。'是诚不能也。为长者折枝⑮，语人曰：'我不能'。是不为也，非不能也。故王之不王，非挟太山以超北海之类也；王之不王，是折枝之类也。老吾老，以及人之老⑯；幼吾幼，以及人之幼⑰。天下可运于掌⑱。《诗》云：'刑于寡妻，至于兄弟，以御于家邦⑲。'言举斯心加诸彼而已⑳。故推恩足以保四海，不推恩无以保妻子㉑。古之人所以大过人者，无他焉㉒，善推其所为而已矣。今恩足以及禽兽，而功不至于百姓者，独何与？权，然后知轻重；度，然后知长短㉓。物皆然，心为甚㉔，王请度之㉕。——抑王兴甲兵，危士臣，构怨于诸侯，然后快于心与㉖？"

①说：即"悦"，高兴。诗：《诗经》。引诗见《诗经·小雅·巧言》。忖度（cǔnduó）：推测。忖：揣测。度：衡量。夫子之谓：谓夫子，说的就是夫子吧。之：复指提前的宾语。

②这三句的意思是：我已经做了的事情，再反过来追究一下，也说不清自己是出于什么想法。
③戚戚：心动的样子。
④所以合于王者：符合王天下的原因。所以……者：……的原因。何也：为什么。
⑤复：告，报告。
⑥钧：三十斤。一羽：一根羽毛。
⑦明：视力。察：看清楚。秋毫之末：秋天兽类身上生出的新毛的尖端。末：尖端。舆薪：一车柴。
⑧许：相信。
⑨及：推及。功：功德。独何与：究竟是什么原因。独：表疑问的副词，这里有"究竟"的意思。
⑩为（wèi）：因为。下面两句中的"为"同。
⑪不见保：不被安抚。见：表被动的助动词。
⑫形：表现。何以异：凭什么来区别。
⑬挟（xié）：夹在腋下。超：跳过，越过。北海：渤海。
⑭语（yù）：告诉。
⑮长者：老年人。折枝：按摩肢体。折：弯曲。枝：通"肢"。
⑯尊敬我的长辈，并把这种尊敬之心推及到别人的长辈身上。第一个"老"用作动词，尊敬。第二个"老"用作名词，指长者。
⑰句子结构同上。第一个"幼"用作动词，爱护。第二个"幼"用作名词，指幼者。
⑱运于掌：转动手在掌中，比喻治天下之容易。运：转动。
⑲这三句诗见《诗经·大雅·思齐》。意思是首先要给自己的妻子作出榜样，再推广到兄弟，进而用它去治理国家。刑：即"型"，用作动词，示范。寡妻：寡德之妻，谦词。御：治。家：大夫所统治的行政区域。邦：国家。
⑳这说的是把对待自己亲人的心加到别人身上罢了。斯：此。而已：罢了。
㉑推恩：推广恩惠。四海：指天下。无以：没有法子。妻子：妻和子。
㉒大过：大大超过。他：别的。
㉓权：动词，称一称。度（duó）：量一量。
㉔凡是物都是这样，心更为厉害。甚：厉害。
㉕王请：等于说请王。请：表示请求对方做某事，并含有恭敬意味。
㉖抑：连词，还是。兴甲兵：发动战争。兴：使动用法。甲：戎衣，铠

(kǎi)甲。兵：兵器。危：动词，使劲用法。士臣：士卒和臣子。构怨：结仇。快于心：在心里感到痛快。

王曰："否。吾何快于是？将以求吾所大欲也①。"曰："王之所大欲，可得闻与？"王笑而不言。曰："为肥甘不足于口与？轻煖不足于体与②？抑为采色不足视于目与？声音不足听于耳与③？便嬖不足使令于前与④？王之诸臣，皆足以供之，而王岂为是哉？"曰："否。吾不为是也。"曰："然则王之所大欲可知已⑤。欲辟土地，朝秦楚，莅中国，而抚四夷也⑥。以若所为，求若所欲，犹缘木而求鱼也⑦。"

王曰："若是其甚与⑧？"曰："殆有甚焉⑨。缘木求鱼，虽不得鱼，无后灾。以若所为，求若所欲，尽心力而为之⑩，后必有灾。"曰："可得闻与？"曰："邹人与楚人战，则王以为孰胜⑪？"曰："楚人胜。"曰："然则小固不可以敌大⑫，寡固不可以敌众，弱固不可以敌强。海内之地，方千里者九⑬，齐集有其一⑭。以一服八⑮，何以异于邹敌楚哉？盖亦反其本矣⑯？今王发政施仁⑰，使天下仕者皆欲立于王之朝⑱，耕者皆欲耕于王之野，商贾皆欲藏于王之市⑲，行旅皆欲出于王之涂⑳，天下之欲疾其君者，皆欲赴愬于王㉑。其若是，孰能御之㉓？"

①所大欲：最想得到的东西。
②为（wèi）：因为。肥甘：肥美的食品。轻煖：又轻又暖的衣服。煖：同"暖"。
③采色：彩色。采即"彩"。声音：音乐。
④便嬖（piánbì）：君王所宠幸的人。
⑤已：同"矣"。句尾语气词。
⑥辟土地：扩大领土面积。辟：开，开辟。朝秦楚：使秦国楚国来朝见齐国，向齐国称臣。朝：使动用法。莅（lì）：临，统治的意思。中国：指黄河流域的中原地带。抚：安抚。四夷：当时四方的少数民族。这几句的意思是用武力去称霸中原。
⑦若：这样，如此。缘：攀登。木：树。
⑧这样厉害吗？若是：如此，这样，是"甚"的状语。其：语气词。
⑨只怕有比这还厉害的。殆（dài）：只怕，恐怕。
⑩尽心力：尽心尽力。

⑪邹：周代一小诸侯国名，战国时为楚所灭。孰：谁。
⑫固：当然，本来。
⑬海内：天下。方千里者九：有九块方千里的土地。者：语气词。
⑭齐国截长补短会集起来不过是其中之一。
⑮服：降服，使动用法。
⑯盖（hé）：通"盍"，何不。反：即"返"，回到。本：根本，指王道仁政。
⑰发政：发布政令。施仁：推行仁政。
⑱仕者：做官的人。立于王之朝：意思是在你的朝中做官。
⑲商贾（gǔ）：商人。流动贩卖的叫商，藏货待卖的叫贾。藏：囤积。市：集市。
⑳行旅：外出的旅客。涂：通"途"，道路。
㉑天下那些憎恨他的国君的人，都想跑来向王诉说。愬（sù）：同"诉"。
㉒其：语气词，表示假设，"如果"的意思。若是：像这样。

　　王曰："吾惛，不能进于是矣①。愿夫子辅吾志，明以教我②。我虽不敏，请尝试之③。"曰："无恒产而有恒心者，惟士为能④。若民，则无恒产因无恒心⑤。苟无恒心，放辟邪侈⑥，无不为已⑦。及陷于罪，然后从而刑之⑧，是罔民也⑨。焉有仁人在位，罔民而可为也⑩！是故明君制民之产⑪，必使仰足以事父母，俯足以畜妻子⑫，乐岁终身饱，凶年免于死亡⑬。然后驱而之善，故民之从之也轻⑭。今也制民之产，仰不足以事父母，俯不足以畜妻子，乐岁终身苦，凶年不免于死亡。此惟救死而恐不赡，奚暇治礼义哉⑮？王欲行之，则盍反其本矣。五亩之宅，树之以桑，五十者可以衣帛矣⑯。鸡豚狗彘之畜，无失其时⑰，七十者可以食肉矣；百亩之田，勿夺其时⑱，八口之家可以无饥矣。谨庠序之教，申之以孝悌之义⑲，颁白者不负戴于道路矣⑳。老者衣帛食肉，黎民不饥不寒，然而不王者，未之有也㉑。"

　①惛（hūn）：不明了，糊涂。进于是：进到这一步。是：指代发政施仁。
　②明以教我：明白地教导我。以：连词，用来连接状语和中心词。
　③尝：试。"尝试"是同义词连用。
　④没有固定财产而有长久不变的善心，只有士才能这样。恒产：指田地、房屋等能维持生活的固定财产。恒心：指长久不变的善心。惟：仅，只。为：才。

⑤若：至于。因：因而。
⑥苟：如果。放：放纵，放荡不羁。辟（pì）：即"僻"，行为不正。邪：不正。侈：过度。放辟邪侈：指一切不遵守当时的礼法的行为。
⑦无不为已：没有什么不干的。已：同"矣"。以上几句是对士的吹捧和对劳动人民的诬蔑，表现了孟子的阶级偏见。
⑧及：等到。从：跟着，紧接着。刑之：对他们用刑罚。刑：名词用作动词。
⑨罔民：对人民张罗网，就是陷害人民的意思。罔：通"网"，用作动词。
⑩焉：哪里。
⑪明君：明智的君主。制：规定。
⑫仰：对上。俯：对下。畜（xù）：养。
⑬这两句的大意是：如果都是丰年，一辈子都可以吃饱，如果都是灾年，也能免于一死。
⑭驱：驱使。之：到……去。轻：容易。
⑮此：指上面说的情况。赡（shàn）：足。奚：何，哪里。暇：闲暇。治：讲求，从事。
⑯树：种。衣（yì）：穿，用作动词。帛：丝织品。
⑰豚（tún）：小猪。彘（zhì）：猪。畜：牲畜。无：通"毋"，不要。时：繁殖的时机。
⑱夺：强占指被耽误。时：农时。
⑲这两句的大意是：谨慎地办好学校的教育，反复说明顺从父母敬爱兄长的道理。庠（xiáng）序：学校。殷代叫序，周代叫庠。申：重复，重复说明。悌（tì）：敬爱兄长。义：道理。
⑳颁白：头发花白。颁：通"斑"。负：背（bēi）。戴：把东西顶在人头上。
㉑黎民：百姓。黎：众。王（wàng）：统一天下而称王。未之有：未有之，没有这样的情况。

译文

齐桓公、晋文公的事迹

齐宣王问（孟子）说："齐桓公、晋文公在春秋时代称霸的事情，您能讲给我听听吗？"孟子说："孔子学派的人，没有谈齐桓公、晋文公称霸的事情的，因此，后代没有传说，我没有听说这件事。如果一定要说，那我就谈谈行仁政统一天下的事情吧！"齐宣王说:"要有什么样的德行才能统一天下呢?"孟子说:"处处保护人民这样去统一天下,没有谁能够阻挡得了。"齐宣王说:"像我这样的人,可以用来保护人民吗?"孟子说:"可以。"齐宣王说:"您从哪儿知道我可以呢?"孟子说:"我听胡龁说过一件事'王坐在殿堂上,有个人牵着牛经过堂下。王看见牛,说:'牵牛到哪儿去?'牵牛的人说:'将要用它去祭钟。'王说:'放了它!我不忍心看它那恐惧的样子,像它没有一点儿罪,然而要走向死地。'牵牛的人回答说:'这样的话那就废除祭钟的事吗?'王说:'那怎么能废除呢?用羊来代替吧!'不知道有没有这件事啊?"齐宣王说:"有这回事"。孟子说:"这种心肠就足够用来统一天下了。人们都认为您是吝惜,我早就知道您是不忍呀。"

齐宣王说:"是的。真有人这样说!齐国虽然狭小,我怎么会去吝惜一头牛呢?就是觉得它没有罪然而要走向死地,我不忍心看它那种畏惧可怜的样子,所以用羊来换它。"孟子说:"您不要奇怪人们认为您是吝啬,用小的去换大的,他们哪里知道您的用意呢?如果您是可怜牛没有罪而要走向死地,那么牛羊有什么不同呢?"齐宣王笑着说:"这真是什么心理呀!我确实不是吝惜钱财才用羊去换牛。百姓说我吝啬是应该的呀!"孟子说:"没关系,这是仁的表现,因为您只是看见了牛,而没有看见羊。君子对于飞禽走兽,看见它们活着,就不忍心看它们去死,听到它们的叫声,便不忍心吃它们的肉,因此,君子把厨房安排在远离自己的地方。"

齐宣王高兴地说:"《诗经》上说'别人存什么心,我能猜着',说的就是孟夫子呀!我居然做了,再回头来推求,竟不知道自己是出于什么心意。孟夫子说这些话,使我的心豁然开朗了。我这种心理合于统一天下是什么原因呢?"孟子说:"有个这样的人向王报告说:'我的力气足够举三千斤,然而举不起一根羽毛;我的视力足够看清秋天禽兽毫毛的尖端,然而看不清一车柴。'您肯相信吗?"齐宣王说:"不!"孟子说:"现在您的恩德足够达到禽兽身上,然而您的功德不能施到百姓身上,究竟是什么原因呢?这就是举不起一根羽毛是因为没有用力气,看不见一车柴,是因为没有用视力,百姓没有被保护,是没有施用您的恩德。所以您没有统一天下,是您不去做,而不是不能做。"齐宣王说:"不去做和不能做的表现有什么不同呢?"孟子说:"用胳膊夹住大山跳过北海,告诉别人说:'我不能。'这是真的不能呀!替老年人按摩肢体,告诉别人说:'我不能。'这是不肯做,不是不能做。所以您没有统一天下,不是属于夹着大山跳过北海的一类,而是属于替老年人按摩肢体的一类。尊敬自己的老人,并把这种尊敬推及到尊敬别人的老人;爱护自己的子女,并把这种爱护推及到爱护别人的子女,统一天下就像在手上运转东西一样容易。《诗经》上说:'先给妻子作榜样,然后推广到兄弟,再进一步推广到大夫的封邑和邦国。'这就是说把这种爱护亲人的心肠加到别人身上就行了。所以说推广恩德就足够保住天下,不推广恩德就无法保护自己的妻子和子女。古代的圣贤们远远超过别人的原因,没有别的,就是善于推广他们的善行罢了。现在您的恩德足够达到禽兽身上,然而您的功德却不能达到百姓身上,这究竟是什么原因呢?秤一秤,然后才知道轻重;量一量,然后才知道长短。凡物都是这样,人的心灵更是这样。请您好好考虑一下这些吧!或者是您想动用武力,使周围的将士遭受危险,和别的诸侯国结下冤仇,这样之后您内心才痛快吗?"

齐宣王说:"不!我为什么这样作才痛快呢?我将要寻找我最希望得到的东西。"孟子说:"您最希望得到的东西是什么呢?能够讲给我听听吗?"齐宣王笑了笑却不说话。孟子说:"是因为美味的东西不够吃吗?是因为轻暖的衣服不够穿吗?还是因为美丽的彩色不够看吗?是因为音乐不够听吗?还是因为亲近宠信人不够使唤呢?您的大臣们都供给您这些,难道您真的是为了这些吗?"齐宣王说:"不!我不是因为这些。"孟子说:"既然这样,那您最希望得到的东西可以知道了:那是想扩充土地,使秦国和楚国都来臣服自己,使自己统治天下,并去安抚四方的各个部族。不过凭这样的做法,去寻找这样的欲望(即最希望得到的东西),那恐怕是如同爬到树上去找鱼一样。"

齐宣王说:"竟像这样严重吗?"孟子说:"恐怕还有更严重的哩!爬到树上去找鱼,虽然得不到鱼,但没有后患。现在凭这样的做法,去求您最想得到的东西,尽心竭力去作,不仅达不到目的,而且后来一定还会有灾祸。"齐宣王说："您能够讲给我听听吗？"孟子说："假如邹国和楚国作战，您认为哪国会胜利呢？"齐宣王说："楚国会胜。"孟子说："那么这样看来，小国本来就不能够用来对付大国；人口少的本来就不能用来对付人口多的；弱国本来就不能用来对付强国。天下的地方，方圆一千里的有九份，齐国的地面集中起来，只有天下的九分之一，用一份去对付八份，这和邹国对付楚国，又有什么不同呢？您何不返回到根本上来（即施行仁政）呢？现在您如果发布政令，施行仁德，那就会使天下做官的人都要到齐国来做官；种地的人都想到齐国来种地；经商的人都想到齐国来做生意；旅行的人都想取道齐国；天下那些怨恨本国国君的人都想跑来向您诉说，假使像这样（您统一天下），又有谁能够阻挡得住呢？"

齐宣王说："我思想昏乱，考虑不到这一步，希望您老先生能帮助我达到目的，只管公开地教导我。我虽然不聪明，请允许我试试吧！"孟子说："没有维持生活的固定财产，然而有恒心坚持一定的道德去做的，只有有知识的人才能做到。如果是一般人，没有固定财产，也就没有一定的道德标准。如果没有一定的道德标准，那就会不遵守社会的规章制度，那他们就什么事都能做得出来。等到他们犯了罪，然后就对他们用刑法治罪，这就是陷害群众。哪里有仁君在位却做出陷害百姓的事呢？所以英明的君主规定百姓的财产，一定要使他们对上足够赡养父母，对下足够养活妻儿。年成好就一辈子丰衣足食，年成不好，也一辈子不致饿死，然后再督促他们走善良的道路，百姓也就容易听从。现在规定百姓的财产，对上不够赡养父母，对下不够抚养妻儿。年成好，也生活困苦，年成不好，更难免死亡。这样百姓仅仅养活自己还担心不够，他们哪儿还有闲心去学习礼仪呢？您想要施行仁政，那何不从根本上做起呢？每家给五亩住宅，种上桑树，那五十岁的人就可以穿上丝绸了。鸡、狗和猪这类的牲畜，做到及时喂养和繁殖，那七十岁的人就可以吃肉了。每家分给一百亩地，并且按时耕种，八口人的家庭可以不挨饿了。谨慎地搞好学校教育，反复用孝顺父母、尊敬兄长的道理去教化他们，两鬓花白的人就不会用背背着、头顶着东西在路上走了。老年人个个穿绸吃肉，百姓不受饥寒，这样还不能统一天下，那是从来没有过的事。"

附：春秋五霸

一说是齐桓公、晋文公、秦穆公、宋襄公、楚庄王；一说是齐桓公、晋文公、楚庄王、吴王阖闾、越王勾践。

春秋五霸起迄时间：齐桓公（前685—前643年）；晋文公（前636年—前628年）；秦穆公（前659—前621年）；宋襄公（前650—前637年）；楚庄王（前613—前591年）以及吴王阖闾（前514—前496年）；越王勾践（前496—前465年）。

夫子当路于齐

[说明]　本文选自《孟子·公孙丑上》，题目是后加的。文章记录的是孟子同他的弟子公孙丑的一次对话。中心思想是反对霸道，提倡王道。孟子首先通过对管仲的评价来表示他对霸道的鄙弃，然后指出凭借着齐国来统一天下是易如反掌的。他把周文王灭商的历史同当时的社会情况作了分析对比，认为当今统一天下较之古代容易得多。他又进一步指出，齐国地广人众，主观上条件优越；而在客观上，"王者之不作，未有疏于此时者也；民之憔悴于虐政，未有甚于此时者也"，机会大好。所以他认为在这种情况下以仁政来统一天下，可收到事半功倍的效果。

公孙丑问曰①："夫子当路于齐②，管仲晏子之功③，可复许乎④？"

孟子曰："子诚齐人也⑤，知管仲晏子而已矣。或问乎曾西也⑥：'吾子与子路孰贤⑦？'曾西蹴然曰⑧：'吾先子之所畏也⑨。'曰：'然则吾子与管仲孰贤？'曾西艴然不悦⑩，曰：'尔何曾比予于管仲⑪！管仲得君⑫，如彼其专也⑬！行乎国政⑭，如彼其久也！

功烈⑮，如彼其卑也⑯！尔何曾比予于是⑰？'曰⑱：管仲，曾西之所不为也⑲，而子为我愿之乎⑳？"曰："管仲以其君霸，晏子以其君显㉑，管仲晏子犹不足为与？"曰："以齐王，由反手也㉓！"

①公孙丑：孟子的弟子，姓公孙，名丑。
②夫子：对对方的尊称，相当于"您"。当路：当道，指当权执政。
③管仲：名夷吾，曾辅佐齐桓公称霸诸侯。晏子：名婴，曾相齐灵公、齐庄公、齐景公，是著名的政治家。功：功业。
④许：兴起。
⑤您真是个齐国人啊。
⑥或：有人。乎：于。曾西：孔子弟子曾参（shēn）的孙子。
⑦吾子：等于说"您"。"子"是对对方的尊称，加"吾"字表示更加亲切。子路：姓仲，名由，孔子的弟子。孰：谁，哪个。
⑧蹴（cù）然：恭敬不安的样子。然：形容词词尾。
⑨先子：先辈，指曾参。畏：敬畏。这句话是说，子路是我的先辈所敬畏的人。
⑩艴（fú）然：生气的样子。
⑪你为什么竟把我同管仲相比呢。何曾（zēng）：何乃，为什么竟。
⑫得君：遇君，即得到齐桓公的知遇。
⑬如彼其专：那样专一，意即只信任重用管仲。"如彼"作状语，"其"是语气词。下文"如彼其久"、"如彼其卑"结构同此。
⑭行乎国政：等于"行国政"，即掌握政权。
⑮功烈：功业。烈：业绩。
⑯卑：低下。孟子认为管仲不辅佐齐桓公行"王道"，而行"霸道"，所以其功业微不足道。
⑰是：指代管仲。
⑱这个"曰"的主语仍是孟子，因要换一个话头，所以又加一个"曰"字。
⑲所不为：所不做的那种人。
⑳为（wèi）：以为。愿之：希望那样。
㉑这两句是说，管仲辅佐齐桓公使他称霸天下，晏子辅佐景公使他名扬诸侯。以：犹"使"（见《古书虚字集释》卷一）。显：显名。
㉒不足：不值得。
㉓这两句是说，凭借齐国来统一天下，易如反掌。以：介词，凭着，使。王（wàng）：王天下，统一天下。由：通"犹"，如同。反手：翻转手掌，表示非常容易。

曰："若是，则弟子之惑滋甚①。且以文王之德②，百年而后崩③,犹未洽于天下④,武王、周公继之⑤,然后大行⑥。今言若易然⑦,则文王不足法与⑧?"

曰:"文王何可当也⑨?由汤至于武丁,贤圣之君六七作⑩,天下归殷久矣⑪,久则难变也。武丁朝诸侯⑫,有天下,犹运之掌也⑬。纣之去武丁未久也⑭。其故家遗俗⑮,流风善政⑯,犹有存者,又有微子、微仲、王子比干、箕子、胶鬲⑰,皆贤人也,相与辅相之⑱,故久而后失之也⑲。尺地莫非其有也,一民莫非其臣也⑳。然而文王犹方百里起㉑,是以难也。齐人有言曰:'虽有智慧,不如乘势㉒;虽有镃基㉓,不如待时㉔。'今时则易然也㉕。夏后殷周之盛㉖,地未有过千里者也㉗,而齐有其地矣㉘。鸡鸣狗吠相闻,而达乎四境㉙,而齐有其民矣。地不改辟矣㉚,民不改聚矣㉛,行仁政而王,莫之能御也㉜。且王者之不作,未有疏于此时者也㉝;民之憔悴于虐政㉞,未有甚于此时者也。饥者易为食,渴者易为饮㉟。孔子曰:'德之流行,速于置邮而传命㊱。'当今之时,万乘之国行仁政㊲,民之悦之㊳,犹解倒悬也㊴。故事半古之人,功必倍之㊵。惟此时为然㊶。"

①滋:副词,更加。
②且:连词,再说。文王:周文王。
③百年:百岁,相传周文王活了九十七岁,这里是举其整数。崩:天子死叫"崩"。
④这句的意思是,文王的德泽还没有普施于天下。洽:滋润。
⑤武王:周武王,文王之子。周公:武王之弟,曾辅佐武王灭殷。继之:指继承周文王的事业。
⑥大行:普遍推行其德,意即统一了天下。
⑦现在您说起统一天下好像很容易的样子。若……然:像……的样子。
⑧法:效法。
⑨这句的意思是说,文王那个时代怎么能够同现在相比呢?意思是文王统一天下比现在困难得多。当:相比。
⑩汤:商朝的开国之君。武丁:商朝贤君。六七作:兴起了六七次。
⑪天下归殷:天下人归附于殷朝(即商朝)。
⑫朝诸侯:使诸侯来朝。朝:使动用法。
⑬运之掌:运转于手掌之上,形容非常容易。
⑭纣:商代的亡国之君。去:离。未久:由武丁至纣共七代国君,但在

位的时间都不长，所以这里说“未久”。

⑮故家：故旧世家，即有功勋的旧臣之家。遗俗：指前代传下来的好习俗。

⑯流风：流传下来的好风尚。善政：好的政教。

⑰这五个人都是纣王时的贤臣。

⑱相与：共同，一起。辅相（xiàng）：辅佐。“相”与“辅”同义。

⑲这句是说，所以商朝经过很长的时间才亡国。

⑳这两句是说，没有一尺土地不是他所有的，没有一个百姓不是他的臣民。莫非：无不是。臣：臣属，臣民。

㉑犹：通“由”，从。起：兴起。

㉒乘势：趁着形势。

㉓镃（zī）基：锄一类的农具。

㉔时：农时。以上四句是齐国的谚语，意思是说，无论做什么事情，条件和时机是非常重要的。

㉕这句是说，现在这个时机统一天下就很容易了。下文就此加以论述。

㉖夏后：即夏朝。夏朝亦称“夏后氏”。盛：昌盛，指昌盛的时代。

㉗千里：指方千里。

㉘其地：这样大的土地。

㉙这两句是说，鸡鸣狗叫的声音处处听得到，一直传到四方边界。这是形容人口稠密。

㉚土地不需要再开辟了。改：副词，更。

㉛聚：聚集。

㉜没有人能阻挡他。“之”是“御”的宾语，因在否定句中，提在动词之前。御：阻挡。

㉝这两句是说，而且王者（能统一天下的贤君）不出现的时间，没有比现在更长久的了。作:兴起,出现。疏:指时间长久。于:介词,表示比较。

㉞憔悴（qiáocuì）于虐政：被暴虐的政治所困苦。憔悴：困苦。于：介词，引进行为的主动者，表示被动。

㉟这两句是说，饥饿的人容易使他吃，口渴的人容易使他喝。这是比喻在人民困苦的时候实行仁政，他们最容易接受。

㊱置、邮：是古代传递政令或消息的方法，以马传递叫“置”，以车传递叫“邮”（依朱熹说）。这句的意思是说，比车马传递政令还要快。

㊲万乘（shèng）之国：拥有一万辆兵车的大国。

㊳民之悦之：老百姓对这件事情的欢迎。前一个“之”字是结构助词，用于主谓之间取消句子的独立性。后一个“之”字是代词，指代上文“万乘之国行仁政”。

㊴解倒悬：为倒着悬挂的人解开绳索。

㊵事情比古代的人少做了一半,而成效却必定高出一倍。
㊶只有现在这个时代才能如此。然:代词,这样。

译文

孟子在齐国执政

公孙丑问道:"您在齐国执政,管仲、晏子的功业可以再兴起来吗?"

孟子说:"您真是个齐国人啊,只知道管仲晏子罢了。有人向曾西提问说:'您和子路相比哪个贤明呢?'曾西恭敬而不安地说:'子路是我的先辈所敬畏的人。'那人又问道:'那么您与管仲相比哪个贤明呢?'曾西露出生气的样子不高兴地说:'你为什么竟把我和管仲相比呢?'管仲得到了齐桓公的信任,并且那样的专一,管仲掌握政权那样长久,然而他的功劳业绩却是那样的微小!你为什么拿我和管仲相比呢?'"孟子说:"管仲是曾西都不做的那种人,而您认为我希望做吗?"

公孙丑说:"管仲辅佐齐桓公使他称霸天下,晏子辅佐齐景公使他名扬诸侯,管仲晏子还不值得学习吗?"

孟子说:"让齐国来统一天下,如同转动手掌一样的容易。"

公孙丑说:"如果像这样,那我的疑惑就更加厉害了。再说周文王活了上百岁,他的德泽还没有普遍施加于天下,周武王、周公继承他的事业,然后才普施其德,统一了天下。现在您说统一天下像是很容易的样子,那么周文王不值得效法吗?"

孟子说:"文王那个时代怎么能和现在相比呢?由商汤到武丁,圣贤之君兴起了六七次,天下人归附于商朝很久了,久了就不容易改变。武丁使诸侯来朝,他拥有天下,犹如在手掌上运转东西一样容易。商纣王距离武丁的时代没有多久,那些故旧世家,流传下来的好风尚、好的政教,都还有存在的,又有微子、微仲、王子比干、箕子和胶鬲都是贤人,共同辅佐纣王,所以商朝经历很长的时间才灭亡。当时没有一尺土地不是纣王所有的,没有一个百姓不是纣王的臣民,然而文王从方圆百里兴起,因此很难。齐人有句话说:'即使有智慧,不如趁着形势；即使有锄类的农具，不如等待农时。'现在这个时机统一天下是很容易的。夏朝、商朝和周朝的强盛，土地没有超过方圆千里的，而齐国有这么大的土地了。鸡鸣狗叫的声音都可以互相听到，一直达到四方的边境，齐国有这么多的人了。土地不需要再开辟了，人民也不需要再聚合了，施行仁政而统一天下，是没有谁能阻挡的。再说能统一天下的贤君不出现的时间，没有比现在更久的了；人民被暴政虐待的困苦，没有比现在更厉害的了。饥饿的人容易接受吃的，口渴的人容易接受喝的。孔子说：'德政的施行比用车马传递政令还要快。'当现在这个时候，拥有万辆兵车的大国施行仁政，人民喜欢它，如同替倒悬着的人解开绳索。事情比古代的人要少做一半，而成效却要高出一倍。只有现在这个时候才是这样。"

附齐国历代国君表

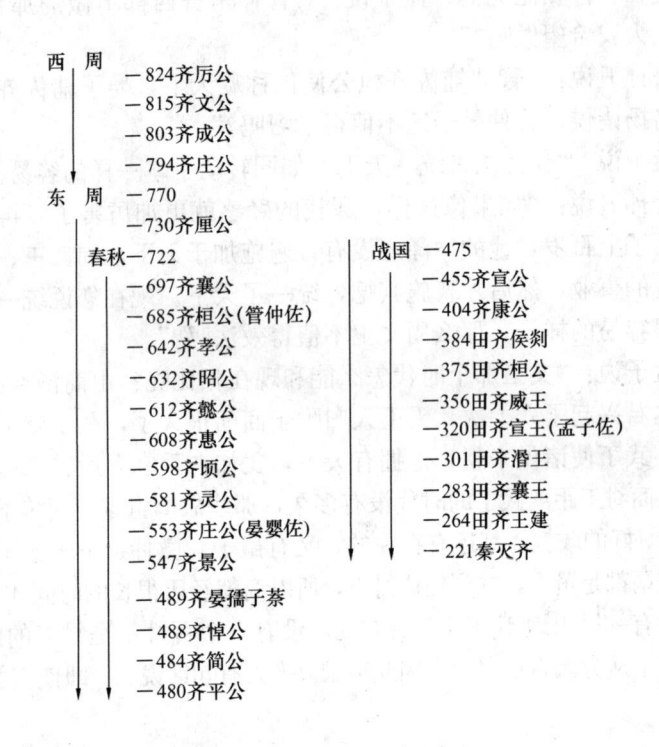

西周
- −824 齐厉公
- −815 齐文公
- −803 齐成公
- −794 齐庄公

东周 −770
- −730 齐厘公

春秋 −722
- −697 齐襄公
- −685 齐桓公（管仲佐）
- −642 齐孝公
- −632 齐昭公
- −612 齐懿公
- −608 齐惠公
- −598 齐顷公
- −581 齐灵公
- −553 齐庄公（晏婴佐）
- −547 齐景公
- −489 齐晏孺子荼
- −488 齐悼公
- −484 齐简公
- −480 齐平公

战国 −475
- −455 齐宣公
- −404 齐康公
- −384 田齐侯剡
- −375 田齐桓公
- −356 田齐威王
- −320 田齐宣王（孟子佐）
- −301 田齐湣王
- −283 田齐襄王
- −264 田齐王建
- −221 秦灭齐

许　　行（节选）

[说明]　本文选自《孟子·滕文公上》，标题是后加的。这篇文章记叙的是孟子同许行的弟子陈相之间的一场辩论。许行属于农家学派，他主张"贤者与民并耕而食，饔飧而治"，反对阶级压迫和剥削，要求人人劳动，大家平等。另外他还提出了统一市场价格的主张。许行的观点反映了农民平均主义的要求和反抗剥削压迫的愿望。孟子从维护统治阶级利益的立场出发，极力反对许行的主张。他认为一个人的生活需要是多方面的，穿衣服需要布帛，做饭需要炊具，耕地需要农具，这些东西都不可能自己制作，因而社会分工是必要的。由此他又进一步论证剥削制度的合理性，认为"劳心者治人，劳力者治于人；治于人者食人，治人者食于人"，这是"天下之通义"。他又以事物间的质量的不同来反驳许行统一市场价格的主张。许行的主张是有缺陷的，即否定社会分工。社会分工，精神劳动和物质劳动的分工，在人类社会一定历史阶段中是不可缺少的；没有这种分工，社会就要停滞以至倒退。但孟子把制造阶级剥削有理的理论，这又是非常荒谬的。

有为神农之言者许行①，自楚之滕②，踵门而告文公曰③："远方之人，闻君行仁政，愿受一廛而为氓④。"文公与之处⑤。其徒数十人⑥，皆衣褐⑦，捆屦织席以为食⑧。

陈良之徒陈相⑨，与其弟辛，负耒耜而自宋之滕⑩，曰："闻君行圣人之政⑪，是亦圣人也，愿为圣人氓。"

①有一个研究神农学说的人名叫许行。为：治，研究。神农传说中的远古帝王，是"三皇"（伏羲、神农、燧人）之一，相传他曾教民耕种。战国时期的农学派假托神农之言，主张君臣并耕，发展农业生产。"神农之言"，实际上是指农家学派的学说。许行：楚国人，属农家学派。

②之：到……去。滕：诸侯国名，在今山东省滕县。

③踵（zhǒng）：走到。这个字的本义是"脚跟"，"走到"是它的引申义。文公：滕文公，滕国的国君。

④廛（chán）：一般百姓的住宅。氓（méng）：从各地迁来的人。

⑤与之处：给他（许行）个住处。这是个双宾语句。与：给。处：名词，指住所。
⑥徒：门徒。
⑦衣(yì)：穿。褐(hè)：当时贫苦人所穿的粗毛织的短衣。
⑧捆(kǔn)：编织。屦(jù)：鞋。为食：谋食，为生。
⑨陈良：楚国人，属儒家学派。
⑩负：背着。耒耜(lěisì)：古代农具，似犁。
⑪圣人之政：即上面所说的"仁政"。

陈相见许行而大悦①，尽弃其学而学焉②。陈相见孟子，道许行之言曰③："滕君，则诚贤君也；虽然④，未闻道也⑤。贤者与民并耕而食⑥，饔飧而治⑦；今也，滕有仓廪府库⑧，则是厉民而以自养也⑨，恶得贤⑩！"

①大悦：指非常悦服许行的学说。
②完全抛弃了他所学的（儒道）而向许行学习。
③道：叙说，转述。
④虽然：虽然这样。
⑤未闻道：指滕君还不懂得贤君的治国之道。
⑥并耕：一起耕作。食：指谋食。
⑦这句是说，自己一面做饭，一面治国。饔飧(yōngsūn)：早饭、晚饭，这里都用作动词。
⑧仓廪(lǐn)：装粮食的仓库。府库：装财货的仓库。
⑨则是：那么这就是。厉民：使百姓困苦，即损害百姓。厉：病。自养：奉养自己。《吕氏春秋·爱类》："神农之教曰：士有当年而不耕者，则天下或受其饥矣；女有当年而不绩者，则天下或受其寒矣。"这就是说，在农家学派看来，如果有人不劳动，就会损害他人。
⑩怎么可能是贤君呢？恶(wū)：怎么。

孟子曰："许子必种粟而后食乎①？"曰："然②。""许子必织布而后衣乎？"曰："否，许子衣褐③。""许子冠乎④？"曰："冠。"曰："奚冠⑤？"曰："冠素⑥。"曰："自织之与？"曰："否，以粟易之⑦。"曰："许子奚为不自织⑧？"曰："害于耕⑨。"曰："许子以釜甑爨⑩，以铁耕乎⑪？"曰："然。""自为之与⑫？"曰："否，以粟易之。"

①许子：即许行，称"子"表示尊敬。而后：然后。
②然：应对副词，是的。

③否：应对副词，不，不是。褐是用毛编织的，所以是"织布而后衣"。
④冠（guàn）：用作动词，戴帽子。
⑤奚冠：戴什么帽子。奚，何，作"冠"的宾语，前置。
⑥素：生丝织的不染色的绢帛，这里指用"素"做的帽子。
⑦易：换。
⑧奚为：为什么，"奚"作介词"为"的宾语，前置。
⑨害：妨害。
⑩釜（fǔ）：古代的一种锅。甑（zèng）：蒸东西用的类似笼屉的陶制饮具。爨（cuàn）：烧火做饭。
⑪铁：指铁制的农具。
⑫为：制作。

"以粟易械器者①，不为厉陶冶②，陶冶亦以械器易粟者，岂为厉农夫哉？且许子何不为陶冶，舍皆取诸其宫中而用之③？何为纷纷然与百工交易④？何许子之不惮烦⑤？"曰："百工之事，固不可耕且为也⑥。""然则治天下独可耕且为与⑦？有大人之事，有小人之事⑧。且一人之身而百工之所为备⑨，如必自为而后用之，是率天下而路也⑩。故曰：或劳心⑪，或劳力。劳心者治人，劳力者治于人⑫；治于人者食人⑬，治人者食于人，天下之通义也⑭。

①械器：指各种工具器械。
②陶冶：烧制陶器、冶炼铁器，这里指陶工铁匠。下文"何不为陶冶"，则指陶冶之事。
③什么都从自己的家中拿来用呢？舍：犹今语"啥"，什么。旧注释作"止（只）"。诸：之于。宫：室，家。秦汉以后用以专指宫廷。
④纷纷然：忙乱的样子。然：形容词词尾。百工：各种从事手工业生产的人。
⑤为什么许行那么不怕麻烦呢？"何……之……"是个表示反问的格式，可译作"为什么……那么（这样）……"惮（dàn）：怕。
⑥固：本来。耕且为：一面耕种一面做。且：连词，表示并列关系。
⑦独：难道。
⑧大人：指地位尊贵的人。小人：指从事劳动的地位低的人。
⑨这句是说，一个人的生活需要，是各行各业的人为他准备的。《荀子·富国》："故百技所成，所以养一人也。"意与此同。所为备：所为之备，介词"为"后省略宾语。

⑩率：带领。天下：指天下之人。路：用作动词，指奔走于道路。
⑪或：有人。劳心：劳动心神，实际上是指对人民进行统治。
⑫治于人：被人统治。于：介词，引进行为的主动者，表示被动。
⑬食（sì）：给人东西吃，这里是供养的意思。
⑭通义：普遍的道理。

"当尧之时①，天下犹未平②。洪水横流③，氾滥于天下④。草木畅茂⑤，禽兽繁殖，五谷不登⑥，禽兽偪人⑦，兽蹄鸟迹之道⑧，交于中国⑨。尧独忧之，举舜而敷治焉⑩。舜使益掌火⑪，益烈山泽而焚之⑫，禽兽逃匿⑬。禹疏九河⑭，瀹济漯⑮，而注诸海⑯；决汝汉⑰，排淮泗⑱，而注之江⑲；然后中国可得而食也⑳"。当是时也，禹八年于外，三过其门而不入，虽欲耕，得乎㉑？

①尧：和下文的舜，都是传说中的古代帝王，儒家把他尊奉为圣王。
②犹：还。平：平定，整治，治理好。
③洪：大。横流：到处乱流。
④氾滥：同"泛滥"。
⑤畅茂：茂盛。
⑥登：成熟。
⑦偪（bī）：同"逼"，逼迫，威胁。
⑧兽的蹄印和鸟的足迹所形成的道路。
⑨交：交错。中国：指中原地带。
⑩敷（fū）治：治理。"敷"也是治的意思。
⑪益：传说是舜的臣。掌火：掌管火。
⑫烈山泽：烈于山泽，即在山泽燃起大火。烈：火猛，这里用作动词，燃起大火。
⑬匿：藏。
⑭禹：夏朝的第一个国君，相传他治水有功。疏：疏通。九河：相传古代黄河下游河道分九条，故道已不可考。
⑮瀹（yuè）：疏导。济漯（jìtà）：两水名，故道在今山东省。
⑯注诸海：使之注入渤海。注：使动用法，使……注入。诸：之于。
⑰决：开决，指挖通水道。汝：汝水，古汝水源出河北省，至河南省流入淮河。汉：汉水。源出陕西省，在汉口流入长江。
⑱排：排除淤塞。淮：淮河，古时东流入海。泗（sì）：泗水，古时源出山东省，至江苏淮阴附近流入淮河。

⑲江：长江。汝、汉、淮、泗四水，只有汉水流入长江，这里与实际情况不符。
⑳可得而食：能够耕种谋食。
㉑得乎：可能吗。

"后稷教民稼穑①，树艺五谷②，五谷熟而民人育③。人之有道也④，饱食、煖衣、逸居而无教⑤，则近于禽兽。圣人有忧之⑥，使契为司徒⑦，教以人伦⑧：父子有亲，君臣有义⑨，夫妇有别⑩，长幼有叙⑪，朋友有信。放勋曰⑫：'劳之来之⑬，匡之直之⑭，辅之翼之⑮，使自得之⑯，又从而振德之⑰。圣人之忧民如此，而暇耕乎⑱？

①后稷（jì）：名弃，周的始祖。"稷"原是主管农事的官，相传尧曾任命弃为稷。周人因称他为"后稷"（"后"是"君"的意思）。稼穑（sè）：耕种和收获，这里泛指农事。
②树艺：两字同义，都是种植的意思。
③民人：两字同义，亦可写作"人民"。育：生养，生存繁殖。
④人之有道也：等于说"人之为道也"，意思是关于做人的道理。
⑤吃得饱、穿得暖、住得安逸却没有受到教育。煖：同"暖"。
⑥有（yòu）：又。
⑦契（xiè）：相传是尧的臣子，商的始祖。司徒：官名，主管教化。
⑧教以人伦：即"以人伦教之"。人伦：古代统治阶级所规定的人与人之间的关系。以下五句就是所谓"五伦"。
⑨义：具体表现为臣对君的忠诚和服从。
⑩别：区别，具体表现为男尊女卑的不平等关系。
⑪叙：次序，等次。
⑫放勋：尧的号。下面是尧对契所说的话。
⑬劳（lào）之来（lài）之：慰劳勉励他们（指"民"）。"劳"：慰劳，与"来"同义，"来"又写作"勑"。
⑭匡之直之：使他们正直。匡：正，与"直"同义。
⑮辅之翼之：帮助他们。翼：与"辅"同义。
⑯自得之：指自得其善性。
⑰又从而："又"与"从而"连用，表示进一步的意思，相当于"又进而"。振：即"赈"，救济。德：用作动词，给以恩德。
⑱哪里有时间耕作呢？暇：空闲、闲暇。

"尧以不得舜为己忧，舜以不得禹、皋陶为己忧①。夫以百亩之不易为己忧者②，农夫也。分人以财谓之惠③，教人以善谓之忠，为天下得人者谓之仁④。是故以天下与人易，为天下得人难⑤。孔子曰⑥：'大哉，尧之为君！惟天为大，惟尧则之⑧，荡荡乎⑨，民无能名焉⑩！君哉，舜也⑪！巍巍乎⑫，有天下而不与焉⑬！'尧舜之治天下，岂无所用其心哉⑭？亦不用于耕耳⑮！

①皋陶（gāo yáo）：相传是舜的法官，曾和禹一起帮助舜治理天下。
②不易：没有耕种好。易：治，指耕种好。
③分人以财：等于说"以财分人"。惠：恩惠。"惠"与下文的"忠"、"仁"，都是道德观念，这里是随文解释，并不都符合原义。
④得人：指找到贤人。
⑤这两句是说，把天下让给人是很容易的，但是为天下找到贤人却是很难的。与：给。
⑥以下的引文见《论语·泰伯》，但文字上有些出入。
⑦这是个主谓倒装句，"尧之为君"是主语，"大哉"是谓语。谓词前置有强调的作用。
⑧则：法则，这里用作动词，是效法的意思，指效法天的博大无私。
⑨荡荡：广大的样子，形容恩德无边。
⑩名：名状，用语言表达。
⑪君哉：真是个贤君啊，这也是倒装句。
⑫巍巍：高大的样子，形容品德高尚。
⑬这句是说，舜据有天下而不以为荣，好像天下同他不相干似的。与（yù）：参与，相干。
⑭无所用其心：没有用他心思的地方。
⑮亦……耳：只是……而已。

"吾闻用夏变夷者，未闻变于夷者也①。陈良，楚产也②，悦周公、仲尼之道③，北学于中国；北方之学者，未能或之先也④。彼所谓豪杰之士也⑤。子之兄弟，事之数十年⑥，师死而遂倍之⑦，昔者，孔子没⑧，三年之外，门人治任将归⑨，入揖于子贡⑩，相向而哭，皆失声⑪，然后归。子贡反⑫，筑室于场⑬，独居三年，然后归。他日，子夏、子张、子游以有若似圣人⑭，欲以所事孔子事之⑮，强曾子⑯，曾子曰：'不可，江汉以濯之⑰，秋阳以暴之⑱，皓皓乎不可尚已⑲！'今也，南蛮鴂舌之人⑳，非先王之道；子倍子之师而学之，亦异于曾子矣。吾闻出于幽谷，迁于乔木者㉑，未闻下乔木而入幽谷者。《鲁颂》曰㉒:'戎狄是膺㉓,荆舒是惩㉔。'周公方且膺之㉕,子是之学㉖,亦为不善变矣㉗。"

①这两句是说,我听说用华夏(的文化)去改变夷族,没有听说被夷族改变的。夏:华夏,指当时文化比较发达的中原各国。变:改变。夷:指中原以外的文化落后的部族。变于夷:被夷改变。

②楚产:楚国出生的人。当时楚国的文化已经很发达,孟子出于偏见,仍认为夷人落后。

③周公:姓姬,名旦,周文王之子,曾辅佐武王、成王,封于鲁。周公是儒家尊崇的人物。仲尼:即孔子,孔子字仲尼。

④还没有人能超过他。或:有人。先:动词,超过。"之"是"先"的宾语,因在否定句中,故前置。

⑤彼:指陈良。所谓:人们所说的,公认的。豪杰:才德出众。

⑥事:侍奉,指给他当学生。

⑦倍:通"背",背叛。

⑧没:即"殁",死。

⑨门人:弟子,学生。治任:收拾行装。任:担子,这里指行装。当时弟子要为老师服心丧三年,所以三年过后,"门人治任将归"。

⑩揖:作揖,拱手为礼。子贡:姓端木,名赐,孔子的弟子。

⑪失声:泣不成声。

⑫反:即"返"。

⑬场:墓前供祭祀用的空地。

⑭子夏:姓卜,名商。子张:姓颛孙,名师。子游:姓言,名偃。有若:即有子。以上四人都是孔子的弟子。圣人:指孔子。

⑮所事孔子:侍奉孔子的方式(礼节)。所:指代行为的方式。

⑯强曾子:强迫曾子也这样做。曾子:名参(shēn),孔子的弟子。

⑰濯:洗。

⑱秋阳:秋天的太阳。周历的七八月相当于夏历的五六月,正是阳光强烈的时候。暴(pù):即"曝",晒。

⑲皓皓(hào):光明洁白的样子。乎:形容词词尾。尚:通"上",超过。以上三句的意思是,孔子的品德如同经过长江汉水的洗涤,秋天太阳的暴晒,非常光明洁白,是不可能超过的。

⑳南蛮:对南方部族的称呼,实指楚国。鴃(jué):鸟名,又叫伯劳,叫声难听。孟子用"鴃舌"来比喻许行说话难听。

㉑幽谷:幽深的山谷。乔木:高的树木。"出于幽谷,迁于乔木"出于

《诗经·小雅·伐木》，原是说鸟向高处飞，这里比喻人由坏变好。

㉒引诗见《诗经·鲁颂·閟（bì）宫》。

㉓戎狄是膺：打击戎狄。"戎狄"是"膺"的宾语，置于动词之前，以"是"复指。下文"荆舒是惩"结构同此。戎：古代西方的少数民族。狄：古代北方的少数民族。膺：击。

㉔荆：楚国的别名。舒：南方的小国，从属于楚。惩：惩罚。

㉕方且：将要。

㉖是：指代戎狄荆舒。"是"是"学"的宾语，置于动词之前，以"之"复指。

㉗不善变：孟子认为陈相背叛陈良而从师许行，这是"变于夷"，实在是不善于改变。亦为：实在是。

"从许子之道，则市贾不贰①，国中无伪②；虽使五尺之童适市③，莫之或欺④。布帛长短同，则贾相若⑤；麻缕丝絮轻重同⑥，则贾相若；五谷多寡同，则贾相若；屦大小同，则贾相若⑦。"曰："夫物之不齐⑧，物之情也⑨，或相倍蓰⑩，或相什百⑪，或相千万。子比而同之⑫，是乱天下也。巨屦小屦同贾⑬，人岂为之哉？从许子之道，相率而为伪者也⑭，恶能治国家！"

①市贾（jià）不贰：集市上没有两种不同的价格。贾：即"价"。

②国：都城。伪：欺诈。

③虽：即使。五尺：战国时一尺约等于今尺的三分之二强，五尺就是三尺多。适：到……去。

④莫之或欺：等于说"莫之欺"没有什么人欺骗他。"之"是"欺"的宾语，因在否定句中，提在动词之前。或：助词，无义。

⑤相若：相像，相同。

⑥缕（lǚ）：线。

⑦以上是陈相的话。以下是孟子的话。

⑧不齐：指质量不相等。

⑨情：性，指自然的道理。

⑩或：有的。蓰（xǐ）：五倍。

⑪什：十倍。在古汉语中，"十"在表示倍数或分数时常写作"什"。

⑫比：并列。同：等同。

⑬巨：指粗糙。小：指精细。（依赵歧说）

⑭相率：彼此带领着，竞相。

译文

许　行

　　有个研究农家学说的人——许行，从楚国去到滕国，走到门前告诉滕文公说："（我是）远方的人，听说您施行仁政，希望能得到一个住处而作为您的百姓。"（于是）滕文公就给他安排了一个处所。许行有几十个门徒，都穿粗布衣服，用编鞋织席来维持生活。

　　（楚国）陈良的门徒——陈相，与他的弟弟——陈辛（一道）背着农具，从宋国来到滕国说："听说您施行圣人之政，您也就是圣人呀！我希望能作圣人的百姓。"

　　陈相见到许行非常高兴，完全放弃了他向陈良学到的儒家学说，而在那里向许行学习农家思想。陈相见到孟子，转述许行的话说："滕国国君倒真是个贤君。虽然这样，但滕君还不懂得贤君治国的道理。贤明的君主要和人民一起耕种才能吃饭，自己一面做饭，一面治理天下。现在滕国有贮存粮食的仓库和存放财物的府库，那这就是损害人民来供养自己，哪能称得上贤能呢？"

　　孟子说："许行一定是自己种庄稼然后才吃饭吗？"陈相说："是这样。"孟子说："许子一定是自己织布然后才穿衣服吗？"陈相说："不，许子穿不经纺织的粗毛衣。"孟子说："许子戴帽子吗？"陈相说："戴帽子。"孟子说："戴什么帽子呢？"陈相说："戴生绢做的帽子。"孟子接着问："是自己织的吗？"陈相回答说："是用粮食换来的。"孟子又问："许子为什么不自己织呢？"陈相回答说："对耕种有妨碍。"孟子问："许子用锅做饭、用铁器耕作吗？"陈相回答说："是的"。孟子又问："都是自己做的吗？"陈相回答说："不，是用粮食换来的。"

　　孟子说："如果用粮食换取农具、炊具的人，不算是损害陶匠、铁匠；那么陶匠、铁匠也用他们生产的东西换取粮食，难道能算是损害农夫吗？况且许先生怎么不去烧陶冶炼，而是什么都要从自己家中拿来使用呢？为什么许先生忙忙碌碌去与各种工人交换？为什么许先生不怕麻烦呢？"

　　陈相回答说："各种工匠的工作，本来就不可能是边耕种边干得了的。"孟子说："既然如此，那么独有治理天下的人，既可以一边耕种又可以一边治理天下吗？天下有统治者的事，也有被统治者的事。而且对于一个人来说，各种工人所制作的东西他都要具备，缺一不可，如果一定要自己制作然后才能用，那就等于是带领天下的人在路上奔走。所以说：有的人劳心，有的人劳力。劳心的人统治别人，劳力的人被别人统治；被别人统治的人供养别人，统治别人的人被别人供养，这是天下的通理呀。

"在尧的时候，天下尚未安定，大水泛滥成灾。草木茂盛，禽兽就繁殖；五谷不丰收，禽兽就威胁人类。有着鸟兽足迹的道路，纵横交错在整个中原地带。尧暗自担忧，推荐舜进行治理。舜使益管火（当火正官），益放大火把山野沼泽的草木烧掉，野兽就逃跑隐藏起来了。大禹疏通了九河，引导了济水和漯水，挖通了汝水和汉水，排除了淮水和泗水的淤塞，使它们分别流入长江、大海。这样以后我们中原地带才能收获粮食。在这个时候，禹八年在外面治水，多次路过家门而没有进家，即使想自己耕种，有可能吗？

（孟子说：）"（周的始祖）后稷教百姓耕种、收获，种植五谷，粮食熟了百姓才能生存、繁殖。关于做人的道理，（如果只是）吃饱穿暖也住得安逸，然而没有教养，那就和禽兽差不多。圣人又担忧百姓，派契当主管教化的官，把人与人之间的关系教给他们：如父子之间有骨肉之亲，君臣之间有礼义之道，夫妇之间男尊女卑，存在有不平等的分别，老少之间有尊卑之序，朋友之间有诚信之德。帝尧说：'慰劳和勉励百姓，使人民正直，还要帮助他们，使他们自得其善性，又要随着救济他们，对他们施加恩德。'圣人像这样地担忧百姓，哪里还有闲暇耕种呢？

（孟子说：）"尧把得不到舜作为自己的忧愁，舜也把得不到禹和皋陶作为自己的忧愁，为田地种得不好而担忧的是农夫。把财物分给别人叫做惠，把行善教给别人叫做忠，替天下寻求人才叫做仁。所以把天下让给别人是容易的，替天下找到人才却很难。孔子说：'伟大呀！尧作为国君！只有天是伟大的，也只有尧能够效法天！尧的圣德广阔无边，人民找不到恰当的话来赞美他呀！真是个圣贤之君呀，舜啊！

伟大而了不起,自己有天下,但不以此为荣!'孟子说:尧舜的治理天下,难道没有用心思吗?只不过是没有用在耕种上罢了!"

(孟子说:)"我听说只有用华夏文化去改变夷族,没有听说华夏被夷族改变的。陈良是楚国出生的,但他喜欢周公、孔子的学说,到北边中原诸国学习。北方的学者,没有谁能够超过他,陈良是人们所说的才德出众的人呀。您的兄弟向他学习了几十年,老师一死,学生就背叛了。从前孔子死了,学生为老师服心丧三年,三年过后学生收拾行装回家时,对子贡行拱手礼,大家相对泣不成声,然后才回去。子贡返回孔子墓前,修筑一间小屋,又单独为老师守孝三年,然后才回去。后来,子夏、子张、子游认为有若像孔子,要用侍奉孔子的方式侍奉有若,并且勉强曾子也这样做,曾子说:'不行,孔子的品德如同经过了长江、汉水的洗涤,经过秋天的暴晒,非常光明洁白,是不可能赶上的!'现在,许行是个楚国蛮子,说话像伯劳鸟叫的人,他掌握的不是先王的儒家学说,您背叛您的老师(陈良)而学习许行,实在是和曾子不同了。我听说过从幽深的山谷出来,往上飞迁到高的树木上(比喻人由坏变好),而没有听说过,从高的树木上往下飞迁到幽深的山谷(比喻人由好变坏)。《诗经·鲁颂》上说:'要打西方和北方的部族,要惩罚南方的楚国和其他小国。'周公(儒家所尊崇的人物)将要打击他们,您还向他们学习,实在是太不善于改变了。"

陈相说:"如果遵从许子的学说,那就会做到市场上的价格没有两样,都市当中没有欺诈行为。即使让小孩去市场(买东西),也没有人欺骗他们。布匹丝绸长短相同,那么价钱就一样;麻线、丝棉重量相同,那么价钱也一样;粮食多少相同,那么价钱也一样;鞋的大小相同,那么价钱也一样。"

孟子说:"货物品种、质量不一样,这是万物的本性和实情。各种货物有的相差一倍五倍,有的相差十倍百倍,有的相差千倍万倍,许子把它们平列而等同起来,这是要扰乱天下呀。制造粗糙的鞋和制造精细的鞋价钱一样,人们难道愿作精细的鞋吗?遵从许子的学说,是带领人们而作假吧!怎么能治理国家呢!"

古人最早用耒或耜翻地,后来把耒和耜改进成耒耜,提高了劳动效率。

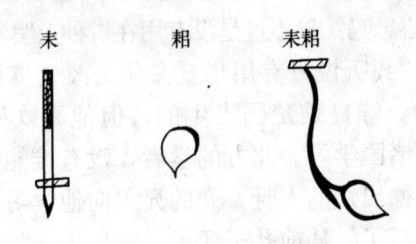

舜发于畎亩之中

[说明]　本文选自《孟子·告子下》，题目是后加的。这篇文章主要说明一个有作为的人物的成长，必须经过艰难困苦的磨炼。艰苦的环境，可以激发人们奋起，锻炼人们的意志，增强人们的能力；而条件优裕，又贪图安逸，就会一事无成，无异于自取灭亡。所以文章最后说："然后知生于忧患，而死于安乐也。"孟子所讲的是剥削阶级人物的成长，但我们从中仍可以受到启发。

孟子曰："舜发于畎亩之中①，傅说举于版筑之间②，胶鬲举于鱼盐之中③，管夷吾举于士④，孙叔敖举于海⑤，百里奚举于市⑥。故天将降大任于是人也⑦，必先苦其心志⑧，劳其筋骨，饿其体肤⑨，空乏其身⑩，行拂乱其所为⑪，所以动心忍性，曾益其所不能⑫。人恒过⑬，然后能改⑭；困于心，衡于虑，而后作⑮。征于色，发于声，而后喻⑯。入则无法家拂士⑰，出则无敌国外患者⑱，国恒亡。然后知生于忧患，而死于安乐也⑲。"

① 舜：虞舜，传说中的古代帝王。发：起，兴起。畎（quǎn）亩：指田野。畎：田间的水沟。亩：田垄。相传舜曾在历山耕田，后被尧举用。
② 傅说（yuè）：商代高宗武丁的相。举：举用。版筑之间：等于说从筑墙的工作中。版：筑墙用的夹板。筑：捣土用的杵。古人筑墙，先设相夹的两板，然后置土其中，以杵捣之。据说傅说在傅岩为人筑墙，武丁举以为相，因以傅为姓。
③ 胶鬲（gé）：殷纣王时的贤臣，曾贩卖鱼盐，西伯姬昌（周文王）举荐

于纣。
④管夷吾：即管仲，齐桓公的相。士：狱官之长。管仲原是公子纠的臣属，公子纠与齐桓公争夺君位失败后，管仲作为囚犯被押至齐国，经鲍叔牙的推荐，桓公任命他为相。
⑤孙叔敖：春秋时楚国人，曾隐居海滨，楚庄王知其贤，举以为相。
⑥百里奚：春秋时虞国人，虞亡后，沦为奴隶，秦穆公用五张羊皮把他赎出，任为大夫。市：指买卖的场所。
⑦天：孟子把人事看成天意，这是错误的。降大任于是人：把重大的担子交给这个人。任：担子，任务。
⑧苦其心志：使他的心思意向困苦。苦：使动用法。
⑨体肤：指身体。
⑩空乏其身：使他身受穷困之苦。空乏：资财缺乏，使动用法。
⑪在行动上扰乱他的所作所为，即使他做事不能如意。拂：违逆，扰乱。
⑫这两句是说，以此来使他心受感奋，意志坚强，增加他的能力。所以：用……方法，以此来。动心：惊动其心，使之奋起。忍性：使其性格坚强。忍：坚。曾（zēng）益其所不能：增加他所缺乏的能力。曾：即"增"。益在这里也是"增加"的意思。
⑬恒：常。过：犯错误。
⑭改：指改正错误，这两句的意思是，人常常犯错误，就会引起警惕，吸取教训，从而改正错误。
⑮这三句是说，内心困惑，思虑阻塞，然后才能奋发有为。困：困惑。衡：通"横，"阻塞不顺。作：起，奋起。
⑯这三句是说，从脸色上表现出来，通过声音抒发出来，然后才能被别人了解。征：验证，表现。色：面色。发：抒发。喻：了解。
⑰入：指在国内。法家：指坚守法度的大臣。拂（bì）士：指匡正过失的大臣。拂：通"弼"，匡正，纠正。
⑱出：指在国外。
⑲意即，由于忧患而得以生存，由于安乐而使人身亡。于：介词，由于。

译文

舜是从田野中提拔起来的

孟子说："舜帝是从田野的农夫中提拔起来的，傅说是从筑墙工人中举用为相的，胶鬲是从卖鱼盐的商人中举用为臣的，管夷吾是从狱官中举用为相的，孙叔敖是从深藏在海边的隐士中举用为相的，百里奚是从买卖奴隶的市场上用五张黑羊皮赎来起用为大夫官的。所以天要把一个重大任务交给这个人，一定首先使这个人的心灵意志受到困苦，使他的筋骨受到劳累，使他的身体遭受饥饿，使他身受穷困之苦，在行动上搅乱他的所作所为，以这些来使他心受感奋，锻炼意志，增加克服困难的能力。自己常犯错误，然后就会引起警惕，吸取教训，从而改正错误；内心有困感，思虑有阻塞，然后才能奋发有为；从脸色上表现出来，通过声音抒发出来，然后才能被别人了解。一个国家的国内，既没有坚守法度的大臣，也没有匡正过失的大臣，在国外也没有敌对国家等外患，这样的国家往往要灭亡。这样之后，才知道由于忧患才得到生存，由于安乐而使人死亡的道理。"

附《孟子》篇目

一、梁惠王章句上	（7章）
二、梁惠王章句下	（16章）
三、公孙丑章句上	（9章）
四、公孙丑章句下	（14章）
五、滕文公章句上	（5章）
六、滕文公章句下	（10章）
七、离娄章句上	（28章）
八、离娄章句下	（33章）
九、万章章句上	（9章）
十、万章章句下	（9章）
十一、告子章句上	（20章）
十二、告子章句下	（16章）
十三、尽心章句上	（46章）
十四、尽心章句下	（38章）

《庄　子》

今本《庄子》共三十三篇,其中内篇七篇,外篇十五篇,杂篇十一篇。一般认为内篇是庄子自著,外篇和杂篇是庄子的后人所作。历代为《庄子》作注的很多。现存较古的是晋代郭象注和唐代成玄英疏。清人郭庆藩的《庄子集释》把郭象注、成玄英疏和陆德明的音义编在一起,并采择清代学者的意见,内容比较丰富。王先谦《庄子集释》,博采众说,删繁就简,比较简明扼要。今人曹础基《庄子浅注》,比较通俗,便于初学。

庄子(约公元前369—前286年),名周,战国时期宋国蒙(今河南商丘县东北)人。他做过漆园吏,可能时间不长就归隐了。他一生过着比较贫苦的生活,住在陋巷,打过草鞋,还曾向监河侯借过粮食。相传楚王曾以重礼聘他为相,他拒不前往。他鄙视富贵,只求适己任性。

庄子是继老子之后道家学派的主要代表。他认为自然界是在不断变化着的,"物不胜天",人只能服从,因而主张"无为"。这就是荀子批评他的"蔽于天而不知人"。在急剧的社会变革中,他也感到无可奈何,因而主张消极避世,甚至还否定文明,反对社会进步,要人们回到原始时代。庄子还把事物的相对性绝对化,认为大小、祸福、生死、是非、善恶等等都是相对的,没有什么区别,从而否定了事物的质的规定性和真理的客观性,宣扬唯心主义的不可知论。庄子的思想是没落阶级消极颓废精神状态的表现,在历史上曾产生过消极的影响。不过从另一面看,庄子愤世疾俗,他对当时黑暗的社会现实,对统治阶级的丑恶本质,作了无情的揭露和辛辣的讽刺。这一点在历史上也产生过积极的影响。另外庄子的文章中还包含着朴素的辩证法因素,这也是应该肯定的。

庄子的文章有独特的艺术风格,大量使用寓言故事,想象丰富,比喻奇特,夸张大胆,文笔变化多端,富有浪漫主义色彩,对后代文学语言的影响很大。

逍遥游

[说明]　《逍遥游》是《庄子·内篇》中的第一篇,这里节选的是其中的前半部分。逍遥,是无拘无束、自由自在的意思。游,交游,指主观同客观的关系。本文的主旨在于说明,在自然界或人世间,任何事物,任何人,都要受客观条件的制约,都是"有所待"的,因而也就没有绝对的逍遥。只有在主客观的相互制约中消除主观方面,即做到"无己",才能绝对逍遥。

本文的前半部分着力描写大鹏的高大形象和它高举远飞的雄伟气魄,同时写到蜩、学鸠、斥鷃对大鹏的讥笑。两相对比,一扬一抑,说明事物之间的"小大之辩(别)"和小不及大的道理。另外又以出游备粮为例来说明主观对客观的依存是大小各适其性的。文章的后半部分转而写到人世间的事情。作者认为,那些"知效一官"之类的小吏,其眼界如同斥鷃一样狭小;宋荣子能"定乎内外之分",不为荣辱所动,但并未达到最高的境界;列子虽能御风而行,可还是"有所待"的。这当然都算不上绝对的逍遥。他所认为的最高境界就是不立功,不求名,忘掉自己,在一种不受任何约束的自然状态中生活,即所谓"乘天地之正,而御六气之辩,以游无穷"。这是一种虚幻的境界,当然是不存在的。本文反映了庄子逃避现实的消极思想,其本身没有什么积极意义。但是文中所塑造的大鹏的形象,却留传于后世,产生了深远的影响。

北冥有鱼[①],其名为鲲[②]。鲲之大,不知其几千里也。化而为鸟,其名为鹏[③]。鹏之背,不知其几千里也。怒而飞[④],其翼若垂天之云[⑤]。是鸟也[⑥],海运则将徙于南冥[⑦]。南冥者,天池也[⑧]。《齐谐》者[⑨],志怪者也[⑩]。《谐》之言曰:"鹏之徙于南冥也,水击三千里[⑪],抟扶摇而上者九万里[⑫],去以六月息者也[⑬]。"野马也,尘埃也,生物之以息相吹也[⑭]。天之苍苍,其正色邪?其远而无所至极邪[⑮]?其视下也,亦若是则已矣[⑯]。且夫水之积也不厚[⑰],则其负大舟也无力⑱。覆杯水于坳堂之上⑲，则芥为之舟⑳；置杯焉则胶㉑，水浅而舟大也。风之积也不厚，则其负大翼也无力，故九万里，则风斯在下矣，而后乃今培风㉒。背负青天而莫之夭阏者㉓，而后乃今将图南㉔。

①北冥：北海。冥：即"溟"，指海。称海为冥，取其幽深之义，故下文"冥海"连用。

②鲲（kūn）：大鱼名。

③鹏：大鸟名。鹏本作"朋"，是"凤"的异体字，庄子用作大鸟名。

④怒：奋发的样子。

⑤垂天之云：天边的云彩。《说文》："垂，远边也。"在这个意义上，后来写作"陲"。

⑥是：此。

⑦海潮汹涌的时候就将飞向南海。海运：海动。海动必有大风，故鹏可借以飞行。徙（xǐ）：迁移。

⑧天池：天然形成的池子。把南海说成天池，以示广阔无边。

⑨齐谐：书名，出于齐国。

⑩志：记。怪：指怪异的事情。

⑪水击三千里：指大鹏飞起时翅膀拍击水面波及三千里之远。

⑫这句是说，凭借着上行旋风飞达九万里的高空。抟（tuán）：回旋，环绕。扶摇：上行的巨大旋风。

⑬飞了六个月才休息下来。李白《大鹏赋》："然后六月一息，至于海湄。"

⑭这三句是说，蒸腾的雾气，游荡的尘埃，是生物以气息相吹而形成的。野马：指春天林泽中蒸腾的雾气，状如奔马，故名。息：气息。

⑮这三句是说，天的那种深蓝色，是它本来的颜色呢，还是因为它远得无边无际呢？苍苍：深蓝色。正色：本色。无所至极：没有到达尽头的地方，即无边无际的意思。"其……其……"是表示测度性选择的格式，可译为"是……还是……"

⑯这两句是说，大鹏从天上向地下看，也像是这样（指人从地上看天，即上文的"天之苍苍……"所说的情况）。

⑰且夫：再说。"且"表示进层，"夫"（fú）表示要发表议论。厚：指深。

⑱负：负载。

⑲覆：倒（dào）。坳（ào）堂：堂上的低洼之处。坳：凹，洼下。

⑳芥：小草。为之舟：给它（杯水）当船。这是个双宾语句，"之"和

㉑置:放。焉:于此。胶:胶着,贴在地上不能浮动。
㉒以上三句是说,所以大鹏飞到九万里的高空,风就在它的下面,然后才能乘风。斯:就。而后乃今:表示条件承接,相当于"然后才"。培:凭,乘。
㉓莫之夭阏(yāo è):没有什么阻止它。这是个宾语提前的句子,"之"是"夭阏"的宾语,因在否定句中,提在动词之前。夭阏:连绵词,阻止。
㉔图南:计划向南飞。

蜩与学鸠笑之曰①:"我决起而飞②,抢榆枋而止③,时则不至,而控于地而已矣④,奚以之九万里而南为⑤?"适莽苍者,三飡而反,腹犹果然⑥;适百里者,宿舂粮⑦;适千里者,三月聚粮⑧。之二虫又何知⑨?

①蜩(tiáo):蝉。学鸠:小鸟名,一说即斑鸠。笑之:耻笑大鹏。
②决(xuè)起:迅速起身。决:迅速的样子。
③抢(qiāng):触,指飞上。榆:榆树。枋(fāng):檀树。止:停下来。
④时:有时。则:连词,相当于"而"。控:投,指落下。
⑤哪里用得着飞到九万里的高空再向南飞呢?奚以……为:表示反问的格式,相当于"哪里用得着……呢"。为:语气词。之:动词,到……去。南:用作动词,向南飞。
⑥以上三句是说,到近郊去的人,即便只吃三歺饭,回来后肚子还是饱饱的。适:到……去。莽苍:郊野的景色,用以代表近郊。三飡:吃了三歺饭(即用手抓了三次饭)。《礼记·曲礼上》正义:"礼,食三飡而告饱,须劝乃更食。"飡:同"餐"。反:即"返"。果然:饱的样子。
⑦宿舂粮:头一天晚上就要捣米备粮。
⑧三月聚粮:花三个月的时间来聚积粮食。
⑨之:指示代词,这。二虫:指蜩与学鸠。何知:懂得什么。

小知不及大知①,小年不及大年②。奚以知其然也③?朝菌不知晦朔④,蟪蛄不知春秋⑤,此小年也。楚之南有冥灵者⑥,以五百岁为春,五百岁为秋。上古有大椿者⑦,以八千岁为春,八千岁为秋,此大年也。而彭祖乃今以久特闻⑧,众人匹之⑨,不亦悲乎!

①知(zhì)：即"智"。不及：赶不上。
②小年：寿命短的。大年：寿命长的。年：寿命。
③奚以：何以，怎么。其：指代上述的情况。然：如此，这样。
④朝菌：一种朝生暮死的菌类植物。晦：阴历每月的最后一天。朔：阴历每月的最初一天。
⑤蟪蛄(huì gū)：又名寒蝉，春生夏死，夏生秋死，故不知一年之中有春有秋。
⑥冥灵：树名。
⑦大椿：树名。
⑧而彭祖现在以长寿独特闻名于世。彭祖：传说中的长寿的人，活了八百余岁。乃今：才是现在。久：指长寿。特：独。
⑨众人：一般人。匹之：同他相比。

汤之问棘也是已①；穷发之北有冥海者②，天池也。有鱼焉，其广数千里③，未有知其修者④，其名为鲲。有鸟焉，其名为鹏，背若泰山，翼若垂天之云，搏扶摇羊角而上者九万里⑤，绝云气⑥，负青天，然后图南，且适南冥也。斥鴳笑之曰⑦："彼且奚适也⑧？我腾跃而上⑨，不过数仞而下⑩，翱翔蓬蒿之间⑪，此亦飞之至也⑫。而彼且奚适也？"此小大之辩也⑬。
①汤：商汤，商朝的开国之君。棘：即夏革，商汤的大夫。是已：是也，就是这样的。
②穷发：不毛之地。发：毛发，指草。冥海：幽深的大海。
③广：宽。
④修：长。
⑤羊角：旋风，风向上回旋似羊角之状，故名。
⑥绝：横绝，穿过。
⑦斥鴳(yàn)：小雀。
⑧彼：指代鹏。且：将。奚适：到哪里去。
⑨腾跃：升腾飞跃。
⑩仞(rèn)：古以八尺（或七尺）为一仞。下：落下。
⑪翱翔：回旋飞翔。蓬蒿(hāo)：飞蓬和青蒿，这里泛指各种野草。
⑫飞之至：飞翔中的极点。至：极。
⑬辩：通"辨"，分别。

故夫知效一官①，行比一乡②，德合一君③，而征一国者④，其自视也，亦若此矣⑤。而宋荣子犹然笑之⑥。且举世而誉之而不加劝⑦，举世而非之而不加沮⑧，定乎内外之分⑨，辩乎荣辱之境⑩，斯已矣⑪。彼其于世⑫，未数数然也⑬。虽然⑭，犹有未树也⑮。夫列子御风而行⑯，泠然善也⑰，旬有五日而后反⑱。彼于致福者⑲，未数数然也。此虽免乎行⑳，犹有所待者也㉑。若夫乘天地之正㉒，而御六气之辩㉓，以游无穷者㉔，彼且恶乎待哉㉕？故曰：至人无己㉖，神人无功㉗，圣人无名㉘。

① 知（zhì）：即"智"，才智。效：效力，这里是胜任的意思。
② 行：品行。比（bì）：亲近。
③ 合：合意
④ 而：通"能"，能力（依郭庆藩说）。征：信。以上四句是说，所以那些才智能胜一官之职，品行能受到一乡人的敬重，道德合于一君之意，能力可取信一国之人的人。
⑤ 他们自己看起来，也如同斥鴳对自己的估计一样。其：指上列四种人。此：指斥鴳自以为"飞之至"的事。
⑥ 宋荣子：战国时宋国人，即宋鈃。犹然：笑的样子。之：指上列四种人
⑦ 举世：全社会上的人。举：全。誉之：赞扬他（宋荣子）。不加劝：不更受到鼓励。劝：勉励，鼓励。
⑧ 非：责难。沮（jǔ）：沮丧，即灰心丧气。
⑨ 定：确定。乎：于。内：指我。外：指外物。分：分别，界限。
⑩ 辩：通"辨"，明辨。境：境界，界限。
⑪ 斯：此。已：止。以上三句是说，宋荣子能够确定自我与外物的分别，明辨光荣与耻辱的界限，到此为止了。
⑫ 彼其于世：宋荣子他对于世事的态度。"彼其"是代词的连用形式。
⑬ 数数（shuò shuò）：屡屡，表示频繁，这里引申有汲汲以求的意思。
⑭ 虽然：即便如此。
⑮ 树：指建立至高的德行。
⑯ 列子：名御寇，战国时郑国人。御风：驾风。
⑰ 泠（líng）然：轻妙的样子。
⑱ 旬有五日：即十五天。旬：十天。有：又，古汉语整数与零数之间常加"有"字。

⑲致福：求福。致：使……至。
⑳免乎行：免于走路。
㉑有所待者：有凭借的东西，指依赖于风。
㉒若夫：如果。正：与下文的"辩"相对应，指自然的本体。
㉓六气：指阴、阳、风、雨、晦、明。辩：通"变"，变化。
㉔无穷：指时间的无始无终，空间的无边无际。
㉕恶（wū）乎：于何。以上四句是说，如果顺应自然的本性，驾御六气的变化，来遨游于无穷无尽之中，他还依赖于什么呢？
㉖至人：修养达到最高境界的人。无己：无我，即与自然混然一体。
㉗无功：不求立功。
㉘无名：不求立名。

译文

自由自在地遨游

　　北边的大海里有一条鱼，名字叫做鲲。鲲的长大，不知道大概有多少千里。鲲变而成为鸟，它的名字叫做鹏。鹏的脊背，也不知道大概有多少千里。奋起一飞，它的翅膀就像挂在天上的云彩。这只鸟呀！海潮汹涌的时候就将飞向南海。南海这个地方是个天然的水池。《齐谐》这本书是记怪异事情的，《齐谐》的书上说："大鹏鸟迁往南海的时候，翅膀在水上扇动，水面波及三千里远，凭借着往上的旋风飞上九万里的高空，离开北海飞了六个月才停息下来。"蒸腾的雾气，游荡的尘埃，是生物以气息相吹而形成的。天的那种深蓝色，是它本来的颜色呢？还是因为它远得无边无际呢？大鹏从天上看地下，也像是人在地下看天上一样。再说如果水积聚不深，那么它负载大船就没有力量。倒一杯水在堂上的低洼处，那么小草可以给杯水作船，如果在那儿放上杯子那就会贴在地上不能浮动，这是因为水浅而船大呀。如果风积聚得不厚，那么它负载大翅膀也就没有力量。所以大鹏飞到九万里的高空，风就在它的下面，然后才能乘风。负青天而没有什么东西阻挡他，然后才计划向南飞。
　　蝉和小鸟嘲笑大鹏说："我们很快往上一飞，飞上榆树、檀树就停止下来，有时候飞不到，就落到地上了，哪里用得着飞上九万里的高空再向南飞呢？"到近郊去的人，即使只吃三口饭，回来时肚子还是饱饱的；到百里之外去的人，头一天晚上就要捣米备粮；到千里地以外去的人，要用三个月的时间来聚积粮食。这两个虫（指蜩和学鸠）又懂什么呢？

小智赶不上大智，寿命短的赶不上寿命长的。根据什么知道是这样的情况呢？那种朝生暮死的菌类植物，不知道每个月的最初的一天和最后的一天，那种春生夏死或夏生秋死的寒蝉也不知道一年之中有春季和秋季，这就是寿命短的呀。楚国的南面有棵叫冥灵树的，它用五百年作为春天，五百年作为秋天。上古有棵叫大椿树的，它用八千年作为春天，八千年作为秋天。这就是寿命长的呀！而彭祖（活八百余岁）现在以长寿闻名于世，一般人同他相比，不是实在可悲吗？

商汤问棘，谈的就是这些：不毛之地的北边有个幽深的大海，是天然的水池。在那里有条鱼，它有三千里宽，还不知道它有多长，它的名字叫做鲲。在那里有只鸟，它的名字叫做鹏，背脊高像泰山，翅膀像是挂在天上的云彩，乘着羊角似的旋风而上升到九万里的高空，穿过云层，背负青天，然后才计划向南飞，而且要飞到南海去。小雀嘲笑大鹏说："大鹏要到哪儿去呢？我飞腾跳跃而上，不过几仞就下来了，在飞蓬和青蒿之间回旋飞翔，这也是我飞翔中的最高点。然而大鹏要飞往哪儿去呢？"这就是小和大的分别（即小雀不及大鹏的表现）。

所以那些才智仅能胜任一个官，品行仅能符合一乡人民的意愿，德行仅能适合一个国君的心意，能力只能取信一国之人的人，他们看待自己，也如同小雀看待自己一样（即把自己估计太高）。然而宋荣子却嘲笑上述四种人。再说宋荣子是全社会的人都称誉他时，而他不感到受鼓励，全社会的人都责难他时，他也不感到灰心失望，他能掌握对自己和对外人的分别，他能明辨光荣与耻辱的界限，但他到此为止了。宋荣子对于世事的态度，没有拼命追求的表现。虽然是这样，还是没有建立至高无上的德行。列子能乘风行空，轻飘飘的很好呀，十五天以后返回地面，他在求福方面，没有拼命追求的表现。这样虽然免于走路，但也还要依赖风才行。如果顺应着自然的本性，驾御着阴、阳、风、雨、晦、明的变化，凭着这些条件在没有穷尽的时间和空间里遨游，他还依赖什么呢？所以说：修养达到最高境界的人，可以做到忘我；修养达到神化的人，可以做到不求立功；修养达到圣化的人，可以做到不求立名。

附五虫简介

古人把动物分成五类，叫"五虫"。《大戴礼记·易本命》有倮虫、毛虫、羽虫、鳞虫、甲虫。

一、倮虫之精者曰圣人；

二、毛虫之精者曰麟；

三、羽虫之精者曰凤；

四、鳞虫之精者曰龙；

五、甲虫之精者曰龟。

秋 水 （节选）

[说明] 《秋水》是《庄子·外篇》中的一篇。这里是节录《秋水》中的前三段。在这一部分中，首先写秋水盛大时河伯的自尊得意以及见到大海时他的自觉渺小和惭愧，然后引出他同北海若的对话。文章的重点是北海若答话中所讲的宇宙无穷、万物齐一的道理。文章认为，物质世界在空间和时间上是无限的，小与大是相对的，小中有小，大中有大，秋毫之末不能"定至细之倪"，天地之广不能"穷至大之域"。这一点对我们认识客观世界是有启发的。但是文章又抹杀事物之间的质的界限，认为大小、得失、生死都是一样的，从而否定了真理的客观性，这又是不足取的。至于在下文

中由此而引出的无须作为的思考，那更是错误的。

秋水时至①，百川灌河②。泾流之大③，两涘渚崖之间④，不辩牛马⑤。于是焉河伯欣然自喜⑥，以天下之美为尽在己。顺流而东行，至于北海。东面而视⑦，不见水端⑧。于是焉河伯始旋其面目⑨，望洋向若而叹曰⑩："野语有之曰⑪：'闻道百，以为莫己若'者⑫，我之谓也。且夫我尝闻少仲尼之闻⑬，而轻伯夷之义者⑭，始吾弗信，今我睹子之难穷也⑮，吾非至于子之门，则殆矣⑯。吾长见笑于大方之家⑰。"

①时：以时，按季节。
②百川：众多河流。灌：注入。河：黄河。
③泾（jīng）流：畅行无阻的流水。泾：通。
④两岸之间以及小岛与河岸之间。涘（sì）：岸。渚（zhǔ）：水中间的小块陆地。崖：通"涯"，河岸。
⑤不辩：分不清。辩：通"辨"，辨别。
⑥于是焉：等于"于是乎"。焉：语气词。河伯：河神，相传姓冯（píng），名夷。欣然：高兴的样子。
⑦东面：面向东，朝东。方位名词作宾语，宾语前置。
⑧端：尽头，边际。
⑨始：才。旋其面目：改变了欣然自喜的面容。旋：转，指改变。面目：面容，脸色。
⑩望洋：连绵词，仰视的样子。若：海神名，即下文的"北海若"。
⑪野语：俗语。之：这样，指代下文所引的话。
⑫这两句是说，懂得许多道理，就认为没有谁能赶得上自己。道：道理。百：泛指数量多。莫己若：即莫若己，在否定句中，代词"己"作宾语，提在动词之前。
⑬少仲尼之闻：认为孔子的学问不多。少：意动用法，以……为少。闻：见闻，学问。
⑭轻伯夷之义：认为伯夷的道义微不足道。轻：意动用法。伯夷：殷朝诸侯孤竹君的长子，他与其弟叔齐互让君位，一起出逃，又认为武王伐纣是不义的，避居首阳山，耻食周粟而死。
⑮睹：看。子：您，指北海若所代表的大海。穷：尽。

⑯我如果不是到您的门前，就危险了。殆：危险。
⑰长：永远。见笑：被笑。大方之家：大道之家，指修养很高的人。

北海若曰："井蛙不可以语于海者①，拘于虚也②；夏虫不可以语于冰者③，笃于时也④；曲士不可以语于道者⑤，束于教也⑥。今尔出于崖涘⑦，观于大海，乃知尔丑⑧，尔将可与语大理矣⑨。天下之水，莫大于海，万川归之，不知何时止而不盈⑩；尾闾泄之⑪，不知何时已而不虚⑫；春秋不变，水旱不知⑬。此其过江河之流，不可为量数⑭。而吾未尝以此自多者⑮，自以比形于天地⑯，而受气于阴阳⑰，吾在于天地之间，犹小石小木之在大山也。方存乎见少，又奚以自多⑱！计四海之在天地之间也，不似礨空之在大泽乎⑲？计中国之在海内，不似稊米之在大仓乎⑳？号物之数谓之万㉑，人处一焉㉒；人卒九州，谷食之所生，舟车之所通，人处一焉㉓。此其比万物也，不似豪末之在于马体乎㉔？五帝之所连㉕，三王之所争㉖，仁人之所忧㉗，任士之所劳㉘，尽此矣㉙！伯夷辞之以为名㉚，仲尼语之以为博㉛。此其自多也，不似尔向之自多于水乎㉜？"

①语于海：谈论大海。于：介词，引进行为涉及的对象。
②拘于虚：被住的地方所局限。拘：拘束，局限。于：介词，引进行为的主动者，表示被动。虚：即"墟"，指井蛙住的地方。
③夏虫：指生存在夏季的昆虫。
④笃于时：被季节所限制。笃：固，限制。
⑤曲士：乡曲之士，指孤陋寡闻的人。道：大道理。
⑥束于教：被所受的教育所束缚。
⑦崖涘：指河道。
⑧丑：丑陋，低劣，弱点。
⑨可与语大理：可以同你谈论大道理。介词"与"之后省略宾语"你"。
⑩盈：满。不盈：不见满，少下去。
⑪尾闾：传说是排泄海水的地方。其实这是不科学的。
⑫已：止。虚：空，少。不虚：不见少，多起来。
⑬这两句是说，海水不因春秋季节的更迭而变化，也不因水灾旱灾而受其影响。
⑭这两句是说，大海超过江河的流水，不能以数量来计算。此其：代词

的连用形式,"此"作全句的主语,"其"作主谓词组的主语。
⑮自多:自以为多。多:用作动词。
⑯以:认为。比形于天地:形体是由天地赋予的。比形:具形(依阮毓崧说)。
⑰受气于阴阳:禀受了阴阳之气。
⑱这两句是说,正觉得自己所见很少,又怎么能自以为多呢?存:在。乎:于。奚以:何以,怎么。
⑲礨(lěi)空:蚁穴。
⑳稊(tí)米:一种似稗的草,果实像小米。大(tài)仓:大粮仓。
㉑称呼物的数量时叫做万物。号:称。
㉒人是万物之一。处:居。焉:于是,指在万物之中。
㉓以上四句是说,人居于九州(指天下)之中,他们靠粮食生养,靠车马来往,而每个人只是其中之一。按:此处原文疑有讹误。马叙伦《庄子义证》认为,"人卒九州"三句应与下文"五帝之所连"接,"人处一焉"为衍文,当删。
㉔豪末:秋毫之末,极言其细小。豪:通"毫"。
㉕五帝:黄帝、颛顼、帝喾、唐尧、虞舜(依《史记》)。所连:指所连续禅让的天下。
㉖三王:夏禹、商汤、周文王。所争:指所争夺的天下。
㉗所忧:所为之忧虑的,指天下。
㉘任士:以天下为己任之士。所劳:所为之劳苦的,指天下。
㉙尽此矣:都在这里罢了。言外之意是,宇宙辽阔无边,天下是微不足道的。
㉚辞之:辞让天下。伯夷实际上只是辞让孤竹国之君,并未辞让天下。以为名:以此成名。
㉛语之:谈论天下之事。以为博:以此成为博学的人。
㉜以上两句是说,他们自己夸耀自己,不正像是你(河伯)从前对水感到自满一样吗?

河伯曰:"然则吾大天地而小毫末①,可乎?"北海若曰:"否。夫物,量无穷②,时无止③,分无常④,终始无故⑤。是故大知观于远近⑥,故小而不寡,大而不多,知量无穷⑦。证向今故⑧,故遥而不闷,掇而不跂⑨,知时无止。察乎盈虚⑩,故得而不喜,失而不忧,知分之无常也⑪。明乎坦涂⑫,故生而不说⑬，死而不祸⑭，知终始之不可故也⑮。计人之所知，不若其所不知⑯；其生之时，不若未生之时⑰；以其至小⑱，求穷其至大之域⑲，是故迷乱而不能自得也。由此观之，又何以知毫末之足以定至细之倪⑳，又何以知天地之足以穷至大之域？"

① 大天地而小毫末：以天地为大而以毫末为小。"大"、"小"都是形容词的意动用法。
② 量：指容积。无穷：兼指大小，即无穷大和无穷小。穷：尽。
③ 止：止境。
④ 分(fèn)无常：事物的界限没有常规。意思是事物的界限是随着空间和时间的变化而变化，并不固定。分：界限。
⑤ 终始无故：意思是事物总是在不断变化的，终而复始，并不没有故常。故：故旧，故常。
⑥ 大知(zhì)：最明智的人。知：即"智"。观于远近：既看到远也看到近。"远近"实际上也包括大小。
⑦ 以上三句是说，所以小的而不认为它少，大的而不认为它多，这是因为知道物量是无穷的。
⑧ 证向(xiàng)今故：指大智之人既知古又明今。向：明。故：古。
⑨ 以上两句是说，所以不因长寿而郁闷，也不因为短命而希望长寿。遥：长，指长寿。掇(duó)：短。跂(qí)：同"企"，企求。
⑩ 察乎盈虚：明了事物有盈有虚。
⑪ 这句是说，这是因为知道得失的界限不是固定不变的。
⑫ 坦涂：平坦的大道。涂：通"途"。庄子把由生到死的人生过程看作是平坦的大道。
⑬ 说：即"悦"。
⑭ 不祸：不以为祸。
⑮ 这句是说：这是因为知道终始的变化不可能是故常不变的。
⑯ 这两句是说，想来人们所知道的事情，远不及他所不知道的事情多。计：计议，这里是想来的意思。
⑰ 这两句是说，人们活着的时间，远不及他没有活着的时间长。
⑱ 至小：指上文的"所知"、"生之时"。
⑲ 穷：尽。至大之域：指上文的"所不知"、"未生之时"。
⑳ 定至细之倪(ní)：确定为最小的界限。倪：分际，界限。

译文

秋　水

秋水按季节到来，众多的河流都灌入黄河。畅行无阻的流水大得分辨不清在两边岸上及小岛与河岸之间的牛马。于是乎河神沾沾自喜，认为天下的美都在自己这里。然后顺流往东走，达到了渤海，朝东面一看，看不见水流的尽头。于是乎河伯才改变了沾沾自喜的面容，仰面向海神感叹地说："俗语有这样的一说：懂得一些道理，就认为没有谁能赶得上自己的人，那是说我呀。况且我曾经听说：有的认为孔子的学问不多，有的认为伯夷的道义微不足道，开始我不相信，现在我看到了您的海大得没有穷尽，如果我不是来到您的门前，那就危险了。我将永远被修养很高的人嘲笑。"

北海若说："井蛙不能谈论大海的原因，是它被住的地方所局限；生长在夏季的昆虫不能谈论冰雪的原因，是它被时令季节所限制；生长在乡曲孤陋寡闻的人不能谈论大道理的原因，是他被所受的教育所束缚。现在你从河道出来了，一见到大海就知道了你的不足，这就可以和你谈论大道理了。世界上的水，没有什么比海还大的，千万条水流归大海，不知什么时候停止而海水不见满（即少下去）；排泄海水的地方排泄海水，不知什么时候停止而海水不见少（即多起来）。海水不因春秋季节的更迭而变化，也不因水灾旱灾而受影响。这大海超过江河的流水，不能用数量来计算。然而我从来没有因为这样而自以为多；自己认为形体是由天地赋予的，而且禀受了阴阳之气，我在天地之间，如同小石小树在大山一样。正觉得自己所见很少，又怎么能自以为多呢？估计四海在天地之间，不像蚁穴在大地一样吗？估计中原诸国在海内，不像细小的米粒在大仓廪一样吗？称呼物的数量时叫做万物，人是万物之一；人居于九州之中，他们靠粮食生存，靠车马来往，人只是物中之一。人和万物相比，不像极细小的东西在马体上一样吗？黄帝、颛顼、帝喾、唐尧、虞舜所连续禅让的天下，夏禹、商汤、周文王所争夺的天下，仁人所忧虑的天下，以天下为己任之士所劳苦的天下，都是在这辽阔无边的宇宙中（说明和宇宙相比，天下微不足道）！伯夷辞让孤竹国君因此成名，孔子谈论天下事，因此成为博学的人。他们自己夸耀自己，不正像你（河伯）从前对河水感到自满一样吗？"

河伯说："这样那我就以天地为大，以毫末为小，可以吗？"北海若说："不可以。容积有无穷大和无穷小，时间没有止境，事物的界限是随着空间和时间的变化而变化的，并不固定，终而复始，没有故常。因此最聪明的人既看到远，也看到近，所以小的而不认为它少，大的而不认为它多，这是因为知道物量是无穷的。大智的人既知古又明今。所以不因长寿而郁闷，也不因为短命而希望长寿，这是因为知道时间是无止境的。明白事物有盈有虚，所以得到了然而不高兴，失去了然而不忧愁，这是因为知道得失的界限不是固定不变的。明白了人由生到死的坦途，所以生而不以为喜悦，死而不以为祸害，这是因为知道了终始的变化不可能是固定不变的。看来所知道的事情，远不及他所不知道的事情多；人们活着的时间，远不及他没有活着的时间长；用他最小的"所知和生之时"，去找遍他最大的"所不知和未生之时"（即用他的所知去寻找他的所不知，用他的生之时去寻遍他的未生之时），因此就会迷途和昏乱而不能有所得。人这样看来，又凭什么知道秋毫之末足以确定为最小的界限，又凭什么知道天地足以定最大的疆域呢？"

附《庄子》篇目

卷一、内篇逍遥游、齐物论、养生主。
卷二、内篇人间世、德充符、大宗师、应帝王。
卷三、外篇骈拇、马蹄、胠箧、在宥、天地。
卷四、外篇天道、天运、刻意、缮性、秋水、至乐。
卷五、外篇达生、山木、田子方、知北游。
卷六、杂篇庚桑楚、徐无鬼、则阳。
卷七、杂篇外物、寓言、列御寇、天下。

卷八、杂篇让王、盗跖、说剑、渔父。

《荀　　子》

　　《荀子》为战国末期赵人荀况及其弟子所著,又名《孙卿对书》,它大致分为三类:一类是荀子亲手所著22篇;一类是荀子弟子所记录的荀子言行共5篇;一类是荀子及弟子所引用的材料共5篇。《荀子》一书汇集了荀子一生的思想精华,涉及哲学思想、政治理论、治学方法和立身处世等,反映了荀子的思想体系和特点。

　　荀子,名况,又尊称为荀卿(汉代因避宣帝刘询之讳又改称孙卿),战国末期赵国人,其活动年代约当公元前298年—前238年。他长期在齐国稷下讲学,曾"三为祭酒(学宫之长)",韩非和李斯都是他的学生。他还曾在赵国议兵,去秦国考察。晚年任楚国兰陵令,失官后居家著书。荀子是杰出的唯物主义思想家,他对各家学说都有所批判和继承,成为先秦诸子中一位集大成者。在自然观上,他反对天命鬼神论,认为"天"是物质的,是按照其自身的规律在运行,而没有超自然的神的支配。人对自然不是无能为力的,而是可以利用和改造自然。在认识论上,他否定"先知"、"先觉",认为精神是依赖物质而存在的,人的道德、知能是后天形成的。在人性的问题上,他反对性善论,主张性恶论。性恶论当然也是一种先验的道德观,但是他由此出发,强调后天的教育,仍有其进步的一面。荀子在政治上代表封建统治者的利益,主张"隆礼"、"重法",要求确立封建的等级制度和道德规范,并用法治加以保证。荀子的学说虽属儒家,但也包含着法治的内容,对后来的法家有很大的影响。荀子的文章多为长篇专题论文,善于分析说理,逻辑性强,浑厚深刻,质朴无华,有的还颇有文彩。

　　《荀子》一书共三十二篇,大都为荀子本人所著,少数几篇为其门人所记。最早给《荀子》作注的是唐代的杨倞。清代王先谦的《荀子集解》辑各家之说,材料丰富。近人梁启雄的《荀子简释》,

通俗简明，便于初学。

劝　　学（节选）

[说明]　本文节选自《荀子·劝学》。劝学，意思是勉励学习。文中不仅论述了学习的重要意义，而且还说明了学习时应有的态度和方法。作者认为人的本性都是一样的，品德和才能不是先天具有的，而是后天通过受教育和社会环境的熏陶而形成的，因而学习是非常重要的。文中运用许多形象的比喻，从不同的角度来说明这个道理。在学习态度和方法上，作者强调积累、坚持和专一，而反对用心浮躁和朝三暮四、朝秦暮楚的作法。从这些论述中，至今我们仍可受到启示，而激起宝贵的学习热情。

君子曰[1]：学不可以已[2]。青，取之于蓝而青于蓝[4]；冰，水为之而寒于水[5]。木直中绳[6]，輮以为轮[7]，其曲中规[8]，虽有槁暴[9]，不复挺者[10]，輮使之然也[11]。故木受绳则直[12]，金就砺则利[13]，君子博学而日参省乎己[14]，则知明而行无过矣[15]。故不登高山，不知天之高也；不临深谿[16]，不知地之厚也；不闻先王之遗言[17]，不知学问之大也。干、越、夷、貉之子[18]，生而同声，长而异俗，教使之然也[19]。《诗》曰[20]："嗟尔君子[21]。无恒安息[22]。靖共尔位[23]，好是正直[24]。神之听之[25]，介尔景福[26]。"神莫大于化道[27]，福莫长于无祸。

[1] 君子：作者心目中道德高尚的人。这里是借用"君子曰"来发表作者个人的意见。
[2] 可以：这里是"应该"的意思。已：止，停止。
[3] 青：靛（diàn），深蓝色的染料。
[4] 取：提取，提炼。蓝：可以提炼靛青的草本植物，有蓼蓝、马蓝等多种。青于蓝：比蓝草的颜色更青。这句中的两个"于"字的用法不同：前者表示处所，相当于"从"；后者表示比较，相当于"比"。
[5] 为：做，这里是凝结的意思。

⑥中（zhòng）：符合。绳：绳墨，木工用来取直的墨线。
⑦煣（róu）：通"煣"。用文火烤，把直的木料弄弯。为轮：做成车轮。
⑧规：圆规，木工用来取圆的工具。
⑨有（yòu）：副词，又。槁暴：通"熇（hào）暴"，指木头变形，不平了。
⑩挺：直。
⑪使之然：使它这样。
⑫受绳：经过绳墨的加工校正。
⑬金：指用金属做成的刀剑矛戟等。就砺（lì）：指放到磨刀石上去磨。就：凑近。砺：磨刀石。利：锋利、锐利。
⑭博学：广泛地学习。日：每天。参（cān）：检验。省（xǐng）：考察。乎：介词，用法同"于"。
⑮知（zhì）：智慧。明：明达。行：行为。
⑯临：俯视。豀（xī 旧读 qī）："溪"的异体字，山间的流水。
⑰遗言：留传下来的言论。
⑱干、越：即吴、越。干：本是一个小国，后来被吴所灭，故称吴、越。古吴国在今江苏一带；越国在今浙江一带。貉（mò）：古代居住在北方一带的少数民族。貉：又作"貊"。
⑲以上四句是说：不同民族的婴儿，出生时的呱呱之声是相同的，长大后习俗却不一样，这是教育使他们变成这样的。
⑳诗：引自《诗经·小雅·小明》
㉑嗟（jié）：感叹词。尔：你们。
㉒无：通"毋"，不要。恒：常。息：歇息。
㉓靖：敬，严肃认真。共：即"供"，供奉。位：职位。
㉔好（hào）：喜好。是：此。正直：正直之道。
㉕神：指天神。之：结构助词。听：指得知，了解。之：代词。
㉖介：通"匃"（gài）。《广雅·释诂》匃：予也。景：大。
㉗神：神明，指道德修养的最高境界。荀子是唯物主义者，他不相信天神，因而对"神"作了自己的解释。《儒效》："尽善浃治之谓神。"这就是说把事情做得十全十美就叫做"神"。化道：化于道，为正道所化，即学道而有所成的意思。"莫……于……"是古汉语中常用的一种表示比较的格式，相当于"没有什么比……更……"

吾尝终日而思矣①，不如须臾之所学也②；吾尝跂而望矣③，不如登高之博见也④。登高而招⑤，臂非加长也，而见者远⑥；顺风而呼，声非加疾也⑦，而闻者彰⑧。假舆马者⑨，非利足也⑩，而致千里⑪；假舟楫者⑫，非能水也⑬，而绝江河⑭。君子生非异也⑮，善假于物也⑯。

①尝：曾经。终日：整天。
②须臾（yú）：一会儿。
③跂（qǐ）：提起脚跟。望：向远处看。
④博见：望见的范围广阔。
⑤招：招手。
⑥见者远：能看到很远。
⑦疾：快，指疾劲有力。
⑧彰：清楚，指听得清楚。
⑨假：借，凭借。舆：车。
⑩利足：指善于走路。利：便利。
⑪致：到达。
⑫楫（jí）：同"楫"，船桨。
⑬能水：能游泳。水：这里用作动词。
⑭绝：横渡。
⑮生：通"性"，指人的自然素质。
⑯荀子认为君子之与小人，其性一也（《性恶》），君子之所以成为君子，就在于他善于假借外物。

　　南方有鸟焉，名曰蒙鸠①，以羽为巢，而编之以发②，系之苇苕，风至苕折，卵破子死。巢非不完也④，所系者然也⑤。西方有木焉⑥，名曰射干⑦，茎长四寸，生于高山之上，而临百仞之渊⑧。木茎非能长也⑨，所立者然也。蓬生麻中⑩，不扶而直；白沙在涅，与之俱黑⑪。兰槐之根是为芷⑫，其渐之滫⑬，君子不近，庶人不服⑭。其质非不美也，所渐者然也。故君子居必择乡⑮，游必就士⑯，所以防邪僻而近中正也⑰。

①蒙鸠：鸟名，又名鹪鹩（jiāoliáo）、巧妇鸟。
②编之以发：用毛发把它编结起来。

③系之苇苕：把巢系在苇苕之上。"之"字之后省略了一个介词"于"。苇苕：芦苇的穗。

④完：完善。

⑤所系者：系结的地方。然：这样，指造成这样的后果。

⑥木：树木。

⑦射（yè）干：多年生草本植物，花白茎长，生于高处。这里荀子认为是一种小树。

⑧仞（rèn）：古代的长度单位，八尺（或七尺）为一仞。渊：深水。

⑨能长（zhǎng）：能长得很长。

⑩蓬：多年生草本植物，又称飞蓬。

⑪白沙在涅（niè），与之俱黑：今本《荀子》脱此两句。此据王念孙说补。涅：黑泥（实为一种矿物），古人用作黑色染料。

⑫兰槐：香草名。是：指示代词，复指根。芷（zhǐ）：白芷，兰槐根之名称。

⑬其：如果，表假设的连词。渐（jiān）：浸泡。滫（xiū）：臭水。

⑭庶人：众人，普通人。服：佩带。

⑮择乡：选择乡里。

⑯游：出游，指出外求官或求学。就：接近。士：贤士。

⑰以此来防止邪恶而接近中正之道。所以：指代与行为有关的方式，相当于"用来……的方式"，这里可译为"以此来……"邪僻：同义并列关系的复合词。中正：中正之道，与"邪僻"相反。

物类之起①，必有所始②；荣辱之来，必象其德③。肉腐出虫，鱼枯生蠹④；怠慢忘身⑤，祸灾乃作⑥。强自取柱，柔自取束⑦；邪秽在身⑧，怨之所构⑨。施薪若一⑩，火就燥也⑪；平地若一，水就湿也。草木畴生⑫，禽兽群焉⑬，物各从其类也。是故质的张而弓矢至焉⑭；林木茂而斧斤至焉⑮；树成荫而众鸟息焉⑯；醯酸而蚋聚焉⑰。故言有招祸也⑱，行有招辱也。君子慎其所立乎⑲！

①物类：泛指万事万物。起：兴起，发生。

②所始：开始的原因。所：指代与行为有关的原因。下文"所构"的"所"字同此。

③象：似，依照。德：品德。

④枯：干枯变质。蠹（dú）：蛀虫。

⑤怠慢：懈怠轻慢。忘身：对自身不检点。

⑥作：起，发生。

⑦上两句是说：坚硬的东西会自己招致折断，柔软的东西会自取约束。柱：通"祝"，折断。

⑧邪秽（huì）：指品行丑恶。秽：污秽。

⑨所构：集结的原因。构：集结。

⑩柴放得一样的。施：铺陈。若一：一样。

⑪就燥：向干燥的地方烧去。

⑫畴（chóu）生：分类生长，即同类的草木生长在一起。畴：类。

⑬群焉：当作"群居"，"焉"是"居"字之误。刘台拱曰："'群焉'当从《大戴礼》作'群居'。"王念孙曰："'群居'与'畴生'对文………"

⑭质：箭靶。的（dì）：箭靶的圆心。这里"质的"统指箭靶。张：张挂。焉：兼词，于此。

⑮斧斤：斧子。"斤"与"斧"同义。

⑯息：栖息。

⑰醯（xī）：醋。蚋（ruì）：同"蚋"，蚊类昆虫。

⑱行有……：行为中有的……也就是"有的行为"。召：即"招"，招致。

⑲慎其所立：对自己立身处事的原则要慎重。所立：用来立身处事的原则。

积土成山，风雨兴焉①；积水成渊，蛟龙生焉②；积善成德③，而神明自得④，圣心备焉⑤。故不积跬步⑥，无以至千里⑦；不积小流，无以成江海。骐骥一跃⑧，不能十步⑨；驽马十驾⑩，功在不舍⑪。锲而舍之⑫，朽木不折；锲而不舍，金石可镂⑬。螾无爪牙之利⑭，筋骨之强，上食埃土⑮，下饮黄泉⑯，用心一也。蟹六跪而二螯⑰，非蛇蟺之穴无可寄托者⑱，用心躁也⑲。是故无冥冥之志者⑳，无昭昭之明㉑；无惛惛之事者㉒，无赫赫之功。行衢道者不至㉔，事两君者不容㉕。目不能两视而明㉖，耳不能两听而聪㉗。螣蛇无足而飞㉘，梧鼠五技而穷㉙。《诗》曰㉚："尸鸠在桑㉛，其子七兮。淑人君子㉜，其仪一兮㉝。其仪一兮，心如结兮㉞。"故君子结于一也㉟。

①兴：兴起。

②蛟：古代传说中一种能发水的龙。
③积善成德：积小善为大德的意思。善：指善行。
④神明：指道德修养的最高境界。自得：自然会得到。
⑤圣心：圣人的思想。备焉：因此也就具备了。以上"积土……积水……"是比喻，用来说明"积善"句。
⑥跬（kuǐ）步：半步。古人以再举足（迈两步）为步，所以半步实际等于现在的一步。跬：同"蹞"。
⑦无以：没有办法，不能。
⑧骐骥（qíjì）：良马，骏马。一跃：腾跃一次。
⑨步：古人既以迈两步为一步，又以六尺为一步。古代尺小，故一步和六尺相等。
⑩驽（nú）马：劣马。十驾：十天的行程。马早晨驾上车，到了晚上再卸驾，所以一天的行程为一驾。
⑪功：功效，指行千里之功。不舍：不止。
⑫锲（qiè）：刻。
⑬镂（lòu）：雕刻。
⑭螾（yǐn）：同"蚓"，蚯蚓。爪牙之利：爪牙那样锋利的东西。下句"筋骨之强"同此。
⑮埃土：尘土。
⑯黄泉：地下水。
⑰六跪：六条腿。蟹实际为八条腿。螯（áo）：钳夹。
⑱除非是水蛇或黄鳝的洞穴就没有可存身的地方。"非……无……"是一种格式，相当于"除非（如果不是）……就没有……"蟺（shàn）：同"鳝"。
⑲躁：浮躁，不专一。
⑳冥冥（míng）：昏暗深沉的样子，指精诚专一。
㉑昭昭之明：指洞察一切的智慧和能力。昭昭：清楚的样子。明：明智。以上两句是说：如果没有精诚专一的心志，就不可能有洞察一切的明智。"无……无……"这种格式常常用来表示后者以前者为条件，无前者就无后者。
㉒惛惛（hūn）：意义与"冥冥"相当。事：工作。
㉓赫赫：显赫盛大的样子。功：功绩、功业。
㉔衢（qú）道：四通八达的道路，这里指歧路。不至：不能达到目的地。

㉕事：侍奉。不容：不被双方所容纳。
㉖两视：同时看两样东西。明：看得清楚。
㉗聪：听得清楚。
㉘螣（téng）蛇：传说是龙的一种，能兴云雾而游其中。
㉙梧鼠：当作"鼫（shí）鼠"（据杨倞说）。五技而穷：虽有五种技能但却行不通。《说文》："鼫，五技鼠也，能飞不能过屋，能缘（爬）不能穷木（爬到树顶），能游不能渡谷。能穴（掘洞）不能掩身，能走（跑）不能先人。此谓之五技。"
㉚引诗见《诗经·曹风·鸤鸠》。
㉛尸鸠：布谷鸟。传说这种小鸟哺育七只小鸟，早晨从上而下，傍晚从下而上，平均如一。这里用"尸鸠在桑，其子七兮"起兴，取其用心专一的意思。
㉜淑人：善人。
㉝仪：仪表。指行为举止。一：始终如一。
㉞心如结：心像结子一样。比喻专一不二。
㉟所以君子的心思总是集结在一点上。

译文

鼓励学习

品德高尚的君子说：学习是不能停止的。靛青是从蓝草中提取出来的，然而靛青比蓝草还要青；冰是水凝结的，然而冰比水更寒冷。使木正直要符合绳墨的直线，把直的木料弄弯用它做车轮，但它的曲度要符合圆规的圆形，虽然又有变形的可能，但不会再变直的原因，是火力烧烤使它这样的。所以木料经过绳墨校正才直，金属拿到磨刀石上去磨才锋利，君子要广泛学习而且每天检查省察自己，才能智慧明达而且行为没有错误。所以不上高山不知道天空的高度；不下到山谷的深水中去就不知道地球的厚度；不听先君的遗言就不知道学识的广大。吴、越地区和少数民族的小孩，他们刚出生的呱呱哭声是相同的。然而长大了（语言）习俗却不一样，这是后天的教育使他们成这样的。《诗经》说："唉！你们这些君子，不要常常安闲休息。要严肃认真地执行你们的职责，要喜欢这样的为人正直。上帝知道了这些，会赐给你们大的福气。"道德修养的最高境界没有比被正道所造化更伟大的，福气没有比无祸更崇尚的。

　　我曾经整天思考，不如一会儿的学习；我曾经提起脚跟往远处看，不如登上高山望见的范围广阔。登上高处招手，不是手臂加长了，然而人们远远的就能看到；顺着风势呼喊，不是声音疾劲有力，然而听的人听得很清楚；会假借车马的人，不是他的脚善于走路，然而能达到千里的远处；会利用舟船的人，不是他能游泳，然而他能横渡江河。道德高尚的人不是他的自然素质不同，而是因为他善于假借外物罢了。

　　南方有种小鸟，名叫蒙鸠，它用羽毛做窝，用毛发编结起来，把窝系在苇苕上面，风刮来把苇苕折断了，卵破子死。这不是因窝不完善，而是所系结的地方使它成这样的。西方有种小树（草），名叫射干，它的茎长四寸，生长在高山上面，它的下方是几十丈的深渊。这不是因它的茎能长得很长，而是它树立的地方使它成这样。蓬草生长在麻中间，不需要扶而自己长直；白沙在黑泥中间，与黑泥同样黑。兰槐的根就是白芷，如果把它浸泡在臭水里，那么君子不会接近它，普通人也不会佩带它。这不是兰槐根的本质不好，而是所浸泡的臭水使它这样的。因此，君子居住必须选择邻居，外游必须接近贤士，用这些来防止邪恶而接近中正之道。

　　万事万物的发生，一定有它开始发生的原因；光荣和耻辱的来临，也一定是依照人的品德。肉类腐烂了长蛆，鱼类枯干了生虫；人类懒惰，自身行为不检点就会产生灾祸。坚硬的东西会自己招致折断，柔软的东西会自取约束，丑恶的品行在身上是集结怨恨的原因。柴火摆得一样的，但火会向干燥的地方烧去；地是一样的平，水会向低的地方流去。相同的草木生长在一起，相同的禽兽成群地生活在一起，万物各自跟从自己的同类。因此，箭靶和圆心张挂起来，弓箭就射到这里；树木茂盛各种斧头就到这里砍伐；树木成荫众鸟就到这里栖息；食物酸臭了，苍蝇就到这里聚集。所以有的言辞招来祸害，有的行为招来侮辱。道德高尚的人对自己立身处事的原则要慎重。

堆积土石成高山,风雨就在这里发生;蓄积小水成池塘,蛟龙就在这里出生;积小善而成大德,道德修养的最高境界就会自然达到,圣人的思想也就具备了。因此,不经历很多的半步一步,就无法达到千里;不积累小河,就没有办法形成江河湖海。良马跳跃一次,不能跨过十步;劣马积十日的路程(可至千里),其功效在于不停地奔跑。雕刻然而又马上放弃,即使朽木也雕不成;如果不停止地长期雕刻,即使是金属石头也能刻成。蚯蚓没有锐利的爪牙、没有强壮的筋骨,然而它能够钻到上面吃尘土,钻到下面喝泉水,这是因为它用心专一呀。螃蟹有六条腿、两只钳夹,然而不是有蛇或黄鳝的洞穴,它就没有可以藏身的地方,这是因为它用心太急躁了。所以没有精诚专一的心志,就不可能有洞察一切的明智;没有精诚专一的工作,就不可能有显赫盛大的成绩。走弯路的人不能达到目的地;侍奉两君的人不会被双方容纳。眼睛要看得清楚,不能同时看两个东西;耳朵要听得清楚,不能同时听两种声音。螣蛇无脚然而能飞;梧鼠虽有五种技能却处处行不通。《诗经》说:"布谷鸟在桑树上,它的子女有七个。善良的君子,他的行为举止始终如一。"所以一个道德高尚的人,他的思想总是专心致志而集中用在一点上(指做事不三心二意)。

天　　论(节选)

[说明]《天论》是荀子关于自然观方面的一篇专题论文。这里节录了其中的几段。荀子认为,"天"是客观存在的自然界,它有其自身的运动规律。"天"既不能主宰人类社会,同时它也不受人的意志的支配。天和人各有自己的职分。社会的治乱与天无关,而在于人。自然界出现的各种怪异现象,是由其自身的变化引起的,与人事无关,因而也并不可怕。在"明于天人之分"的基础上,荀子又进一步提出了"制天命而用之"的主张。他认为人不应崇拜自然,坐等自然的恩赐,而应去掌握自然的规律,利用自然,改造自

然，使之造福于人类。本文不仅论天，也论人。荀子认为天变不可畏，"人祅则可畏也"。所谓"人祅"，实际上就是政治上失误而造成的种种恶果。因而他又提出了"隆礼"、"重法"的政治主张。在战国时期荀子就提出了这种朴素的唯物主义自然观，是非常可贵的。荀子的政治主张在当时有一定的进步意义。

天行有常①，不为尧存②，不为桀亡③。应之以治则吉④，应之以乱则凶⑤。强本而节用⑥，则天不能贫⑦；养备而动时⑧，则天不能病；循道而不贰⑨，则天不能祸。故水旱不能使之饥⑩，寒暑不能使之疾，祅怪不能使之凶⑪。本荒而用侈⑫，则天不能使之富；养略而动罕⑬，则天不能使之全⑭；倍道而妄行⑮，则天不能使之吉。故水旱未至而饥，寒暑未薄而疾⑯，祅怪未至而凶。受时与治世同⑰，而殃祸与治世异，不可以怨天，其道然也⑱。故明于天人之分⑲，则可谓至人矣⑳。

①天：指自然界。行：运行。常：常规，规律。
②为（wèi）：因为。尧：唐尧，传说中的原始公社时代部落联盟的领袖，常用作贤君的代表。
③桀：夏桀，夏代的亡国之君，常用作暴君的代表。
④应：适应，对待。治：指正确的政治措施。
⑤乱：与"治"相对，指错误的政治措施。
⑥强：加强。本：指农业生产。节用：节约用度。荀子主张"节用以礼"，即按照等级地位来节制消费，而不是一般意义上的节约。
⑦贫：用如动词，使动用法，是使之贫的意思。下文"病"的用法同此。
⑧养备：供养完备，即衣食充足。动时：活动适时，即生产活动适应天时的变化。时：季节，时令。
⑨循：遵循。原作"脩"，据王念孙说改。道：指正确的治国之道。贰：贰心，这里是背离的意思。一说"贰"是"贰"字之误；贰同"忒"，差失。
⑩原文"饥"字之后有"渴"字，"渴"为衍文，据刘台拱说删。
⑪祅（yāo）怪：指自然界的怪异反常现象，如日蚀、月蚀等。祅：同"妖"。
⑫荒：荒废。侈：奢侈，浪费。
⑬略：简略，不充足。动罕：指活动少。

⑭全：健全。与上文"病"字相对。
⑮倍：通"背"，违背。妄行：胡作非为。
⑯薄（bó）：迫近，侵袭。
⑰受时：遇到的天时。治世：太平的时代。
⑱其道：指其采取的政治措施。然：如此，这里是使之如此的意思。
⑲明：明辨，分清楚。天人之分（fèn）：天与人的职分。
⑳至人：至高无上的人，即"圣人"。

治乱，天邪①？曰：日月、星辰、瑞历②，是禹桀之所同也③，禹以治④，桀以乱，治乱非天也。时邪？曰：繁启蕃长于春夏，⑤畜积收藏于秋冬⑥，是又禹桀之所同也；禹以治，桀以乱，治乱非时也。地邪？曰：得地则生，失地则死，是又禹桀之所同也；禹以治，桀以乱，治乱非地也。《诗》曰⑦："天作高山⑧，大王荒之⑨；彼作矣⑩，文王康之⑪。"此之谓也。

①天邪（yé）：由天决定的吗。邪：即"耶"，疑问语气词。
②瑞历：历象，指天体运行的现象。
③是：此，在句中作主语。禹：夏禹，夏朝的开国之君，常用作贤君的代表。
④禹以治：夏禹凭借着这样的自然条件把国家治理好。以：介词，表凭借，其后省略宾语。下句"桀以乱"中的"以"字，用法同此。
⑤繁启：纷纷发芽。繁：多。启：发生。蕃长：茂盛地成长。蕃：茂盛。
⑥畜：即"蓄"。臧：即"藏"。
⑦诗：指《诗经》。下面的引诗见《诗经·周颂·天作》。
⑧作：创造，生成。高山：指岐山，在今陕西省岐山县东北，此为周的兴起之地。
⑨大（tài）王：古公亶（dǎn）父，周文王的祖父。荒：大，指开辟。
⑩彼：第三人称代词，指大王。
⑪康：安，安居。
⑫此之谓也：说的就是这种情况。

星队木鸣①，国人皆恐②。曰：是何也？曰，无何也，是天地之变，阴阳之化③，物之罕至者也④。怪之⑤，可也；而畏之，非也。夫日月之有蚀⑥，风雨之不时⑦，怪星之党见⑧，是无世而不常有之⑨。上明而政平⑩，则是虽并世起⑪，无伤也。上闇而政险⑫，则是虽无一至者，无益也。夫星之队，木之鸣，是天地之变，阴阳之化，物之罕至者也。怪之，可也；而畏之，非也。
　①星队（zhuì）：指流星陨落。队：即"坠"。木鸣：树木发出响声。
　②国人：都城里的人。
　③阴阳之化：指阴阳互相作用而产生的变化。阴阳：古代的哲学概念，指自然界两种对立的物质。
　④罕至：很少发生。
　⑤怪之：以之为怪。怪：形容词的意动用法。
　⑥日月之有蚀：发生了日蚀月蚀。蚀：亏缺。
　⑦不时：不合时令。
　⑧党见（tǎng xiàn）：偶然出现。党：通"倘"，偶然。
　⑨无世：没有哪个时代。不常：不曾。常：通"尝"。
　⑩上：君上。政平：政治清平。
　⑪并世起：同时发生。
　⑫阇（àn）：同"暗"，昏暗。政险：政治险恶。

　　物之已至者①，人祅则可畏也②。楛耕伤稼③，楛耘伤岁④，政险失民，田薉稼恶⑤，籴贵民饥⑥，道路有死人，夫是之谓人祅。政令不明，举措不时⑦，本事不理，夫是之谓人祅。礼义不修⑧，内外无别⑨，男女淫乱，父子相疑⑩，上下乖离⑪，寇难并至⑫，夫是之谓人祅。祅是生于乱⑬。三者错⑭，无安国。其说甚尔，其菑甚惨⑮。
　①物之已至者：在已经发生的事情中。至：这里是发生的意思。
　②人祅：人为的灾祸。则：连词，表示轻微的转折，相当于"却"。
　③楛（kǔ）耕：耕作粗劣。楛：粗劣。伤稼：伤害农作物的生长。
　④楛耘伤岁：锄草粗劣，损害了收成。此句原作"耘耨失薉"，据《韩诗外传》改。
　⑤薉（huì）：同"秽"，荒芜。稼恶：庄稼长得不好。
　⑥籴（dí）：买粮食。
　⑦举错不时：采取的政治措施不合时宜。错：通"措"。
　⑧礼义：指封建的等级制度和道德规范。修：通"修"。
　⑨内外：指男女。
　⑩此句原文"父子"前有"则"字，据《韩诗外传》删。
　⑪上下：君上臣下。乖离：背离，不合。
　⑫寇：外患，外敌入侵。难：内乱。并：一起。

⑬祅是生于乱：这些灾祸是由于混乱造成的。是：代词，复指"祅"。
⑭三者：指以上所列的三种人祅。错：交错发生。
⑮这个道理是很浅近的，但灾祸却是很惨重的。说：指道理。尔：即"迩"，近。菑：通"灾"。

雩而雨①，何也？曰：无何也，犹不雩而雨也②。日月食而救之③，天旱而雩，卜筮然后决大事④，非以为得求也⑤，以文之也⑥。故君子以为文，而百姓以为神⑦。以为文则吉，以为神则凶也。

①雩（yú）：古代祭天求雨的仪式。这里用如动词。雨：下雨。
②犹：如同。以上几句的意思是说，祭了天而下雨同不祭天而下雨是一样的，即下雨同祭天无关。
③古人不了解日蚀月蚀这种自然现象，当出现这种现象时就敲击锣鼓盆罐来呼救。
④卜：用龟甲兽骨占卜吉凶。筮（shì）：用蓍（shī）草占卜吉凶。
⑤并非以此来得到所期求的结果。以：介词，它后面省略了宾语。求：名词，即求的东西。
⑥文：文饰，指文饰政事。
⑦神：神灵。

在天者莫明于日月①，在地者莫明于水火，在物者莫明于珠玉，在人者莫明于礼义。故日月不高，则光晖不赫②；水火不积，则晖润不博③；珠玉不睹乎外④，则王公不以为宝；礼义不加于国家⑤，则功名不白⑥。故人之命在天，国之命在礼⑦。君人者⑧，隆礼尊贤而王⑨，重法爱民而霸⑩，好利多诈而危，权谋倾覆幽险而尽亡矣⑪。

①莫……于……：没有什么比……更……
②晖：同"辉"。赫：显赫，明亮。
③晖润：指火的光亮和水的润泽。博：广。
④睹：当为"睹（dǔ）"（据王念孙说），显露。
⑤加：施加，施行。
⑥功名：功绩和声望。白：显著。
⑦荀子认为："天地者，生之始也；礼义者，治之始也"（《王制》），人离开自然就无法生存，国家没有礼义就得不到治理。所以这里说，人的生命决定于自然，国家的命运决定于礼义。

⑧君人者：即君主。君：用如动词，统治。
⑨隆礼：崇尚礼义。隆：高，这里用如动词。尊贤：尊重贤人。王（wàng）：统一天下而称王。
⑩重法：重视法制。爱民：爱护百姓。霸：指国势强盛，称霸于诸侯。
⑪权谋：指用权术阴谋。倾覆：倾侧反复，即反复无常的意思。幽险：阴险。尽亡：彻底灭亡。

　　大天而思之①，孰与物畜而制之②？从天而颂之③，孰与制天命而用之④？望时而待之⑤，孰与应时而使之？因物而多之⑦，孰与骋能而化之⑧？思物而物之⑨，孰与理物而勿失之也⑩？愿于物之所以生⑪，孰与有物之所以成⑫？故错人而思天⑬，则失万物之情⑭。

①大天：以天为大，即尊崇天的意思。大：形容词的意动用法。思：思慕，敬仰。
②孰与：何如，哪儿比得上。在两相比较的事物中，用以提出反诘，表示舍弃前者而取其后者。物畜：意思是把天当作物畜养起来。物：名词用作状语。制：控制。以上两句是说，与其尊崇天而思慕它，哪儿比得上把天当作物来畜养并且加以控制呢？
③从：顺从。颂：颂扬。
④制天命：指掌握自然界的变化规律。用：利用。
⑤望时：指望天时。待之：指等待自然的恩赐。
⑥应时：适应时令的变化。使：役使，驾御。
⑦因物而多之：依赖万物的自然增长。因：依赖。
⑧骋能：施展人的才能。化之：化育万物，使万物繁衍生长。
⑨思物而物之：意思是思慕万物而想使之为己所用。物之：使之成为人所用之物。物：名词用作动词。
⑩理：治理。失：丧失。
⑪愿：指望。所以生：指万物赖以生长的自然条件。
⑫有：通"佑"，帮助，改进。成：成长。以上两句是说，与其指望万物生长的自然条件，哪儿比得上改进其成长的条件呢？
⑬错人：指放弃人的努力。错：通"措"，搁置，放弃。
⑭失：失掉，指不能掌握。情：本性，指可被人利用的本性。

译文
论述大自然

大自然（天）的运行有一定的正常规律，这个规律不因为贤君而存在，也不因为暴君而消亡。用正确的态度对待大自然就吉祥如意；用错误的态度对待大自然就不幸遭殃。人如果加强农业生产，而且节省用费，那么大自然（天）就不能使人贫困；营养品齐备而且按时活动，那么大自然不能使人生病；遵循大自然的规律且不违背它，那么大自然就不会使人遭受灾祸。

所以水旱不能使人饥饿，寒暑不能使人生病，大自然的反常现象也不能使人不幸遭殃。人如果生产荒废而且开支浪费，那么大自然就不能使人富裕；如果营养品简略且活动也少，那么大自然不能使人健全。作事违背客观规律而且胡乱行动，那么大自然就不能使人吉祥如意。所以没有水灾旱灾，然而人有时挨饿，还没有临近寒冷和暑热，然而人有时生病，大自然没有出现反常现象，然而有的人不幸遭祸。人们遇到的天时与太平年间相同，然而出现的灾祸却与太平年间不同，不可以怨恨大自然，这是因为所采取的措施使事物发展成这样的啊。所以懂得大自然与人的不同职责，那就可以说是至高无上的圣人了。

国家的太平和不太平是大自然（天）决定的吗？（自己回答）说：太阳月亮、星星和天体运行的现象，这些是夏禹王和夏桀王的相同之处，夏禹王凭着这些把国家治理得很好，夏桀王凭着这些把国家搞乱了，由此可见天下太平和不太平不是大自然决定的。那么天下太平和不太平是时令决定的吗？（自己回答）说：在春夏天的时候，庄稼繁盛发生、蕃茂生长，在秋冬天的时候，庄稼成熟要收获储藏起来，这些又是夏禹王和夏桀王的相同之处，夏禹王凭着这些把国家治好了，夏桀王凭着这些却把国家搞乱了，由此可见，天下太平与不太平不是时令决定的。那么国家太平与不太平是土地决定的吗？（自己回答）说：庄稼得到土地就生长，失去土地就死亡，这些又是夏禹王和夏桀王的相同之处，然而夏禹王凭着这些把国家治好了，而夏桀王凭着这些却把国家搞乱了，由此可见，国家太平与不太平不是土地决定的。《诗经》说："大自然创造了岐山，古公亶父开辟了岐山，他创造了这个环境，后来周文王就在那里安居。"《诗经》所说的就是这个吧。

陨石坠落，树木发声，人们都很害怕。问说：这是什么呀？回答说：没有什么，这是天地、阴阳的变化，是事物当中很少发生的现象。认为它奇怪是可以的，然而畏惧它就错了。太阳、月亮有亏缺的时候，刮风下雨也有不按时的时候，彗星偶然出现，这是没有哪个朝代不曾有的现象。如果君主英明，而且政局平稳，那么这些异常现象即使同时发生，也没有什么关系。如果君主昏庸，而且政治暴虐，那么这些异常现象即使一个也不发生，也没有好处。所以星星坠落，树木发声，这些都是天地、阴阳的变化，事物当中不常发生的现象。觉得它们奇怪是可以的，觉得它们可怕就不对了。

万物当中已经发生的现象，人为的现象那是可畏的。耕作粗劣就影响农作物的生长，锄草粗劣影响一年的收成，政治暴虐，就失去人民，田地荒芜，庄稼长不好，买粮食价格昂贵，人民就挨饿，路上就会有死人，人们称这些叫人祸。政治命令不明智，政治措施不合时宜，农业生产的事不去管理，人们称这些是人祸。礼义不修明，男女没有区别，男女关系不正常，父子互相猜疑，君臣不合作，外寇和内乱同时发生，人们称这些叫人祸。这些人祸是由于混乱造成的。上面这三类人祸交错发生，就没有安定的国家。这些道理很浅近，但这些灾祸却是很惨重的。

求雨而且真的下雨，为什么呢？说：没有什么，如同不求雨而下雨一样。日月亏蚀人们营救它们，天旱了人们求雨，用龟甲或蓍草占卜，然后决定政治大事，不要凭这些认为是求得了所求的东西，只不过是用这些迷信活动来掩饰政治大事。所以君子认为是掩饰，百姓认为是神，认为是掩饰就好，认为是神那就坏了。

在天上的东西没有什么东西比太阳月亮还明亮的，在地上的东西没有什么比水火更明亮的，在物的方面没有比珠玉更明亮的，在人们当中没有比懂礼义的人更明理的。所以日月不高，那么光辉就不显赫；水或者火不集积起来，那么火的光亮或水的润泽就不广大；如果珠玉不显露在外面，那么王公就不会把它作为宝贝；一个国家不施行礼义，那么这个国家的功绩和声望就不会显著。所以人的生命在于大自然，国家的命运在于礼义。统治人的人，崇尚礼义，尊敬贤人，就可以统一天下而称王，重视法制，爱护人民就可以称霸于诸侯，好利欺诈就危险，耍权术玩阴谋，反复无常，阴险的人就会彻底灭亡。

认为天大而去思慕它，哪里比得上把天当作生物来畜养并且控制着它呢？顺从着天并且赞扬它，哪里比得上掌握着大自然的运行规律而去利用它呢？盼望着天时而等待它，哪里比得上适应时令的变化而去驾御它呢？依靠事物本身的力量而使它多起来，哪里比得上施展人的才能而使它繁衍变化呢？整天思慕万物而使之成为所用之物，哪里比得上治理万物而不丧失它呢？只盼望着万物赖以生长的自然条件，哪里比得上发挥人的作用去改进万物成长的条件呢？所以放弃人的主观努力而光是思慕大自然，那就失掉了万物的那种被人利用的本性。

附"孰与"的几种用法

一、正式：
1. 吾与徐公孰美？ 《邹忌讽齐王纳谏》
2. 邹人与楚人战，则王以为孰胜？ 《齐桓晋文之事》

二、变式：
1. 臣孰与徐公美？
2. 臣孰美与徐公？

三、变式的省略式：
1. 廉将军孰（威）与秦王？
2. （臣）孰与徐公美？

3. 大天而思之，孰（善）与物畜而制之？（与课文的用法有异）

注：本资料参考了黄岳洲《文言难句例解》，略有修改。

附《荀子》简目：

劝学、修身、不苟、荣辱、非相、非十二子、仲尼、儒效、王制、富国、王霸、君道、臣道、致士、议兵、强国、天论、正论、礼论、乐论、解蔽、正名、性恶、君子、成相、赋、大略、宥坐、子道、法行、哀公、尧问。

《韩 非 子》

韩非（约公元前 280—前 233 年），战国末期韩国人，出身于贵族，早年与李斯同从师于荀子。他曾上书韩王，提出改革政治的意见，未被采纳。韩非善于著书，他的文章传到秦国，很受秦王政（秦始皇）的赞赏。后来由韩入秦，受李斯的妒忌，被谗入狱，死在狱中。后人将他的著述辑成《韩非子》一书。

韩非是先秦法家的集大成者，他继承和发扬了荀子的法术思想，吸收了前期法家的学说，建立了完整的法家思想体系。韩非的法治理论包括法、术、势三个方面。法是法令，术是君主驾御臣下的方法，势是君主的权力。他认为君主与臣下百姓之间，完全是一种利害关系，根本不存在什么仁义忠信，因此君主治国应该乘势执术，依法行事。韩非的法治理论是适应建立专制主义的中央集权而提出来的，后来基本上为秦始皇所采用。这种理论在历史上曾起过进步作用，特别是他主张"刑过不避大臣，赏善不遗匹夫"，作为一种原则来说，是很可贵的。但是从本质上说，韩非的法治理论是为统治阶级镇压愚弄人民服务的。在历史观上，韩非认为社会是不断向前发展的，情况是不断发展变化的，因而政治措施要适应新的情况而有所改变，提出"不期脩古，不法常可，论世之事，因为之备"。这种历史观点是进步的。

《韩非子》是先秦法家学说集大成者的著作。这部书现有五十五篇,大部分为韩非自己的作品。

韩非的文章结构严密,分析精细,说理透辟,辞锋犀利,有时还善于运用比喻和故事来说明事理,形象生动。《韩非子》原有旧注,作者不详。此注比较粗疏。清人王先慎《韩非子集解》一书,集诸家之说,附以己见,是较好的注本。近人陈奇猷《韩非子集释》,搜集资料比较丰富。梁启雄《韩子浅解》,简明扼要,便于初学。

五　蠹

[说明]《五蠹》是韩非的一篇重要论文,比较集中地反映了他的社会历史观和政治主张。所谓"五蠹"是指儒者、游侠、纵横家、患御者(国君的近臣,一说为逃避兵役者)和商工之民。韩非斥之为五种害虫,主张加以清除。这里节选的是本文前面的几段。在这一部分中,韩非集中论述了他的进化的历史观点。他认为,历史是不断地向前发展的,社会情况是不断发生变化的,时代不同,情况不同,治国的措施也应该有所不同,而不能"以先王之政,治当世之民"。因而他提出"不期脩古,不法常可,论世之事,因为之备","世异则事异","事异则备变"的主张。韩非还试图从经济上说明社会的变化,认为"人民众而财货寡"是发生争乱的原因,当时是个"争于气力"的时代。这些都是他主张改革政治,实行法治的理论基础。韩非的论述虽有其历史的局限,有其偏颇不当之处,但在当时是具有进步意义的。

上古之世①,人民少而禽兽众,人民不胜禽兽虫蛇②。有圣人作③,构木为巢以辟群害④,而民悦之,使王天下⑤,号之曰有巢氏⑥。民食果蓏蚌蛤⑦,腥臊恶臭而伤腹胃⑧,民多疾病。有圣人作,钻燧取火以化腥臊⑨,而民说之⑩,使王天下,号之曰燧人氏。中古之世,天下大水⑪,而鲧、禹决渎⑫。近古之世,桀、纣暴乱⑬,而汤、武征伐⑭。今有构木钻燧于夏后氏之世者⑮,必为鲧、禹笑矣;

有决渎于殷、周之世者，必为汤、武笑矣。然则今有美尧、舜、汤、武、禹之道于当今之世者⑯，必为新圣笑矣⑰。是以圣人不期脩古⑱，不法常可⑲，论世之事⑳，因为之备㉑。宋人有耕者，田中有株㉒，兔走触株㉓，折颈而死，因释其耒而守其株㉔，冀复得兔㉕。兔不可复得，而身为宋国笑。今欲以先王之政，治当世之民，皆守株之类也㉖。

①上古之世：远古的时代。这里所说的"上古"以及下文所说的"中古"、"近古"，是韩非对历史时期的划分，同我们现在所说的不同。

②不胜（shēng）：经受不住。胜：堪。

③作：起，出现。

④构：交错架起。

⑤王（wàng）天下：做天下之王，统治天下。王：名词用作动词。

⑥号之曰：称他做。"之"字原无，据王先慎说补。有巢氏：传说中巢居的发明者。"构木为巢"以及下文所说"钻燧取火"，都是劳动人民在同自然作斗争的实践中，逐渐积累经验而创造出来的，而不是个别"圣人"的发明。

⑦果蓏（luǒ）：木本植物的果实叫果，草本植物的果实叫蓏。蚌（bàng）：同"蚌"。蛤：蛤蜊。

⑧恶臭：气味不好。臭：气味。

⑨钻燧（suì）取火：钻木取火，是古人取火的一种方法。燧：用以钻火的木头。化：化除。

⑩说（yuè）：即"悦"。

⑪大水：指发大水，即洪水泛滥。

⑫鲧（gǔn）：相传是禹的父亲。禹：夏代的第一个帝王。决渎（dú）：开掘疏通河道。决：打开缺口。渎：河道。

⑬桀：夏代的亡国之君。纣：商代的亡国之君。暴乱：残暴乱政。

⑭汤：商代的开国之君。武：即周武王，周代的开国之君。

⑮夏后氏：即夏代。

⑯然则：这样，那么。美：用作动词，赞美。

⑰新圣：新时代的圣人。

⑱期：求。脩：当为"循"字之误。隶书"脩"、"循"两字形近。

⑲法：效法。常可：指永久可行的制度。

⑳论：讨论，研究。世：社会。

㉑因为之备：据以为社会制定相应的措施。因：根据。"为之备"是个双宾语句。"为"是动词。"之"是间接宾语，指代上文的"世"。"备"是直接宾语，这里是"措施"的意思。

㉒株：树桩。

㉓走：跑。

㉔释：放下。耒（lěi）：翻土的农具。

㉕冀（jì）：希望。复：又，再。

㉖类：同类。

古者丈夫不耕①，草木之实足食也②；妇人不织，禽兽之皮足衣也③。不事力而养足④，人民少而财有余，故民不争。是以厚赏不行，重罚不用，而民自治⑤。今人有五子不为多，子又有五子，大父未死而有二十五孙⑥。是以人民众而财货寡，事力劳而供养薄⑦。故民争。虽倍赏累罚而不免于乱⑧。

①丈夫：成年男子。

②实：果实。足食：足够吃的。

③足衣（yì）：足够穿的。衣：用作动词。

④事力：从事体力劳动，指耕织。养足：给养充足。养：指生活资料。

⑤自治：自然安定。治：平治，太平无事。

⑥大父：祖父。

⑦劳：劳苦。薄：微薄，少。

⑧倍赏：加倍奖赏。累（léi）罚：罚上加罚。

尧之王天下也①，茅茨不翦②，采椽不斫③；粝粢之食④，藜藿之羹⑤；冬日麑裘⑥，夏日葛衣⑦；虽监门之服养⑧，不亏于此矣⑨。禹之王天下也，身执耒臿以为民先⑩，股无胈⑪，胫不生毛⑫；虽臣虏之劳⑬，不苦于此矣。以是言之⑭，夫古之让天子者⑮，是去监门之养而离臣虏之劳也⑯，故传天下而不足多也⑰。今之县令⑱，一日身死⑲，子孙累世絜驾⑳，故人重之。是以人之于让也，轻辞古之天子，难去今之县令者，薄厚之势异也㉑。夫山居而谷汲者㉒，膢腊而相遗以水㉓；泽居苦水者㉔，买庸而决窦㉕。故饥岁之春㉖，幼弟不饟㉗；穰岁之秋㉘，疏客必食㉙。非疏骨肉而爱过客也㉚，多少之实异也。是以古之易财㉛，非仁也，财多也；今之争夺，非鄙也㉜，财寡也。轻辞天子，非高也㉝，势薄也㉞；重争土橐㉟，非下也㊱，权重也。故圣人议多少、论厚薄为之政㊲。故罚薄不为慈，诛严不为戾㊳，称俗而行也㊴。故事因于世，而备适于事㊵。

①尧之王天下也：尧统治天下的时候。尧：传说是原始公社时期的氏族领袖。
②茅茨（cí）不翦：茅草盖的屋顶不加修剪。茨：用茅草或芦苇盖的屋顶。翦：同"剪"。
③采椽（chuán）不斫（zhuó）：栎木做的椽子不加砍削。采：即"棌"，栎木。斫：砍削。
④粝粢（zī）之食：意思是吃的是粗粮。粝：粗米。粢：稻饼。
⑤藜藿（huò）之羹：意思是喝的是野菜汤。藜：野菜。藿：豆叶。
⑥麑（ní）裘：小鹿皮做的袍子。麑：小鹿。
⑦葛衣：麻布做的衣服。葛：一种植物，纤维可以织布。
⑧监门：看门的人。服养：穿的吃的。
⑨亏：缺少。此：指上述尧的生活情况。
⑩此句意谓亲自拿着农具带领百姓劳动。身：亲自。执：拿。臿（chā）：掘土的工具。先：先导。
⑪股：大腿。胈（bá）：大腿上的肌肉。
⑫胫：小腿。
⑬臣虏：奴隶。臣：男性奴隶。虏：俘虏，古以俘虏为奴隶。
⑭以是言之：由此说来。以下是据上述情况所作的论断。
⑮让天子者：让出天子之位的人。者：代词，兼提顿作用，表示下文将有说明。
⑯去：离，摆脱。
⑰传天下：把天下传给别人。不足多：不值得赞美。多：赞美。
⑱县令：一县之长。
⑲一旦：一旦。身：自身，自己。
⑳累世：世世代代。絜（xié）驾：把马套在车上，指过富裕的生活。絜：围束，这里指套马。驾：车驾。
㉑厚薄之实异也：供养优厚和微薄的情况不同。这句是说明前者的原因。
㉒山居：在山上居住。谷汲：到豁谷中打水。"山"、"谷"都是名词用作状语。
㉓膢（lóu）：楚国农历二月祭祀饮食神的节日。腊：年终祭祀百神的节日。这里"腊"泛指节日。遗（wèi）：赠送。
㉔泽居：在沼泽地区居住。泽：名词用作状语。苦水：苦于水多。

㉕买庸：雇工。庸：通"佣"。窦（dòu）：孔、洞。
㉖饥岁：荒年。
㉗饟（xiǎng）：同"饷"，供给食物。
㉘穰（ráng）岁：丰年。
㉙疏客：关系疏远的客人。食（sì）：拿食物给人吃。
㉚疏：疏远。骨肉：亲人，指上文的"幼弟"。
㉛易：轻。
㉜鄙：粗野，这里有不知礼义而又小气的意思。
㉝高：指品德高尚。
㉞势薄：指权势小。
㉟重争土橐（tuō）：重视争取做官和依附权势。土：当为"士"字之误，"士"同"仕"，做官。橐：通"托"，指依附权势。
㊱下：指品德低下。
㊲多少：指财货的多少。厚薄：指权势的大小。为之政：为社会制定政令。这是个双宾语句。
㊳诛：惩罚。戾（lì）：暴虐。
㊴称（chèn）俗而行：适应当时的习俗行事。称：适合，适应。
㊵这两句是说，情况随着时代而变化，措施应该适合情况的变化。因：依，随。

　　古者文王处丰、镐之间①，地方百里②，行仁义而怀西戎③，遂王天下。徐偃王处汉东④，地方五百里，行仁义，割地而朝者三十有六国；荆文王恐其害己也⑤，举兵伐徐，遂灭之。故文王行仁义而王天下，偃王行仁义而丧其国，是仁义用于古而不用于今也。故曰：世异则事异。当舜之时，有苗不服⑥，禹将伐之，舜曰："不可。上德不厚而行武，非道也⑦。"乃修教三年⑧，执干戚舞⑨，有苗乃服。共工之战⑩，铁铦短者及乎敌⑪，铠甲不坚者伤乎体⑫，是干戚用于古不用于今也。故曰：事异则备变。上古竞于道德⑬，中世逐于智谋⑭，当今争于气力⑮。齐将攻鲁，鲁使子贡说之⑯。齐人曰："子言非不辩也⑰，吾所欲者土地也，非斯言所谓也⑱。"遂举兵伐鲁，去门十里以为界⑲。故偃王仁义而徐亡，子贡辩智而鲁削⑳。以是言之，夫仁义辩智非所以持国也㉑，去偃王之仁㉒；息子贡之智㉓，循徐、鲁之力㉔，使敌万乘㉕，则齐、荆之欲不得行于二国矣㉖。

①丰：古地名，在今陕西户县东。镐（hào）：古地名，在今陕西长安县西南。周文王建都于丰，周武王迁都于镐。
②地：地域。方：方圆，纵横的面积。
③怀：安抚。西戎：当时西北方的少数民族。
④徐偃王：西周穆王时徐国的国君。徐国在今安徽省泗县一带。汉东：汉水以东。
⑤荆文王：楚文王。楚文王是东周庄王时人，比徐偃王晚三百年。疑为"荆王"之误。
⑥有苗：又称三苗，古代的少数民族。
⑦崇尚德化不够而使用武力，这不是正确的方法。上：通"尚"，崇尚。德：德化，以德政去感化。厚：多，充分。
⑧修教：修明道德教化。
⑨执干戚舞：拿兵器作舞具，表示修文偃武。干：盾；戚：斧；两者都是兵器。
⑩共工之战：共工是传说中的古代部落名，史传记其事，均在禹之前。此处韩非引作今战之例，不详其事。
⑪这句是说，兵器的长度不够就要被敌人杀伤。铁铦（xiān）：铁制的兵器。及乎敌：为敌所及，即被敌人杀伤。
⑫铠甲：用以护身的战袍，以皮革制成，并缀有金属薄片。伤乎体：伤到身体。以上两句说明，当今讲求势力，讲求武器装备。
⑬竞于道德：在道德上互相竞争。
⑭逐于智谋：在智谋上互相角逐。逐：角逐，竞争。
⑮争于气力：在势力上互相较量。气力：指军事势力。
⑯子贡：孔子的弟子，姓端木，名赐，字子贡。说（shuì）之：说服齐国不要攻打鲁国。
⑰子：对对方的尊称，相当于"您"。辩：辩巧，巧妙动听。
⑱并不是您这些话所讲的那一套。斯：此。
⑲这句是说，把距离鲁国都门十里的地方作为齐国的疆界，即侵占了鲁国的大片土地。去：距离。门：指鲁国都城的城门。
⑳削：削减，指疆土被侵占。
㉑非所以持国也：不是用来治国的。持：操持，治理。
㉒去：抛弃。
㉓息：止，废弃。
㉔循：依，凭借。

㉕让他们来抵抗万乘之国。万乘：指拥有万辆兵车的大国。
㉖欲：指侵略别国的欲望。不得：不可能。

译文

五　条　蛀　虫

　　在那上古的时代，人很少而飞禽走兽很多，人们经受不起禽兽虫蛇的为害。后来聪明的圣人出现了，他教百姓把树木搭起来作窝住，并凭借这个来躲避野兽的侵害，百姓很喜欢他，让他来统治天下，称他为有巢氏。百姓吃生的果实、蚌和蛤蜊，那些东西的腥臊味和腐烂难闻的气味伤害肠胃，使百姓疾病繁多。于是聪明的圣人又出现了，他教百姓钻木取火来化除腥臊味儿，百姓很喜欢他，让他作天下的王，并且称他为燧人氏。在中古的时代，天下发大水，鲧、禹父子两人疏通河道。近古的时代，夏朝的末代君主——桀和商朝的末代君主——纣，都残暴乱政，因此，商朝的开国君主——汤和周朝的开国君主——武王就讨伐他们。现在在夏代的时候再有搭木作巢、钻木取火的行为，那么一定会被鲧和禹笑话了；现在在商周的时代再有开掘疏通河道的事，那么一定也会被商汤王和周武王笑话了。那么就是现在在今天这个时代，有人赞美尧、舜、禹、汤、武的话，一定也会被后来新的圣人所嘲笑。因此，聪明人不求遵循古代的办法，也不效法那些永久可行的制度，研究社会上的事情，要根据实际为社会作出相应的措施。宋国有个耕田的人，田中间有一个树桩，兔子跑来碰在树桩上，折断了颈子而死亡，因此这个人放下了他的翻地农具来守着那个树桩，希望再得到兔子，兔子不可能再得，然而他自己被宋国人嘲笑。现在想要用以前君王治国的政策来治理今天的民众，那都是守株待兔的同类作法。

　　古时候，成年男子不耕地，草木结的果实是足够吃的；妇女不织布，飞禽走兽的皮也是够穿的。人们不从事体力劳动，然而生活资料很富足，人口少而财富多，所以百姓不互相争抢。因此，不实行重赏，也不用重罚，然而百姓都自然安定无事。现在的人有五个孩子不觉得多，儿子每人又有五个孩子。祖父还没有死，然而有二十五个孙子。因此，人口众多而财物少，辛辛苦苦地从事体力劳动，然而所分给的生活资料却很微薄，所以百姓争夺。尽管是加倍地奖赏和罚上加罚，然而不能避免争乱。

　　当唐尧统治天下的时候，他家茅草盖的屋顶也不加修剪，栎木做的橼子也不加砍削，吃的是粗粮，喝的是野菜汤；冬天穿的是小鹿皮做的袍子，夏天穿的是麻布做的衣服；即使是看门人穿的吃的，也不比这些少。当夏禹统治天下的时候，他亲自拿着农具带领百姓劳动，大腿上没有肌肉，小腿上不长汗毛；即使是男性奴隶的劳累，也不比这样还苦。由此说来，古代那些让出天子之位的人，是为了摆脱如同看门者的供养，离开如同奴隶的劳苦呀，所以把天下传给别人是不值得赞美的事。现在的一县之长，一旦自己去世，子孙世世代代都过着富贵的生活，所以人们都很重视它。因此，人们对于让位的事，能轻易地辞去古代当天子的官，却很难放弃现在当县长的官，其原因是供养优厚和微薄的实际情况不同。那些在山上居住而在溪谷取水的人，到了节日，大家拿水互相赠送；那些在沼泽地区居住，苦于水太多的人，雇工来开通沟渠排水。所以荒年的春天，连幼小的弟弟也不给点食物；丰年的秋天，连关系疏远的人来了，也必须拿食物给他吃。这不是疏远骨肉亲人而喜爱过路的人，而是食物多少的实际情况不同呀。因此，古代那些轻视财物的人，不是他们讲仁道，而是因为财物多呀；现在的人争夺财物，不是不知礼义和小气，而是因为财物太少哩。轻易辞去天子的官，不是因为品德高尚，而是因为权势小；重视做官和依附权势，不是品德低下，而是因为权势重大。所以聪明人考虑财物的多少和权势大小，来替社会制定政令。惩罚轻不是慈善，惩罚重不是暴虐，而是适应当时的习俗行事。所以情况在随着时代而变化，一切政治措施也应该适合变化了的情况。

　　古代周文王处在丰和镐之间，地方纵横面积只有一百里，施行仁义安抚西边的少数民族，于是统治天下。徐偃王处在汉水以东的地方，地域纵横有五百里，施行仁义，割地朝服的有三十六个国家；楚文王担心它危害自己，就动用武力讨伐徐偃王，于是消灭了他。所以周文王行仁义而统治了天下，徐偃王行仁义却丧失了他的国家，这是仁义能用于古代而不能用于现代呀。所以说：时代不同情况也就不同。当虞舜的时代，三苗不服从，禹要攻打它，舜说："不行。崇尚德化还不够就实行武力，这不是正确的方法。"于是就修明道德教化多年，拿武器作舞具，表示修文偃武，三苗就服从了。现在同共工作战，兵器短的就要被敌人杀伤，用来护身的战袍不坚硬的就要伤到身体，这就是盾和斧之类的武器能用于古代，却不能用于现代呀。所以说：战争不同了，对付它的武器装备也应该有所不同。上古时代在道德方面互相竞争，中古时代在智谋方面互相角逐，在当今的时代是武力上互相竞争。齐国将要攻打鲁国的时候，鲁国派遣子贡去说服齐不要攻打鲁国。齐国人说："您的话不是不巧妙动听呀，我所要的是土地，而不是您所讲的那一套道理。"于是就兴兵讨伐鲁国，把距离鲁都门十里的地方作为齐国的疆界（即已占领了鲁国的大片土地）。所以偃王行仁义而徐国被灭亡，子贡用智力巧辩而鲁国的疆土被侵占。由这样说来，这些仁义辩智不是用来治国的，丢掉偃王的仁，停止子贡的智，凭借徐国和鲁国的武力，使它们来抵抗万辆兵车的大国，那么齐国和楚国虽有侵略别国的欲望，也不可能在这两个国家实行。

附《韩非子》篇目

初见秦、存韩、难言、爱臣、主道、有度、二柄、扬权、八奸、十过、孤愤、说难、和氏、奸劫弑臣、亡征、三守、备内、南面、饰邪、解老、喻老、说林上、说林下、观行安危、守道、用人、功名、大体、内储说上七术、内储说下六微、外储说左上、外储说左下、外储说右上、外储说右下、难一、难二、难三、难四、难势、问辩、问田、定法、说疑、诡使、六反、八说、八位、五蠹、显学、忠孝、人主、饬令、心度、制分。

《左　传》

《左传》是我国第一部叙事详细的编年体的历史著作。

《左传》的作者和成书年代历来众说纷纭，一般认为是春秋末鲁国史官左丘明编著，后经许多人增益，到战国中期成书。

《左传》原来叫做《左氏春秋》，是一部独立的历史著作。晋代，杜预把《左传》所记载的事件分条按年附在《春秋》之后，使它成为一部解经的传（zhuàn）。

《左传》所记载的年代，基本上和《春秋》一样，都是从公元前722年开始，但截止的年代比《春秋》晚28年，即到公元前453年止。

《左传》是研究我国古代社会重要的历史文献。它比较全面地记载了从鲁隐公到鲁哀公这一历史时期春秋各国的政治、经济、军事、文化等各方面的情况，在一定程度上揭露了统治集团内部的矛盾和斗争，反映了诸侯各国兼并战争给人民带来的痛苦，表明了作者的爱憎。这些是值得我们肯定的。但书中也宣扬了封建的伦理道德以及天命、迷信等，这是应当予以批判的。

《左传》在文学和语言方面也有很高的价值。作者善于描写战争，能够运用简明概括的语言把复杂的事物写得有条不紊，繁简适当。又善于描写人物，通过行动和语言来表现出人物的形象和性格，有时还抓住人物的心理活动进行细致的描写，使人物形象鲜明，性格突出。有不少外交辞令，也写得很出色。《左传》的艺术成就对后世发生了很大影响。

《左传》的注本很多。通行的是《春秋左传注疏》（晋杜预注、唐孔颖达疏）。今人杨伯峻的《春秋左传注》，深入浅出，便于阅读。

郑伯克段于鄢

［说明］本文选自《左传·隐公元年》，题目是后加的。郑伯，

即郑庄公。春秋时有五等爵：公、侯、伯、子、男。郑属伯爵，故称郑国的国君为郑伯。克，战胜。段，共叔段，郑庄公之弟。鄢，地名，在今河南省鄢陵县境。

本文叙述了郑国统治阶级内部争权夺利的斗争。郑庄公因为是姜氏难产而生，所以姜氏厌恶他，而爱郑庄公的弟弟共叔段。郑庄公即位，引起姜氏的不满，在她的支持下，共叔段扩张自己的势力，阴谋篡夺君位。对此，郑庄公表面上装出爱护、关心共叔段的姿态，实际上采取了欲擒故纵的策略，最后战胜了共叔段。郑庄公曾发誓要与姜氏断绝关系，后来又采纳了颍考叔的建议，与姜氏言归于好，和好如初。

本文的最终目的是在宣传孝道，所谓"孝子不匮，永锡尔类"。但从姜氏一家尔虞我诈、互相倾轧的史实来看，却恰恰反映了这种仁义道德的虚伪性。

初①，郑武公娶于申②，曰武姜③。生庄公及共叔段④。庄公寤生⑤，惊姜氏⑥，故名曰寤生，遂恶之⑦。爱共叔段，欲立之⑧。亟请于武公⑨，公弗许⑩。及庄公即位⑪，为之请制⑫。公曰："制，岩邑也⑬，虢叔死焉⑭，佗邑唯命⑮。"请京⑯，使居之，谓之京城大叔⑰。

①初：当初，副词。郑伯克段是在鲁隐公元年，即公元前722年，而郑武公在位是在公元前770年至公元前744年。
②郑武公：名掘突，郑桓公的儿子。娶于申：从申国娶妻，即娶申国国君的女儿为妻。于：介词，从。古代汉语中由"于"构成的介词词组多放在动词之后。申：国名，姜姓，后为楚所灭。其地在今河南南阳市。
③武姜：武公妻姜氏。武：武公的谥号，表示丈夫是武公。姜：表示娘家姓姜。
④共（gōng）叔段：郑庄公的弟弟。共：国名，在今河南辉县。叔：排行在末的。段：名字叫段。段后来出奔共国，所以称共叔段。
⑤寤（wù）：通"牾"。寤生即逆生，也就是难产。
⑥惊姜氏：使姜氏吃惊。惊：使动用法。
⑦遂：副词，于是就。恶（wù）：讨厌。
⑧立之：立他为太子。

⑨亟（qì）：屡次。
⑩弗：不。"弗"后的动词是及物动词，但一般不带宾语。
⑪及：介词，到。即位：就（国君）位，也就是开始做国君。
⑫为（wèi）：介词，替，给。之：代共叔段。制：地名，又名虎牢，在今河南巩县东。一说在今河南汜（sì）水县西。原来是东虢（guó）国的领地，后为郑所灭。
⑬岩邑：险要的城镇。邑：人群聚居的地方。
⑭虢（guó）叔：东虢国的国君，姬姓，伯爵。东虢原在制地，后为郑所灭。焉：兼词，在那里。
⑮佗：同"他"。唯命："唯命是听"的省略。"唯……是……"是宾语提前的格式。"唯命是听"即"唯听命"。
⑯京：郑国的地名，在今河南荥（xíng）阳县东南。
⑰大（tài）：后来写作"太"。这里有表示尊敬的意思。

祭仲曰①："都城过百雉②，国之害也。先王之制，大都不过参国之一③，中五之一④，小九之一。今京不度⑤，非制也⑥。君将不堪⑦。"公曰："姜氏欲之，焉辟害⑧？"对曰⑨："姜氏何厌之有⑩？不如早为之所⑪，无使滋蔓⑫，蔓，难图也⑬；蔓草犹不可除⑭，况君之宠弟乎⑮？"公曰："多行不义⑯，必自毙⑰，子姑待之⑱"。

①祭（zhài）仲：郑国大夫，字足。又称祭足、祭仲足。仲是排行，祭是他的食邑，以邑为姓。其地在河南中牟县。
②城：指城墙。雉（zhì）：计算城墙面积的单位。长三丈、高一丈为一雉。
③参国之一：国都的三分之一。参：同"三"。国：国都，与上文"国之害也"的"国"，词义不同。古制，侯伯之国的国都，城墙为三百雉，即方五里，每面长九百丈。三分之一就是百雉。
④中五之一：即"中都不过五国之一"的省略。下"小九之一"同此。
⑤不度：不合法度。度：法度，这里用作动词。
⑥非制：不是先王的制度。
⑦君将不堪：意思是共叔段这种不合法度的行为您将控制不了。堪：经得起，忍受得住。
⑧焉辟害：哪里能够避开祸害。焉：疑问代词，哪里，此处作状语。辟：即"避"。
⑨对曰：回答说。古代凡下级对上级，晚辈对前辈，回话时多用"对

⑩何厌之有：有什么满足，意思是没有满足的时候。厌：即"餍"，满足，作"有"的宾语。之：代词，复指提前的宾语。

⑪早为之所：早点给他安排个地方。为：这里是安排的意思。之：代共叔段。所：处所。这句是双宾语结构。

⑫无：通"毋"，不要。滋蔓：滋长、蔓延，这里指共叔段无限制地扩张势力。

⑬图：图谋，这里是"对付"的意思。

⑭蔓草：蔓延的野草。犹：尚且，还（hái）。

⑮况：何况，表示递进。

⑯多行不义：做了很多不合道义的事情。行：这里是"做"的意思。

⑰毙：跌跤，倒下。《说文》："毙：顿仆也。"这里引申为失败、垮台的意思。

⑱子：古代对男子的尊称，相当于"您"。姑：姑且。之：指代段自毙事。

既而大叔命西鄙北鄙贰于己①。公子吕曰②："国不堪贰③，君将若之何④？欲与大叔⑤，臣请事之⑥；若弗与，则请除之⑦。无生民心⑧。"公曰："无庸⑨，将自及⑩。"大叔又收贰以为己邑⑪，至于廪延⑫。子封曰："可矣。厚将得众⑬。"公曰："不义不昵⑭，厚将崩⑮。"

①既而：过了不久。西鄙、北鄙：郑国西部、北部边境的两个城邑。鄙：边境的城邑。贰于己：贰属于己，即一方面属于庄公，一方面属于自己。贰：用如动词。

②公子吕：字子封，郑国大夫。

③国不堪贰：国家受不了两属的情况。

④若之何：对这件事怎么办？"若……何"是一种固定格式，表示对某人、某事怎样处置或对付。

⑤与：给予，指把国家政权交给大叔。

⑥臣：公子吕自称。事之：侍奉他，即做共叔段的臣子。

⑦若：如果。则：就。这两个连词经常连用，构成"若……则……"的句式，"若"表示假设，"则"与之相呼应，表示结果。

⑧无生民心：不要使民生二心。生：使……生，使动用法。

⑨无庸：不用，指用不着除掉段。庸：用。

⑩将自及：将会自己赶上灾祸。及：动词，赶上。

⑪收贰以为己邑：把以前两属的边邑收为自己的边邑。贰：指上文的西鄙、北鄙。"贰"在此是名词。以为：把它作为。以：介词，后面省略宾语。

⑫至：到。廪（lǐn）延：郑国地名，在今河南延津县北。

⑬厚：原指山陵大。这里指土地广大，势力雄厚。得众：得到民心。众：指百姓。

⑭不义不昵（nì）：这句的意思是对君不义，对兄不亲。

⑮崩：原指山塌下来，这里指崩溃，垮台。

大叔完聚①，缮甲兵②，具卒乘③，将袭郑④。夫人将启之⑤。公闻其期⑥，曰："可矣！"命子封帅车二百乘以伐京⑦。京叛大叔段。段入于鄢。公伐诸鄢⑧。五月辛丑⑨，大叔出奔共⑩……

①完：指修治城郭。聚：聚集粮食。

②缮：修理，制造。甲兵：甲，戎衣；兵：兵器。这里泛指武器装备。

③具：准备。卒：步兵。乘（shèng）：兵车。

④袭：秘密地进攻。

⑤夫人：指武姜。启之：为段开门，即作内应。启：开。之：指段。

⑥其期：指段袭郑的日期。

⑦帅：率领。车二百乘：春秋时都是车战，兵车一乘有甲士（带盔甲的兵士）三人，步卒七十二人。二百乘共有甲士六百人，步卒一万四千四百人。

⑧伐：大张旗鼓地进攻。《左传，庄公二十九年》：'凡师，有钟鼓曰伐，无曰侵，轻曰袭。"诸："之于"的合音字，兼词。

⑨五月辛丑：古代以干支纪日，即甲子、乙丑、丙寅……这里指隐公元年五月二十三日。

⑩出奔：逃到国外避难。奔：快跑。

遂寘姜氏于城颍①，而誓之曰②："不及黄泉，无相见也③。"既而悔之④。

①寘（zhì）：安置，安顿。这里有放逐的意思。城颍：郑国地名，在今河南临颍县西北。

②誓之：向她发誓。

③黄泉：地下的泉水，黄色，这里指墓穴。这句的意思是，不到死不相见。

④悔之：对这件事后悔。之：指发誓不见这件事。

颍考叔为颍谷封人①，闻之，有献于公②。公赐之食③。食舍肉④。公问之。对曰："小人有母⑤，皆尝小人之食矣⑥，未尝君之羹⑦，请以遗之⑧。"公曰："尔有母遗⑨，繄我独无⑩！"颍考叔曰："敢问何谓也⑪？'公语之故⑫，且告之悔。对曰："君何患焉⑬？若阙地及泉⑭，隧而相见⑮，其谁曰不然⑯？"公从之。公入而赋⑰："大隧之中，其乐也融融。"姜出而赋："大隧之外，其乐也泄泄⑱。"遂为母子如初⑲。

① 颍考叔：郑国大夫。颍谷：郑国地名，在今河南登封县西南。封人：管理疆界的官。封：疆界。
② 献：这里用作名词，指献的东西。
③ 赐之食：赐给他食物。之：指颍考叔。这句是双宾语结构。下文"语之故"、"告之悔"同。
④ 食舍肉：吃的时候把肉放在一边不吃。舍：弃，放置。
⑤ 小人：颍考叔对自己的谦称。
⑥ 尝：辨别滋味。这里是吃的意思。
⑦ 羹（gēng）：一种带汁的肉食，即上文"食舍肉"的"肉"。
⑧ 请以遗（wèi）之：请允许我把这送给她。请：副词，表示尊敬。以：介词，后面省略宾语。遗：赠送，送给。之：指颍考叔母亲。
⑨ 尔有母遗：你有母亲可送（东西）。
⑩ 繄（yī）：句首语气词。
⑪ 敢：副词，表示谦敬。何谓：说的是什么。古汉语中疑问代词作宾语时，宾语提前。下文"何患"同。
⑫ 语（yù）：告诉。
⑬ 何患焉：对这件事忧患什么呢？焉：兼词，于此。
⑭ 阙（jué）：通"掘"，挖。
⑮ 隧：用作动词，挖隧道。
⑯ 其谁曰不然：谁说不是这样？其：副词，表示反问。然：代词，指黄泉相见。
⑰ 赋：赋诗。
⑱ 其乐：那种快乐。其：指示代词，那种，那样。也：语气助词，表示句中停顿。融融、泄泄（yì）：迭音形容词，这里都是形容快乐的样子。
⑲ 为母子如初：作母亲作儿子的还和当初一样。"为母子"是动宾词组，在这里作主语。

君子曰①："颍考叔，纯孝也②。爱其母，施及庄公③"。诗曰④："孝子不匮⑤，永锡尔类⑥。"其是之谓乎⑦！

①君子：指有道德或有地位的人。这是作者假托"君子"来发表议论。
②纯：纯粹的，真正的。
③施（yì）：延及，这里指影响。
④诗：指《诗经》，下面的引诗见《诗经·大雅·既醉》。
⑤孝子不匮（kuì）：孝子的孝没有穷尽。匮：竭尽。
⑥永锡（cì）尔类：永远把孝赐给你（指孝子）的同类。锡：通"赐"。
⑦大概说的就是这种情况吧。其：语气词，表示委婉语气。是之谓：即谓是。是：代词，代颍考叔爱其母，并影响到庄公这种情况，作宾语。之：代词，复指提前的宾语。

译文

郑庄公在鄢城战胜了共叔段

起初，郑武公娶了申国国君的女儿为妻。她名叫武姜，生了庄公和共叔段。生庄公是难产，把姜氏吓了一跳，因此，给庄公取名为"寤生"，于是讨厌庄公。姜氏偏爱小儿子共叔段，总想立共叔段为太子，多次向武公提出请求，郑武公都没有同意。

到庄公开始做国君的时候，姜氏出来替共叔段要求把制这个地方作为共叔段的封地。庄公说，"制是个险要的城邑，从前，东虢的国君——虢叔就死在那里，制城不便给他，如果您要其他的城邑，可以听从您的命令。"后来，姜氏又请求要京这个地方，庄公就同意共叔段居住在那儿，群众称共叔段为京城太叔。有个名叫祭仲的大夫对庄公说："一般城市的城墙如果超过了三百平方丈就是国家的祸害呀。先王的制度规定：大城市的城墙不得超过国都的三分之一；中等城市的城墙不得超过国都的五分之一；小的城市的城墙不得超过国都的九分之一。现在京的城墙不合法度，不是先王的制度所允许的，您将来会感到受不了的。"庄公说："姜氏要这样做，怎样才能避免祸害呢？"祭仲回答说："姜氏哪有满足的时候！不如早点给太叔另安排个地方，不要让他发展，让他发展，将来可就难对付了。蔓生的野草尚且还不能根除，何况您那高贵的弟弟呢？！"庄公说："他做多了坏事，一定会自己垮台的，您姑且等待着他自行灭亡吧！"

不久，京城太叔命令原来属于庄公的郑国西部和北部的两处边境地区，也同时臣属于自己，（即属于二主）。郑国大夫公子吕说："国家不容许有两属的现象，您对这种情况将怎么办呢？如果您想把郑国交给太叔，那就请允许我去侍奉他；如果您不想给他那就请求除掉他，免得使百姓产生二心。"庄公说："不用，他将自取灭亡。"后来，太叔又进一步把两属的地方划归为自己，一直扩大到了廪延一带。公子吕（子封）说："行了，他扩大领域将会得到更多的百姓。"庄公说："他对国君不义，对哥哥不亲，即使扩大领地，也是要崩溃的。"

太叔修固了城墙，聚集了粮草，整治了装备和武器，准备了步兵和战车，将要暗中偷袭郑国的国都，武姜也准备替共叔段把城门打开，以作太叔的内应。庄公听到了他们偷袭国都的日期说："现在可以了。"他命令子封率领二百辆兵车，大张旗鼓地讨伐京城。京城的百姓很快就背叛了太叔，段逃跑到鄢邑，庄公就率军队进攻鄢邑。五月辛丑这一天，太叔出逃到共国。

于是庄公就把姜氏放逐到城颍，而且对她发誓说："不到黄泉（死后），不再见面了。"不久他又后悔这样做。

颍考叔是颍谷地方管理边界的官员，听说这件事，他借敬献礼物的名义来见庄公。庄公赐给他食物，吃时颍考叔故意把肉留下来。庄公问他这是为什么？颍考叔很恭敬地回答说："我有老母，我的食物她都吃到了，但没有吃过您的食物，请允许我把这肉送给她吧。"庄公说："你有母亲可以送给，我却没有了！"颍考叔说："我冒昧地问一下您说的是什么意思？"庄公就把这缘故告诉了颍考叔，并且告诉他，自己已感到后悔。颍考叔回答说："您又何必在这件事上发愁呢？如果挖掘土地直到见泉水，然后在地道中你们母子相见，谁说不是黄泉相见呢？"庄公依从了他的意见。庄公进入地道赋诗说："走进地道里，快乐真无比！"姜氏走出地道也吟诗说："走出地道口，再高兴也没有！"于是恢复了母子关系，并且和好如初。

有道德的人说："颍考叔是真正的孝子，他爱他的母亲，影响到了庄公。"《诗经》说："孝子的孝心没有穷尽，永远把孝心赐给你的同类。"大概说的就是这种情况吧！

附鲁国国君年代表、含春秋十二鲁君

-825 鲁武公
-815 鲁懿公
-806 · 鲁伯御
-796 鲁孝公
-770 （以下为春秋）
-768 鲁惠公
-722 鲁隐公
-711 鲁桓公
-693 鲁庄公
-661 鲁闵公
-659 鲁僖公
-626 鲁文公
-608 鲁宣公
-590 鲁成公
-572 鲁襄公
-541 鲁昭公
-509 鲁定公
-494 鲁哀公

《春秋》记此十二君期间各诸侯国之事。实际记到鲁悼公十四年（-453年）

-475 （以下为战国）
-466 鲁悼公
-428 鲁元公
-407 鲁穆公
-375 鲁共公
-352 鲁康公
-343 鲁景公
-314 鲁平公
-272 鲁顷公
-249 楚灭鲁

齐桓公伐楚

[说明] 本文是记叙春秋初年齐楚两个强国之间的一场斗争。齐桓公任用管仲，控制了华夏诸国后，为了称霸天下，寻找借口向楚国进军。正在向北扩张的楚国也以武力作后盾，同齐国展开了尖锐的外交斗争。齐国君臣恃强威胁，咄咄逼人，楚国使者不甘示弱，针锋相对。最后达成妥协，齐桓公许和退兵。文章很简洁地表述了外交上的辞令应对。

本篇选自《左传·僖公四年》，题目是后加的。

散文　111

　　四年春，齐侯以诸侯之师侵蔡①。蔡溃②，遂伐楚。楚子使与师言曰③："君处北海，寡人处南海，唯是风马牛不相及也④。不虞君之涉吾地也⑤，何故？"管仲对曰⑥："昔召康公命我先君大公曰⑦：'五侯九伯，女实征之，以夹辅周室⑧。'赐我先君履⑨：东至于海，西至于河，南至于穆陵，北至于无棣⑩。尔贡包茅不入，王祭不共，无以缩酒，寡人是征⑪；昭王南征而不复⑬？寡人是问。"对曰："贡之不入，寡君之罪也，敢不共给⑫？昭王之不复，君其问诸水滨⑭。"师进，次于陉⑮。

① 四年：指鲁僖公四年，即公元前656年。齐侯：指齐桓公。齐属侯爵，故称齐侯。以：介词，率领。诸侯之师：各诸侯国的军队。当时与齐国一道参加这次战争的有鲁、宋、陈、卫、郑、许、曹等国。蔡：蔡国，姬姓，侯爵，在今河南汝南、上蔡、新蔡一带。蔡是楚的盟国，"侵蔡"是为"伐楚"作准备。

② 溃：溃败，被打垮。

③ 楚子：指楚成王。楚属子爵，故称楚子。使：派遣使者。与：介词，和，跟。师：指以齐国为首的军队。

④ 处（chǔ）：居住。北海、南海：这里指北方、南方。齐国虽临北海（即今之渤海），但楚国边境不到南海，故非实指，只是说齐楚两国相距甚远。唯：句首语气词。风：走失。一说指牝（pìn）牡（mǔ）相诱。这句的意思是，你在北方，我在南方，相距很远，本来互不相干。

⑤ 没料到你们会进入我国的领地。虞：料到。涉：蹚水过河。这里有进入的意思。不说侵入而说涉，是委婉的说法。之：连词，在这里连接主语"君"和谓语"涉吾地"，使这个主谓结构变为偏正结构，作动词"虞"的宾语。

⑥ 管仲：齐国大夫。姓管，名夷吾，字仲，春秋时著名的政治家。

⑦ 召（shào）康公：周文王庶子，名奭（shì），食邑在召（今陕西凤翔县），武王时封于北燕（今河南郾城东），成王时为太保，"康"是他的谥号。先君：后代君臣对本国已故君王的称呼。大（tài）公：即姜太公，名尚。齐国的第一个国君。大：通"太"。命：命令。下文就是引用当初召康公代表周王朝封太公于齐的命令中的话。

⑧ 五侯九伯：泛指天下诸侯。五侯：指公、侯、伯、子、男五等爵位。九伯：九州之长。女（rǔ）：通"汝"，你。实：句中语气词，表示命令或祈使。征：征伐，讨伐。夹辅：辅佐。这几句是说周王室赐给太

公可以征伐有罪诸侯的特权。

⑨履：践踏。这里用作名词，指所践踏的地方，即权力所至的范围。

⑩海：指今黄海和渤海。河：黄河。穆陵：齐地名，即今山东临朐（qú）县南穆陵关。无棣（dì）：齐国北部边邑，在今山东无棣县北。

⑪你应纳贡的包茅没有交纳，周王祭祀用品供给不上，没有用来缩酒的东西，我有责任查问这件事。包茅：包成捆儿的青茅。茅：青茅，楚国的土产。共：通"供"，供给。缩酒：渗酒。古代祭祀时的一种仪式，即把酒倒在包茅上慢慢地渗下去，表示如鬼神喝了一样。是：代词，指包茅不入的事，是动词"征"的前置宾语。征：问，责问。下文"寡人是问"的"是问"，结构和意义同"是征"。

⑫昭王：周昭王，名瑕，成王之孙。相传昭王晚年南巡到汉水时，当地人民怨恨他腐败，故意给了他一只用胶粘的船渡江。结果行至江心，船沉而死。"南征而不复"指的就是这件事。征：行，指巡行。复：返回。以上都是齐国用以进攻楚国的借口。

⑬贡之不入，寡君之罪也：这是个判断句。主语"贡之不入"，又是一个用连词"之"取消句子独立性的偏正结构。谓语"寡君之罪"是个一般的用连词"之"连接的偏正结构。寡君：臣子对别国人谦称自己的国君。敢：表谦敬的副词，含有胆敢或岂敢的意思，这里是岂敢。

⑭其：语气词，表示委婉语气，用在祈使句里含有"还是"的意思。诸：之于。其中"之"字指代昭王之不复这件事。水滨：水边。

⑮次：临时驻扎。陉（xíng）：楚地名，在今河南郾城县南。

夏，楚子使屈完如师①。师退，次于召陵②；齐侯陈诸侯之师，与屈完乘而观之③。齐侯曰："岂不穀是为？先君之好是继④。与不穀同好⑤，如何？"对曰："君惠徼福于敝邑之社稷，辱收寡君，寡君之愿也⑥。"齐侯曰："以此众战，谁能御之⑦！以此攻城，何城不克！"对曰："君若以德绥诸侯⑧，谁敢不服？君若以力，楚国方城以为城，汉水以为池⑨，虽众，无所用之⑩。"屈完及诸侯盟⑪。

①屈完：楚国大夫。如：往，到……去。师：指进驻陉的各诸侯国军队。

②召陵：楚地名，在今河南郾城县东。

③陈：陈列。把诸侯之师陈列出来，是向楚示威。乘（chéng）：乘车。

④（这次用兵）难道为了我？（而是）为了继承先君的友好关系。这是虚伪的外交辞令。不穀：不善，诸侯谦称自己。是：前后两个都是代词，复指前置宾语。"宾语+是+动词"是古汉语里的一种固定格式。

⑤同好（hǎo）：共同友好。
⑥承蒙您向我国的社稷之神求福，收容我的君主为同好，这本是我的君主的愿望。惠：敬词，用于对方对待自己的行动。意思是，您这样做是对我的恩惠。徼（yāo）：求。敝邑：谦称自己的国家。社稷：土神和谷神。辱：谦词，表示承蒙。意思是，您这样做是您蒙受了耻辱。
⑦众：名词，指众将士，与下文"虽众"的"众"是形容词（多）词性意义都不同。御：抵挡。
⑧绥（suí）：安抚。
⑨您如果凭借武力（进行威胁），我们楚国就拿方城作为城墙，拿汉水作为护城河。方城：山名，在今河南叶县南。在句中是介词"以"的前置宾语。下句"汉水"的用法相同。池：护城河。
⑩即使将士众多，也没有用它的地方。
⑪盟：订立盟约。

译文

齐桓公讨伐楚国

鲁僖公四年的春天，齐桓公率领诸侯各国的军队去侵犯蔡国，蔡国被打败了，于是就大张旗鼓地讨伐楚国。楚成王派遣使者跟以齐军为首的军队说道："您住在北方，我住在南方，这是走失牛马也不会跑到一起的，（即毫不相干）。没有料到您会到我们地方来，这是什么缘故呢？"齐国大夫管仲很恭敬地回答说："从前，周成王的老师召康公曾经命令我们齐国的第一个国君（姜太公）说：'天下诸侯和九州之长，只要他们犯了罪，你都有特权去讨伐他们，你就用这个行动来辅佐周王室。'并且还赐封给我先君的统辖范围是：东边到渤海、黄海，西边的黄河，南边到穆陵，北边到无棣。你该进献包茅没有交纳，周王的祭祀用品供不上，没有用来缩酒的东西，我们齐国有责任质问这件事；周成王的孙子——周昭王到南方巡逻没有返回，我们齐国也有责任追问这件事。"楚国的使者很恭敬地回答说："交纳包茅而没有交纳，这是我们国君的罪过，难道敢不供给吗？至于周昭王南巡没有回去，那还是请您到水边去问这件事吧。"以齐军为首的军队进入楚国境内，临时驻扎在陉的地方。

同年夏天，楚国派遣屈完去到各诸侯的驻军处，军队退驻召陵。齐侯把各诸侯国的军队排成行列，以便向楚国示威，并跟屈完一道乘车观察这些军队。齐侯说："这样做难道是为了我吗？不过是继承先君的友好关系。还是跟我们共同友好，怎么样？"屈完很恭敬地回答说："承蒙您向我国的社稷之神求福，并且还蒙收我们的国君为同盟好友，这是我们国君的愿望。"齐侯说："用这些诸侯之师作战，谁能抵御他们呢？用这些军队去攻城，什么城墙不能攻克呢？"屈完很恭敬地回答说："您若用仁德来安抚诸侯，有谁敢不服从呢？您如果要用武力的话，那我们楚国就用方城山作城墙，用汉水作护城河，您的军队虽然众多，也无处使用他们。"于是，楚国屈完就和以齐国为首的诸侯军队订立了互不侵犯的盟约。

附《左传》篇目

隐公第一、桓公第二、庄公第三、闵公第四，僖公上第五、僖公中第六、僖公下第七、文公上第八、文公下第九、宣公上第十、宣公下第十一、成公上第十二、成公下第十三、襄公元第十四、襄公二第十五、襄公三第十六、襄公四第十七、襄公五第十八、襄公六第十九、昭公元第二十、昭公二第廿一、昭公三第廿二、昭公四第廿三、昭公五第廿四、昭公六第廿五、昭公七第廿六、定公上第廿七、定公下第廿八、哀公上第廿九、哀公下第三十。

宫之奇谏假道

[说明] 本文选自《左传·僖公五年》，题目是后加的。公元前655年，晋国向虞国借路进攻虢国，虞国大夫宫之奇力劝虞公拒绝晋国的要求，指出虞虢是唇齿相依的邻邦，"虢亡，虞必从之"。但是虞公认为晋虞是同宗关系，晋国不会加害于虞；又认为只要对神"享祀丰絜"，神也会保佑虞国的。宫之

奇虽然据理反驳，虞公还是不肯听从。结果，晋国在消灭了虢国之后，回师马上消灭了虞国，证实了宫之奇的预见。本文说明了所谓宗族关系是虚伪的，神灵也靠不住，国君要以民为本，实行德政。还说明了必须正确处理国与国之间的关系。虞公为了自己的利益而不惜牺牲邻国，结果适得其反，害人也害己。唇亡而齿寒，这是一个深刻的教训。

晋侯复假道于虞以伐虢①。宫之奇谏曰②："虢，虞之表也③。虢亡，虞必从之④。晋不可启⑤，寇不可翫⑥。一之谓甚，其可再乎⑦？谚所谓'辅车相依，唇亡齿寒'者⑧，其虞虢之谓也⑨。"

①晋侯：指晋献公，名诡诸，谥献，晋国第十九代国君。复：又。假道：借路。鲁僖公二年（公元前658年）晋国曾经用屈地出产的马和垂棘出产的玉向虞国借路攻打虢国，虞公贪于财宝，答应借路，结果晋国夺取虢国的下阳（今山西平陆县）。虞：国名，周武王所封，为大（tài）王之子虞仲的后代，其地在今山西平陆县东北。以：连词，表示目的。虢（guó）：国名，又名北虢。周文王封其弟仲于今陕西宝鸡附近，号西虢。北虢是虢仲的别支，在今平陆县，位于虞国南，晋要伐虢，必须要向虞国借路。

②宫之奇：虞国大夫。谏（jiàn）：用言语规劝，使改正错误。一般是对尊长而言。

③表：外面，这里指屏障。

④如果虢国被灭亡，虞一定也跟着灭亡。

⑤启：开，这里指启发晋的贪心。

⑥寇：从外面入侵的兵。这里指晋国的军队。翫（wán）：（今作"玩"）忽视，不留心，等于说放松警惕。

⑦这两句意思是，借一次路就已经过分了，难道可以再借第二次吗？甚：副词，厉害，过分。其：副词，用以加强反问。再：第二次。

⑧辅车：辅为面颊，车为牙床骨。

⑨大概说的就是虞国和虢国。之：代词，复指提前宾语。

公曰①："晋，吾宗也，岂害我哉②？"对曰："大伯虞仲，大王之昭也③。大伯不从，是以不嗣④。虢仲虢叔，王季之穆也⑤，为文王卿士⑥，勋在王室，藏于盟府⑦。将虢是灭⑧，何爱于虞⑨？且虞能亲于桓庄乎，其爱之也⑩？桓庄之族何罪，而以为戮⑪？不唯偪乎⑫？亲以宠偪⑬，犹尚害之⑭，况以国乎⑮？"

①公：指虞国国君。
②宗：同宗，同祖。晋、虞都是姬姓国，同一祖先。
　岂……哉：难道……吗，表示反问的格式。
③大（tài）伯、虞仲：大（tài）王的长子、次子。大王：周先王古公亶（dǎn）父。昭：古代宗庙的位次，始祖居中，位次在左的叫昭，在右的叫穆。然后按辈次昭穆相承，昭位之子在穆位，穆位之子在昭位。古公亶父为穆，其子则为昭。所以大伯、虞仲为昭。
④不从：不听从父命。宫之奇认为大伯没继承王位是不从父命的结果，实际上是大王爱第三子王季（名季历），要把王位传给他。所以大伯和虞仲一起出走了。是以：因此。嗣（sì）：继承（王位）。
⑤虢仲、虢叔：王季的次子和三子，文王的弟弟。文王封仲于今陕西宝鸡附近，号西虢；封叔于今河南荥泽，号东虢。所以虢仲为西虢之祖，虢叔为东虢之祖。王季在周为昭，所以虢仲、虢叔为穆。
⑥文王：王季的长子，名昌。卿士：执掌国政的大臣。
⑦这两句的意思是，对王室有功劳，因功受勋的记录藏在盟府里。勋：功劳。盟府：主管功勋赏赐的政府部门。
⑧将虢是灭：将要灭掉虢国。是：代词，复指前置宾语。
⑨何爱于虞：对于虞国还爱惜什么呢？何：疑问代词，作"爱"的宾语。
⑩这两句的意思是说，而且虞难道能比桓庄的后代还亲，晋将爱虞吗？
　桓：桓叔。庄：庄伯。庄伯是桓叔的儿子，晋献公是桓叔的曾孙，庄伯的孙子。桓庄之族是晋献公的同祖兄弟。其：副词，犹将。之：代虞国。
⑪以为戮：把他们作为杀戮的对象，即把他们杀了。庄公二十五年，晋献公尽杀桓叔、庄伯的后代。以：介词，后省略宾语（指桓庄之族）。
　戮：杀，这里用作名词，杀戮的对象。
⑫这句的意思是，不就是因为桓庄之族人多势大，晋献公担心受到威胁吗？唯：因为。偪：同"逼"，逼迫，威胁。
⑬亲人以尊贵的地位相逼迫。宠：在尊位。
⑭犹尚害之：还尚且杀害了他们。犹、尚是两个同义副词连用，有强调的作用。
⑮以国："以国逼"的省略。这句的意思是，况且以国家相逼迫呢？

　　公曰："吾享祀丰絜①，神必据我②。"对曰："臣闻之③：鬼神非人实亲④，惟德是依⑤。故《周书》曰⑥：'皇天无亲⑦，惟德是辅⑧。'又曰：'黍稷非馨，明德惟馨⑨。'又曰：'民不易物，惟德繄物⑩.'如是⑪,则非德民不和,神不享矣⑫。神所冯依⑬,将在德矣。若晋取虞⑭,而明德以荐馨香⑮,神其吐之乎⑯?"

①享:把食物献给鬼神。祀:祭祀。"享祀"泛指一切祭祀。丰:丰富。絜:即"洁",清洁。

②据我:依附于我,等于说保佑我。据:依。

③之:指下面要说的道理。

④非人实亲:即非亲人。亲:亲近。实,代词,复指前置宾语。

⑤惟德是依:即惟依德。德:指有德行的人。下文"唯德是辅"结构同此。

⑥周书:书名,已失传。以下引文见伪古文《尚书·蔡仲之命》。

⑦皇天无亲:意思是上天对人不分亲疏。皇:大。

⑧辅:辅助。

⑨这两句也是《周书》上的,今见伪古文《尚书·君陈》。意思是,祭祀用的五谷不算芳香,发扬德行才芳香。黍:黄黏米。稷:不黏的黍子。黍稷在这里泛指五谷,为祭祀的物品。馨(xīn):香气,很远可以闻到。古人认为祭祀时鬼神前来享用祭品的香气。惟:句中语气词。

⑩这两句也是《周书》上的,今见伪古文《尚书·旅獒》,今本《尚书》"民"作"人","繄"作"其",意思是,人们不需要更改祭祀的物品,只有有德的人的祭品才算真正的祭品。繄:句中语气助词。

⑪如是:像这样,这样说来。"是"指代上述的情况。

⑫这两句是说,那么,没有道德,百姓就不会和睦相处,神也不会享用了。

⑬冯(píng)依:凭借、依靠。冯:即"凭"。

⑭取:取得,这里指灭掉。

⑮而用发扬美德来向神进献芳香的祭品。明德:使德明,即发扬美德。明:使……明,使动用法。以:连词,表示目的。

⑯其:副词,用以加强反问。吐:这里指不享受所祭的物品。这句是说神会保佑晋国,而虞国难免受灾。

弗听,许晋使①。宫之奇以其族行②。曰:"虞不腊矣③。在此行也④,晋不更举矣⑤。"……

冬,十二月丙子朔⑥,晋灭虢,虢公丑奔京师⑦。师还,馆于虞⑧。遂袭虞,灭之⑨。

①许:允许,答应,即准其借路。使:使者。

②以：介词，这里是率领的意思。族：家庭。行：走，这里指到别的国家去避难。
③不腊：不能举行腊祭了。意思是年内就要灭亡。腊：年终举行的一种祭祀，这里用作动词。
④此行：这次行动。指晋就要以灭虢之兵灭虞。
⑤更(gèng)举：再举兵。更：再。这句以下有删节。
⑥十二月丙子朔：十二月初一。丙子：该月初一正逢干支的丙子。朔：每月的第一天。
⑦丑：虢公名。京师：周的都城。
⑧还：回来。馆：公家为宾客所设的住处，这里用作动词，住下来的意思。
⑨灭之：消灭了虞国。

译文
宫之奇劝阻借路

晋献公又向虞国借路以便攻打北虢国。虞国大夫宫之奇规劝虞公说："虢国是我们虞国的屏障。如果虢国被灭亡了，虞国一定也跟着灭亡。我们不能引起晋国的贪心，对敌寇不能放松警惕呀。上回借过一次路就已经过分了，难道还可以再借第二次吗？俗话所说的'辅车相依，唇亡齿寒'。它们的利害关系十分密切。大概就是说的虞国和虢国吧。"

虞国国君说："晋国是我们虞国的同宗呀，难道它会害我们吗？"宫之奇回答说："太伯和虞仲是古公亶父的长子和次子（处于昭位），太伯未听从父命，所以没有继承王位。虢仲和虢叔是王季的次子和三子（处于穆位），周文王把他俩封为执掌国政的大臣，对王室有功劳，因功受勋的记录藏在盟府（文王封虢仲为西虢国君，封虢叔为东虢国君）。晋要灭掉西虢和东虢，对于虞国还爱惜什么呢？而且晋对虞国难道会比对桓叔（父）庄伯（子）的后代（晋献公的同宗兄弟）还亲，晋将爱虞吗？桓叔、庄伯之族的后代有什么罪，为什么把他们作为杀戮的对象？不就是因为桓叔、庄伯之族人多势大，晋献公担心受他们的威胁吗？亲人以尊贵的地位相逼迫，尚且还进行残杀，何况是以国家相威逼呢？"

虞国国君说："我把丰盛清洁的食物献给鬼神，神一定会保佑我。"宫之奇回答说："我听说：鬼神不是亲近人，它只依附德行。所以周书说：'上天对人不分亲疏，它辅助有德行的人。'又说：'祭祀的五谷不算芳香，发扬德行才芳香。'又说：'一般人不需要更改祭祀的物品，只有有德行的人祭品才算真正的祭品。'像这样，那么没有道德，百姓就不会和睦相处，神也不会享用了。神所凭借的就在于德行了。如果晋国灭掉虞国，而用发扬美德来向神进献芳香的祭品，难道神会不享用晋所进献的祭品吗？"

虞国国君不听，允许晋国借路。宫之奇就率领他的家族到别的国家去了。宫之奇说："虞国不能举行腊祭了。在这次晋就要以灭虢之兵灭虞，晋不用再次举兵了……"

冬天，十二月初一，晋灭了虢，虢公（丑）逃避到周的都城去了。晋军返回时，在虞国驻扎下来。于是就偷袭虞，把虞国灭掉了。

附昭穆排列表

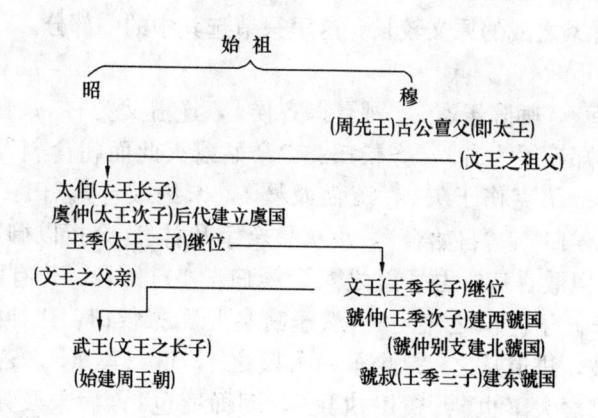

```
                    始祖
         ┌───────────┴───────────┐
        昭                        穆
                        (周先王)古公亶父(即太王)
                  ────────────────(文王之祖父)
    太伯(太王长子)
    虞仲(太王次子)后代建立虞国
    王季(太王三子)继位 ─────────┐
    (文王之父亲)
                        文王(王季长子)继位
                        虢仲(王季次子)建西虢国
    武王(文王之长子)        (虢仲别支建北虢国)
    (始建周王朝)        虢叔(王季三子)建东虢国
```

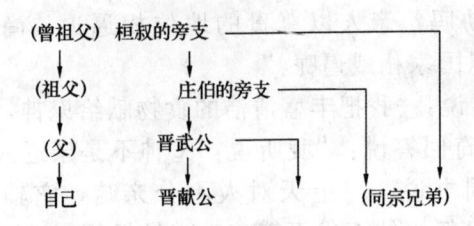

```
(曾祖父)  桓叔的旁支 ┐
                    │
(祖父)    庄伯的旁支 │
                    │
(父)      晋武公 ───┤
                    │
自己      晋献公     (同宗兄弟)
```

公元前669年（庄公25年）晋献公尽杀同宗兄弟。

齐晋鞌之战

[说明] 本文选自《左传·成公二年》。题目是后加的。齐晋鞌之战是春秋时期一次著名的战役。公元前597年，晋楚在邲（bì，今河南郑州市东）打了一仗，晋国战败。晋国的失败引起了齐国争霸的野心。而晋国为继续取得霸主的地位，它绝不会让齐国的野心得逞。这就铸定了齐晋两国必然会有一场正面的冲突。公元前589年，齐国攻打鲁国、卫国。因为鲁国、卫国和晋国都是姬姓国，而且是联盟之国，所以鲁、卫向晋国求援，于是发生了这次战争。由于齐军骄傲轻敌，晋军同仇敌忾，晋军取得了胜利。这次战争的性质是为了争夺霸权，双方之间没有什么正义或非正义可言。但从战争胜负的原因中可以说明一个道理，这就是骄兵必败。

齐晋鞌之战的原文较长，这里只节选其中的一部分。

癸酉①，师陈于鞌②。邴夏御齐侯③，逢丑父为右④。晋解张御郤克⑤，郑丘缓为右⑥。齐侯曰："余姑翦灭此而朝食⑦！"不介马而驰之⑧。郤克伤于矢⑨，流血及屦⑩，未绝鼓音⑪。曰："余病矣⑫"张侯曰⑬："自始合⑭，而矢贯余手及肘⑮；余折以御⑯，左轮朱殷⑰。岂敢言病？吾子忍之⑱。"缓曰："自始合，苟有险⑲，余必下推车。子岂识之⑳？——然子病矣㉑。"张侯曰："师之耳目，在吾旗鼓，进退从之㉒。此车一人殿之㉓，可以集事㉔。若之何其以病败君之大事也㉕？擐甲执兵㉖，固即死也㉗；病未及死，吾子勉之㉘!"左并辔㉙,右援枹而鼓㉚,马逸不能止㉛,师从之㉜。齐师败绩㉝。逐之㉞,三周华不注㉟。

①癸酉（guǐyǒu）：成公二年（公元前589年）六月十七日。
②师：指齐、晋两国的军队。陈：指军队摆开阵势。鞌：地名,即历下,在今山东济南市西。
③邴（bǐng）夏：齐国大夫。御齐侯：为齐侯驾车。御：驾车。齐侯：指齐顷公,桓公之孙,名无野。
④逢（páng）丑父：齐国大夫。右：车右,又称骖乘。古代乘车,尊者在左,御者在中,骖乘在右。车右都是有力的勇士,主要负责警卫。
⑤解（xiè）张：又称张侯,晋臣。"解"是姓,"张"是字,"侯"是名,古人名字连说时,先说字后说名。郤（xì）克：又称郤献子,晋国大夫,是这次战役中晋军的主帅。
⑥郑丘缓：晋臣,"郑丘"是复姓。
⑦姑：暂且。翦灭：剪除消灭。此：指晋军。朝（zhāo）食：吃早饭。
⑧不介马：不给马披上甲。介：铠甲,这里用作使动词。穿铠甲。介马：使马穿上铠甲。驰之：驱马进击晋军。驰：使劲赶马追击。之：指晋军。
⑨伤于矢：被箭射伤。于：介词,引进行为主动者,表示被动。矢：箭。
⑩屦（jù）：用麻编织的鞋。
⑪未绝鼓音：一直没有让鼓音停下来。绝：断绝。鼓音：古代车战,主帅居中掌旗鼓,指挥三军,鼓声是前进的号令。
⑫病：原指病重,这里指受伤很重。
⑬张侯：即解张。
⑭自始合：从一开始交战。
⑮矢贯余手及肘：箭射进了我的手直至胳膊肘。张侯连中两箭,一箭射中手,一箭射中胳膊肘。贯：穿通。及：连词,和,表示并列关系。
⑯折：折断。张侯只把箭杆折断,来不及拔出箭头就继续驾车,说明战斗的紧张激烈。
⑰朱：红色。殷（yān）：红中带黑。因张侯是在左边驾车,鲜血滴在左边车轮上,所以说"左轮朱殷"。血原来是鲜红的,时间久了,变成黑红,说明血流了很多。
⑱吾子：对男子的尊称,比称"子"要更亲热些。
⑲苟：如果、只要。险：地势不平,这里指难走的路。
⑳岂：副词,难道。识：这里是"知道"的意思。

㉑然：连词，表示转折，然而，但是。子：指郤克。郑丘缓说这句话是对郤克因受重伤而不能指挥作战表示婉惜同情。

㉒这三句的意思是，全军都注视着我们的旗鼓，前进或后退，都听从它的指挥。

㉓殿：镇守，压阵。

㉔集事：成事，作战能够获胜。

㉕这句话的意思是，怎么能够因为受了伤而毁败国君的大事呢？若之何：固定结构，放在动词前表示反问，相当于"怎么"。其：语气词，表示加强反问。以：介词，因。大事：这里指战事。

㉖擐（huàn）甲：穿上铠甲。执兵：拿起武器。

㉗固：副词，本来。即：动词，接近，靠近，这里是走向的意思。

㉘勉：努力。

㉙左并辔（pèi）：左手把马缰绳握在一起。并：动词，合并。

㉚右援枹而鼓：右手拿起鼓槌击鼓。援：取过来。枹：也写作"桴"，鼓槌。鼓：动词，打鼓。张侯是驾车的，本来是两手各拿着马缰绳，因主帅郤克受伤，他用右手拿鼓槌代替郤克击鼓，把马的缰绳并到左手，一身而兼二任。

㉛逸：狂奔。

㉜师从之：晋国军队跟着主帅的车冲上去。之：指主帅郤克坐的车。

㉝败绩：原指翻车，这里指溃败。

㉞逐：追赶。

㉟三周华不注：围着华不注山绕了几周。三：这里表示多次，非实指。周：动词，环绕。华不注：山名，在今山东济南市东北。

韩厥梦子舆谓己曰①："旦辟左右②。"故中御而从齐侯③。邴夏曰："射其御者，君子也④。"公曰："谓之君子而射之，非礼也⑤。"射其左，越于车下⑥；射其右，毙于车中⑦。綦毋张丧车⑧，从韩厥曰："请寓乘⑨。"从左右⑩，皆肘之⑪，使立于后⑫。韩厥俛定其右⑬。

①韩厥：晋大夫。在这次战役中任司马（掌管祭祀、赏罚等军政）。子舆：韩厥的父亲。谓：告诉。

②旦：早晨。辟：即"避"。左右：指兵车左右两侧。这两句是插叙头天夜里的事。韩厥是司马，应居车左，但在临战前夜父亲托梦告诉他第二天作战时不要坐左右侧，所以他避开左右侧。这种托梦的描写，反

映了作者的迷信思想。

③中：居中的意思。韩厥因避开兵车的左右两则，所以居中位代御者驾车。从：跟从，这里是跟踪追击的意思。

④射那个驾车的人，他是君子。其：指示代词，那个。"君子也"是判断句的谓语，主语"御者"承前省略。

⑤非礼：不合于礼。

⑥越：坠。

⑦毙：仆倒。

⑧綦毋（qíwú）张：晋大夫。"綦毋"是复姓，"张"是名。丧（sàng）：丧失、丧亡。这里指兵车在战斗中被毁坏而丢弃掉。

⑨请寓乘（chéng）：请允许寄乘你的车。寓：寄。

⑩从左右：指站到车的左侧，又站到车的右侧。

⑪皆肘之：都用胳膊肘撞他。因为车的左右两侧危险，所以韩厥不让綦毋张站在那里。肘：用作动词。

⑫使：让，叫。后面省略宾语（指綦毋张）。

⑬俛：同"俯"，低下身子。定：使稳当，使动用法。右：指原在车右侧被射倒的人。

逢丑父与公易位①。将及华泉②，骖𫘝于木而止③。丑父寝于辂中④，蛇出于其下⑤，以肱击之⑥，伤而匿之⑦，故不能推车而及⑧。韩厥执絷马前⑨，再拜稽首⑩，奉觞加璧以进⑪，曰："寡君使群臣为鲁卫请⑫，曰无令舆师陷入君地⑬。下臣不幸⑭，属当戎行⑮，无所逃隐⑯，且惧奔辟而忝两君⑰。臣辱戎士⑱，敢告不敏⑲，摄官承乏⑳。"丑父使公下，如华泉取饮㉑。郑周父御佐车㉒，宛茷为右㉓，载齐侯以免㉔。韩厥献丑父，郤献子将戮之㉕。呼曰："自今无有代其君任患者㉖！有一于此，将为戮乎㉗？"郤子曰："人不难以死免其君㉘。我戮之不祥。赦之㉙，以劝事君者㉚。"乃免之㉛。

①公：指齐顷公。易位：交换位置。韩厥不认识齐顷公和逢丑父，所以丑父趁韩厥"俛定其右"时与齐侯易位，以便无法逃脱时蒙骗敌人。古代兵服，以君和将佐相同所以易位可以保护国君。

②华泉：泉名，在华不注山下，流入济水。

③骖（cān）：古代用三匹马或四匹马驾车，夹着车辕（当时是单辕）的马称"服"，服马边上的马称"骖"。𫘝：通"挂"，绊住。木：树木。止：停止，指车不能走了。

④寝：睡，卧。辇（zhàn）：即"栈"，栈车，用竹木编成的轻便车子。
⑤蛇出于其下：蛇从车下面爬上来。其：指栈车。
⑥肱（gōng）：手臂从肘到肩的部分。
⑦伤：手臂受伤。匿：隐瞒。之：指受伤这件事。以上四句是插叙头天晚上发生的事。
⑧及：追赶上，指被韩厥擒获。
⑨执：拿着。絷（zhí）：绊马索。马前：指齐顷公的马前。
⑩再拜稽首：先拜两拜，然后稽首。这是比稽首更为隆重的一种跪拜礼。
⑪奉：即"捧"。觞（shāng）：古代的一种盛酒器。璧：一种圆形中间有孔的玉器。进：奉献。以上三句是写韩厥对俘获敌国国君所修的礼仪。
⑫我国国君派群臣来替鲁国、卫国请求。寡君：在别国人面前对自己国君的谦称。群臣：指韩厥等人。
⑬这句的意思是说，我们国君嘱咐我们说，不要让军队深入您的国土。无：通"毋"，不要。舆师：军队。陷入：深入，进入。
⑭下臣：韩厥在别国国君面前的自谦之词。幸：幸运。
⑮属：恰巧。当：遇上。戎行（háng）：兵车的行列，指齐军。
⑯无所逃隐：没有逃避的地方。"所逃隐"构成所字词组，作"无"的宾语。
⑰且惧奔辟而忝两君：而且因为怕逃跑躲避会给两国国君带来耻辱。意思是不得不努力作战。辟：即"避"。忝（tiǎn）：辱，有愧于。
⑱这句意思是，因为我在军队里，给军士们带来了耻辱。即勉强当一名不称职的军士。戎士：军士。
⑲敢：副词，表示谦意，有冒昧的意思。敏：聪明。
⑳摄官：代理官职。承：承担。乏：缺乏。"承乏"是旧时在任官吏常用的谦词，表示所任官吏一时没有适当人选时，暂由自己来充数。"摄官承乏"的言外之意就是由我来执行任务，逮捕你们。韩厥所说的上面一段话都是委婉的外交辞令。
㉑如：到……去。饮（yǐn）：名词，指喝的水。
㉒郑周父：齐臣。佐车：副车。
㉓宛茷（fèi）：齐臣。
㉔载（zài）：乘坐。免：指免于被俘。
㉕郤献子：即郤克。
㉖呼：叫喊。主语是丑父。自今：从今以后。无有：没有任患者：承担患难的人。者：指示代词，与"代其君任患"构成者字词组，作"无有"的宾语。

㉗为戮：被杀。
㉘这句的意思是，一个人不把用死来使他的国君免于祸患看作难事。即能够用死来保卫国君。难：意动用法，把……看作难事。免：使动用法，使……免。
㉙赦：赦免，释放。
㉚以：连词，表示目的。劝：鼓励。事君者：侍奉国君的人。
㉛乃：于是就。免之：赦免了他。

译文

齐晋在鞌地进行的战争

公元前589年（即鲁成公二年）六月十七日，齐晋两国的军队，在齐国的鞌地摆开了阵势。齐国的邴夏替齐侯（顷公）驾车，逢丑父作齐侯的保卫者，坐在车的右边。晋国的解张给郤克驾车，郑丘缓作郤克的保卫者，坐在车的右边。齐侯说："我们暂且去消灭晋军再回来吃早饭。"因而不给马披上护身甲就驱马追击晋军。晋国作战的主帅郤克一开始就被箭射伤了，鲜血一直流到了鞋上，然而始终没有停止击鼓，但他说："我的伤势很重了！"解张说："自从开始交战，箭就射穿了我的手和胳膊肘，我折断箭杆坚持驾车，我的血把车的左轮都染红了，难道我敢说自己受了重伤吗？您还是忍着吧！"郑丘缓说："自从开始交战，只要地势不平坦，我都是一定下车推车的，难道您知道这些吗？当然您现在确实受重伤了！"解张说："军队的耳目都在注视着我们的旗鼓，他们的进退，完全听从我们旗鼓的指挥。这辆车上只要还有一个人就能镇守住，可以凭借这一个人的力量完成大事。我们怎么能因为受重伤而毁败国君的大事呢？自从穿上铠甲、拿起武器，我们本来就是准备去死的，现在只是受重伤，还没有达到死亡的地步，您还是加油吧！"于是解张左手把马的两根缰绳并做一起抓了，右手接过郤克的鼓槌来击鼓。战马狂奔不停止，晋国的军队跟从主帅的车往前奔跑。齐国的军队大败。晋军追逐齐军，围绕着华不注山跑了很多圈。

晋大夫韩厥，在这次战役中担任司马，是尊者，应该坐在车的左边，可是韩厥梦见他父亲对他说："明早作战不要坐在车的左右两边。"因此，韩厥坐在车中间代替御者驾车追击齐侯。齐国的邴夏说："射中间那个驾车的，那个是君子。"齐侯说："说他是个君子，然而偏要射他，不合礼义。"于是射击左边的，左边的人坠落到车下去了；又射击右边的，右边的人倒在车中间。这时晋大夫綦毋张的车子毁坏了，追随韩厥说："请允许我寄乘您的车。"韩厥同意了，但无论坐到车的左边或右边，韩厥都用手肘把綦毋张推开，不让他坐，使綦毋张只好站立在韩厥的后面。然后，韩厥弯腰去把原来倒在车中的人安放稳妥。

　　就在这时候，齐大夫逢丑父趁机与齐侯换座位，当战车快要开到华泉河的时候，齐军的战车骖马被树挂住而停止下来。（作战之前）逢丑父躺在栈车中，蛇从车厢下爬出来，逢丑父用上臂打蛇，被蛇咬伤了。逢丑父为了争取当车右，因而隐瞒了被蛇咬的事，所以由于受伤不能下来推车而被晋军追上了。晋大夫韩厥追上齐侯的车之后，按古代礼节要向齐侯行礼，于是韩厥拿着拴马的缰绳上前，向齐侯拜了两拜再行叩头礼，捧着酒杯、拿着玉器进献给齐侯说："我们不是来进攻齐国的，而是我们晋君使我们来替鲁卫请求齐国别打他们，并且说：'不让我们的军队深入您的国土。'我们这些下臣不幸，正好遇上了齐军，又没有地方可以逃避隐藏，并且考虑到逃隐会忝辱两君。我很不称职当了个军人，冒昧地向您禀告，我很迟钝不会办事，只是趁人才缺乏，我充数当了个官，我当然要履行职责。"逢丑父见韩厥受骗了，趁机叫齐侯下车往华泉河取水。郑周父替副车驾车，宛茷作车右，载着齐侯逃走了，齐侯因此免于被俘。后来，韩厥知道自已上当了，于是抓逢丑父献给郤克，郤克要杀掉逢丑父，逢丑父呼喊道："从今以后不会再有代替他的国君去承担患难的人了，现在有一个在这儿，将要被杀掉吗？"郤克说："一个不把用自己的死去免除国君的死为难的人，我把他杀了是不吉祥的。赦免他可以用他来鼓励其他侍奉国君的人。"于是就赦免了他。

附古代两种战车、战车的两种坐法

（一）秦以前的单辕车　　　（二）秦以后的双辕车

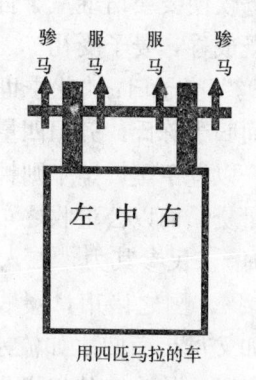

骖马　服马　骖马　　　　骖马　服马　服马　骖马

左　中　右　　　　　　　左　中　右

用三匹马拉的车　　　　　用四匹马拉的车

三、附战车的两种坐法：

（一）有主帅的坐法　　　（二）无主帅有尊者的坐法

左	中	右
御者	主帅	车右

左	中	右
尊者	御者	车右

注：车右又名骖乘。

晏婴论季世

[说明]　公元前539年，齐景公派晏婴到晋国去联亲。在宴会上，晏婴同晋大夫叔向彼此交谈了本国的政治情况。晏婴反映了齐国公室对百姓的残酷剥削、压迫和陈氏争取民心，进行夺权斗争的事实，并预言陈氏必然要取代齐君的统治，这说明晏婴具有一定的政治远见。叔向也介绍了晋国统治者之间的

关系变化，哀叹晋国贵族的末日即将到来，表达了他自己对这一切的深切的忧虑。这一段话，对我们了解春秋末期的阶级斗争有一定的价值。

本篇选自《左传·昭公三年》，题目是后加的。

齐侯使晏婴请继室于晋①……

既成昏，晏子受礼②，叔向从之宴，相与语③。叔向曰："齐其何如④？"晏子曰："此季世也，吾弗知。齐其为陈氏矣⑤。公弃其民，而归于陈氏。齐旧四量：豆、区、釜、钟⑥。四升为豆，各自其四，以登于釜，釜十则钟⑦。陈氏三量，皆登一焉，钟乃大矣⑧。以家量贷，而以公量收之⑨。山木如市，弗加于山，鱼盐蜃蛤，弗加于海⑩。民参其力，二入于公，而衣食其一⑪。公聚朽蠹，而三老冻馁⑫，国之诸市，屦贱踊贵⑬。民人痛疾，而或燠休之⑭，其爱之如父母，而归之如流水⑮，欲无获民，将焉辟之⑯？箕伯、直柄、虞遂、伯戏，其相胡公大姬，已在齐矣⑰。

① 齐侯：指齐景公（公元前548——前490年在位），姜姓，名杵臼。晏婴：字平仲，齐国夷维（今山东高密）人，齐国大夫。继室：齐女少姜嫁给晋平公作妾，少姜死后，齐国还想和晋国保持婚姻关系，于是派晏婴去说亲，请以他女继少姜。

② 成昏：指双方肯定了婚姻关系。昏：通"婚"。受礼：受宾享之礼，即接受晋国的招待。

③ 叔向：羊舌氏，名肸（xī），叔向是他的字，晋国大夫。从之宴：跟晏婴一块参加宴会。相与：互相一起。

④ 齐国将怎么样呢？其：句中语气词，表推测。

⑤ 季世：末世。弗：不。齐其为陈氏矣：齐国恐怕要变为陈氏的天下了。陈氏：即田氏。陈与田古音相通。田氏的祖先陈完，因陈国内乱，逃到齐国，在齐国政府任职。

⑥ 豆、区（ōu）、釜、钟：齐国四种量器。

⑦ 各自其四：各量本身的四倍。这里的"各"指"豆"和"区"。即一豆的四倍为区，一区的四倍为釜。自：自己，本身。其：代词，它的。四：四倍。以登于釜：以达到釜。登：升。釜十则钟：十釜就成为一钟。

⑧ 陈氏的三种量器（指豆、区、釜）都在齐旧量的基础上加一，于是钟

也就相应地增大了（陈氏的一钟相当于齐旧量的十九釜多）。皆登一：都在原量上增加一，即五升为豆，五豆为区，五区为釜。

⑨ 用自家量器借出（粮食），但用齐公室的量器收回。两句是说陈氏用大斗借出，用小斗收回。这是收买民心的办法。

⑩ 把山上的木材运到市上去卖，并不比山里的贵；鱼盐蜃蛤（shèn gé）运到城里去卖，也不比海上的贵。如：到……去。蜃蛤：蛤蜊。

⑪ 老百姓把他们自己的劳动所得分成三份，两份要交给公室，而自己的衣食只能占一份。参：三份。用作动词，分成三份。其力：指老百姓的劳动所得。

⑫ 公室搜刮来的财物都腐朽和被虫子蛀了，可是连三老这样的小官都还在挨饿受冻。聚：指聚敛的财物。三老：下层的小官。馁（něi）：饥饿。

⑬ 都城的各个市场上，鞋的价钱便宜，假脚价格高。屦（jù）：鞋。踊：假脚。
春秋末期齐国贵族为了维护腐朽统治，用酷刑镇压人们的反抗，使很多人遭受刖刑（砍掉左脚），所以市场上形成了"屦贱踊贵"的异常现象。

⑭ 痛疾：痛苦。或：代词，有人，指陈氏。燠休（yù xù）同"噢咻"，抚慰病痛的声音。这里是慰问关切的意思。之：指老百姓。

⑮ 其：代词，他们，指老百姓。两"之"字，均指代陈氏。

⑯ 想要[陈氏]不获得民众，将怎么免得了呢？焉：疑问代词，哪里，怎么。辟：避。之：指陈氏获民的情况。

⑰ 陈氏的祖先箕伯、直柄、虞遂、伯戏，恐怕正要辅助陈氏（夺取齐国的天下），他们已经在齐国了。箕伯、直柄、虞遂、伯戏：传说四人都是舜的后代，陈氏的祖先。其：语气词，表推测。相：辅助。胡公：名满，田氏的祖先，周武王时始封于陈。大姬：周武王的女儿，胡公的妻。这里的"胡公大姬"是借指齐国的田氏。

叔向曰："然。虽吾公室，今亦季世也①。戎马不驾，卿无军行②；公乘无人，卒列无长③。庶民罢敝，而宫室滋侈④。道殣相望，而女富溢尤⑤。民闻公命，如逃寇雠⑥。栾、郤、胥、原、狐、续、庆、伯，降在皂隶⑦。政在家门，民无所依⑧。君日不悛，以乐慆忧⑨，公室之卑，其何日之有⑩？谗鼎之铭曰：'昧旦丕显，后世犹怠⑪。'况日不悛，其能久乎'？"晏子曰："子将若何⑫？"叔向曰："晋之公族尽矣⑬。肸闻之：公室将卑，其宗族枝叶先落，则公从之⑭。肸之宗十一族，唯羊舌氏在而已⑮。肸又无子，公室无度⑯，幸而得死，岂其获祀⑰。"

①然：是这样的。虽：连词，即使。公室：诸侯的一家及其财产。
②国君所乘戎车的马不驾车，国卿不掌握军队。戎：戎车，国君所乘车。卿：春秋战国时诸侯国统军执政的官，在公之下，大夫之上。晋国有六卿，担任军帅，其中在中军帅是主将，也是"正卿"。军行（háng）：指军队。
③国君的戎车左右没有好的人才，军队没有好领导。卒：古代军队编制，百人为一卒。
④老百姓非常疲乏困苦，而国君所住的宫廷非常奢侈。罢（pí）敝：指人力物力受严重消耗而不充足。罢：通"疲"。宫室：宫廷建筑。晋国当时建的离宫就达几里路长（据《左传·襄公三十一年》载，晋国有"铜鞮之宫数里"。滋：愈加、更加。
⑤道路上饿死的人到处都能看到，而嬖宠女家非常富裕优厚。殣（jìn）：饿死在路上的人。女富：指国君妻妾的娘家都很豪富。溢：富裕。尤：优异，优厚。
⑥寇：盗。雠：仇敌。
⑦栾：栾叔的后代。郤（xī）：郤芮（ruì）的后代。胥：胥臣的后代。原：原轸的后代。狐：狐突的后代。续：续鞫（jū）居的后代。庆：庆郑的后代。伯：伯宗的后代。皂隶：在官府担任差役的人。皂：本是养马的官。栾叔等八家都是晋国的旧贵族。
⑧政权落在各个大夫手里，老百姓无所依从。家：大夫的封邑叫做"家"。无所依：是说大夫专权，国君再也控制不住老百姓了。
⑨国君一天天越来越不改过，用娱乐掩盖忧患。日：一天天，表示情况愈益发展。悛（quān）：改过，悔改。慆（tāo）：掩盖。
⑩晋国公室的没落，还能有多少日子呢？卑：衰微，没落。何日之有：宾语前置的句式。之：复指宾语"何日"。
⑪谗鼎：鼎名。铭：铭文。"昧旦"两句的意思是，天还没有亮的时候，就务求修明德政，而子孙仍有懒惰的。昧旦：天将亮还未亮的时候。丕（pī）显：伟大光明。这里是使德政显明的意思，即天刚亮就大行德政。
⑫你将怎么办呢？子：指叔向。
⑬公族：与国君同一族姓的人。尽：指全已衰亡。

⑭我听说：公室将近衰亡的时候，宗族的枝叶先落了下来，那么公室也就跟着衰亡。宗族：同一父系的家庭。

⑮羊舌这一宗有十一个族，只有羊舌氏这一族还存在。

⑯无子：没有好儿子。指没有能够继承统治的后代。无度：无法度。

⑰即使有幸能获得个好死，难道还能得到后代子孙的祭祀吗！幸：幸运。而：连词，连接状语和谓语。

译文

晏婴谈论末代社会

（公元前539年）齐侯派遣齐大夫晏婴去向晋君说要用别的女子去继少姜的事……

　　既已经谈成了继续少姜的婚事，晏婴接受晋国的招待，晋大夫叔向跟从晏婴一起参加宴会，在宴会上互相交谈。叔向说："齐国怎么样？"晏子说："现在是末世了，我不知该怎么说才好。齐国大概要成为陈氏的天下了。齐景公抛弃他的人民，因而人民归向陈氏了。齐国旧的四种量器是：豆、区、釜、钟。四升是一豆，其余依次各量自己的四倍，一直到釜，即四豆为一区，四区为一釜，釜的十倍才是一钟。陈氏的三种量器，都在齐旧量的基础上加一，于是陈氏的钟就比齐国旧量的钟就大多了。陈氏用自家的大量器借出去粮食，而用齐国小量器收回粮食。陈氏把山上的树木运往城市出卖，价钱不比在山里的贵；陈氏把鱼盐蛤蜊运到城里卖，价钱也不比在海上的贵。人民把自己劳力所得分成三份，两份要交给公家，而自己穿衣吃饭只占一份。齐景公征收人民的财物堆积起来，有的腐朽了，有的长虫子了，然而连那些基层小官都在挨饿受冻，可见百姓更可怜。由于齐国对人民采用砍腿的刖刑，所以齐国的许多城市出现了鞋子便宜而假脚贵的怪现象。人民群众深受其苦，然而却有人关心他们，所以人民爱陈氏如同爱父母，而人民归向陈氏如同流水归向大海，要陈氏不获得人民，将如何避免呢？陈氏的远祖箕伯、直炳、虞遂、伯戏，大概都在辅助陈氏夺齐国的君位，他们已经来到齐国了。"

晋大夫叔向说："是这样的，即使我们晋君的公室，现在也是处在末世了，霸业衰微，不能征讨，所以国君的战马不驾兵车，主战的将官也没有能作战的军队了；晋君的身边没有好的人才，军队没有强有力的指挥官。老百姓疲乏困苦，然而国君的宫廷却非常奢侈。道路上饿死的人到处都能看到，然而国君后妃的娘家却特别富裕。人民听到晋君的命令如同逃避寇盗和仇敌一样。栾、郤、胥、原、狐、续、庆、伯等八家旧贵族，现在都失去权势，降级在充当官府的差使、佣人，政权都落在新兴大夫家的手里，大夫专权，老百姓无所依从。国君一天天越来越不改过，专门用娱乐来掩盖忧愁。晋公室的没落衰败，还能有多少日子呢？谗鼎的铭文说：'天还没有大亮就开始修明德政，他的子孙仍有怠惰的，何况晋君这样一天天越来越不改过，那还能长久吗？'"晏子问说："那您将怎么办呢？"叔向说："晋君的同宗已全衰亡。我听说：公室要衰亡的时候，一般是他的宗族要先衰落，而后公室也就跟着衰亡。我叔向的宗族有十一个支族，现在只有我羊舌氏这一个分支还有人在，可是我叔向又没有能继承大夫地位的好儿子，晋公室又没有好的法度，我最多能得一个好死，难道还想获得子孙后代的祭祀吗？"

附新旧四量对照表

量器＼量主	豆	区	釜	钟
齐旧量	4升	16升	64升	640升
陈氏量	5升	25升	125升	1250升

《国语》

《国语》是我国第一部国别体的历史著作，共二十一卷。它记载了从周穆王十二年（公元前990年）到周贞定王十六年（公元前

453年)共五百多年历史时期中,有关周、鲁、齐、晋、郑、楚、吴、越等八国的片断史实,对于研究我国春秋时代政治历史有重要的参考价值。

《国语》的作者不详。司马迁和班固都说是左丘明所作。后人多持不同意见。从内容上看,作者可能是战国初年一个熟悉周王朝和各诸侯国情况的人物。

《国语》内容偏重记言,篇幅很不平衡,与《左传》对照,记载不但详略互异,甚至有时还有矛盾。

《国语》中,除了比较明显的儒家思想以外,还杂有不少的天命鬼神的迷信思想,但也在一定程度上反映了那个时代的社会矛盾,对统治阶级的荒淫残暴,作了某些揭露。

《国语》文字简朴、对话生动,说理较为充分。某些片断人物情态的描写,也能显示出鲜明的个性。

《国语》的注本,重要的有三国时吴·韦昭的《国语解》及近人徐元诰的《国语集解》。今人傅庚生的《国语选》,也可参考。

敬姜论劳逸

[说明]　本文选自《国语·鲁语下》,题目是后加的。敬姜是鲁大夫公父穆伯之妻,季康子的从叔祖母,生公父文伯,早寡。"敬"是谥号。文章记载了敬姜教子的言论。敬姜用古代统治阶级开创基业时的那种辛勤劳苦的业绩和当时的风俗习惯及礼法制度来教育儿子,目的是为了防止子弟由于社会地位的变化而贪图安逸享乐。这对于我们今天来说,仍有一定的教育意义。

公父文伯退朝①,朝其母②。其母方绩③。文伯曰:"以歜之家而主犹绩④,惧干季孙之怒也⑤,其以歜为不能事主乎⑥!"

①公父文伯:即公父歜(chù),敬姜之子,春秋时鲁大夫。
②朝:朝见。古代诸侯见天子、臣见君、子见父母的通称。
③绩:纺麻线。
④以:凭着。主:古代大夫及大夫之妻称主。这里指敬姜。

⑤干：干犯，冒犯。季孙：季康子，名肥，季桓子之子，鲁国国卿。
⑥其：恐怕。以歠：以为歠。事：侍奉服事。

其母叹曰："鲁其亡乎①！使僮子备官而未之闻邪②？居③，吾语女④。"

①鲁国恐怕要灭亡了吧。
②僮子：即童子，未成年的人。备官：做官。未之闻：未闻之。否定句，代词宾语提前。之：指做官的道理。
③居：坐下。
④语：(yù) 告诉。女：即"汝"，你。

"昔圣王之处民也①，择瘠土而处之②，劳其民而用之③，故长王天下④。夫民劳则思、思则善心生；逸则淫⑤、淫则忘善，忘善则恶心生。沃土之民不材⑥，逸也⑦；瘠土之民莫不向义，劳也。

①昔：从前。处：安置。
②瘠(jí)：瘠薄。
③劳其民：使其民劳苦。劳：使动用法。
④王(wàng)：称王，统治。
⑤逸：安逸。淫：淫佚，纵欲放荡。
⑥沃：肥沃。不材：不成材，无用。
⑦逸：各本作"淫"，今根据王念孙说改正。

"是故天子大采朝日①，与三公、九卿祖识地德②；日中考政与百官之政事，使师尹惟旅牧相宣序民事③。少采夕月④，与太史、师载纠虔天刑⑤；日入监九御⑥，使洁奉禘、郊之粢盛⑦，而后即安。

①大采：五彩礼服。朝日：古代天子每年春分节时，穿着五彩礼服，朝拜日神。
②三公：太师、太傅、太保。周朝中枢的最高长官。九卿：冢宰、司徒、宗伯、司马、司寇、司空、少师、少傅、少保。周朝中枢分管各部门的最高行政长官。祖：熟习。地德：古代称土地生长万物、养育人民的功用为地德。此处指土地上生长五谷的情况。
③使：各本皆无此字，今据《列女传》补。师尹：大夫官。惟：与。旅：众。牧：州牧。相：国相。宣：遍。序：通"叙"。
④少采：三彩服。夕月：古代天子每年秋分节穿着三彩礼服，祭祀月神。夕：夜间祭祀。

⑤太史：古代编著史书兼管星历的官吏。师载：主管天文的官。载：岁。古人纪年以木星在周天移动的位置作为标准，观察日月星辰的变化，以辨吉凶。俞樾说，师载即司灾。纠：恭。虔：敬。刑：法。

⑥日入：夜晚。监：视。九御：九嫔，天子内宫的各种女官，主粢盛、祭服。

⑦奉：即"捧"。禘（dì）：古代天子祭祀祖先的大典，也称大祭。郊：天子在郊外祭祀天地的大礼，也可以祖先配祭。粢盛（zīchéng）：古代盛在祭器内以供祭祀用的谷物。

"诸侯朝修天子之业命①，昼考其国职，夕省其典刑②，夜儆百工③，使无慆淫④，而后即安。卿大夫朝考其职，昼讲其庶政⑤，夕序其业，夜庀其家事⑥，而后即安。士朝受业⑦，昼而讲贯⑧，夕而习复，夜而计过无憾⑨，而后即安。自庶人以下，明而动，晦而休⑩，无日以怠。

①业：事情。命：命令。
②典：常。
③儆（jǐng）：告戒。百工：百官。
④慆（tāo）淫：怠慢、放荡。
⑤庶：众。
⑥庀（pǐ）：治理。
⑦受业：接受学业。
⑧讲贯：讲解学习。贯：习。
⑨计过：计算过失，即省察自己的言行。无憾：没有遗憾。
⑩晦：夜晚。休：休息。

"王后亲织玄紞①，公侯之夫人加之以纮、綖②，卿之内子为大带③，命妇成祭服④，列士之妻加之以朝服⑤，自庶士以下，皆衣其夫。

①玄紞（dǎn）：王冠两旁用来悬瑱（tiàn），古代冠冕上垂在两侧以塞耳的玉）的黑色丝绳。
②纮（hóng）：古代冠冕上的带子，由领下挽上而系在笄的两端。綖（yán）：覆在冠冕上的布。
③卿：卿相。内子：卿之嫡妻。大带：缁带，用黑帛做的束腰带。
④命妇：有封号的妇女。这里指大夫之妻。
⑤列士：周代士分元士，中士，下士三等。下士也称庶士。

"社而赋事①，烝而献功②，男女效绩③，愆则有辟④，古之制也。君子劳心，小人劳力，先王之训也。自上以下，谁敢淫心舍力⑤？

① 社：社祭，春分节祭祀土地神。赋事：布置种植农桑一类的事务。
② 烝：烝祭，冬天的祭祀。献功：献出一年劳动得来的果实，如五谷、布帛等。
③ 效：献出。绩：功绩。
④ 愆（qiān）：过失。辟：罪过。
⑤ 淫心：放纵其心。舍力：舍弃力量，即不努力。

"今我寡也，尔又在下位①，朝夕处事②，犹恐忘先人之业，况有怠惰，其何以避辟③？吾冀而朝夕修我曰④：'必无废先人。'尔今曰：'胡不自安⑤？'以是承君之官⑥，余惧穆伯之绝嗣也⑦！"

① 下位：下大夫，地位较上大夫为低。
② 处事：处身行事。
③ 其：还。
④ 冀：希望。而：通"尔"，你。修：告诫，勉励。
⑤ 胡：何。
⑥ 承：承奉，担任。
⑦ 绝嗣：断绝了后代。

仲尼闻之曰①："弟子志之②，季氏之妇不淫矣！"

① 仲尼：孔子的字。之：代事，指敬姜论劳逸这件事。
② 志：即志，记在心里或书上。

译文

敬姜谈论劳动和安逸

公父文伯退朝下来，又去拜见他的母亲。他母亲正在绩麻。文伯说："凭着我公父歜的家庭地位，您还绩麻，我担心惹季孙氏生气，恐怕他会认为我公父歜不能侍奉您哩！"

他的母亲感叹地说："鲁国大概要灭亡了吧！让一个没有听说过做官的道理的童子来做官！坐下来，我告诉你。"

"从前，圣贤之王安置百姓呀，总是选择贫瘠的土地来安置他们，使他的百姓先受劳苦，然后再使用他们，所以能长久称王于天下。因为百姓劳苦才能遇事多想想，能多思考才能产生善心；安逸了就会行为放荡，行为放荡就忘掉善心，忘掉善心，那么恶心就随即产生。生活在肥沃土地上的百姓没有成材的，这是因为太安逸了；生活在贫瘠土地上的人没有不向往正义的，这是因为劳动的缘故。

"因此天子每年春分节时，穿着五彩礼服，朝拜日神，同太师、太傅、太保和冢宰、司徒、宗伯、司马、司寇、司空、少师、少傅、少保等高中级长官，一道熟习了解土地上生长五谷的情况；白天考究政治和文武百官的政事，使大夫官与各州牧国相普遍叙述民事。天子每年秋分节时，穿着三彩礼服夜间祭祀月神，并与编著史书兼管星历的官吏和主管天文的官吏一道敬奉天法；夜晚就看着天子内宫的各种女官，使她们干干净净地捧出天子祭祀祖先用的和天子在郊外祭祀天地用的谷物，然后内心才安定。

"诸侯在早晨就阐明天子的事业和命令，白天考究自己诸侯国的职责，傍晚反省日常的用刑，夜晚告诫文武百官，使他们不要有放荡的行为，然后才安心休息。卿大夫们早晨考察自己的职责，白天讲他的各种政事，傍晚评定自己的事业，晚上料理自己的家务，然后才安心休息。士人早晨接受学业，白天讲解学习，傍晚复习，夜里反省自己的过失，没有遗憾之事，然后才安心休息。从庶众之人以下，天明劳动，天黑休息，没有一天是怠惰的。

"王后要亲自编织悬在王冠两旁的黑色丝绳，公侯的夫人更加要做冠冕上的带子和覆盖在冠冕上的布，卿相的正妻要做束腰大带，大夫的妻子要做成祭祀时穿的礼服，各级士人的妻子要把做朝服的任务加到她们的身上，自士以下的人的妻子都要替她们的丈夫做衣服。

"自春分节祭祀土地神开始，就布置种植农桑一类的事务，到冬天祭祀的时候，就要献出一年的劳动成果，男的女的都要献出自己的功绩，如有过失就要治罪，这是古人的制度。有文化的从事脑力劳动，没有文化的就从事体力劳动，这是先王的教诲。从上至下，谁敢放纵其心而不劳动呢？

"现在我是个寡妇，你又处在下大夫的地位，早晚处世行事，还担心忘记了先人的事业,何况有懒惰的地方,那还怎么能避免治罪呢?我希望你早晚勉励我说:'一定不要荒废先人的事业。'你现在却说:'为什么不自己安闲呢?'凭这样的情况去继承先君的官位,我担心穆伯会断绝后代呀!"

孔子听到这件事说:"学生们记住这件事,季氏的妇人不放荡呀!"

王孙圉论楚宝

[说明] 本文选自《国语·楚语下》,题目是后加的。王孙圉(yǔ),春秋末期楚大夫。这是他访问晋国时,在晋定公设宴招待他的宴会上,与晋卿赵简子的一席对话。什么是国宝?王孙圉与赵简子具有不同的观点。王孙圉认为楚国的国宝是观射父和左史倚相一类人才与云连徒洲的各种物产。至于白珩一类美玉,只不过是一种供人玩赏的小玩意罢了,算不上什么国宝。王孙圉的这种进步观点,对于我们今天还有启发意义,很值得参考。文章写赵简子"鸣玉"的骄态,和王孙圉从容机智的回答,笔法褒贬分明。

王孙圉聘于晋①,定公飨之②。赵简子鸣玉以相③,问于王孙圉曰:"楚之白珩犹在乎④?"对曰:"然⑤。"简子曰:"其为宝也,几何矣⑥?"

① 聘:聘问。古代国与国间遣使访问。
② 定公:晋定公,晋顷公之子,名午,公元前511年至公元前474年在位。飨(xiǎng):用酒食招待客人。
③ 赵简子:赵鞅,又名志父,春秋末期晋卿。鸣玉:使玉鸣,即使礼服上的佩玉碰得发响。以:而。相(xiàng):相礼,作司仪。
④ 珩(héng):系在玉佩上部的横玉。
⑤ 然:是的,表示肯定。这里有"还在"的意思。
⑥ 几何:多少,指世代。一说指价值。

曰:"未尝为宝。楚之所宝者,曰观射父①,能作训辞②,以行事于诸侯③,使无以寡君为口实④。又有左史倚相⑤,能道训典⑥,

以叙百物⑦,以朝夕献善败于寡君⑧,使寡君无忘先王之业;又有上下说于鬼神⑨,顺道其欲恶⑩,使神无有怨痛于楚国⑪。又有薮曰云连徒洲⑫,金木竹箭之所生也⑬。龟、珠、角、齿、皮、革、羽、毛⑭,所以备赋⑮,以戒不虞者也⑯。所以共币帛⑰,以宾享于诸侯者也⑱。若诸侯之好币具,而导之以训辞⑲,有不虞之备,而皇神相之⑳,寡君其可以免罪于诸侯,而国民保焉。此楚国之宝也。若夫白珩㉔,先王之玩也,何宝焉㉒?

① 观射父(guàn yì fǔ):春秋末期楚大夫。

② 训辞:外交辞令。

③ 行事:交结,交往。

④ 口实:话柄。

⑤ 左史:古代专司记言的史官。倚相:春秋末楚国史官。

⑥ 道:即"导",引用。训典:古代典籍。

⑦ 叙:说明。百物:各种事物。

⑧ 献:进献,提供。善败:成败,指前人成败的经验教训。

⑨ 上下:指天地。说:即"悦"。古代相传史官能和鬼神交往。这是古人的迷信。

⑩ 顺道:迎合引导。顺:遵循,迎合。欲恶:好恶之情。

⑪ 怨痛:怨恨。

⑫ 薮(sǒu):湖泽的通称。云连徒洲:即云梦泽,也称云土、云杜。在今湖北省监利县北到今湖南洞庭湖一带。

⑬ 金:指铜、铁等金属。箭:箭竹。

⑭ 龟:龟甲。古代用龟甲占卜,并记载吉凶。珠:珍珠。古代相传,珍珠可以防御火灾。角:兽角,可以做弓弩的构件。齿:象牙。可以做珍贵的工艺品。皮:兽皮,如虎皮可做垫席,鱼皮可做盛弓箭、刀剑的囊、鞘。革:犀牛皮,可以做甲胄。羽:鸟类的羽毛。毛:旄牛尾,又叫旄头,用来做旗杆顶端的装饰品。

⑮ 赋:兵赋,军用物资。

⑯ 戒:防备。不虞:没有料到,指意外之患。

⑰ 共:即"供",供给。币帛:缯(zēng)帛。古人馈赠用的礼物。

⑱ 宾:招待。享:献,馈赠。

⑲ 这两句是说:如果诸侯喜欢这些礼品,再用言辞加以疏通。币具:礼品。

⑳ 皇:大。相:辅助。
㉑ 若夫:至于。
㉒ "宝"后原有"之"字,此据公序本删。

"圉闻国之宝,六而已:圣能制议百物①,以辅相国家,则宝之;玉足以庇荫嘉谷②,使无水旱之灾,则宝之;龟足以宪臧否③,则宝之;珠足以御火灾,则宝之;金足以御兵乱,则宝之;山林薮泽,足以备财用,则宝之。若夫哗嚣之美④,楚虽蛮夷⑤,不能宝也!"

① 此句明道本作"明王圣人能制议百物",当是。
② 玉:此指用于祭祀的玉器。庇荫(bì yīn):保护。
③ 宪:表明。臧否(pǐ):吉凶。
④ 哗嚣(xiāo):喧哗叫嚣,指佩玉碰击的声响。
⑤ 蛮夷:我国古代对东南某些经济文化开发较晚的少数民族的蔑称。王孙圉自称蛮夷,是谦虚的说法。

译文

王孙圉谈论楚宝

楚大夫王孙圉被派遣访问晋国,晋定公用酒食招待他。晋卿赵简子使他礼服上的佩玉碰得发响而作司仪,对王孙圉发问说:"楚国的白珩还在吗?"王孙圉回答说:"还在。"简子说:"那是宝呀!多少世代了?"

王孙圉说:"那不是宝。楚国的宝物叫做观射父,他能作外交辞令,在诸侯国中交往,致使没有拿我国国君作话柄的地方。还有专司记言的倚相史官,他能引用古代典籍,以说明各种事物,而且时刻给国君进献前人成败的经验教训,使寡君不忘记先王的业绩;他又能在天地间取悦于鬼神,迎合引导他的好恶之情,使神对楚王没有怨恨。又有湖泽叫做云连徒洲,是生产铜、铁、树木、竹子、箭竹的地方。龟甲、珍珠、兽角、象牙、鱼皮、犀牛皮、羽毛和旄牛尾,用这些东西作军用物资,以防备意外的祸患。用这些东西来代替币帛之类的原因,是拿它们招待并赠送给诸侯。如果诸侯喜欢这些礼品,再引用一些外交辞令,那就有料想不到的防备作用,而且大神也辅助,我们的国君就可以凭这些在诸侯国中免除罪过,国民也就因此得到了保护。这些就是楚国的珍宝呀。至于白珩是先王的玩具,是什么宝呢?

"我王孙圉听说国家的宝物,仅六样而已:即圣人能制订议论各种事物,用来辅助国家,那就以圣人为宝;玉能保护五谷,使大自然没有水旱之灾,那就以玉为宝;龟甲能表明吉凶,那就以龟甲为宝;珠能抵挡火灾,那就以珠为宝;铜铁能抵挡兵乱,那就以铜铁为宝;山林薮泽能出产财物,那就以它们为宝。至于喧哗叫嚣的美物,楚国虽然是经济文化不发达的蛮夷,不能以它为宝。"

附《国语》简目(二十一卷):

周语上、周语中、周语下、鲁语上、鲁语下、齐语、晋语一、晋语二、晋语三、晋语四、晋语五、晋语六、晋语七、晋语八、晋语九、郑语、楚语上、楚语中、楚语下、吴语、越语上、越语下。

《战国策》

《战国策》是战国时代的一部史料汇编。它原来的卷帙混乱,名称繁复,有《国策》、《国事》、《短长》、《事语》、《长书》、《修书》等异名。西汉末年,著名学者刘向对它进行了整理校订。刘向认为此书是"战国时游士辅所用之国,为之策谋,宜为'战国策'"(《战国策序》)。他把全书按国别编排,分为东周、西周、秦、齐、楚、赵、魏、韩、燕、宋、卫、中山十二国,共三十三篇。记的史料从周贞定王十七年(公元前452年)开始,到秦始皇三十一年(公元前216年)止。

《战国策》的作者现已无从查考。它主要记载了战国时期许多谋臣策士的政治活动和游说言辞。这些谋臣策士,频繁地奔走于各诸侯国之间,发表自己的政治主张,为统治者出谋献策。刘向肯定了他们在政治上的地位和作用,并通过他们,在一定程度上反映了人民的爱憎和要求，暴露了统治集团内部的矛盾和斗争，斥责了统治者的骄横强暴、荒淫无耻；同时也比较具体而深刻地反映了各诸侯国的政治、军事、外交等各方面的情况，为研究当时的社会历史提供了丰富的资料。但是也应该指出，刘向对这些谋臣策士的言行，往往不加分析，缺乏是非界限。他们中的有些人确实为人民做了好事，但也有不少人，只是为了猎取个人名利，有的人则是统治者的帮凶。对此，刘向不仅没有予以斥责，有时还采取了欣赏甚至歌颂的态度。

《战国策》的文学价值也很高。其中有不少文章，结构完整，逻辑性很强；描写人物时，形象逼真，特别是语言的运用很有特色。有很多的寓言故事，有丰富的修辞手法，语言生动、流畅，具有感染力。《战国策》可以说是上承《左传》下启《史记》的一部杰出散文作品。

《战国策》的注本很少。东汉高诱曾为它做过注，但已残缺不全，今本是由北宋曾巩补修而成的。目前通行的是清代黄丕烈重刊的宋姚氏本。另外，近人金正炜的《战国策补释》和张清常、王延栋的《战国策注》，可供参考。

苏秦以连横说秦王

[说明] 本文选自《战国策·秦策一》，题目是后加的。文章记叙了苏秦的游说活动。苏秦先是主张连横策略，劝告秦王用武力吞并天下。但秦王以条件尚未成熟加以拒绝，他狼狈而归。为此，他用锥刺股，发愤读书，后来他改用合纵策略去劝告赵王，结果受到重用，取得成功，衣锦还乡。

本文着力描写了苏秦这个人物。他深于世故，善于雄辩，热衷于追逐功名富贵，连横也好，合纵也好，只不过是作为他取得个人政治地位的手段罢了，至于哪一种策略对人民有好处，他是不予考虑的。作者通过记叙苏秦的游说活动，一方面反映了战国时期诸侯国之间的矛盾斗争；另一方面揭示了像苏秦这类游说之士的思想和性格特点。这些都是十分深刻的。但是作者对苏秦的投机取巧,追名求利抱赞赏的态度,这是要批判的。

苏秦始将连横说秦惠王①,曰:"大王之国,西有巴蜀汉中之利②,北有胡貉代马之用③,南有巫山黔中之限④,东有殽函之固⑤。田肥美,民殷富⑥,战车万乘⑦,奋击百万⑧,沃野千里,蓄积饶多⑨,地势形便⑩,此所谓天府,天下之雄国也⑪。以大王之贤⑫,士民之众,车骑之用⑬,兵法之教⑭,可以并诸侯,吞天下,称帝而治⑮。愿大王少留意⑯,臣请奏其效⑰!"秦王曰:"寡人闻之:毛羽不丰满者,不可以高飞;文章不成者,不可以诛罚⑱;道德不厚者,不可以使民⑲;政教不顺者⑳,不可以烦大臣㉑。今先生俨然不远千里而庭教之㉒,愿以异日㉓。"

①苏秦:字季子。战国时洛阳人,著名的纵横家。他先是主张连横,后又主张合纵。公元前284年,因在齐国为燕昭王从事间谍活动暴露,被齐国车裂而死。连横:又作"连衡",当时主张秦和齐、楚、燕、韩、赵、魏六国个别联合,以打击其他各国的一种策略。反之,主张联合六国共同抗秦的策略叫合纵。秦地偏西,六国居东,故东西叫横;六国地连南北,故南北叫纵。说(shuì):用言语相规劝。秦惠王:秦孝公之子,姓嬴,名驷。公元前337年至前311年在位。

②巴、蜀:古国名。公元前316年,秦灭巴、蜀,先后设立巴郡、蜀郡。巴:今重庆市的东部地区。蜀:今以成都为中心的四川西部地区。汉中:今陕西南部地区。利:财利,指这些地区的物产丰富。

③胡:指北方匈奴等少数民族居住的地区。貉(hé):外形像狐,但体较胖,两耳较短小,毛棕灰色,昼伏夜出。毛皮可作皮衣、帽等。代:郡名,在今山西东北部和河北蔚县一带,其地产良马。用:财用,财物。

④巫山:山名,在今重庆市巫山县东。黔中:战国时的楚地,后被秦占领。其地在今湖南西北部和湖北西南部一带。限:险阻,险要的地势。

⑤殽(xiáo)函:殽,又写成"崤"。崤山和函谷关的合称。崤山:在今河南洛宁县西北。函谷关:在今河南灵宝县。固:坚固,指要塞。

⑥殷:众多,富足。

⑦万乘(shèng):万辆。

⑧奋击:指能奋勇作战的战士。

⑨饶:富裕,丰富。

⑩ 地势形便：地理形势，便于攻守。形便：地理形势有利。高诱注："攻之不可得，守之不可坏，故曰形便也。"
⑪ 天府：天然的府库。指地理条件好，物产丰富。府：古代储藏财物的地方。雄国：称雄之国。
⑫ 以：介词，依靠，凭借。
⑬ 骑（jì）：名词，骑兵。车骑：车马。用：功用。
⑭ 教：教练，练习。
⑮ 称帝而治：称帝号而使天下大治。
⑯ 少留意：稍加注意。这是表示委婉的说法。少：副词，稍微。
⑰ 奏其效：陈述它的功效。奏：向君主进言。其：指苏秦上述的一番道理。
⑱ 文章：这里指法度。诛罚：惩罚。
⑲ 使民：指使百姓。
⑳ 政教不顺：政令教化不修明。顺：和协，修明。者：代词。上文"丰满者"、"成者"、"厚者"的"者"用法同此。
㉑ 烦大臣：烦劳大臣。
㉒ 俨然：庄严的样子。不远千里：不以千里为远。远：意动用法。庭教之：在朝廷上向我赐教。庭：通"廷"，这里用作状语。之：这里活用为第一人称代词，我。
㉓ 这句意思是，希望在以后再领受教诲。以：介词，于。异日：以后，将来。

苏秦曰："臣固疑大王之不能用也①。昔者神农伐补遂②，黄帝伐涿鹿而禽蚩尤③，尧伐驩兜④，舜伐三苗⑤，禹伐共工⑥，汤伐有夏⑦，文王伐崇⑧，武王伐纣⑨，齐桓任战而霸天下⑩。由此观之，恶有不战者乎⑪？古者使车毂击驰⑫，言语相结⑬，天下为一。约从连横，兵革不藏⑭，文士并饬⑮，诸侯乱惑⑯，万端俱起⑰，不可胜理⑱！科条既备⑲，民多伪态⑳。书策稠浊㉑，百姓不足。上下相愁㉒，民无所聊㉓。明言章理，兵甲愈起㉔。辩言伟服㉕，战功不息。繁称文辞㉖，天下不治。舌敝耳聋㉗，不见成功。行义约信㉘，天下不亲。于是乃废文任武㉙，厚养死士㉚，缀甲厉兵㉛，效胜于战场㉜。夫徒处而致利㉝，安坐而广地㉞，虽古五帝、三王、五霸㉟，明主贤君，常欲坐而致之，其势不能㊱，故以战续之。宽则两军相攻㊲，迫则杖戟相撞㊳，然后可建大功。是故兵胜于外，义强于内㊴，威立于上㊵，民服于下。今欲并天下，凌万乘㊶，诎敌国㊷，制海内㊸，子元元㊹，臣诸侯㊺，非兵不可。今之嗣主㊻，忽于至道㊼，皆惛于教㊽，乱于治㊾，迷于言，惑于语㊿，沉于辩，溺于辞(51)。以此论之，王固不能行也。”

① 固：本来。疑：这里是猜测的意思。用：采用。

② 神农：即传说中的上古原始氏族社会的一个首领。他教民耕种，故号神农。补遂：上古部落名。

③ 黄帝：即轩辕氏，传说中的中原华夏民族的帝王。涿鹿：山名，在今河北涿鹿县。禽：即“擒”。蚩尤：黄帝时的诸侯，九黎族首领，他不服从黄帝之命，黄帝和他战于涿鹿之野，擒杀了他。

④ 尧：即陶唐氏。传说中的古帝名，姓姬，尊号放勋，传位给舜。驩兜（huān dōu）：又名浑敦、尧臣，因作乱被流放。

⑤ 舜：即有虞氏。传说中的古帝名，姓姚，名重华，传位给禹。三苗：即古代的苗族，其地在今湖北武昌、湖南岳阳、江西九江一带。

⑥ 禹：夏朝的开国君主，最初为舜臣，因治水有功，受舜禅让，即帝位。共工：古水官名。据说很残暴，被禹放逐。

⑦ 汤：商朝开国君主，姓子，名履，原为夏朝诸侯。夏桀无道，汤兴兵灭夏，建立了商朝。有夏：即夏朝，这里指夏桀。有：名词词头，无义。

⑧ 文王：姓姬，名昌，周武王的父亲。崇：诸侯国名，在今陕西户县东。这里指崇侯虎，传说他助纣为恶，为文王所灭。

⑨ 武王：名发，周朝的开国君主。纣：商朝末代君主，名辛，淫乱昏暴，为武王所灭。

⑩ 齐桓：即齐桓公，齐国国君，姓姜，名小白，公元前 685 年至前 643 年在位，春秋五霸之一。任战：用兵。任：用。

⑪ 恶（wū）：疑问代词，何，哪儿，这里作状语。

⑫ 使车毂（gǔ）击驰：使臣的车毂相互撞击，来往奔驰。形容各诸侯国的使臣交往频繁。毂：车轮中心的圆木，周围有圆孔，用于插辐条。

⑬ 言语相结：意思是用言语相劝告，订立盟约。结：结交，结好。

⑭ 约从（zòng）连横：即合纵连横，指互相结盟友好。兵革：指武器。革：指用皮革作的盔甲。藏：蓄积，储备。

⑮ 文士并饬（chì）：意思是使臣或游说之士都竟相用巧饰言辞游说诸侯。并：副词，一起，都。饬：通饰，巧饰。

⑯ 乱惑：迷乱困惑。

⑰ 万端俱起：意思是各种事端层出不穷，不断发生。端：事端，事由。俱：副词，全，都。
⑱ 不可胜（shēng）理：不能一一治理。胜：副词，尽。
⑲ 科条：法令条文。
⑳ 伪态：虚假的态度。指法令条文虽然完备，但百姓们只是表面上虚伪应付，遵守。
㉑ 书策稠浊：指文书典策繁多而杂乱。
㉒ 上下相愁：君臣相互愁怨。
㉓ 民无所聊：百姓失去依靠。聊：依赖，依靠。"聊"与"所"构成所字词组，作"无"的宾语。
㉔ 明言章理：等于说"言明理章"，即话说得明白，道理讲得清楚。章：即"彰"，也是清楚明白的意思。兵甲：指战争。
㉕ 辩言伟服：巧辩的言辞，奇伟的服饰。
㉖ 繁称文辞：称引繁复，言辞华丽。繁：繁复，众多。称：引证。文：华丽。
㉗ 舌敝耳聋：舌头磨破，耳朵震聋。敝：坏。
㉘ 行义约信：实行仁义，以诚信相约。
㉙ 废文任武：放弃文治，采用武力。
㉚ 厚养死士：以优厚的条件来供养敢死之士。
㉛ 缀（zhuì）甲厉兵：缝制盔甲，磨利兵器。缀：缝，连。厉：即"砺"，原意为磨刀石，引申为磨砺。
㉜ 效胜：致力战胜。效：致力。
㉝ 夫（fú）：句首语气词。徒处而致利：无所事事地待着却企图获得利益。徒处：空待着。致：求，得到。
㉞ 安坐而广地：安安稳稳地坐着，却希望扩大土地。广：使……广大，使动用法。
㉟ 五帝：一般指黄帝、颛顼（zhuān xū）、帝喾（kù）、尧、舜。三王：指夏商周三代的开国君主禹王、汤王和文王。五霸：一般指春秋时的齐桓公、晋文公、楚庄王、秦穆公、宋襄公。
㊱ 其势不能：在那种形势下他们是不可能做到的。其：指示代词，那样，那种。
㊲ 宽：指两军相距很远。
㊳ 迫：指两军相距很近。杖戟（jǐ）：泛指兵器。杖：亦作"仗"，兵器。戟：一种戈和矛合而为一的武器，可以直刺，也可以横击。

㊴ 义强于内：道义在国内得到加强。

㊵ 威立于上：君主的权威在上面树立起来。

㊶ 凌万乘：凌驾于大国之上。凌：超过，压倒。万乘：指具有一万辆兵车的国家，在古代只有大国才有可能。

㊷ 诎（qū）敌国：使敌对的国家屈服。诎：通“屈”，使动用法。

㊸ 制海内：控制天下。古人认为中国四面环海，故称海内。海内等于说天下。

㊹ 子元元：把百姓看成为子女。意思是治理、抚育百姓。子：以……为子：意动用法。元元：百姓。

㊺ 臣诸侯：使诸侯称臣。臣：使动用法。

㊻ 嗣（sì）主：继位的君主，这里指秦惠王。嗣：继承。

㊼ 忽：忽视。至道：最重要最正确的道理，指上文所说的主战的理论。

㊽ 惛（hūn）：不明了，糊涂。教：教化。

㊾ 乱：昏乱。治：指治理之道。

㊿ 迷于言，惑于语：被花言巧语所迷惑。于：介词，表被动。

(51) 沉于辩，溺于辞：沉溺在巧辩的言辞中而不能自拔。

说秦王书十上，而说不行①。黑貂之裘敝②，黄金百斤尽③，资用乏绝④。去秦而归⑤，羸縢履蹻⑥，负书担橐⑦，形容枯槁⑧，面目黧黑⑨，状有归色⑩。归至家，妻不下纴⑪，嫂不为炊⑫，父母不与言。苏秦喟然⑬叹曰：“妻不以我为夫，嫂不以我为叔，父母不以我为子，是皆秦之罪也⑭。”乃夜发书⑮，陈箧数十⑯，得太公《阴符》之谋⑰，伏而诵之⑱，简练以为揣摩⑲。读书欲睡，引锥自刺其股⑳，血流至足。曰：“安有说人主不能出其锦绣，取卿相之尊者乎㉑？”期年㉒，揣摩成，曰：“此真可以说当世之君矣。”

① 这两句中的第一个“说”读 shuì，第二个“说”读 shuō（学说，主张）。行：推行，实行。

② 貂（diāo）：动物名，毛皮最能御寒，为珍贵的皮料。裘：皮衣。敝：坏。

③ 黄金：指铜质货币。斤：同“釿”（jīn），货币单位，约重一两多。

④ 资用：资财费用。

⑤ 去：离开。

⑥ 羸（léi）縢（téng）履蹻（jué）：缠着裹腿，穿着草鞋。羸：通“累”，捆绑，缠绕。縢：绑腿布。履：踩，这里是穿的意思。蹻通

"屩"，草鞋。
⑦ 囊（náng）：袋子，这里指行李袋。
⑧ 形容：形体容貌。枯槁：原指草木枯萎，这里是瘦弱、憔悴的意思。
⑨ 黧（lí）：黑色。悝：通"悝"，忧愁。
⑩ 状：情状。归：通"愧"。
⑪ 纴（rèn）：织布帛的丝缕，这里代指织布机。
⑫ 为（wèi）炊：替他做饭。为：介词，后省略宾语。炊：烧火做饭。
⑬ 喟（kuì）然：长叹息的样子。
⑭ 是：代词，此，这里是主语。秦：苏秦自称。
⑮ 发书：打开书。
⑯ 陈箧（qiè）：摆列书箱子。箧：箱子，指书箱。
⑰ 太公《阴符》：姜太公的兵法书名叫《阴符》。姜太公指吕尚。谋：谋略。
⑱ 伏：伏案。
⑲ 这句的意思是，把选择的内容作为研究形势来运用。简练：选择。练，通"拣"。以为：把它作为。揣（chuǎi）摩：思考，研究。"揣"和"摩"都有估量、推测的意思。
⑳ 引：这里是拿过来的意思。股：大腿。
㉑ 安有：哪里有。出：使……出，使动用法。锦绣：精美的丝织品，指绸缎、服饰等物。这两句的意思是，哪里有游说君主而不能说服他，使他拿出金玉锦绣来赏赐，使自己取得卿相的尊贵地位呢？
㉒ 期（jī）年：一周年，即过了一年。

于是乃摩燕乌集阙①，见说赵王于华屋之下②，抵掌而谈③。赵王大说④，封为武安君⑤，受相印。革车百乘⑥，锦绣千纯⑦，白璧百双⑧，黄金万镒⑨，以随其后⑩。约从散横⑪，以抑强秦⑫。故苏秦相于赵⑬，而关不通⑭。

① 摩：逼近，走近。燕乌集阙（què）：宫殿名。一说关塞名。
② 赵王：指赵肃侯，公元前349年—前326年在位。华屋：华丽的房屋，指宫殿。
③ 抵掌：拍手，握手。形容谈得融洽、投机。
④ 说：即"悦"。
⑤ 武安：赵地，在今河北武安县西南（据《史记》记载，赵封苏秦为武安君，在赵惠王十二年即公元前287年苏秦合纵五国攻秦时。经查有误）。

⑥ 革车：古代的一种战车。
⑦ 纯（tún）：量词，匹。
⑧ 白璧：纯白色的璧玉。璧：中间有孔的圆形的玉。
⑨ 镒（yì）：二十四两为一镒。
⑩ 以随其后：意思是，运载着这些锦绣、白璧、黄金随在他的身后。以：介词，后省略宾语。
⑪ 约从散横：约定合纵，拆散连横。从：即"纵"。
⑫ 抑：抑制，这里是抵抗的意思。
⑬ 相（xiàng）：为相，这里用作动词。
⑭ 关不通：函谷关内外交通断绝，指六国与秦断绝往来。

当此之时，天下之大，万民之众，王侯之威，谋臣之权，皆决于苏秦之策①。不费斗粮，未烦一兵，未战一士②，未绝一弦，未折一矢，诸侯相亲，贤于兄弟③。夫贤任而天下服，一人用而天下从。故曰：式于政④，不式于勇；式于廊庙之内⑤，不式于四境之外。当秦之隆⑥，黄金万镒为用⑦，转毂连骑⑧，炫熿于道⑨，山东之国⑩，从风而服⑪，使赵大重⑫。

① 决：取决。策：策略，计策。
② 战：使…战，使动用法。
③ 贤于兄弟：胜过兄弟。贤：胜过。于：介词，表比较。
④ 式于政：把力量用在政治上。式：通"试"，用。
⑤ 廊庙：殿下屋和太庙，指朝廷。
⑥ 当秦之隆：当苏秦得势的时候。隆：兴盛。
⑦ 为用：为之用，供苏秦使用。
⑧ 转毂连骑（jì）：车骑奔驰不绝。转毂：飞转的车轮。连骑：拴在一起的马匹。
⑨ 炫熿（xuàn huáng）：显耀。熿：同"煌"。
⑩ 山东：崤山函谷关以东；
⑪ 从风：顺着这种气势。服：服从。
⑫ 重：尊贵，威望高。

且夫苏秦，特穷巷掘门、桑户棬枢之士耳①。伏轼撙衔②，横历天下③，庭说诸侯之主，杜左右之口④，天下莫之伉⑤。

① 且夫：表示进层的连词，再说。特：副词，只是，仅仅。掘门：以墙窟窿为门。掘：通"窟"。桑户：用桑木编成的门扇。棬

(quān)枢：用弯木做门轴。枢：门上的转轴。以上是写苏秦居处简陋，出身贫苦。
② 伏轼撙（zǔn）衔：伏在车前的横木上拉着缰绳。轼：设在车厢前供人凭倚的横木。撙：勒住。衔：马嚼子。
③ 横历：走遍。历：经过。
④ 杜：堵塞。
⑤ 莫之伉（kàng）：即莫伉之。没有人能和他抗衡。伉：通"抗"，抗衡，匹敌。"之"是"抗"的宾语，因在否定句中，前置。

将说楚王①，路过洛阳。父母闻之，清宫除道②，张乐设饮③，郊迎三十里④；妻侧目而视⑤，侧耳而听；嫂蛇行匍伏⑥，四拜自跪而谢⑦。苏秦曰："嫂！何前倨而后卑也⑧？"嫂曰："以季子位尊而多金。"苏秦曰："嗟乎！贫穷则父母不子⑨，富贵则亲戚畏惧⑩，人生世上，势位富厚，盖可以忽乎哉⑪？"

① 楚王：指楚威王，公元前339年—前329年在位。
② 宫：房子。秦以前，不论贵贱，所居之处都可以叫宫。
③ 张乐设饮：布置音乐和酒席。
④ 郊迎：在郊外迎接。郊：这里用作状语。
⑤ 侧目：斜视，即不敢正视。
⑥ 蛇行匍伏：像蛇那样爬行。蛇：这里用作状语。匍伏：伏地爬行，又写作"匍匐"。
⑦ 谢：谢罪，道歉。
⑧ 倨（jù）：傲慢。卑：卑下。
⑨ 不子：不把儿子看成儿子。子：名词的意动用法。
⑩ 亲戚：这里指父母兄弟等。
⑪ 盖（hé）：通"盍"，何。忽：忽视，小看。

译文

苏秦用连横来说服秦王

苏秦起初用连横来劝说秦惠王，说："大王您的国家，西边有巴蜀，汉中物产丰富的财利，北边有胡人地区出产的貉子和代郡出产的良马等财物，南边有巫山、黔中等险要的地势，东边有崤山和函谷关等要塞。田地肥沃，人民富足，战车上万辆，能奋勇作战的战士上百万,肥沃的田野上千里,积蓄的财物丰富,在地理形势上又便于攻守,这就是所说的天然府库,世上称雄的国家呀!凭借您大王的贤能,士民的众多,车马的功用,兵法的教练,可以凭这些并吞诸侯,兼并天下,称帝号而使天下大治。我恭敬地陈述了它们的功效,希望您稍加留意!"秦王说:"我听说:羽毛长得不丰满的,就不能凭着它高飞;法度未成熟的,就不能凭它去惩罚人;道德不高的人,就不能用他去指使百姓;政令教化未修明的人,就不会让他去烦劳大臣。现在您很庄严的样子,不以千里为远而在朝廷上向我赐教,我希望以后再领受您的教诲。"

苏秦说:"我本来就猜想您不能采用我的建议。从前,炎帝讨伐补遂部落,黄帝攻打涿鹿山而擒杀蚩尤,帝尧讨伐骦兜,帝舜讨伐三苗,夏禹讨伐共工,商汤讨伐夏桀王,周文王讨伐崇侯虎,周武王讨伐商纣王,齐桓公用兵称霸于天下。从这些看来,哪里有不作战的呢?古时候,各诸侯国的使臣交往频繁,用言语相劝,订立盟约,求天下统一。订立合纵连横的条约,各诸侯国互相结盟友好,就不用储备武器,游说之士都竞相用巧妙的言辞来劝说诸侯,使诸侯迷乱和困惑,于是各种事端不断发生,而不能一一治理!法令条文虽已经完备,但百姓们只是表面虚伪地应付。各种文书典策繁多而杂乱,而百姓们不去运用。君臣之间相互愁怨,百姓失去依靠。虽然话说得很明白,道理讲得很清楚,然而战争不断发生。虽然游说之士穿戴着奇特的服饰,用尽了巧辩的言辞,战事仍然不停息。言辞华丽,终不能把天下治理好。讲话的人舌头磨破了,听话的人耳朵震聋了,但还是无济于事。就是实行仁义,用诚信相约,天下诸侯也不亲近。于是放弃文治,采用武力,用优厚的待遇来供养敢死的士兵,缝制盔甲,磨利武器,让他们在战场上用力取胜。无所事事地待着,却企图获得利益,安安稳稳地坐着,却希望扩大土地,即使是古代的五帝、三王、五霸,贤明的君主,他们也常想坐着而得到利益和土地,在那种形势下他们也是不可能做到的,所以最后还是用战争来继续争夺。那些敌我两军相距远的,就用箭弩去互相攻打,那些敌我两军相距近的,就用戈矛合一的杖戟互相撞击,这样之后就可以建立大功。因此，士兵在外面打胜仗，道义在国内得到加强，君主的权威在上面树立起来，人民在下面服从领导。现在想并吞天下诸侯，凌驾于大国之上，使敌国屈服，控制天下，那就要把百姓看成子女，使诸侯称臣，非用兵不可。现在继位的君主，忽视最重要、最正确的道理（主战的理论），在教化方面糊涂，在治国方面昏乱，被花言巧语所迷惑，沉溺在巧辩的言辞中而不能自拔。用这些来推论，您本来是不能用兵的呀。"

劝说秦王上了十次书信，然而他的主张得不到实行。他的黑色貂皮的裘衣已经磨坏，带来的一百个铜币已经用尽，资财费用断绝了来路。于是离开秦国回洛阳，缠着裹腿，穿着草鞋，背着书籍，担着行李袋，容貌瘦弱憔悴，面目发黑，表现出惭愧的神色。回到家里，妻子不下织布机，嫂嫂不给他做饭，父母不跟他说话。苏秦很有感慨地说："妻子不把我当成丈夫，嫂嫂不把我看作叔叔，父母不把我看作儿子，这些都是苏秦的罪过呀！"于是就晚上翻书，摆开几十个箱子，找得了姜太公的兵书——《阴符》的谋略，于是伏案阅读兵书，选择部分内容以作研究形势的依据。读书想睡时，就拿出锥子来刺自己的大腿，血流到了脚上。自言自语说："哪儿有游说君主而不能说服他，使他拿出金玉锦绣来赏赐，使自己取得卿相的尊贵地位的呢？"过了一年，研究形势成功，说："这个真的可以用它来说服当前社会上的君主了。"

于是就走进燕乌集阙宫殿，在华丽的宫殿里谒见并说服赵肃侯，谈得很融洽，肃侯非常高兴，封苏秦为武安君，授予相印。并用一百辆战车，一千匹华丽的丝织品，一百双白璧，黄铜一万镒等跟随在苏秦（武安君）之后，于是约定合纵，拆散连横，以此来抵抗强秦。因此，苏秦在赵国当丞相时，六国与秦不往来，所以函谷关内外断绝交通（十五年）。

在这个时候，天下的大小、民众的多少、王侯的威力、谋臣的权势，都取决于苏秦的计策。没有耗费一斗粮食，没有烦用一样武器，没有使一个士兵战斗，没有断一根弓弦，没有折断一支箭，然而各诸侯国互相亲近，胜过兄弟。任用贤人，天下服从，任用一个贤人，而使天下的人服从。所以说：要把力量用在政治上，而不要把力量用在勇敢上；要把力量用在朝廷之内，而不要把力量用在国外。当苏秦得势的时候，万镒铜币供苏秦使用，车骑奔驰不绝，在道路上显耀威风，崤山、函谷关以东的诸侯国，都顺着这种气势来服从赵国，使赵国威望大升。

再说，苏秦仅仅是一个出生在穷巷里，用墙窟窿作门、用桑木编成门扇、用弯木作门轴的贫苦家庭的士人罢了。但今天伏在车前的横木上拉着马的缰绳，走遍天下，在朝廷里游说诸侯的君主，堵塞住周围人的嘴，天下没有人能和他抗衡。

苏秦将要去说服楚威王，路过洛阳。他父母听到了这件事，把房子和道路上的灰尘打扫干净，布置音乐和酒席，到郊外三十里远的地方去迎接；妻子不敢正视他，侧着身子而听；嫂嫂像蛇那样伏地爬行，四次跪拜向他道歉。苏秦说："为什么以前那样骄傲而现在这样卑下呢？"嫂嫂说："因为您现在地位尊贵而且钱多了。"苏秦说："唉！当我贫穷的时候，父母不把我看作儿子，一旦富贵了，亲戚都畏惧，人生存在世上，权势地位和富有，怎么可以小看呢？"

附《战国策》篇目

东周第一、西周第二、秦一第三、秦二第四、秦三第五、秦四第六、秦五第七、齐一第八、齐二第九、齐三第十、齐四第十一、齐五第十二、齐六第十三、楚一第十四、楚二第十五、楚三第十六、楚四第十七、赵一第十八、赵二第十九、赵三第二十、赵四第二十一、魏一第二十二、魏二第二十三、魏三第二十四、魏四第二十五、韩一第二十六、韩二第二十七、韩三第二十八、燕一第二十九、燕二第三十、燕三第三十一、宋、卫第三十二、中山第三十三。

范雎说秦王

[说明] 本文选自《战国策·秦策三》，题目是后加的。秦昭

王时,以宣太后及其弟穰侯为首的贵族外戚势力控制了朝政,成为王朝的内部隐患。秦昭王为解决这个问题,向范雎求教。范雎开始不予回答,直到秦昭王等急了,这才说出了自己的想法。他首先认为自己和昭王交情疏浅,而要想说的话又很深切,但因为"未知王心",所以不能回答。接着他表明了自己的态度:只要昭王能够听信并实行他的主张,只要秦国强盛,他就是死,就是逃亡,或是遭受侮辱也无所畏惧。他引用历史人物故事,分析当前形势,指出他最担心的是昭王上怕太后的威严,下受奸臣的迷惑,如果没有人帮助识别,将会是"大者宗庙灭覆,小者身以孤危"。范雎的忠心耿耿以及恳切、感人的话语打动了秦昭王,终于取得了他的信任。

本文生动地表现了范雎沉着老练的政治才干和出色的辞令技巧。

范雎至①,秦王庭迎范雎②……敬执宾主之礼③。范雎辞让④。是日见范雎⑤,见者无不变色易容者⑥。秦王屏左右⑦,宫中虚无人,秦王跪而进曰⑧:"先生何以幸教寡人?"⑨范雎曰:"唯唯。"⑩有间⑪,秦王复请。范雎曰:"唯唯。"若是者三⑫。秦王跽曰⑬:"先生不幸教寡人乎?"

① 范雎(jū):战国时魏国人,字叔。先事魏国的中大夫须贾,后因事被驱逐,入秦后游说秦昭王,得到信任,拜为上卿,不久当了丞相,封于应(今河南丰宝县西南),称为应侯。
② 秦王:秦昭王嬴则,公元前306年至前251年在位,秦武王的异母弟,由养母芈(mǐ)八子伙同她的弟弟魏冉拥立为王。封芈八子为宣太后,魏冉为穰(ráng)侯,封宣太后同父弟芈戎为华阳君。公元前266年,废宣太后,命魏冉、芈戎回到各自封地。庭迎:在宫廷上迎接。庭:通廷,名词作状语。此句以下有删节。
③ 敬执:恭敬地举行。
④ 辞让:推辞、谦让。
⑤ 是日:这一天。见:接见。这句的主语是秦昭王。
⑥ 这句的意思是:看见秦昭王接见范雎的人没有不惊讶失色的。因为秦昭王是秘密接见范雎,并且对范雎特别礼让,所以使在场的人感到非同寻常。
⑦ 屏(bǐng):避退。左右:指秦昭王身边的人。
⑧ 跪:古人席地而坐,两膝着地,臀部压在脚后跟上。跪与坐相似,只

是臀部不压脚后跟。进：这里指向前挪动身子。因为秦昭王要向前挪动身子，所以必须要"跪"，否则无法行动。

⑨何以：用什么。何：疑问代词，作"以"的宾语，前置。

⑩唯唯（wěi）：应答声，相当于"嗯嗯"、"是是"。

⑪有间：一会儿。

⑫若是者三：像这样有好几次。三：多次，这里作谓语。

⑬跽（jì）：长跪，即挺身直腰跪着，这是表示尊敬。

范雎谢曰①："非敢然也②。臣闻：昔者，吕尚之遇文王也③，身为渔父④，而钓于渭阳之滨耳⑤。若是者，交疏也⑥。已⑦，一说而立为太师⑧，载与俱归者⑨，其言深也。故文王果收功于吕尚⑩，卒擅天下⑪，而身立为帝王。即使文王疏吕尚而弗与深言⑫，是周无天子之德⑬，而文武无与成其王也⑭。今臣，羁旅之臣也⑮，交疏于王，而所愿陈者⑯，皆匡君臣之事⑰，处人骨肉之间⑱。愿以陈臣之陋忠⑲，而未知王心也。所以王三问而不对者，是也⑳。

①谢：道歉，谢罪。

②然：代词，这样。

③吕尚：姓姜，字子牙。因封于吕，又称吕尚。传说他年老时隐居在渭水之北钓鱼，周文王打猎时和他相遇，两人一见如故。周文王对吕尚说："吾太公望子久矣。"所以吕尚又号"太公望"，被立为太师，辅佐周文王、周武王定天下。吕尚后来封于齐，为齐国始祖。之：结构助词，用在主谓之间取消句子的独立性。这一句是表时间的分句。

④渔父（fǔ）：犹渔翁，捕鱼的老人。父：对老年人的尊称。

⑤渭阳：渭水北。山的南面、水的北面叫阳。

⑥交疏：交情浅。

⑦已：随后，不久。

⑧太师：古代三公之一。三公为太师、太保、太傅。

⑨载（zài）：坐车。与：介词，后省略宾语。

⑩果：果然。收功：取得成功。

⑪卒：终于。擅：据有。天下：此指西戎各国，非全中国。

⑫即使：假使。

⑬是：代词，此。

⑭文武：指周文王、周武王。无与成其王：没有与他成就王业的人。

⑮羁（jī）旅：旅居在外。羁：在外寄居。

⑯愿：希望。陈：陈述。
⑰匡：纠正。
⑱处人骨肉之间：处在人们骨肉之间的事情。暗指太后、穰侯与秦王之间的矛盾。
⑲陋忠：意思是浅薄的见解。
⑳这两句是说，王问了三次而不回答的原因，就是这样。"所以……者"："……的原因"，这里作主语。

"臣非有所畏而不敢言也。知今日言之于前，而明日伏诛于后①，然臣弗敢畏也。大王信行臣之言②，死不足以为臣患，亡不足以为臣忧③；漆身而为厉④，被发而为狂⑤，不足以为臣耻。五帝之圣而死⑥，三王之仁而死⑦，五霸之贤而死⑧，乌获之力而死⑨，奔、育之勇而死⑩。死者，人之所必不免，处必然之势⑪；可以少有补于秦⑫，此臣之所大愿也，臣何患乎？

①伏诛：受到杀戮。
②信：副词，诚，的确。
③亡：逃亡。
④漆身：用漆涂身。厉：通"癞"(lài)，这里指人体因中漆毒而生肿癞。
⑤被：通"披"，散开。狂：狂人。
⑥这句是说，像五帝那样圣明也要死。五帝：见《苏秦以连横说秦王》注。
⑦三王：见《苏秦以连横说秦王》注。
⑧五霸：见《苏秦以连横说秦王》注。
⑨乌获：秦武王时的大力士。
⑩奔、育：即孟奔（也作"贲"）和夏育，都是卫国的勇士。
⑪势：趋势。
⑫少：副词，稍。补：益处。

"伍子胥橐载而出昭关①，夜行而昼伏，至于菱夫②，无以糊其口③，膝行蒲伏④，乞食于吴市⑤，卒兴吴国⑥，阖闾为霸。使臣得进谋如伍子胥⑦，加之以幽囚不复见⑧，是臣说之行也，臣何忧乎？箕子、接舆⑨，漆身而为厉，被发而为狂，无益于殷楚⑩；使臣得同行于箕子、接舆⑪，可以补所贤之主，是臣之大荣也，臣又何耻乎？

①伍子胥：名员(yún)，春秋时楚国人。其父兄被楚平王杀害，他潜逃至吴，做了吴国的大夫，辅佐吴王阖(hé)闾伐楚复仇，建立霸业。橐(tuó)载：装在口袋里坐着车。橐：口袋，这里用作动词。昭关

吴楚交界的地方，在今安徽仓山县西北。
②菱夫：即菱水，也称溧（lì）水，在今江苏溧阳一带。菱：通"陵"。夫：当是"水"字之误。
③没有办法维持生活。餬口：亦作"糊口"，本是喝粥的意思，用以比喻生活困难，勉强度日。
④膝行：用膝盖走路，即爬行。膝：这里用作状语。蒲伏：同"匍匐"，伏地而行。
⑤吴市：在今江苏溧阳一带。
⑥兴：使……复兴。使动用法。
⑦使：假使。
⑧幽囚：囚禁。幽：关，闭。囚：拘禁。不复见：不能再见到秦王。
⑨箕子：名胥余，商纣王的叔父，官为太师，封于箕（今山西太谷东）。商纣无道，箕子谏而不听，于是披发装疯为奴。接舆：姓陆，名通，字接舆，春秋时楚国人，昭王时政令无常，他便披发装疯，隐居起来。
⑩殷楚：指殷商王朝和楚国。
⑪同行：同样的行为。

"臣之所恐者，独恐臣死之后，天下见臣尽忠而身蹶也①，因以杜口裹足，莫敢向秦耳②。足下上畏太后之严③，下惑奸臣之态④，居深宫之中，不离保傅之手⑤，终身暗惑，无与照奸⑥。大者宗庙灭覆，小者身以孤危⑦，此臣之所恐耳。若夫穷辱之事⑧，死亡之患，臣弗敢畏也。臣死而秦治，贤于生也⑨！"

①蹶（jué）：也写作"蹷"，摔倒。这里指死亡。
②因以：因而。杜口裹足：闭口不言，裹足不前。杜：堵塞。莫：否定性无定代词，这里指没有人。
③太后：指宣太后芈（mǐ）八子。
④惑奸臣之态：被奸臣的媚态所迷惑。
⑤保傅：古代辅导天子和诸侯子弟的官员。
⑥暗惑：糊涂迷惑。与：介词，给，后省略宾语，指秦王。照奸：明察奸臣。
⑦以：介词，这里有"因此"的意思。
⑧若夫：连词，至于。
⑨贤于生：比活着还好。贤：胜过。

秦王跪曰："先生，是何言也！夫秦国僻远，寡人愚不肖①，先生乃幸至此②，此天以寡人恩先生③，而存先王之庙也。寡人得受命于先生④，此天所以幸先王⑤，而不弃其孤也⑥。先生奈何而言若此？事无大小，上及太后，下至大臣，愿先生悉以教寡人，无疑寡人也。"范雎再拜，秦王亦再拜。

①不肖（xiào）：不贤，没有出息。
②幸：表敬副词，荣幸。
③恩（hùn）：打扰。
④受命于先生：接受先生的教诲。
⑤幸：宠幸，宠爱。
⑥弃：抛弃。孤：秦王自称。

译文
范雎游说秦昭王

范雎到秦国，秦昭王在宫廷上迎接范雎……并恭敬地举行宾主的礼节。范雎推辞、谦让。这一天秦昭王接见范雎，凡看见秦昭王接见范雎的人没有不惊讶失色的。秦昭王辞退身边的人，宫中虚空没有其他的人。秦昭王跪着向前移动身子说："先生拿什么教导我呀？"范雎说："嗯嗯。"过了一会儿，秦王又请问。范雎说："嗯嗯。"像这样连续了多次。秦昭王再次挺身直腰地跪着说："先生不教我吗？"

范雎谢罪说："不敢这样。我听说：从前姜子牙遇见周文王，他作为一个钓鱼的人，就在渭水北边钓鱼罢了。像这样的情况，交情很浅。随后，经一次游说而被立做三公最尊敬的太师官，并和他一同坐车回宫，他们言谈很深呀。所以文王在姜子牙的辅佐下果然获得了成功，终于占有了天下而自己成为帝王。假如文王疏远姜子牙，而不和姜子牙深交，这样周就不会有天子的圣德，而文王和武王就没有使他们成就王业的人。我现在是个寄居在外的人，和秦王的交情很浅，然而我希望陈述的，却都是一些君臣关系的事情和骨肉之情的事情。希望谈点我的粗浅的见解，然而不知道您的内心想法。您问我多次都没有回答的原因，就是这样。"

（范雎说：）"我不是有所畏惧而不敢说呀。明知今天先说出见解，明天就要遭到杀戮，那我也不敢畏惧。只要大王您确实实行我的主张，即使处死我也不值得成为我的忧患，逃亡也不值得成为我的忧愁；漆身成为肿癞，披发成狂人，也不值得成为我的耻辱。像五帝那样圣明也要死，像三王那样仁爱也要死，像五霸那样贤能也要死，像乌获那样有力也要死，像奔、育那样勇敢也要死。像死这件事是任何人必不可免的，它是处于一种必然的趋势，只要对秦国能够稍有补益，这就是我的最大希望，我为什么要忧虑呢？"

（范雎说：）"伍子胥装在口袋里乘车出昭关，晚上走路，白天躲藏起来，到了菱水，没有吃的就爬行或伏地而行，在吴市行乞维生，后来终于使吴国复兴，辅佐吴王阖闾成就霸业。假使我能够像伍子胥那样能进献自己的谋略，就是把我囚禁起来，不能再见到秦王，这也是我高兴的行为，我忧愁什么呢？箕子、接舆他们漆身而成肿癞，披发而成疯子，尚且对殷商和楚国都没有助益。假使我采取和箕子、接舆同样的行为，可以用这个来协助贤德的君主，这是我的极大光荣，我又有什么可耻辱的呢？"

（范雎说：）"我所担心的是唯独我死了之后，天下的人看到我因为尽忠心而身遭死亡，因而大家都闭口不言，裹足不前，没有谁敢再来秦国了。秦王您在上面怕太后的威严，在下面被奸臣的媚态所迷惑，居住在深宫里面，时刻被太傅掌握着，一辈子昏暗迷惑，没有帮秦王明察奸臣的人。这在大的方面国家宗庙要灭亡，在小的方面您个人因此要遭到孤立危险，这才是我所担心的。至于那些穷困受辱的事，死亡的祸患，我是无所畏惧的。如果我死而秦国治强了，那我死去胜过生存呀！"

秦昭王跪着说："先生，这是怎么说的呀！秦国地处偏僻而边远，我又愚蠢没有出息，先生来到这里我非常荣幸，这是上天因为我而打扰先生，而使我们先王的宗庙得以保存。我接受先生的教诲，这是上天宠爱先王的原因，而且不抛充他的后代呀。先生怎么这样说呢？无论事情的大小，上面到太后，下面到大臣，都希望先生能全面教导我，不要怀疑我呀。"最后范雎行两拜礼，秦昭王也行两拜礼才分别。

庄辛说楚襄王

[说明] 本文选自《战国策·楚策四》，题目是后加的。在战国七雄中，楚国的领土最大，人口也最多，但是兵力较弱，经常受到秦国和齐国的进攻。在连年的兼并战争中，楚国先后失去了许多土地。公元前299年，楚怀王中了张仪之计，被骗到秦国扣留起来，三年之后病死在秦国。楚怀王的儿子楚襄王是个无所作为的国君，他不思奋发图强，报仇雪耻，反而亲信州侯等小人，荒淫自恣。楚国贵族庄辛向楚襄王进谏，遭到拒绝，结果秦军又大举入侵，楚襄王被迫流亡，楚国前途危在旦夕。局势的发展证明了庄辛的预见是正确的。楚襄王只得把庄辛请来，庄辛又一次向楚襄王献计。这次，楚襄王接受了，并且按照庄辛的计谋收复了一些失地。楚国虽然得到挽救，但战争的创伤使楚国从此衰弱下去了。

本文通过庄辛的两次进谏，说明了贪图安乐必然会导致丧身亡国的道理，这是一个深刻的教训。

庄辛谓楚襄王曰①："君王左州侯，右夏侯②，辇从鄢陵君与寿陵君③，专淫逸侈靡④，不顾国政，郢都必危矣⑤。"襄王曰："先生老悖乎⑥？将以为楚国祅祥乎⑦？"庄辛曰："臣诚见其必然者也⑧，非敢以为国祅祥也。君王卒幸四子者不衰⑨，楚国必亡矣。臣请辟于赵⑩，淹留以观之⑪。"

① 庄辛：楚国贵族，楚庄王的后代，因而以庄为姓，后来封为阳陵君。楚襄王：又称楚顷襄王，楚怀王（姓芈mǐ，名槐）的儿子，名横，公元前298年即位。

② 州侯、夏侯：都是襄王的宠臣。

③ 辇(niǎn)：上古用人拉的车子，秦汉后特指君王身后所乘的车。从：跟随。这里是使动用法，使……从。鄢陵君、寿陵君：都是襄王的宠臣。这句是说，鄢陵君、寿陵君跟随在襄王坐的车子后面。

④ 专：专一，一味地。淫：过度，没有节制。逸：放纵。侈：奢侈。靡：

浪费。

⑤郢（yǐng）都：楚国的国都。在今湖北江陵县北。

⑥老悖（bèi）：年老而糊涂。悖：惑乱。

⑦将：连词，还是。袄祥：偏义词，不祥的预兆。袄：同"妖"。祥：吉的预兆。以上两句是说，是您老糊涂了呢，还是把我作为楚国的不祥之兆呢？这两句《新序·杂事》作"先生老悖欤，妄为楚国妖欤？"

⑧诚：副词，确实。其：指示代词，指楚襄王淫逸侈靡，不顾国政的行为。必然：一定这样，指造成郢都必危的局面。

⑨卒：副词，到底，始终。幸：宠爱。衰：减。

⑩辟：即"避"。

⑪淹留：留，两字同义连用。之：指楚国必亡这件事。

庄辛去之赵①，留五日，秦果举鄢、郢、巫、上蔡、陈之地②。襄王流揜于城阳③。于是使人发驺征庄辛于赵④。庄辛曰："诺⑤。"

①去：离开，指离开楚国。之：动词，到……去。

②果：副词，果然。举：攻占。鄢（yān）：地名，在今湖北宜城县境。巫：地名，在今四川巫山县。上蔡：地名，在今河南上蔡县。陈：地名，在今河南淮阳县。

③流揜（yǎn）：流亡困迫。城阳：即成阳，在今河南息县西北。

④发：派遣。驺（zōu）：骑士。征：召。

⑤诺（nuò）：应答的声音，表示同意、赞成的态度。

庄辛至①。襄王曰："寡人不能用先生之言，今事至于此，为之奈何②？"庄辛对曰："臣闻鄙语曰③：'见兔而顾犬④，未为晚也；亡羊而补牢⑤，未为迟也。'臣闻昔汤武以百里昌⑥，桀纣以天下亡⑦。今楚国虽小⑧，绝长续短⑨，犹以数千里⑩，岂特百里哉⑪？

①至：到，指庄辛到达城阳。

②对这件事怎么办？

③鄙语：俗话。

④顾：回头看。

⑤亡：丢失。牢：这里指羊圈。

⑥汤：商代开国之君。武：武王，周代开国之君。以：介词，表凭借。昌：兴盛。

⑦桀：夏代最后的国君。纣：商代最后的国君。

⑧今楚虽小：指秦将白起于前278年攻陷郢都楚襄王流亡城阳后的楚国。

⑨绝长续短：即截长补短。绝：断绝，这里指以有余补不足来计算面积。
⑩还能凭借数千里。犹：副词，尚，还。
⑪岂特：难道只有。特：副词，只，仅。

"王独不见夫蜻蛉乎①？六足四翼，飞翔乎天地之间②，俛啄蚊虻而食之③，仰承甘露而饮之④。自以为无患，与人无争也。不知夫五尺童子，方将调饴胶丝⑤，加己乎四仞之上⑥，而下为蝼蚁食也⑦。

①独：副词，难道。夫（jú）：指示代词，那个。蜻蛉（líng）：即蜻蜓。
②翔（xiáng）：回旋而飞。乎：介词，用法同"于"。
③俛：同"俯"，低头，这里指向下。啄（zhuó）：鸟用嘴取食，这里用的是扩大义，因蜻蜓不是鸟类。虻（méng）：形状像蝇而稍大，口有刺，喜螫牲畜和人。
④仰：抬头，这里指向上。承：受。甘：甜美。
⑤方将：副词，正在。调：调和。饴（yí）：一种用米麦制成的糖浆。胶丝：黏在丝上。
⑥加己：加在自己身上。仞：周尺八尺，一说七尺。
⑦下：掉下，落下。为：介词，表示被动。蝼（lóu）：蝼蛄。

"夫蜻蛉其小者也①，黄雀因是以②，俯噣白粒，仰栖茂树④，鼓翅奋翼⑤。自以为无患，与人无争也。不知夫公子王孙⑥，左挟弹⑦，右摄丸⑧，将加己乎十仞之上，以其颈为招⑨。昼游乎茂树，夕调乎酸咸⑩。倏忽之间，坠于公子之手⑪。

①其：指示代词，其中的。小者：指小的事情。
②因是以：如同这样呢。因：犹，如同。是：代词，这样。以：通"已"，句末语气词。
③噣：通"啄"。白粒：白米粒。
④栖：歇息。
⑤鼓翅奋翼：鼓动着翅膀。鼓：鼓动。奋：振动。
⑥公子：诸侯的儿子，这里泛指官僚的儿子。王孙：贵族的子孙。
⑦左手把持着弹（dàn）弓。左：指左手。挟（xié）：夹持，把持。
⑧摄丸：安上弹丸，拉紧弓弦。摄：引持，牵曳。
⑨把黄雀的颈作为弹射的目的物。类：当为"颈"之误。招：射的靶子，目的物。
⑩酸咸：指调味的作料。

⑪倏（shū）忽：顷刻，一刹那。以上四句的顺序疑当作"倏忽之间，坠于公子之手。昼游乎茂树，夕调乎酸咸"。因错简致误。

"夫黄雀其小者也，黄鹄因是以①。游于江海，淹乎大沼②，俯噣鳝鲤③，仰啮䔖衡④，奋其六翮⑤，而凌清风⑥，飘摇乎高翔⑦，自以为无患，与人无争也。不知夫射者⑧，方将脩其碆⑨，治其矰缴⑩，将加己乎百仞之上，被礛磻⑪，引微缴⑫，折清风而抎矣⑬。故昼游乎江河，夕调乎鼎鼐⑭。

①黄鹄（hú）：即天鹅。
②淹：留，这里是歇息的意思。沼（zhǎo）：池。
③鳝鲤：鳝鱼和鲤鱼。
④啮（niè）：咬。䔖：同"菱"。衡：通"荇"（xìng），一种水草。
⑤六翮（hé）：指翅膀。鸟翅一般有六根大羽毛。翮：羽毛的茎。
⑥凌：驾，乘。
⑦飘摇：在高空中顺风摇动。乎：形容词词尾。
⑧夫：指示代词，那个。
⑨脩：通"修"，整修，治理。碆（bō）：石头制的箭头。卢：黑色，这里指黑色的弓。
⑩矰（zēng）缴（zhuó）：用丝线系射的箭。缴：系在箭上的丝线，箭射出后可以靠它收回。
⑪被：遭受。礛（jiàn）：锐利。磻（bō）：同"碆"。
⑫引：牵引。这里是拖着的意思。
⑬折：折断。天鹅在空中向前飞行时被箭射中后突然下落，像东西折断的样子。抎：通"陨"（yǔn），坠落。
⑭鼎鼐（nài）：两种古代的烹煮器具。鼐：大鼎。

"夫黄鹄其小者也，蔡灵侯之事因是以①。南游乎高陂②，北陵乎巫山③，饮茹溪之流④，食湘波之鱼⑤，左抱幼妾，右拥嬖女⑥，与之驰骋乎高蔡之中⑦，而不以国家为事⑧。不知夫子发方受命乎灵王⑨，系己以朱丝而见之也⑩。

①蔡灵侯：春秋时蔡国国君，姓姬，名般，杀父景侯，自立为君。公元前531年，被楚灵王诱杀于申（今河南南阳北）。蔡国在今河南上蔡县。
②高陂（bēi）：高山坡。
③陵：升，登。巫山：在今四川巫山县。

④茹溪：水名，在今四川巫山县北。流：指水。
⑤湘波：即湘水。在湖南省，由零陵县流入洞庭湖。
⑥拥：抱。嬖（bì）女：受宠爱的女子。
⑦驰骋（chěng）：纵马赶车奔跑。高蔡：在今河南上蔡县。
⑧不以国家为事。不把国家的安危看成为重要的事情。
⑨子发：春秋时楚国大夫。据《左传·昭公十一年》记载，受楚灵王的命令围上蔡的是公子弃疾，不是子发。
⑩系（jì）：绑，缚。己：指蔡灵王。朱丝：红绳。见（xiàn）：使……见，使动用法。之：指蔡灵侯。这句是说，用红绳子把蔡灵侯捆绑起来，解去见楚灵王。

"蔡灵侯之事其小者也，君王之事因是以。左州侯，右夏侯，辇从鄢陵君与寿陵君，饭封禄之粟①，而载方府之金②，与之驰骋乎云梦之中③，而不以天下国家为事。不知夫穰侯方受命乎秦王④，填黾塞之内⑤，而投己乎黾塞之外⑥。"

①饭：这里用如动词，吃。封禄之粟：封地所供给的粮食。封：封地。禄：官吏的奉给。粟：泛指粮食。
②载（zài）：用车装载。方府之金：指四方交纳给国库的金银。府：储存财物的地方。
③云梦：楚国大泽名，即云梦泽。今湖北江陵至蕲（qí）春间的大湖区域。
④穰（ráng）侯：秦昭王母宣太后之弟，姓魏名冉，封在穰（今河南邓县东南）。秦王：指秦昭王。
⑤填：指布满军队，即占领。黾（méng）塞：古关塞名，即今河南信阳市南的平靖关。内：指黾塞之南。
⑥投：抛掷。己：指楚襄王。外：指黾塞之外。

襄王闻之，颜色变作①，身体战栗②。于是乃以执珪而授之为阳陵君③，与淮北之地也④。

①颜色：脸色。变作：改变，变化。
②战栗：哆嗦。
③执珪（guī）：楚国的爵位名。为：这里是封为的意思。阳陵君：给庄辛的封号。
④与：通"举"，攻下。

译文

庄辛游说楚襄王

庄辛对楚襄王说①："君王左边的州侯，右边的夏侯，鄢陵君和寿陵君等宠臣，都跟随在襄王坐的车后面，一味地过度放纵、奢侈浪费，不顾国政，郢都必然危险了。"楚襄王说："是先生老糊涂了呢？还是把我作为楚国的不祥之兆呢？"庄辛说："我确实看到那样作必然会造成这样的局面，不敢把您作为楚国的不祥之兆。您如果始终不减缩对这四位大臣的宠爱，那么楚国一定会灭亡。我请求到赵国去避难，在那里停留来观看楚国灭亡。"

庄辛离开楚国到赵国去，刚停留五天，秦国果然攻占了鄢、郢、巫、上蔡和陈的地方。楚襄王往城阳流亡。于是派骑士到赵国去征召庄辛。庄辛说："好吧。"

庄辛来到城阳，襄王说："我没有听从您的话，现在事情到这个地步，对这件事现在怎么办呢？"庄辛很恭敬地回答说："我听俗话说：'见到兔子而回头看狗，这还不算晚哩；丢失了羊而后修补好羊圈，这还不算迟哩。'我听说从前商汤王与周武王仅凭百里地方兴盛起来，夏桀王与商纣王却占有整个天下而灭亡了。现在楚国虽小，截长补短，还能拥有数千里，难道只有一百里吗？

"您难道没有见到那个蜻蜓吗？它有六只脚四扇翅膀，在天地之间飞翔，向下啄食蚊子和虻虫，向上吸饮甜蜜的露水，它自己认为与人无争，不会有什么祸害，它不知道三尺多高的童子，正在调和糖浆黏在丝上，在三丈高的上空把自己粘住，而落下被蛄蝼蚂蚁食用。

"那蜻蜓还算是其中的小的哩，黄雀就更是像这样。飞下啄米粒，飞上栖息在大树上，成天鼓动着翅膀奋飞，自以为与人无争，不会有什么祸害。它不知道那些官僚贵族的子孙，左手把持着弹弓，右手安上弹丸，拉紧弓弦，拿它的颈子作目标，在十仞之上弹着它。顷刻之间，坠落到王孙公子的手中，白天还在茂树林中游玩，晚上就被用酸咸作调料烹吃了。

"那黄雀还算是其中的小的哩，天鹅就更是像这样。在江海里面游玩，在大池沼里面淹留，低头啄食黄鳝和鲤鱼。抬头啄食菱叶和荇菜。奋起它的翅膀，而乘着清风在高空中翱翔，自认为与人无争，不会有什么祸患，它不知道那个射手正在修整他的石制箭头和黑色的弓箭，准备了短箭和丝线，将在百仞之上被锐利的箭头射中，拖着细小的丝线像清风被折断了突然坠落下来了。所以白天还在江河游玩，晚上就在鼎鼐里烹煮。

"那天鹅还算是其中的小的哩，蔡灵侯的事就更是像这样。他曾在南面的高山坡上游玩，在北面登上了巫山，刚喝过茹溪河的水，吃过湘江的鱼，又左手抱着年轻的小夫人，右手抱着宠爱的女子，和她们在高蔡地区纵马赶车奔跑取乐，而不把国家安危作为重要的事，他不知道那个子发（实际是公子弃疾）接受楚灵王的命令，用红绳绑着蔡灵侯，解押去见楚灵王。

"蔡灵侯的事还是其中的小事哩，君王您的事情就更是像这样。您左边的州侯，右边的夏侯，鄢陵君与寿陵君等宠臣跟从在您的车后，吃着封地供给的粮食，车子装着四方交纳给国家的金银，您和他们在云梦大泽中纵马奔跑取乐，而不以国家大事为重要事情，您不知道穰侯正在秦昭王那儿接受命令，要占领黾塞之内的地方，而把您楚襄王抛掷在黾塞之外。"

楚襄王听了这些话，改变了脸色，身体直哆嗦。于是就拿爵位授给庄辛，封庄辛为阳陵君，攻下了淮北一带的地方。

触龙说赵太后

　　[说明]　本文选自《战国策·赵策四》，题目是后加的。公元前270年，秦国曾围攻赵的阏与（今山西和顺县西北），被赵国打败。公元前266年，秦国宰相范雎的仇人魏齐跑到赵国。由于这些原因，公元前265年，秦国便趁赵太后刚开始执政、立足未稳之时进攻赵国。赵国形势十分危急，向齐国求救。齐国提出要把赵太后的幼子长安君做为人质才能出兵。赵太后溺爱幼子，

不肯答应,并且顽固地拒绝了群臣的进谏。正在这时,触龙针对赵太后的自私心理,巧妙地说服了赵太后,使她自愿地为赵国、也为幼子的长远利益,送长安君去做人质,终于争取了齐国的援助,解救了赵国。

本文淋漓尽致地描写了触龙的娴于辞令和老谋深算。语言简洁生动,表现力强,情节曲折,具有浓厚的文学色彩,是一篇优秀的历史散文。

赵太后新用事①,秦急攻之②。赵氏求救于齐③。齐曰:"必以长安君为质④,兵乃出⑤。"太后不肯,大臣强谏⑥。太后明谓左右⑦:"有复言令长安君为质者⑧,老妇必唾其面⑨。"

①赵太后:即赵威后,赵惠文王的妻子,孝成王的母亲。新用事:刚开始执政。公元前266年,赵惠文王死,因其子孝成王年幼,由赵太后执政。
②秦急攻之:孝成王元年(公元前265年)秦国加紧进攻赵国。
③赵氏:即赵国。赵的祖先造父受幸于周穆王,封于赵城(今山西洪洞北),因此以赵为氏。周幽王时,叔带始建赵氏于晋国,事晋文侯。赵烈侯(名籍)六年(公元前403年),周威烈王承认赵氏为诸侯,建都晋阳(今山西太原)。公元前386年,迁都邯郸(今河北邯郸)。
④长安君:赵太后幼子的封号。质:抵押品,人质。
⑤乃:副词,才。
⑥强(qiǎng):竭力,极力。
⑦明:明白地,这里作状语。左右:指赵太后身边的近臣。
⑧复:副词,再。
⑨老妇:赵太后自称。唾(tuò):吐唾沫。

左师触龙言:愿见太后①。太后盛气而揖之②。入而徐趋,至而自谢曰③:"老臣病足,曾不能疾走④,不得见久矣,窃自恕⑤,而恐太后玉体之有所郄也,故愿望见太后⑥。"太后曰:"老妇恃辇而行⑦。"曰:"日食饮得无衰乎⑧?"曰:"恃鬻耳⑨。"曰:"老臣今者殊不欲食,乃自强步,日三四里,少益耆食,和于身也⑩。"太后曰:"老妇不能。"太后之色少解⑪。

①这句今本《战国策》作"左师触讋愿见太后。"1973年长沙马王堆汉墓

出土帛书《战国策纵横家书》作"左师触龙言愿见太后。"今据改。愿：要，希望。
② 盛气：怒气冲冲。揖：《史记·赵世家》中"揖"作"胥"。马王堆出土帛书亦作"胥"。胥，通"须"，等待，即"揖"是"胥"的误写。
③ 徐趋：古代臣子见国君时，按礼节规定应当"疾趋"（快步走），但触龙因患脚疾，不能快走，只能"徐趋"。徐：慢，趋：快步走。实际上触龙只作出快步的样子，但走得很慢。谢：道歉，告罪。
④ 病足：脚有毛病。这里的"病"是动词。曾（céng）：副词，用在"不"字前面有加强否定的作用。疾走：快跑。
⑤ 窃：副词，表示谦意，私下。恕：原谅。
⑥ 玉体：贵体，这里说是对赵太后表示恭敬。有所郄（xì）：有缺陷，这里指身体有毛病。郄：同"隙"，空隙，这里用的是引申义。所：代词，与"郄"组成所字词组，作"有"的宾语。望见：远远地望见。这是一种谦恭的说法。
⑦ 恃（shì）：依靠。辇（niǎn）：古时一种用人拉的车，后来多指帝、后坐的车。
⑧ 日：每天，这儿作状语。得无：常与"乎"字相呼应，相当于现代汉语"该不会……吧"的意思。衰：减少。
⑨ 鬻：同"粥"。
⑩ 今者：近来。殊：副词，很。强（qiǎng）步：勉强散步。步：动词，慢走。少益：稍微逐渐地。少：副词，稍稍。益：副词，更加。耆：通"嗜"（shì），喜爱。和：舒适。
⑪ 色：脸色，这里指怒色。解：消退，缓和。

左师公曰："老臣贱息舒祺，最少，不肖①，而臣衰，窃爱怜之②，愿令得补黑衣之数，以卫王宫③。没死以闻④！"太后曰："敬诺。年几何矣⑤？"对曰："十五岁矣。虽少，愿及未填沟壑而托之⑥。"太后曰："丈夫亦爱怜其少子乎⑦？"对曰："甚于妇人⑧。"太后笑曰："妇人异甚⑨！"对曰："老臣窃以为媪之爱燕后贤于长安君⑩。"曰："君过矣，不若长安君之甚⑪。"

① 左师公：即触龙，"公"表示尊敬。贱息：对别人谦称自己的儿子。息：子女。最少：最幼小，不肖（xiào）：原意是不像父亲，引申为不成材，不贤。
② 怜：疼爱。"爱怜"是同义连文。

③希望让他能补上黑衣卫士的名额,以便守卫王宫。黑衣:卫士的代称。当时王宫的卫士都穿黑色的衣服。以:连词,表示目的。

④没(mò)死:昧死,冒昧而犯死罪。《史记·赵世家》作"昧死"。以:介词,下省略宾语。闻:使动用法,使(国君)听到,即禀告的意思。"没死以闻"是臣子向帝王说话时表示敬畏态度的说法。

⑤敬:表示客气。诺:应对之词,表示允许对方的请求。几何:多少。

⑥及:介词,趁着。填沟壑(hè):指死。这是委婉的说法。"填沟壑"一般指百姓死,也谦称自己死亡。托:托付。之:指舒祺。

⑦丈夫:古代对男子的通称。

⑧甚于妇人:比妇人还(爱得)厉害。

⑨异甚:特别厉害。

⑩媪(ǎo):对年老妇女的敬称,后代不通行。燕后:赵太后的女儿,嫁给燕王为后,故称燕后。贤:超过。

⑪过:错。

左师公曰:"父母之爱子,则为之计深远①。媪之送燕后也,持其踵为之泣,念悲其远也,亦哀之矣②。已行,非弗思也,祭祀必祝之③,祝曰:'必勿使反④。'岂非计久长,有子孙相继为王也哉⑤!"太后曰:"然。"左师公曰:"今三世以前,至于赵之为赵,赵主之子孙侯者,其继有在者乎⑥?"曰:"无有。"曰:"微独赵,诸侯有在者乎⑦?"曰:"老妇不闻也⑧。""此其近者祸及身,远者及其子孙⑨,岂人主之子孙则必不善哉⑩?位尊而无功,奉厚而无劳,而挟重器多也⑪。今媪尊长安君之位,而封之以膏腴之地⑫,多予之重器,而不及今令有功于国,一旦山陵崩,长安君何以自托于赵⑬?老臣以媪为长安君计短也⑭,故以为其爱不若燕后⑮。"太后曰:"诺,恣君之所使之⑯。"于是为长安君约车百乘,质于齐,齐兵乃出⑰。

①计:考虑,打算。

②持其踵(zhǒng):握着她的脚后跟。这是写送别燕后的情景。燕后上车后,赵太后在车下握着她的脚后跟,舍不得她离去。一说古代车辕的尾端称"踵"。为之泣:为她(远嫁)而掉眼泪。念悲其远:惦念并伤心她嫁到远方去。哀之:哀怜她。

③祝之:为她祷告。

④必勿使反:一定不要让她被送回来。古代诸侯的女儿远嫁到别国,只有被

废或亡国才能回到母家,所以赵太后怕女儿回来。反:即"返"。

⑤岂:副词,表示反问,难道。子孙:指燕后的子子孙孙。

⑥三世以前:指赵肃侯时。三世:三代。父子相继为一代。"三世"指武灵王、惠文王和孝成王。赵之为赵:赵氏成为赵国,即赵氏立国的时候(赵烈侯时)。赵主:赵国君主,指称王称侯的。侯者:封侯的人。侯:用做动词,封侯。其:指那些被封侯的人。继:用做名词,继承侯位的人。在者:指保持祖父或父的领地或爵位的人。

⑦微独:不仅,不只是。微:副词,不;独:副词,仅,只。诸侯有在者乎:这句是"诸侯之子孙侯者,其继有在者乎"的省略。"诸侯"指赵国以外的各国侯王。

⑧不闻:没有听说。

⑨此:指示代词,指代上述的情况,有"这说明"的意思。"此"字之前省略"曰"。其:指赵主和诸侯之子孙侯者。近者:距离祸患近一点的。远者:距离祸患远一点的。祸:祸患,指丧失爵位、领地。

⑩人主:指赵国和各国的侯王。

⑪奉:俸禄。奉:即"俸"。挟(xié):挟持,拥有。重器:古代把宗庙、朝廷中的钟鼎等礼器作为国家权力的象征,叫重器,这里泛指宝贵的器物。

⑫尊:使动用法,使……尊贵,即提高,抬高。膏腴(yú):肥沃。

⑬及:介词,趁着。令:让,下省略宾语"长安君"。山陵崩:比喻国君死亡,这是古代对国君、王后死去的避讳说法。这里指赵太后去世。何以:凭什么,依靠什么。自托于赵:在赵国托身,即在赵国站住脚的意思。

⑭以:以为。短:短浅。

⑮其:代词,这里活用为第二人称,您。

⑯恣(zì):任凭,随便。所使之:支使他的方式。全句的意思是,随便你怎么支使他。

⑰约车:套车,准备车。乘(shèng):四马一车为一乘。质:用作动词,抵押。

译文

触龙劝说赵太后

赵威后刚刚当权,秦国急忙攻打赵国。赵国向齐国求救。齐国说:"一定要用长安君做人质,齐国才出兵。"赵太后不答应,文武大臣们竭力劝谏。赵太后公开对周围的人说:"有谁再说要让长安君做抵押品,我老太太一定朝他脸上吐唾沫!"

左师官触龙说:希望拜见太后。太后非常生气地等待着他。触龙小步跑进王宫,一到就自己谢罪说:"臣的脚有病,实在不能大步跑,很久不见您了,担心您贵体欠安,所以我私下原谅自己,希望见太后一下。"太后说:"老太太我已靠车子行走了。"触龙说:"每天吃喝该不会减少吧?"太后说:"靠吃粥了。"触龙说:"老臣我近来很不想吃东西,我就自己勉强走路,每天走三至四里,就稍微渐渐地爱吃东西了,身体逐渐舒适了。"太后说:"我不能勉强(走路)。"太后的脸色变得稍微和气了。

左师公说:"老臣我有个叫舒祺的孩子,年纪最小,不成材,然而我已衰老,我内心很疼爱他,希望能让他当一个普通的卫士,以便保卫王宫。我冒昧而犯死罪地(说出来),使您听到这件事!"太后说:"好!多大年纪了?"触龙很恭敬地回答说:"十五岁了。虽然还小,我希望趁我还没有去世把他拜托给您。"太后说:"男子汉也疼爱自己的小儿子吗?"触龙很恭敬地回答说:"比妇人还厉害。"太后笑着说:"还是妇人特别爱小儿子。"触龙很恭敬地回答说:"我私下认为您爱燕后胜过爱长安君。"太后说:"您错了,(我爱燕后)不如爱长安君厉害。"

左师公说:"父母疼爱儿子就是要替他考虑长远。您送燕后走时,握着她的脚后跟为她(远嫁)而流泪,惦念她并且悲痛她要嫁到远方去,实在够哀怜她了。可是当她已经走后,您不是不想念她,但祭祀时您总是为她祝愿,祝愿说:'一定不要回来。'这难道不是作长远考虑,让她有子孙在燕国永远相继当王吗?"太后说:"是这样。"左师公说:"现在赵国三代以前,一直上推到赵氏成为赵国,赵君的子孙封为侯的,他们的继承者现在还有存在的吗?"太后说:"没有。"触龙说:"不仅赵国,其他诸侯的子孙封侯的现在还有继承者存在吗?"太后说:"我老太太没有听说过。"触龙说:"这样看来,人主的子孙封侯的,离灾祸近的,灾祸就落在他们自己头上,他们本身(失去侯爵);离灾祸远的,灾祸就落在他们子孙头上,即他们的子孙(失去侯爵),难道国君的子孙就一定都是不好的吗?不是的,是因为他们处的地位很尊贵,然而没有功绩。待遇很优厚,然而没有功劳,而且还拥有很多象征国家大权的重器(掌握着国家的大权)。现在您使长安君也处在尊贵的地位,而且把肥沃的土地封给他,还给他很多重器,然而没有趁现在使长安君对国家作出贡献,一旦您仙逝了,长安君凭什么自己在赵国站住脚呢?我认为您替长安君考虑得太短浅了,所以我认为您爱长安君不如爱燕后深。"太后说:"好吧,那就随便您怎么去指使他吧!"于是,触龙就替长安君套好一百辆车,给长安君到齐国去作人质,齐国的军队才开了出来。

附赵氏立国表

一、赵襄子(-457年始有赵氏大夫家)
二、赵桓子(-424年)
三、赵献子(-423年)
四、赵烈侯(原为晋国的赵大夫,-408年开始立国)
五、赵武公(-403年)
六、赵敬侯(-386年)
七、赵成侯(-374年)
八、赵肃侯(-349年)
九、赵武灵王(-325年)
十、赵惠文王(-298年)
十一、赵孝成王(-265年)(因成王年幼,赵太后代政)
十二、悼襄王(-244年)
十三、赵王迁(-235年)
十四、代王嘉(-227年)-222年秦灭赵

谏逐客书　　(李　斯)

李斯(公元前?—前208年),楚国上蔡(今河南省上蔡县)人。曾"从荀卿学帝王之术",与韩非同学。秦王政元年(公元前246年)入秦,为秦相吕不韦舍人,后游说秦王。他分析了当时的形势,认为秦"足以灭诸侯,成帝业,为天下统一",建议秦王抓住时机,完成统一的大业。秦王任命他为长史、客卿。在秦始皇统

一全国的过程中，李斯为其谋划，作出了不少的贡献。秦统一全国后，李斯任丞相。当时秦始皇所推行的一些政治措施，如焚诗书，销兵器，车同轨，书同文等，多为李斯的建议。秦二世时，他遭到赵高的陷害，腰斩于咸阳，夷三族。

〔说明〕　本文选自《史记·李斯列传》，题目是后加的。秦王政初年，韩国慑于秦国的强大，派了一个名叫郑国的水工到秦国帮助修渠，希望以此来牵制秦国的人力物力，减轻对自己的威胁。韩国的企图不久被秦国发觉。于是秦国的宗室大臣出于维护自己权势的目的，就借机劝秦王驱逐一切外国在秦做官的人。秦王接受了他们的意见，下令逐客，李斯也在被逐之列。这样，李斯就给秦王写了这封信。秦王读了信以后，取消逐客令，并恢复了李斯的官职。

在这篇文章中，李斯首先回顾历史，用大量的事实说明：秦国之所以能日益强盛，正是由于招纳四方贤士，重用客卿。接着又指出，秦王所享用的奇物异宝、音乐美女，大都是来自天下各国，而在用人方面却"不问可否，不论曲直，非秦者去，为客者逐"，这种重视"色乐珠玉"，而轻视人才的做法，不是"跨海内、制诸侯之术"。然后又进一步指出，作为王者应"不却众庶"，如果排斥客卿，就是帮助了敌国而削弱了自己，实际上就是"借寇兵而赍盗粮"，这样不仅不能成就王业，而且"求国无危，不可得也"。文章以"臣闻吏议逐客，窃以为过矣"为中心而展开论述，结构完整，层次清楚，论述透辟。在语言运用上，讲究对偶排比，增强了艺术效果。

　　臣闻吏议逐客①，窃以为过矣②。昔缪公求士③，西取由余于戎④，东得百里奚于宛⑤，迎蹇叔于宋⑥，来丕豹、公孙支于晋⑦。此五子者，不产于秦⑧，而缪公用之，并国二十⑨，遂霸西戎。孝公用商鞅之法⑩，移风易俗，民以殷盛⑪，国以富强⑫，百姓乐用⑬，诸侯亲服⑭，获楚魏之师⑮，举地千里⑯，至今治疆⑰。惠王用张仪之计⑱，拔三川之地⑲，西并巴蜀⑳，北收上郡㉑，南取汉中㉒，包九夷㉓，制鄢郢㉔，东据成皋之险㉕，割膏腴之壤㉖，遂散六国之从㉗，使之西面事秦㉘，功施到今㉙。昭王得范雎㉚，废穰侯㉛，逐华阳㉜，疆公室㉝，杜私门㉞，蚕食诸侯，使秦成帝业。此四君者㉟，皆以客之功㊱。由此观之，客何负于秦哉㊲！向使四君却客而不内㊳，疏士而不用㊴，是使国无富利之实㊵，而秦无疆大之名也。

①吏：官吏，这里指宗室大臣。议：建议。客：客卿，即其他诸侯国的志士在本国做官的人。

②窃：私自，谦词。向上级或尊长表达自己的意见时常常用它。过：错误。

③缪（mù）公：秦缪公，名任好，公元前659—前621年在位，春秋五霸之一。秦国的强盛，自缪公始。"缪公"通常写作"穆公"。士：指贤能的人。

④由余：本为晋国人，曾在西戎任职，后投降秦国。《史记·秦本纪》："秦用由余谋，伐戎王，益国二十，开地千里，遂霸西戎。"戎：古代对西方少数民族的称呼。

⑤百里奚：楚国宛（yuān）（今河南南阳县）人。曾为虞国大夫，虞亡后，曾沦为奴隶，秦缪公用五张羊皮把他赎来，任为大夫。

⑥蹇（jiǎn）叔：歧（今陕西岐山东北）人，经百里奚的推荐，秦缪公聘为上大夫。蹇叔曾游于宋国，所以这里说"迎蹇叔于宋"。

⑦来：使动用法，使……来。丕豹：晋大夫丕郑之子，因其父被杀，逃到秦国。公孙支：岐人，曾游晋，后归秦，为秦大夫。

⑧产：生。

⑨并：兼并。国：指西戎的部落。

⑩孝公：秦孝公，公元前361—前338年在位，曾任用商鞅变法。商鞅：姓公孙，名鞅，卫国人，所以又称公孙鞅或卫鞅。他帮助秦孝公变法有功，封为商君，称为商鞅。

⑪以：表示原因的介词，其后省略宾语"之"字，可译为"因之"、"因而"。下句的"以"字同此。殷盛：富裕。"殷"、"盛"两字同义。

⑫疆：同"强"。

⑬乐用：乐于为之用力。

⑭亲：亲附。服：服从。

⑮获楚魏之师：秦孝公二十二年（公元前340年）商鞅大败魏军，虏魏公子卬（áng）。同年，秦又南侵楚。获：俘获，这里是战胜的意思。

⑯举：攻占。

⑰治疆：太平强盛。

⑱惠王：秦惠文王，名驷，公元前 337—前 311 年在位。张仪：魏国人，曾为秦相。他用"连横"的策略破坏其他诸侯国之间的联盟，使秦能各个击破，对秦的兼并战争起了重要的作用。

⑲拔：攻取。三川之地：指今河南洛阳一带，当时为周王室的所在地。三川：黄河、洛水、伊水。

⑳并：兼并。巴蜀：两个古国名，在今四川境内。

㉑上郡：魏国郡名，在今陕西榆林一带。秦惠王十年，魏纳上郡十五县于秦。

㉒汉中：楚地，在今陕西汉中一带。张仪曾破坏齐楚联盟，取楚汉中之地。

㉓包：吞并。九夷：泛指散居在楚国境内的少数民族。九：表示数量多，并非实数。

㉔制：控制。鄢（yān）：地名，在今湖北宜城县。郢（yǐng）：地名，在今湖北江陵县。鄢、郢先后为楚国的国都。

㉕成皋（gāo）：地名，在今河南荥阳县境，地势险要，为军事重地。

㉖膏腴之壤：肥沃的土地。

㉗从（zòng）：即"纵"，合纵，指六国联合抗秦的联盟。

㉘西面：向西。事：事奉。

㉙施（yì）：延续。

㉚昭王：秦昭王，名则，公元前 306—前 251 年在位。范雎（jū）：魏国人，后入秦为相，封于应，号应侯。

㉛穰（ráng）侯：即魏冉（rǎn），秦昭王母宣太后的弟弟，曾任秦相，封于穰，故称穰侯。

㉜华阳：即华阳君，名芈（mǐ）戎，也是宣太后的弟弟，华阳君是他的封号。穰侯、华阳君专权跋扈，范雎劝说秦昭王驱逐了他们。

㉝公室：王室。

㉞杜：杜绝。私门：指贵族的家族势力。

㉟四君：即上文所说的缪公、孝公、惠王、昭王。

㊱以客之功：凭借着客卿的功业。

㊲何负于秦：什么地方辜负了秦国。

㊳向使：从前如果。却：拒绝。内：即"纳"，接纳。

㊴疏：疏远。

㊵是：此，这。实：实际，同下文的"名"相对。

今陛下致昆山之玉①，有随和之宝②，垂明月之珠③，服太阿之剑④,乘纤离之马⑤,建翠凤之旗⑥,树灵鼍之鼓⑦,此数宝者,秦不生一焉,而陛下说之⑧,何也?必为秦国之所生然后可,则是夜光之璧不饰朝廷,犀象之器不为玩好⑨,郑卫之女不充后宫⑩,而骏马駃騠不实外厩⑪,江南金锡不为用,西蜀丹青不为采⑫。所以饰后宫、充下陈、娱心意、说耳目者⑬,必出于秦然后可,则是宛珠之簪⑭,傅玑之珥⑮,阿缟之衣⑯,锦绣之饰不进于前,而随俗雅化佳冶窈窕赵女不立于侧也⑰。夫击瓮叩缶⑱,弹筝搏髀而歌呼呜呜快耳者⑲,真秦之声也;郑卫桑间⑳,韶虞武象者㉑,异国之乐也。今弃击瓮叩缶而就郑卫,退弹筝而取韶虞,若是者何也?快意当前,适观而已矣㉒。今取人则不然,不问可否,不论曲直,非秦者去,为客者逐,然则所重者在乎色乐珠玉㉓,而所轻者在乎人民也。此非所以跨海内、制诸侯之术也㉔。

①陛下:臣对君的尊称。致:得到。昆山:传说中产玉之山。

②随和:随侯珠、和氏璧。

③垂:垂挂。明月之珠:如明月般大而亮的宝珠。

④服:佩带。太阿(ē):宝剑名,相传为春秋时欧冶子、干将所铸。

⑤纤离:古骏马名。

⑥建:竖。翠凤之旗:用翠凤的羽毛装饰的旗。

⑦树:置,设置。灵鼍(tuó)之鼓:用鼍皮做的鼓。鼍是鳄鱼一类的动物,古代把鼍视为神物,故称"灵鼍"。

⑧说:即"悦"。

⑨犀象之器:用犀牛角、象牙制作的器物。玩好:指供人欣赏的东西。

⑩郑卫之女:郑国卫国的女子。郑卫之女多能歌善舞。充:充实,充满。后宫:宫女居住的地方。

⑪駃騠(juétí):骏马名。实:充实。厩(jiù):养马的棚。

⑫丹青:丹砂、青䕭(huò),是两种可作颜料的矿物。采:彩绘。

⑬所以……者:用来……的(人或物)。下陈:堂下,侍妾站立歌舞之处。

⑭宛珠之簪:镶嵌着宛珠的头簪。宛珠:宛地出产的明珠。

⑮傅玑之珥(ěr):镶嵌着玑珠的耳环。傅:附。玑:不圆的珠子。珥:耳环。

⑯阿缟(ēgǎo):东阿出产的丝织品。阿:地名,在今山东阳谷县东北,旧属齐地。

⑰随俗雅化:追随时俗变得高雅。佳冶(yě):美丽。窈窕(yǎotiáo):

连绵词，也是美丽的意思。赵女：赵国的女子，古认为赵国多美女。侧：身边。

⑱瓮（wèng）：乐器，似陶缸。缶（fóu）：乐器，似瓦罐。

⑲筝：弦乐器。搏：拍。髀（bì）：大腿。歌呼呜呜：呜呜地唱着。呜呜：象声词，表示秦人唱歌的声音。杨恽《报孙会宗书》："家本秦也，能为秦声……酒后耳热，仰天抚缶而呼呜呜。"呜：古读鱼部 [a]。

⑳郑卫：指郑卫之音，即郑国卫国的民歌。桑间：指桑间之音，即流行在桑间（卫国地名，在今河南濮阳一带）的音乐。因桑间在濮水之上，所以又称"桑间濮上之音"。

㉑韶虞：指箫韶，相传是虞舜时的音乐。武象：周时的歌舞。

㉒适观：适于观听，即看起来听起来舒服。观，兼"听"而言。

㉓然则：那么这就是。在乎：在于。

㉔所以：用来……，表示凭借的方法。跨：占据。术：方法。

臣闻地广者粟多，国大者人众，兵疆则士勇。是以太山不让土壤①，故能成其大；河海不择细流②，故能就其深③；王者不却众庶④，故能明其德⑤。是以地无四方⑥，民无异国，四时充美⑦，鬼神降福，此五帝三王之所以无敌也⑧。今乃弃黔首以资敌国⑨，却宾客以业诸侯⑩，使天下之士退而不敢西向，裹足不入秦，此所谓借寇兵而赍盗粮者也⑪。

①让：辞让，拒绝。

②择：区别。

③就：成就。

④却：推辞，排斥。众庶：百姓。

⑤明其德：使其德明，即显示他的德望。明：形容词的使动用法。

⑥地无四方：土地不分东西南北。

⑦四时充美：一年四季都很完美。充：完满。

⑧五帝：黄帝、颛顼、帝喾（kù）、尧、舜（据《史记》）。三王：夏禹、商汤、周文王。

⑨乃：竟然，却。黔首：秦对百姓的称呼。资：资助。

⑩业诸侯：使诸侯成就功业。业：名词的使动用法。

⑪借寇兵而赍（jī）盗粮：借给敌寇武器，送给盗贼粮食。兵：武器。赍：以物送人。

夫物不产于秦，可宝者多；士不产于秦，而愿忠者众。今逐客以资敌国，损民以益雠①，内自虚而外树怨于诸侯②，求国无危，不可得也。

　　①损民以益雠：减少自己的人而增加仇敌的人，与上文所说的"弃黔首以资敌国"义同。损：减少。益：增加。雠：同"仇"。
　　②内自虚：在国内使自己虚弱。外树怨于诸侯：指逐客使之为诸侯服务，从而与各个诸侯结下了怨仇。

译文
请求解除驱逐客卿的信

　　我听说秦国的官吏建议驱逐客卿，我个人认为错了。从前秦穆公寻求有才能的人，在西边从西戎获得了由余，在东边从楚国宛地换得了百里奚，从宋国迎来了蹇叔，从晋国迎来了丕豹、公孙支。这五个人都不是秦国出生的，然而秦穆公起用了他们，吞并了二十个国家，于是在西戎称霸。秦孝公采用了（卫国）商鞅的法治，改变了秦国的不良风俗，百姓因此就兴旺，国家因此就富强，贵族乐于被国君使用，诸侯也亲近并臣服秦国，战斗中俘获了楚国和魏国的军队，占领了上千里的地方，到现在还太平强盛。秦惠王采用了（魏国）张仪的计策，攻取了黄河、洛水和伊水一带的地方；西南边吞并了巴国和蜀国；北边收得了上郡（魏国的十五个县）；南边取得了汉中，统治着东南面的许多部族，控制了全楚国；东边占据了险要的成皋，割取了肥沃的土地，于是打散了六国的合纵联盟，使六国向西来侍奉秦国，这种功绩一直延续到现在。秦昭王得到了魏国的范雎，废除了穰侯，驱逐了华阳君，使秦昭王王室的势力增强了，杜绝了贵族势力，于是开始对其他诸侯国进行蚕食，使秦国完成了称帝的大业。这四位国君都是凭借客卿的功劳呀。由这样看来，客卿有什么对不起秦国的呢？过去假使这四位国君拒绝客卿而不容纳他们，疏远有才能的人而不重用他们，这就会使秦国没有富利的现实，而且秦国也不会有强大的名声。

　　现在您得有昆仑山产的玉石，有随侯珠、和氏璧之类的宝物，身上垂挂有大而亮的明珠，佩带太阿宝剑，乘坐纤离骏马，竖立翠凤的旗帜，设有灵鼍皮蒙的鼓，这几种宝物，没有一种是秦国生产的，然而您喜欢它们，是为什么呢？（如果）一定要是秦国生产的然后才可以使用，那么这些夜光的璧玉就不能装饰您的朝廷，用犀牛角和象牙雕的器具就不能是您玩耍的喜爱之物，郑国和卫国的美女就不能充满您的后宫，而驵骕骏马不能充实您的马棚，江南的金锡不应被使用，西蜀的丹砂和青䨼不能被您用作彩饰。如果您用来装饰后宫、充实舞厅、让心意快乐，使耳目舒服的东西，一定要是秦国出产的然后才能使用，那么那些用宛珠镶嵌的簪子、附着方珠子的耳环、齐国东阿出产的白绸衣、织锦绣花的装饰品，都不能进贡到您的面前，而且那些随着风俗不断打扮自己美化自己的赵女，也不能站立在您的身旁。凡是打坛敲罐、弹筝拍腿，而呜呜呼唱来使耳朵欢快的，是真正的秦音；郑国和卫国的桑间音乐、舜时的箫韶音乐和周武王时的武曲象舞，都是异国的音乐舞蹈。现在您放弃打坛敲罐而采用郑卫的音乐，退掉弹筝拍腿而取用虞舜的音乐和周武王的歌舞，像这样是什么原因呢？难道不是让眼前看起来痛快，听起来舒服罢了。现在您取用人却不是这样，不问可不可以用，也不论对与不对，只要不是秦国的人一律离开，作客的人一律驱逐。这样就是重视色乐珠玉，而轻视人民。这不是用来占据全国、制服诸侯的方法呀。

我听说土地宽广的粮食就多，国家大的人口就多，武器优越士兵就勇敢。因此泰山不拒绝土壤，所以它能成为大山；河海不放弃细流，所以它能成为深水；当王的人不退却百姓，所以能够使他的德行昭著。因此，土地没有四方的区分，人民没有本国别国的分别，春夏秋冬一年四季王治理的土地上都富足丰盛，充满丰收的景象，鬼神也都来给王降福，这就是五帝三王在天下没有劲敌的原因。现在您是抛弃百姓，用百姓去帮助敌国，退却客卿，用客卿去使诸侯成就霸业，使天下有才的人，退却而不敢向西，裹足不敢来秦，这就是所谓借武器给敌寇，送粮食给强盗的作法呀。

凡物不出产在秦国但值得重视的很多，文武人才不是出生在秦国的，而愿意效忠秦国的也很多。现在您驱逐客卿，用客卿去帮助敌国，减少百姓而使仇敌增加，对内使自己虚弱，而对外在诸侯中树立怨仇，这样要使国家不遭受危险是不可能的。

附秦君年表

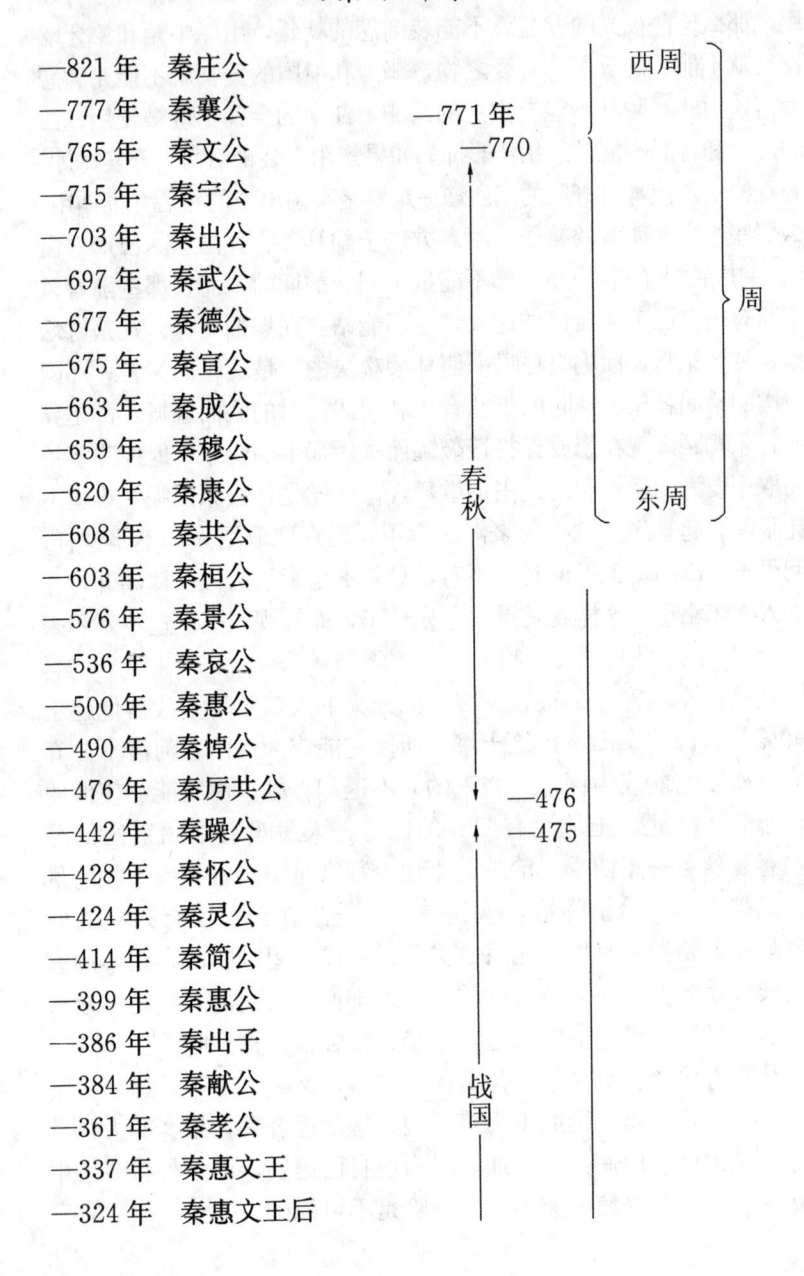

—821年	秦庄公	
—777年	秦襄公	—771年
—765年	秦文公	—770
—715年	秦宁公	
—703年	秦出公	
—697年	秦武公	
—677年	秦德公	
—675年	秦宣公	
—663年	秦成公	
—659年	秦穆公	
—620年	秦康公	
—608年	秦共公	
—603年	秦桓公	
—576年	秦景公	
—536年	秦哀公	
—500年	秦惠公	
—490年	秦悼公	
—476年	秦厉共公	—476
—442年	秦躁公	—475
—428年	秦怀公	
—424年	秦灵公	
—414年	秦简公	
—399年	秦惠公	
—386年	秦出子	
—384年	秦献公	
—361年	秦孝公	
—337年	秦惠文王	
—324年	秦惠文王后	

西周 ⎫
⎬ 周
东周 ⎭

春秋

战国

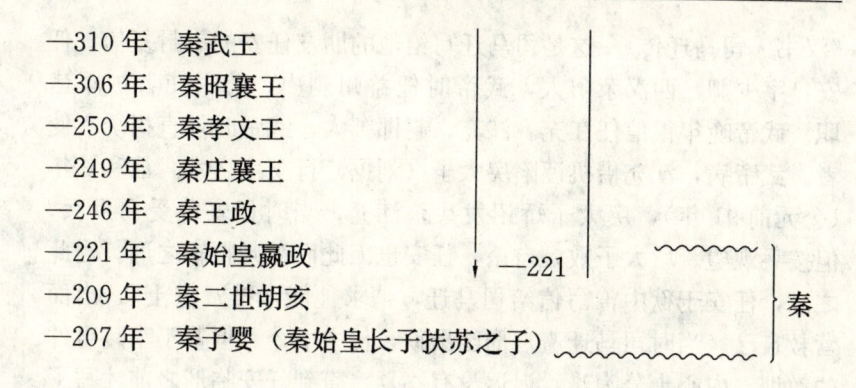

—310年　秦武王
—306年　秦昭襄王
—250年　秦孝文王
—249年　秦庄襄王
—246年　秦王政
—221年　秦始皇嬴政　　　↓—221
—209年　秦二世胡亥　　　　　　　　　　　｝秦
—207年　秦子婴（秦始皇长子扶苏之子）

诸侯并吞表

—487　宋灭曹　　　　—479　楚灭陈
—473　越灭吴　　　　—447　楚灭蔡
—403　魏、韩、赵三家分晋　—379　田氏并齐
—375　韩灭郑　　　　—355　楚灭越
—286　齐灭宋　　　　—256　秦灭周
—249　楚灭鲁　　　　—230　秦灭韩
—225　秦灭魏　　　　—223　秦灭楚
—222　秦灭赵、燕　　—221　秦灭齐(统一全国)

报任安书　　（司马迁）

　　司马迁——（公元前145年—公元前90年）字子长，我国西汉伟大的史学家、文学家，所著《史记》是中国第一部纪传体通史，十岁随父亲至京师长安，得向老博士伏生，大儒孔安国学习，家学渊源既深，复从名师受业，大约二十岁外出游历，三十八岁做太史令，前99年因替李陵说了几句解释的话，触怒了汉武帝，处以宫刑，他忍辱负重，苟且偷生，终于完成《史记》。

　　[说明]　　本文选自《文选》卷四十一。在注释中，也参考了

《汉书·司马迁传》。这是司马迁写给他的朋友任安的一封复信。任安,字少卿,西汉荥阳人,武帝时任益州刺史、北军使者护军诸职。武帝晚年很信任江充。江充,赵邯郸人,武帝时任直指绣衣使者。武帝病,江充借机诬陷戾太子(刘据)行巫蛊之术。征和二年(公元前91年),戾太子矫诏发兵杀江充,当时任安曾受命发兵,但按兵观望。后太子败,自杀,任安也因此而被判腰斩之刑。当此之际,任安于狱中曾写信给司马迁,请求他能"推贤进士",出面营救自己。当时司马迁遭宫刑已出狱,任中书令。但鉴于李陵事件的教训,内心十分为难,迟迟没有答复。直到任安临刑之前才写了这封复信。司马迁在这封信中,首先说明了自己是个"刑余之人","如今朝廷虽乏人,奈何令刀锯之余,荐天下之豪杰哉",表示了自己不能"推贤进士"的苦衷;其次,他满腔悲愤地叙述了自己为李陵事件而获罪受刑的经过,最后说明了他"所以隐忍苟活,幽于粪土之中而不辞"的原因。

这封书信写得十分感人,具有极大的艺术力量。

太史公牛马走司马迁再拜言①。少卿足下②:曩者辱赐书③,教以慎于接物④,推贤进士为务⑤。意气勤勤恳恳⑥,若望仆不相师⑦,而用流俗人之言⑧。仆非敢如此也。仆虽罢驽⑨,亦尝侧闻长者之遗风矣⑩。顾自以为身残处秽⑪,动而见尤⑫,欲益反损⑬,是以独郁悒而谁与语⑭?谚曰:"谁为为之⑮?孰令听之⑯?"盖锺子期死,伯牙终身不复鼓琴⑰。何则⑱?士为知己者用⑲,女为说己者容⑳。若仆大质已亏缺矣㉑,虽才怀随和㉒,行若由夷㉓,终不可以为荣,适足以见笑而自点耳㉔。书辞宜答⑧,会东从上来㉖,又迫贱事㉗,相见日浅㉘,卒卒无须臾之闲㉙,得竭指意㉚。今少卿抱不测之罪㉛,涉旬月㉜,迫季冬㉝,仆又薄从上雍㉞,恐卒然不可为讳㉟,是仆终已不得舒愤懑以晓左右㊱,则长逝者魂魄私恨无穷㊲。请略陈固陋㊳,阙然久不报㊴,幸勿为过㊵。

①太史公:官名,即太史令。司马迁的父亲司马谈死后,司马迁继为太史令。写这封信的时候,当时司马迁已出狱,任中书令。牛马走:像牛马一样被驱使的仆人,此为自谦之词。走:仆隶,走卒。

②足下：书信中对对方的尊称。
③曩（nǎng）：从前，过去。辱赐书：这句是说你给我写信，使你受到屈辱。
④慎：谨慎。接物：待人接物。"慎"，《文选》作"顺"，今从《汉书》。
⑤推贤进士：推荐贤士。务：事。连上句，这是说您教导我应把谨慎地待人接物和推荐贤士作为自己应做的事。
⑥意气：情意。勤勤恳恳：诚挚、恳切。"勤"：古作"懃"。
⑦若：如，好像。望：怨。仆：我，谦称。相师：等于说师相，效法你，听你的话。相：代词，这里没有"互相"的意思，指代第二人称"你"。
⑧流俗：庸夫俗人。连上句，这是说您来信好像责备我没有听从你的教诲，而采用庸夫俗人之言。
⑨罢驽：才能低下。罢：通"疲"，无能。驽：劣马，这里指才能低下。
⑩尝：曾。侧闻：在一旁听说。长者：年长有德之人。遗风：传留下来的风范、美德。
⑪顾：只是。身残处秽：身遭宫刑，处于可耻的地位。秽：污秽。
⑫动而见尤：动不动就被指责。见尤：被指责。尤：过错，这里用作动词，是"指责"的意思。
⑬欲益反损：本想对朝廷有所补益，结果反倒招来损失。益：加。损：减。
⑭郁悒（yì）：忧愁苦闷。谁与语：和谁诉说。"谁与语"，《文选》李善本作"与谁语"，《汉书》作"无谁语"，今从《文选》五臣本。
⑮谁为（wèi）：为谁。为（wéi）之：指做推贤进士之事。
⑯孰令：使谁。听之：指听司马迁的陈词。连上句，这是说即使我有推贤进士之心，但是朝中无知己，我又为谁来推荐，又让谁来倾听我的陈词呢？
⑰钟子期、伯牙：两人都是春秋时楚国人。伯牙善弹琴，而钟子期是最能领会他的琴音的人。后钟子期死，伯牙破琴绝弦，终生不复鼓琴，以为世无知音者。
⑱何则：为什么呢？则：作。
⑲用：效力。
⑳说（yuè）：今作"悦"，喜爱。容：打扮、修饰。
㉑若：至于。大质：指身体。亏缺：受损，指遭宫刑一事。
㉒虽：虽然。才怀随和：指怀有珠玉之才。随：随侯珠。相传春秋时，随侯曾救活一条大蛇，后这条大蛇衔来一颗明珠以答谢随侯的救命之恩。和：和氏璧。楚国卞和得一块璞玉，献给楚王，后加工成宝玉。随侯珠，和氏璧，春秋时视为至宝，这里比喻一个人的卓越才干。
㉓行若由夷：品行如同许由、伯夷。许由、伯夷在古代被认为是品德高

洁的人。许由，相传帝尧把天下让给他，不受。伯夷，古代孤竹国君之子，他和弟弟叔齐互相推让，谁也不肯继任君位。武王伐纣，兄弟二人叩马行谏，后不食周粟，饿死在首阳山。

㉔适：恰，正。见笑：被人耻笑。自点：自取受辱。点：黑点，这里用作动词，是玷污的意思。

㉕书辞：这里就是指任安的来信。宜答：本应及早答复。宜：应当。

㉖会：正遇上。东：往东。从：跟从。来：回来，指回长安。征和二年（公元前91年）七月，戾太子举兵后，汉武帝自甘泉宫（在今陕西淳化县西北）回到长安。"会东从上来"，当指此事。

㉗又迫贱事：等于说又为贱事所迫。"迫"下当省一"于"字。贱事：卑贱之事，谦词，即指私人的一些琐事。

㉘日浅：日短。

㉙卒卒：即"猝猝"，仓猝急迫的样子。须臾（yú）：片刻。

㉚竭：尽。指意：心意。指：通"旨"。

㉛不测之罪：指被判腰斩。不测：言其深。

㉜涉旬月：过一个月。涉：过。旬：满。

㉝迫：迫近，临近。季冬：十二月。

㉞薄：通"迫"，临近。雍：地名，在今陕西凤翔县南，那里筑有祭五帝的祭坛。这句是说当时又接近了跟从武帝去雍地祭祀的日子。"雍"前省略一动词"至"字。

㉟卒然：猝然，突然。不可为讳：《汉书》是"不可讳"。不可讳忌，这是指任安将被处死的委婉说法。

㊱是：等于说"于是"。终已：终于。愤懑（mèn）：郁闷不平之情。晓：使……知晓，使动用法。左右：指任安的左右之人，实指任安。古代不直称对方，而称对方左右之人，以示尊敬。

㊲长逝者：死者，这里指任安。私恨无穷：私下里的遗憾无穷。恨：憾。

㊳陈：陈述。固陋：固塞鄙陋之见。

㊴阙（quē）然：指时间隔了很久。报：答复。

㊵幸勿为过：希望不要责备我。幸：希望。为：被。过：责备。此句《汉书》作"幸勿过"。

仆闻之：脩身者，智之符也①；爱施者，仁之端也②；取与者，义之表也③；耻辱者，勇之决也④；立名者，行之极也⑤。士有此五者，然后可以托于世⑥，而列于君子之林矣。故祸莫憯于欲利⑦，悲莫痛于伤心⑧，行莫丑于辱先⑨，诟莫大于宫刑⑩。刑余之人⑪，无所比数⑫,非一世也⑬,所从来远矣⑭。昔卫灵公与雍渠同载,孔子适陈⑮;商鞅因景监见,赵良寒心⑯;同子参乘,袁丝变色⑰,自古而耻之。夫以中才之人⑱,事有关于宦竖⑲,莫不伤气⑳,而况于慷慨之士乎㉑?如今朝廷虽乏人,奈何令刀锯之余㉒,荐天下之豪杰哉?仆赖先人绪业㉓,得待罪辇毂下㉔,二十余年矣。所以自惟㉕,上之不能纳忠效信㉖,有奇策才力之誉㉗,自结明主㉘;次之又不能拾遗补阙㉙,招贤进能,显岩穴之士㉚;外之又不能备行伍㉛,攻城野战,有斩将搴旗之功㉜;下之不能积日累劳㉝,取尊官厚禄,以为宗族交游光宠㉞。四者无一遂㉟,苟合取容㊱,无所短长之效㊲,可见于此矣㊳。向者㊴,仆常厕下大夫之列㊵,陪外廷末议㊶,不以此时引纲维㊷,尽思虑㊸,今已亏形为扫除之隶㊹,在阘茸之中㊺,乃欲仰首伸眉,论列是非,不亦轻朝廷,羞当世之士邪?嗟乎!嗟乎!如仆尚何言哉㊻!尚何言哉!

① 脩身:修养自身。脩:通"修"。符:信,凭证。此句"符",《汉书》作"府"。

② 爱施:喜欢施舍财物。端:开端,起点。

③ 取与:取舍。与:给予。表:标志,《汉书》作"符"。

④ 耻辱:以受辱为耻。耻:意动用法。决:决断,这里引申指判断事物的标准。

⑤ 立名:树立名节。行:道德品行。极:终,这里指品德修养要达到的最终目标。

⑥ 五者:指"智"、"仁"、"义"、"勇"、"行"。托:寄托,等于说"立身"。

⑦ 憯(cǎn):同"惨"。欲利:贪求财利。

⑧ 伤心:使心灵受到创伤。伤:使动用法。

⑨ 辱先:使祖先受到侮辱。辱:使动用法。

⑩ 诟(gòu):耻辱。

⑪ 刑余之人:在受刑之后得到余生的人。

⑫ 无所比数(shǔ):没有和人相提并论的理由。比:并,并列。数:计算。

⑬ 非一世:不只是一个时代如此。

⑭ 所从来远矣:由来已久了。

⑮ "昔卫灵公"二句:这两句是说从前卫灵公和夫人同车出游,让宦者雍渠作陪乘,而让孔子作次乘。孔子感到耻辱,于是离开了卫国,到

陈国去了。事见《史记·孔子世家》。适陈：到陈国去。
⑯ "商鞅"二句：这两句是说商鞅靠着秦孝公的宠信宦官景监的引见才被重用的，而当时秦国的贤者赵良认为这种做法不当，曾经劝阻，但孝公不从，赵良于此感到心灰意冷。寒心：使心变得寒冷。寒：使动用法。
⑰ "同子"二句：这两句是说汉文帝的宠爱的宦官赵谈陪文帝同车出游，中郎将袁丝见到这种情况，就改变脸色，伏车谏阻。同子，《史记·袁盎列传》作"赵同"，即指赵谈。司马迁父名司马谈，为避父讳，所以改称赵同，尊称为"同子"。参乘：陪坐车的右边。古代乘车，御者居中，尊者居左，陪乘者居右。袁丝：名盎，字丝，文帝时任中郎将。变色：面色改变。
⑱ 中才之人：才能一般的人。
⑲ 事有关于宦竖：有了与宦官牵连的事。竖：宫廷供使役的小臣。宦竖：即指宦官。
⑳ 伤气：使情绪、心理受到挫伤。伤：使动用法。
㉑ 慷慨之士：意气激昂，秉持正义的人。
㉒ 刀锯之余：在刀锯之下得到余生的人，义同"刑余之人"。
㉓ 先人绪业：祖先传留下来的事业。此指司马迁祖先世代为史官，至司马迁，继父司马谈为太史令。绪：余。
㉔ 待罪：指做官，自谦之词。辇(niǎn)：皇帝乘坐的车子。毂(gǔ)：车轮中心的圆木，与辐条相接。连上句，这是说我仰赖祖先传留下来的事业，所以才能在皇帝手下找个官做。
㉕ 自惟：自思。惟：思，考虑。
㉖ 上之：等于说"第一"、"首先"。下文的"次之"、"外之"、"下之"，可依次相称。纳忠效信：进献忠信之心。纳：效，献。信：诚。
㉗ 奇策才力：卓越的策略，非凡的能力。誉：声誉。
㉘ 结：结识。明主：圣明之主。
㉙ 拾遗补阙：拾皇帝遗忘之事，补皇帝之缺失。即指进谏工作。阙：通"缺"。
㉚ 显岩穴之士：使隐居山林的人出来为朝廷服务。显：明，现。岩穴之士：指隐士。
㉛ 备行伍：备数于军队之中。行伍：古代军队的编制，五人为伍，二十五人为行。
㉜ 搴(qiān)：拔。

㉝积日累劳：积累平日的功劳。
㉞交游：指朋友。
㉟遂：成，做到。
㊱苟合取容：以苟且的态度来迎合皇帝的心意，取得皇帝的欢心。取容：取悦。
㊲无所短长之效：等于说没有半点功效。
㊳于此：在这四个方面。此：指代上文说的"四者"。于此：《文选》作"如此"，今从《汉书》。
㊴向者：从前，当初。
㊵厕：置身。厕：杂，资历不够，勉强置身于同列的意思，自谦之词。下大夫：周代官职有卿、大夫、士三级。大夫又分为上中下三等。周代太史属于下大夫。汉代太史令，官禄六百石，相当于周代的下大夫。
㊶外廷：外朝。汉代的朝官分为中朝官和外朝官。太史令属外朝官。末议：微不足道的议论。
㊷引纲维：称引国家的法制。纲：提网的总绳。维：结物的大绳。纲维：这里比喻国家的法制。
㊸尽思虑：充分发表意见。
㊹扫除之隶：打扫庭阶的仆隶。除：阶。
㊺阘茸（tà róng）：卑贱，这里指地位卑贱的人。
㊻尚何言哉：还说什么呢。

且事本末未易明也①。仆少负不羁之才②，长无乡曲之誉③。主上幸以先人之故，使得奏薄技④，出入周卫之中⑤。仆以为戴盆何以望天⑥，故绝宾客之知⑦，忘室家之业，日夜思竭其不肖之才力⑧，务一心营职，以求亲媚于主上。而事乃有大谬不然者⑨！夫仆与李陵俱居门下⑩，素非能相善也⑪。趣舍异路⑫，未尝衔杯酒⑬，接殷勤之余欢⑭。然仆观其为人，自守奇士⑮：事亲孝，与士信⑯，临财廉⑰，取与义⑱，分别有让⑲，恭俭下人⑳，常思奋不顾身，以徇国家之急㉑。其素所蓄积也㉒，仆以为有国士之风㉓。夫人臣出万死不顾一生之计，赴公家之难㉔，斯以奇矣㉕。今举事一不当㉖，而全躯保妻子之臣㉗，随而媒蘖其短㉘，仆诚私心痛之。且李陵提步卒不满五千㉙，深践戎马之地㉚，足历王庭㉛，垂饵虎口㉜，横挑疆胡㉝，仰亿万之师㉞，与单于连战十有余日，所杀过当㉟。虏救死扶伤不给㊱，旃裘之君长咸震怖㊲，乃悉征其左右贤王㊳，举引弓之民㊴，一国共攻而围之㊵。转斗千里，矢尽道穷，救兵不至，士卒死伤如积。然陵一呼劳军㊶，士无不起，躬自流涕，沬血饮泣㊷，更张空弮㊸，冒白刃，北向争死敌者㊹。陵未没时㊺，使有来报㊻，汉公卿王侯皆奉觞上寿㊼。后数日，陵败书闻，主上为之食不甘味㊽，听朝不怡㊾。大臣忧惧，不知所出㊿。仆窃不自料其卑贱㉛，见主上惨怆怛悼㉜，诚欲效其款款之愚㉝，以为李陵素与士大夫绝甘分少㉞，能得人死力㉟，虽古之名将㊱，不能过也㊲。身虽陷败，彼观其意㊳，且欲得其当而报于汉㊴。事已无可奈何，其所摧败㊵，功亦足以暴于天下矣㊶。仆怀欲陈之，而未有路，适会召问㊷，即以此指推言陵之功㊸。欲以广主上之意㊹，塞睚眦之辞㊺。未能尽明，明主不晓，以为仆沮贰师㊻，而为李陵游说㊼，遂下于理㊽。拳拳之忠㊾，终不能自列㊿，因为诬上㉛，卒从吏议㉜。家贫，货赂不足以自赎㉝；交游莫救㉞，左右亲近不为一言㉟。身非木石，独与法吏为伍㊱，深幽囹圄之中㊲，谁可告愬者㊳！此真少卿所亲见，仆行事岂不然乎？李陵既生降，隤其家声㊴，而仆又佴之蚕室㊵，重为天下观笑㊶。悲夫！悲夫㊷！事未易一二为俗人言也㊸。

①本末：原委。

②负：享有。不羁之才：不受拘束的卓越的才能。"才"，《文选》李善本作"行"，今从《汉书》。

③乡曲之誉：乡里的称誉。

④奏：献。薄技：小技，自谦之词。

⑤周卫：周密地警卫。《文选》李善注云："周卫，言宿卫周密也。"此处是指周密地警卫的地方，即指皇帝的宫禁。

⑥戴盆何以望天：头上扣个盆子又怎能望见天。"戴盆"与"望天"是矛盾的，以此来比喻自己一心营职，忘记个人私事，竭尽其忠。

⑦绝宾客之知：断绝和宾客的往来。知：了解，这里引申指交往、往来。

⑧其：指自己。不肖之才力：不如人的才力，自谦之词。

⑨乃：竟。大谬不然：大错特错，不像事先所设想的那样。谬：错误。然：如此。

⑩李陵：汉初名将李广之孙。俱居门下：都曾出入宫门之下。李陵曾任侍中，司马迁任太史令，故称"俱居门下"

⑪素：平时。相善：相交结好。
⑫趣舍异路：行止的道路不同。趣：通"趋"，进。舍：止。这句是说两个人彼此志趣不一。
⑬衔杯酒：即指饮酒。杯酒，言其少。慇懃：今作"殷勤"，指感情深厚。
⑭余欢：剩余的欢乐。此言欢乐甚少。连上句，是说司马迁平时与李陵的交往并不深厚。
⑮自守奇士：能自守节操的奇特人物。
⑯与士信：与人交往，讲究信义。
⑰临财廉：对待财物，讲究廉洁，不贪财。
⑱取与义：对待取舍，讲究义气、公道。
⑲分别有让：能区分长幼尊卑，待人有谦让之礼。
⑳恭俭下人：能谦恭俭让，有甘居人下的美德。
㉑徇（xún），同"殉"：献身。
㉒素所蓄积：平常所养成的品德。蓄积：这里有天长日久不断修养的意思，指修养素质好。
㉓国士：全国闻名的杰出人物。
㉔公家：国家。
㉕斯：此。以：通"已"。以，《汉书》作"已"。
㉖举事：做事。一：一旦。
㉗全躯：保全自己。全，使动用法。
㉘媒孽（niè）其短：把李陵的短处加以无限夸大，构成大罪。媒，孽（通"蘖"），都是酒曲。这里用作动词，有酝酿，夸大，构陷的意思。
㉙提：率领。
㉚戎马之地：等于说"战场"。
㉛足历王庭：足迹践历了匈奴王单于所居之地。历：过。
㉜垂饵（ěr）虎口：如同在虎口中垂悬着诱饵那样危险。
㉝横：纵，这里有"勇猛"的意思。挑：挑战。疆：同"强"。
㉞仰亿万之师：迎击匈奴的亿万军人。仰：古作"卬"，卬，向。《文选》李善注云："北地高，故曰仰。"此说不可取。
㉟所杀过当（dàng）：所杀的敌人超过了汉军被杀的人数。过：超过。当：相当，相抵，用作名词，这里指相抵的人数。
㊱虏（lǔ）：敌人。不给（jǐ）：等于说来不及，顾不上。给：供。
㊲旃（zhān）裘：匈奴人的服装，这里借指匈奴。旃：同"毡"。咸：全。

㊳悉：全。征：召集。左右贤王：左贤王、右贤王，都是匈奴王的封号。

㊴举：动员。引弓之民：能拉弓射箭的人。民：《文选》李善本作“人”。

㊵一：全。

㊶劳：慰劳。

㊷沬（huì）血饮泣：血流满面，饮咽悲泪。沬：洗脸。《说文》：“沬，洗面也，从水，未声。”

㊸更（gèng）张：再一次拉起。空弮（quān）：空弓。弮：弓。

㊹北向：向北。争死敌：争先恐后地为抗敌而死。此句《汉书》作“北首争死敌”。

㊺未没：没有覆没的时候。

㊻使：使者。

㊼奉觞（shāng）上寿：举杯祝捷。奉：捧，献。觞：酒杯。上寿：献上祝颂之词。

㊽食不甘味：吃饭的时候，对美味食品也不觉得有什么美味。甘：甜，美，意动用法。

㊾听朝不怡：听政于朝，心情不乐。怡：愉快。

㊿不知所出：拿不出具体的对策。

(51)不自料：不自量。其：指自己。在古汉语中，“其”可指代第一、二、三人称。

(52)惨怆（chuàng）怛（dá）悼：都是悲伤的意思。

(53)诚：实在。效：献。其：指自己。款款：忠诚的样子。愚：愚诚，愚忠。

(54)绝甘分少：甘美的食物，自己不吃，少有的东西，与大家分享。绝：拒绝。

(55)得人死力：得到别人拼死出力。

(56)虽：即使。

(57)过：超过。

(58)彼观其意：他让人看出他的心意。彼：指李陵。观：显示，给人看出。

(59)且：将。欲得其当：想要找一个适当的机会。报于汉：报答汉朝。

(60)其所摧败：指李陵所大败的匈奴军队。

(61)暴（pù）：表露。

(62)适会：正碰上。

(63)此指：这个意思。指：通“旨”。推言：阐述，说明。

(64)广主上之意：打开皇帝的胸怀。广：使开阔，使动用法。

(65)塞睚眦（yá zì）之辞：堵塞怨恨之辞。睚眦：怒目而视。

⑥沮（jǔ）贰师：败坏贰师将军李广利的声誉。沮：败坏。贰师：贰师将军李广利，汉武帝宠姬李夫人之兄。太初元年（公元前104年），汉武帝派遣李广利去大宛国贰师城夺取良马，遂封李广利为贰师将军。天汉二年（公元前99年），李陵随李广利出击匈奴。李陵遇匈奴主力，被包围，孤立无援，而李广利又按兵不动，终降匈奴。李陵兵败投降，司马迁极力为之辩护表功，因而武帝认为他是有意败坏李广利的声誉，遂处以宫刑。

⑥游说：这里有"说情"、"辩护"的意思。

⑥理：刑狱之官，亦称大理。这里是指管理刑狱诉讼的官府。

⑥拳拳：忠诚恭谦的样子。

⑦自列：自己一一述说。列：罗列，陈述。

⑦因为：因而被认为。为：以为，认为。诬：欺骗。

⑦卒从吏议：皇帝终于同意了司法官吏的判决。卒：终。从：听从，同意。议：议决。

⑦货赂（lù）：财货。依汉法，犯人可以用钱赎罪。

⑦莫：无定代词，没有谁。

⑦左右亲近：指皇帝身边的亲近之臣。

⑦独与法吏为伍：独自和狱吏作伴。伍：古军队编制，五人为伍。为伍：这里即指朝夕相处，作伴的意思。

⑦幽：幽禁。囹圄（líng yǔ）：监狱。

⑦告愬：同"告诉"，表白。愬：同"诉"。

⑦隤（tuí）：同"颓"，坠，引申指败坏。家声：家族的声誉。

⑧佴（èr）之蚕室：佴：次，随后。之：去到。蚕室：本指养蚕之室，这里指受过宫刑的人所住的那种温暖密封的屋子。

⑧重（zhòng）：深深地。

⑧夫：语气词，表感叹。

⑧一二：等于说一一。这句是说事情的始末，自己的苦衷，要想一一向世俗之人讲清楚是很不容易的。

仆之先非有剖符丹书之功①，文史星历②，近乎卜祝之间③，固主上所戏弄，倡优畜之④，流俗之所轻也。假令仆伏法受诛，若九牛亡一毛⑤，与蝼蚁何以异⑥？而世又不与能死节者比⑦，特以为智穷罪极⑧，不能自免，卒就死耳⑨。何也？素所自树立使然也⑩。人固有一死⑪，或重于泰山⑫，或轻于鸿毛⑬，用之所趋异也⑭。太上不辱先⑮，其次不辱身⑯，其次不辱理色⑰，其次不辱辞令⑱，其次诎体受辱⑲，其次易服受辱⑳，其次关木索、被箠楚受辱㉑，其次剔毛发、婴金铁受辱㉒，其次毁肌肤、断肢体受辱㉓，最下腐刑极矣㉔！传曰："刑不上大夫㉕"。此言士节不可不勉励也㉖。猛虎在深山，百兽震恐，及在槛穽之中㉗，摇尾而求食，积威约之渐也㉘。故士有画地为牢㉙，势不可入㉚，削木为吏㉛，议不可对㉜，定计于鲜也㉝。今交手足，受木索，暴肌肤㉞，受榜箠㉟，幽于圜墙之中㊱。当此之时，见狱吏则头枪地㊲，视徒隶则心惕息㊳。何者？积威约之势也㊴。及以至是㊵，言不辱者，所谓强颜耳㊶，曷足贵乎㊷？且西伯㊸，伯也㊹，拘于羑里㊺；李斯㊻，相也，具于五刑㊼；淮阴㊽，王也，受械于陈㊾；彭越、张敖㊿，南面称孤㉑，系狱抵罪㉒；绛侯诛诸吕㉓，权倾五伯㉔，囚于请室㉕；魏其㉖，大将也，衣赭衣㉗，关三木㉘；季布为朱家钳奴㉙，灌夫受辱于居室㉖。此人皆身至王侯将相，声闻邻国，及罪至罔加㉑，不能引决自裁㉒，在尘埃之中㉓，古今一体㉔，安在其不辱也㉕？由此言之，勇怯，势也㉖；强弱，形也㉗。审矣㉘，何足怪乎？夫人不能早自裁绳墨之外㉙，以稍陵迟㉗，至于鞭箠之间，乃欲引节㉑，斯不亦远乎？古人所以重施刑于大夫者㉒，殆为此也㉓。夫人情莫不贪生恶死㉔，念父母，顾妻子。至激于义理者不然㉕，乃有所不得已也㉖。今仆不幸，早失父母，无兄弟之亲，独身孤立，少卿视仆于妻子何如哉㉗？且勇者不必死节㉘，怯夫慕义㉙，何处不勉焉㉑？仆虽怯懦，欲苟活，亦颇识去就之分矣㉒，何至自沉溺缧绁之辱哉㉓？且夫臧获婢妾㉔，犹能引决㉕，况仆之不得已乎？所以隐忍苟活㉖，幽于粪土之中而不辞者㉗，恨私心有所不尽㉘，鄙陋没世㉙，而文采不表于后世也㉑。

①先：祖先。剖符：君主封赏功臣的一种文约凭证，以竹为之，上面写上永不改变他的爵位一类的话。符剖分为二，君臣各执其一，以昭信守，故称"剖符"。丹书：也是君主封赏功臣的一种文约，以铁为之，上用朱砂书写誓词，作为功臣的后代子孙免罪的凭证，故称"丹书"。
②文史星历：文化、史籍、天文、律历，这些都是太史令应掌管的工作。
③近乎：近于。卜：占卜之官。祝：祭祀时向神祈祷的人。

④倡优畜之：像对待倡优那样地来收养自己。倡：乐人。优：戏人。"倡优"这里作状语。之：指自己。在封建社会，倡优供人娱乐，视为下贱之人。此句《文选》李善本作"倡优所畜"，今从《汉书》。
⑤亡：失。
⑥与蝼蚁何以异：这句是说我生命的卑微与蝼蚁有什么不同？
⑦世：指世人。死节：为名节而死。比：并列，这里指同样看待。此句《文选》李善本作"而世又不与能死节者"，无"比"字，今从《汉书》。
⑧特：只。以为：认为。智穷罪极：智谋穷尽，罪恶极大。
⑨卒：终。就死：去死。
⑩素：平素，平时。所自树立：指自己立身行事的表现。使然：使之如此。然：如此。
⑪固：副词，本来。
⑫或：无定代词，有的人。
⑬鸿毛：鸿雁的羽毛。
⑭用之所趋异也：应用死节的地方是不同的。趋：趋向。这句实际是说人死的意义或目的各有不同。
⑮太上：最好。不辱先：不使祖先受辱。辱：使动用法。
⑯身：自身。
⑰理色：脸色，脸面。理：肌理。色：神色。
⑱辞令：指自己的言辞。
⑲诎（qū）体：屈折肢体，此指被缧系。诎：通"屈"。缧（leǐ）：大绳索。
⑳易服：换上罪犯的衣服。服：即下文提到的赭衣。
㉑关木索：戴上木枷，绳索。被箠楚：遭受刑杖荆条的拷打。被：遭受。箠：杖。楚：荆条。木、索、箠、楚，泛指刑具。
㉒剔毛发：剃去头发，即"髡（kūn）刑"。剔：同"剃"。婴金铁：脖子套上铁圈，即"钳刑"。婴：后作"缨"，缠绕。
㉓毁肌肤、断肢体：指在脸上刺成记号，然后涂上墨（黥刑）、割鼻（劓刑）、割耳（刵刑）、去掉膝骨（膑刑）、砍去双脚（刖刑）。
㉔最下：最坏。腐刑：宫刑。
㉕传（zhuàn）：本指解经的著作，这里就是泛指古代文献。刑不上大夫：刑法不加在大夫身上。语见《礼记·曲礼上》。
㉖士节：士大夫的节操。

㉗及：等到。槛：兽圈。穽（jǐng）：同"阱"，捕兽的陷井。
㉘积威约之渐：指人对虎长期施加威力，约束的结果。积：有"日积月累"的意思。威约：威力、约束。渐：浸渍，这里指浸渍的结果。
㉙画地为牢：在地上画一个范围当作监牢。
㉚势：必。
㉛削木为吏：削刻一个木头人当作法吏。
㉜议：论，决。
㉝定计：定下决心。鲜（xiǎn）：少。尽：指自杀。连上几句，这是说士人即使画地为牢，他也决不进去；即使削木为吏，他也决不受审，因为早在入狱受审之前，他就决心自杀，以免受辱。
㉞暴肌肤：指受刑时被剥去衣服。暴：露。
㉟榜：笞，击。
㊱圜墙：指牢狱。圜：同"圆"。
㊲枪（qiāng）：通"抢"，触，碰。
㊳惕息：内心恐惧，呼吸急促。惕：怕。息：喘息。此句"心"，《文选》作"正"，今从《汉书》。
㊴势：趋势，结果。
㊵及以至是：等到已经到了这种地步。以：通"已"。
㊶强（qiǎng）颜：厚着脸皮。
㊷曷：同"何"。
㊸西伯：即周文王姬昌，殷纣王时，居雍州（今陕西凤翔一带），为西方诸侯之长。
㊹伯：方伯，一方诸侯之长。雍地居西，故称西伯。
㊺羑（yǒu）里：地名，在今河南汤阴县境内，文王被拘，事见《史记·周本纪》。
㊻李斯：战国时楚国上蔡（今河南上蔡县）人，秦始皇统一中国后，任丞相。
㊼具：具备。五刑：指割鼻、斩左右趾、笞杀、枭首、菹（zū）骨肉于市五种刑罚。
㊽淮阴：指淮阴侯韩信。
㊾受械于陈：西汉初年，刘邦封韩信为楚王，都下邳（今江苏邳县）。有人告他谋反，刘邦用陈平计，假托要游云梦，于是要诸侯到陈（今河南淮阳）聚会。在陈，刘邦借机逮捕了韩信，解送洛阳，降为淮阴侯。受械：戴上刑具。事见《史记·淮阴侯列传》。

㊿彭越：昌邑（今山东金乡县西北）人，初属项羽，后降刘邦，被封为梁王。后来有人诬告他谋反，夷三族。事见《史记·彭越列传》。张敖：张耳之子，袭封赵王，也因人诬告他谋反而被囚于狱。

㊶南面称孤：向南而坐，称孤道寡。这里是指彭越、张敖均有王侯之尊。孤：古代王侯的自称。

㊷抵：抵当。

㊸绛侯：指汉初功臣周勃。诛诸吕：刘邦死后，刘邦之妻吕后重用吕氏亲族。吕后死，吕禄、吕产等借机篡权，周勃、陈平诛杀诸吕，迎立代王刘恒为汉文帝。

㊹权倾五伯：权力超过五霸。倾：压过。伯：通"霸"。

㊺请室：官署名，内设有囚禁官吏的特别监狱。或曰请室为请罪之室，亦通。

㊻魏其：指魏其侯窦婴，孝文帝后的内侄。吴楚七国之乱，拜为大将军，事平，封魏其侯。后来因与丞相田蚡争宠有隙，受田蚡诬谄，被处死。事见《史记·魏其武安侯列传》。

㊼衣赭衣：穿上罪犯的红衣。第一个"衣"作动词用，是"穿"的意思。赭：红褐色。

㊽关三木：戴上颈枷、手铐、脚镣三种刑具。

㊾季布：楚人，初为项羽部下的一名将军，曾多次使刘邦受困。项羽既灭，刘邦悬重金购求季布。于是他藏在濮阳周氏家，并定计剃发、带钳，改变姓名，卖给大侠朱家为奴。后来朱家通过汝阴侯夏侯婴劝说刘邦赦免了季布。事见《史记·季布列传》。

㊿灌夫：颖阴（今河南许昌）人，平定吴楚七国之乱有功，为人刚直，与窦婴友善。因得罪丞相田蚡，被诬害至死。事见《史记·魏其武安侯列传》。居室：官署名，属少府。

�罔加：法网加在身上。罔：通"网"。

㊷引决：下决心。自裁：自杀。

㊸在尘埃之中：喻苟活于世，处于屈辱的境地。下文"幽于粪土之中"，意同此。

㊹古今一体：指这样情况古今是一样的。体：体会。

㊺安在：何在。安：疑问代词，同"何"。

㊻势：形势。

㊼形：义同"势"。

㊽审：明。连上二句，这是说一个人的勇敢、怯懦、坚强、软弱，都是

由客观形势所造成的,这一点是非常清楚的,有什么奇怪的呢?

⑨绳墨:喻法律制裁。

⑩以:通"已"。稍:渐渐。陵迟:指意志颓败。

⑪引节:称述名节。节:气节。

⑫斯:则。

⑬重:慎重。

⑭殆(dài):恐怕。为此:因为这个缘故。此:指对士大夫施刑,会使他们被迫丧失气节。

⑮恶(wù):怕死。

⑯至:至于。激于义理:被义理(指一定的政治信仰)所激发。

⑰乃:却,表转折。不得已:指不能打消贪生恶死,念父母,顾妻子的私念。已:止。

⑱于:对于。

⑲且:况且。勇者:指真正勇敢的人。死节:为名节而死。

⑳怯夫:懦怯的人。慕义:仰慕大义。

㉑何处不勉焉:什么地方不能为名节而献身呢,这句是说如果懦怯之人真的仰慕大义,任何地方,任何条件下都是可以为名节而献身的。

㉒颇识:略知。去就之分(fèn):舍生就义的道理。

㉓缧绁(léixiè)之辱:指因受囚系下狱而蒙受的耻辱。缧绁:捆绑犯人的绳索。

㉔臧获:古代对奴婢的贱称。

㉕引决:"引决自裁"的省略。

㉖隐忍苟活:痛苦,忍耐而苟活于世。隐:痛。

㉗不辞:不拒绝。

㉘私心:个人的想法,指内心想要做的事情。有所不尽:指尚未实现。

㉙鄙陋:卑贱无知。没世:没于世,即指死。

㉚文采:这里即指文辞著述。不表于后:等于说不能传留后世。表:表白,表明。

古者富贵而名摩灭①,不可胜记②,唯倜傥非常之人称焉③。盖文王拘而演《周易》④;仲尼厄而作《春秋》⑤;屈原放逐,乃赋《离骚》⑥;左丘失明,厥有《国语》⑦;孙子膑脚,兵法脩列⑧;不韦迁蜀,世传《吕览》⑨;韩非囚秦,《说难》、《孤愤》⑩;《诗》三百,大底圣贤发愤之所为作也⑪。此人皆意有所郁结,不得通其道⑫,故述往事,思来者⑬。乃如左丘无目⑭,孙子断足,终不可用⑮,退而论书策⑯,以舒其愤,思垂空文以自见⑰。仆窃不逊,近自托于无能之辞,网罗天下放失旧闻⑱,略考其行事,综其终始,稽其成败兴坏之纪⑲,上计轩辕⑳,下至于兹㉑,为十表、本纪十二、书八章、世家三十、列传七十,凡百三十篇,亦欲以究天人之际㉒,通古今之变,成一家之言。草创未成㉓,会遭此祸。惜其不成,是以就极刑而无愠色㉔。仆诚以著此书㉕,藏之名山,传之其人㉖,通邑大都㉗,则仆偿前辱之责㉘,虽万被戮㉙,岂有悔哉?然此可为智者道,难为俗人言也。

① 摩:通"磨"。
② 胜(shēng):尽。
③ 倜傥(tìtǎng):卓越不凡的样子。非常:不平凡。称焉:著称于世。
④ 演:推演。相传周文王被拘羑里,把《易》的八卦推演成六十四卦。
⑤ 厄(è):受困。春秋:鲁史书名。孔子一生,仕途坎坷,虽周游列国,但其政治主张无法实现,陈蔡绝粮,到处碰壁,回鲁国后作《春秋》。事见《史记·孔子世家》。
⑥ 赋:陈述。这里是"作"的意思。这句是说屈原被楚怀王流放之后,写出了《离骚》。
⑦ 左丘:即左丘明。失明:失去视力。厥:副词,乃,才,还。《国语》:史书名,记载了周穆王十二年(公元前990年)至周贞定王十六年(公元前453年)有关周、鲁、齐、晋、郑、楚、吴、越八国的片断历史。
⑧ 孙子:战国时代军事家,姓孙,孙武后代,其名不详,因受膑刑,故称孙膑。战国时代孙膑和庞涓共同就学于鬼谷子。后来庞涓事魏惠王,因妒忌孙子之才,就把他骗到魏国,处以膑刑。膑(bìn)脚:剔去双腿的膝盖骨。脚:小腿。脩列:完善整齐。
⑨ 不韦:指吕不韦。迁蜀:流放到蜀地。战国末卫国大商人吕不韦曾帮助秦庄襄王取得政权,所以曾任庄襄王的丞相。他当丞相时,曾召集门客著《吕氏春秋》。《史记》说他"迁蜀"后,才"世传《吕览》",有误。秦始皇即位后,吕不韦被尊为相国,后因为嫪毐(lào-ǎi)事件,被流放蜀地,自杀。
⑩ 韩非囚秦:韩非入秦前,屡次以书谏韩王,韩王终不能用,于是韩非作《说难》、《孤愤》诸篇。后韩非入秦,为李斯所害,下狱后被药杀。《说难》、《孤愤》都是韩非入秦前写成的,非先"囚秦"而后有《说

难》、《孤愤》。

⑪大底：即"大抵"、"大都"。

⑫不得通其道：不能实现他们的政治理想。

⑬思来者：期待未来，即寄希望于未来的人。

⑭乃如：就像。

⑮用：被重用。

⑯论书策：以著书立说的形式来论述自己的见解。策：通"册"。

⑰垂：留，传留。空文：即指文章著述而言。《文选》李善注云："空文，谓文章也。"因与具体的功业相对而言，故曰"空文"。自见：自我表露。见：今作"现"。

⑱放失：散失。

⑲稽：考。纪：通"记"，录。这里用作名词，即指历史记录下来的史实。

⑳上计：往上数到。轩辕：即黄帝，我国古代传说中的远古君王。

㉑兹：此，今。

㉒究：思考。天人之际：天道和人事的关系。际：合。

㉓草创未成：指《史记》一书当时尚在编写之中，没有定稿。

㉔极刑：最使人蒙受耻辱的刑罚，即指宫刑。愠（yùn）色：怒色。

㉕诚：果真。以：能。

㉖其人：指志同道合者。

㉗通邑：大邑。"通邑大都"，也是"传"的补语。连上句，等于说"传之其人，传之通邑大都"。

㉘前辱之责：指因李陵事件而被下狱受宫刑一事。责：今作"债"。

㉙虽：即使。被（bèi）：遭受。

且负下未易居①，下流多谤议②。仆以口语遇遭此祸③，重为乡党所笑④，以污辱先人，亦何面目复上父母之丘墓乎⑤？虽累百世⑥，垢弥甚耳⑦！是以肠一日而九回⑧，居则忽忽若有所亡⑨，出则不知其所往。每念斯耻，汗未尝不发背沾衣也⑩！身直为闺阁之臣⑪，宁得自引深藏於岩穴邪⑫？故且从俗浮沉⑬，与时俯仰⑭，以通其狂惑⑮。今少卿乃教以推贤进士⑯，无乃与私心刺谬乎⑰？今虽欲自雕琢⑱，曼辞以自饰⑲，无益，于俗不信⑳，适足取辱耳㉑。要之㉒，死日然后是非乃定㉓。书不能悉意㉔，略陈固陋，谨再拜㉕。

①负下：等于说"负罪之下"。未易居：不容易处。

②下流：水的下游。比喻卑贱之人。
③口语：诋毁、诬谄之词。
④重：深深地。
⑤丘墓：坟墓。
⑥累：过。
⑦垢：污垢，引申指耻辱。连上句，这是说即使再过了百世，由于后人不了解我，所以我所蒙受的耻辱会更加严重，是很难洗刷的。
⑧九回：多次地回转、缠绕。比喻内心十分痛苦。古代"九"表多数，非实指。
⑨忽忽：恍恍忽忽，形容神志不清。
⑩发背：从背上渗出。沾：即"霑"，湿。
⑪直：特，仅仅。闺阁（gé）之臣：指宦官。闺、阁：宫中小门，这里指宫禁。
⑫宁得：岂能。自引：自己引身而退。藏于岩穴：指在山林中过隐士生活。
⑬且：暂且。从俗浮沉：跟从世俗或浮或沉。指自己无操守，这是谦词。
⑭与时俯仰：与时俗敷衍，顺大流。此句与"从俗浮沉"句意相同。
⑮以通其狂惑：借以表现自己狂惑不明。此为司马迁的愤世嫉俗之言。通：达。《文选》李善注引《鹖子》曰："吾闻之于政也，知善不行者谓之狂；知恶不改者谓之惑。"
⑯乃：竟。教以推贤进士：等于说"以推贤进士教之"。"教"下略一"之"字。之：己，指作者。
⑰无乃：表委婉语气，含有"恐怕"的意思。刺谬（làmiù）：乖戾，违背。
⑱自雕琢：自我修饰，自我掩饰。
⑲曼辞：美好的言词。
⑳于俗不信：这对一般人来说，他们是不会相信的。
㉑适：正，恰好。取辱：自取侮辱。
㉒要之：总之。
㉓乃：才。
㉔悉意：把意思完全表达出来。悉：全。
㉕谨再拜：古时书信结尾的客套话。谨：敬。再拜：行再拜之礼，即拜两下。

译文
回任安的信

　　我当太史令是像牛马一样的仆人，司马迁两拜陈言。少卿阁下：以前蒙您赐信，教我要把慎重交际，推荐贤能作为自己的职责，来信的心意十分殷勤恳切，好像在埋怨我没有听从您的话，而采用了世俗庸人的意见，我不敢这样。我虽愚蠢，但也曾从旁听说过长辈们流传下来的高尚作风。只不过自认为身体已残废处在受辱的地位，动不动就被人指责，要想得到益处，反而招致损害，因此，我独自忧愁，跟谁去诉说自己的苦衷呢？谚语说："替谁去做这事（指推贤进能）？使谁来听从我的意见呢？"（从前）钟子期死后，伯牙一辈子不再弹琴。为什么呢？士人替了解自己的人出力，女子为喜爱自己的人打扮，像我身体已经受亏损了，即使自己怀有随侯珠、和氏璧那样非常贵重的才能，行为也像许由、伯夷一样高洁，那也终究不能把这些当做光荣，正好足以被人耻笑而自己玷污自己罢了。

　　（本来）书信应当及时回答，正好碰上我跟随皇上从东边回来，又忙于贱事，和皇上见面的日子不多，忙碌没有片刻的闲暇，能够用来写尽自己的心意。现在少卿身负重罪，过一个月就接近十二月了，我又迫近要跟从皇上去雍地祭祀的日期，担心你突然碰上不能避讳的事。这样我终究不能向您抒发我心中的愤闷之情，那么，长逝者的魂魄就也会留下无穷的怨恨。请允许我大略地陈述一下固塞鄙陋的见解。隔了很久没有回信，希望不要见怪。

　　我听说：修身养性，是智慧的标志；乐于施舍，是仁德的开端；取与得当，是义的表现；耻于受辱，是勇敢的判决；建立好的名声，是品行的最高准则。一个士人有这五个条件，然后可以凭这些条件在社会上站住脚，而且能排列在君子的行列中。所以，没有什么祸害比由于贪图私利而带来祸害更惨痛的了；没有什么悲痛比创伤心灵更可悲的了；没有什么丑恶比使先人受辱更丑恶的了；没有什么耻辱比受宫刑更可耻的了。受宫刑后获得余生的人，没有和人相提并论的资格了，不只是一个时代是这样，这样做到现在已经有很长久的时间了。从前,卫灵公出游,让宦官雍渠当车右,孔子车随后,孔子马上离开卫国,到陈国去了;商鞅依靠宦官景监得拜见秦孝公(而做了官),赵良感到寒心;汉文帝让宦官赵谈当车右,袁丝变了脸色。可见自古以来都以与宦官同车为耻辱。一般中等才能的人,涉及到宦官的事,没有谁不感到伤心丧气,何况对气节高尚的士人呢?像现在朝廷虽然缺乏人材,怎么可能叫一个受过宫刑的人去推荐天下的豪杰之士呢?我靠着父亲的余业(太史令),得以在皇帝身边工作,二十多年了。我从以下几方面自己思考:首先对上我不能进纳忠言,献出自己的忠心诚意,有出谋画策的声誉,以取得皇上的了解;其次又不能帮助明主弥补不足之处,招进贤能的人,把深藏在岩穴中的隐士推举出来;对外又不能参加军队的行列,去攻城野战,有斩杀敌军将领,拔取敌人军旗的战功;对下又不能因平日积累的功劳,取得尊贵的官职和优厚的待遇,并用这些成为家族和朋友的光荣和骄傲。这四条自己没有一条做成了,(只是)苟且附合皇帝的心意求得皇上的欢心,我没有任何大小贡献,从这四方面就可以看出来了。以前,我常常同下大夫一道,参加外朝活动,发表一些微不足道的议论,我没在那时候伸张国家的法度,尽到自己的心力,而现在已经受了宫刑,成了打扫台阶的仆人,地位十分卑贱,却想抬起头来,扬眉吐气地议论是非,岂不是轻视朝廷,使当今的士人羞愧吗?唉!唉!像我这样的人还说什么呢?还说什么呢?

  而且事情的首尾、经过是不容易弄明白的。我年轻的时候,享有才华奔放不受羁绊的声誉,长大以后却没有得到乡人的称誉。皇上因为我先父的缘故,使我得以进献微薄的技艺,出入宫廷要地。我认为头上戴着盆子怎么能望见天呢?所以我断绝了和朋友的往来,遗忘了个人的家业,日日夜夜考虑竭尽自己的微薄的才力,一心一意努力搞好自己的工作,用这个来求得亲近皇上,取悦于皇上。然而事情竟然大大不是(我所想象的)这样!我和李陵同在侍中门下工作,平日关系并不特别好。进退走的不是一条路,没有在一起喝过一杯酒,根本没有一点点深切的交情。然而,我看李陵的为人,是个自守节操的奇士:他侍奉父母很孝顺,结交士人很守信用,接触财利表现很廉洁,在取和与的时候,能坚持公正合理,能分别尊卑、长幼,很有礼貌,对人恭俭、甘居人下,常常想要奋勇向前,不顾个人安危,当国家危急之时献出自己的生命。这是李陵平素蓄养积成的品德,我认为他具有国士的高尚风格。一个臣子出于万死不顾一生的考虑,去奔赴国难,这已经是很优异,很突出的了。现在做事有一次不对,而那些只使自己安全和保全妻儿的臣子,随即就把李陵的过失加以夸张,使之酿成大罪,我内心的确为此而痛惜。况且李陵率领的部队不满五千人,深入敌方践踏了匈奴的战场,打到其国君的住处,就像把诱饵挂在虎口一样,对强大的匈奴勇敢挑战,迎战亿万大军,同单于所率领的军队连续战斗了十多天,杀掉敌军的人数超过了敌人杀掉李陵士兵的人数。匈奴救死扶伤都来不及,各部落的头领都很震惊,于是全部征集他们的左贤王和右贤王的军队,并发动一切能张弓的射手,动员全国的力量,来共同攻击和包围李陵的军队。辗转战斗千余里,箭用完了,道路也被敌军封锁了,然而,救兵没有去援救他们,李陵的士兵死的死、伤的伤,堆成了堆。然而李陵一声呼唤慰劳军队,士兵们没有一个不奋起,个个热泪盈眶,血流满面,泣不成声,竭力举起空的弩弓打击敌人,冒着敌人的刺刀,向北面争着为杀敌而死。李陵的军队没有覆没时,李陵派人向汉武帝报告军情,公卿王侯们都举杯祝贺。过后几天,李陵失败的消息被皇上知道了,皇上为此吃东西都觉得没有味道,上朝听政也不愉快,大臣们忧心恐惧,不知道出点什么主意才好。我个人没有考虑到自己地位卑贱,只是见皇上悲哀伤心,的确想献上自己的一点忠实恳切的心意,认为李陵平素对部下很好,能够使部下拼死出力,即使是古代的名将也不能超过他。李陵虽然身陷敌军打了败仗,但他表现出来的意思,还是想将来得到一个适当的机会报效汉朝。现在事情已经没有什么办法了,但李陵击破敌军,功劳也足以显露于天下。我心想陈述这些意见,可是没有机会,正好碰上皇上召我询问此事,就按这个意思阐述了李陵的战功。本想借此使主上心情舒畅一些,(同时也)堵住那些报私怨者的嘴巴。我没有能够把事情彻底说明白,英明的君主不了解我的本意,认为我是败坏二师将军李广利,而替李陵辩护,于是把我交付司法机关处理。(我司马迁的)一片忠心,始终不能自我辩明，因此定为欺君之罪，皇上最后听从了狱吏的判决。我家境贫寒，没有钱财用来赎罪；也没有朋友出来营救，在皇帝身边工作的人也不替我说一句好话。我不是没有思想感情的木头石块，独自跟狱吏们待在一起，深深地被禁闭在监狱之中，我的苦衷可以告诉谁呢？这些都是少卿您所亲眼见到的，我的情况难道不是这样吗？李陵既已经活着投降了匈奴，败坏了李陵家族的声誉，而我又随后进了受宫刑者居住的蚕室，深为天下之人所耻笑。可悲呀！可悲呀！事情总是不容易——对俗人说清的呀！

我的祖先没有赐给剖符、丹书的功绩；我是担任文献、史籍、天文和历法的小官，就跟从事占卜和祭祀的人差不多，本来就是君主所玩弄的，当做乐师和演员一样地畜养起来，是一般人所看不起的。假如我伏法被杀，好像是很多牛身上失去一根毛，和死去一只蝼蚁、蚂蚁有什么不同呢？而且世人又不会把我与能坚持气节，为节义而死的人相比拟，只不过会认为我是智虑穷尽，罪大恶极，不能自己免除死刑，最后终于走向死亡罢了。为什么呢？这是我平素用来立身的职业、地位决定的。本来人都有一死，但有的死得比泰山还重；有的死得比鸿毛还轻，这是用死所达到的目的不同啊。（下面谈十种侮辱）最上等的是不要使自己的祖先受辱；其次是不要使自己的身体受辱；其次是不能让人用脸色来侮辱自己；其次是不能让人用言辞来侮辱自己；其次不要使自己的肢体弯曲受辱；其次是换穿囚服受辱；其次是戴木枷被捆绑、遭杖打受辱；其次是剃头发、戴铁链受辱；再其次是遭刺面、割鼻、砍脚等肉刑，最下等的是受宫刑被侮辱到了极点。《礼记》上说："刑罚不加到大夫身上。"这是说对士大夫的气节不能不劝勉鼓励啊。猛虎在深山的时候，其他野兽都怕它，但等到它处在笼中或陷阱中的时候，就向人摇尾求食，这是经过长时间的威逼制约使猛虎逐渐驯服下来的。所以对士人来说即使是画在地上的假牢，也是必定不能进去的；即使是木头削的狱官，对他的审问也是不能回答的，这是决定在受辱之前就自杀呀。现在我是手脚被捆，戴上刑具，赤身露体，受拷打，关闭在牢狱之中。在这时候，见到狱官就叩头，看到狱卒就胆战心惊。为什么呢？这是经过长时间的威逼和约束造成的情景呀。等到已经达到这个地步了，还说不是受辱的话，这是人们所说的勉强装笑罢了，哪里还值得称道呢？况且西伯（周文王）是商纣王时候的西方诸侯之主，他曾经被关在羑里这个地方；李斯是秦始皇的丞相，五种酷刑他都受到了；淮阴侯（韩信）是汉王朝的开国功臣，曾被封为齐王、楚王，但是曾经在陈这个地方被扣上了刑具；彭越（曾被封为梁王，被人诬告被杀）、张敖（袭父位封为赵王），被抓进监狱抵罪，他们两人都曾是面向南而坐的帝王；绛侯（汉初功臣周勃）诛灭了几个姓吕的大臣，立刘恒为代王，权力超过了春秋时的五霸，后来被关押在特别监狱；魏其侯（窦婴）在汉景帝时当过大将军，汉武帝时判处死刑，穿囚衣，在脖子、手、脚三处加上刑具；季布原是项羽名将，后来成了朱家受钳刑的家奴；灌夫立有战功，但后来被武安侯关到居室受辱。上面这些人都身为王、侯、将、相之类的大官，他们都名闻邻国，一旦罪名落到头上，法网加身，也不能下决心自杀。一个人处在低下屈辱的地位，古与今是一样的，他们哪里没有受侮辱呢？从这种情况看，一个人的勇敢与胆怯，或者刚强与懦弱，都是由当时的势力、地位决定的。明白了这一点，有什么奇怪的呢？一个人不能趁早在法律制裁之前就自杀，而渐渐地受折磨，等到处于挨打受刑的时候，才想为士大夫的名节而死，这不是太迟了吗？古代的人所以不轻易对士大夫施加刑法的原因，大概就是因为这个缘故吧！人之常情没有谁不贪生怕死、顾念父母、妻儿的。但是为义理所激化的人却不是这样，那是有不得已的缘故呀！现在我很不幸，早就失去了父母，又没有兄弟亲人，孤身一人，您看我对待妻子儿女怎么样呢？况且勇敢的人不一定都要为名节而死，怯弱的人仰慕大义，哪儿不可以勉励自己去为节义而献身呢？我虽然是一个怯弱的人，想苟且偷生，但也基本懂得舍生就义的道理啊！怎么至于自己陷入困境而不自拨，被囚下狱而受辱呢？而且地位低下的奴婢尚且还能下决心自杀，何况我作为士大夫却不能死节呢？我之所以忍受侮辱、苟活下来，幽闭在狱中也在所不辞的原因，是怨恨自己的心愿没有实现，就这样默默无闻地死去，使我的文辞才华不能流传于后世啊！

古时候那些处境富贵而名声消亡的人，真是数不尽，只有那些贡献突出不平凡的人物才被后人称颂。相传周文王被关押还把《周易》的八卦推演为六十四卦；孔子遭到困厄还写《春秋》；屈原被放逐还创作《离骚》；左丘失去了视力还编著《国语》；孙膑的腿被挖出膝盖骨还编写出《兵法》；吕不韦被放逐到蜀地，后世还流传《吕览》；韩非被囚于秦，也流传《说难》、《孤愤》；《诗经》三百零五篇，大都是一些圣贤之人抒发自己的愤懑之情而作的呀。这些人都是内心有不愉快的地方，不能实现自己的政治主张，所以论述以往的事实，让未来的人了解自己的观点。就像左丘明没有视力了、孙膑被割掉膝盖骨，终究不能被重用了，于是退下来著书立说，用这种行动来抒发自己的愤恨之情，想通过这些尚未实行的空文流传后世来表现自己的思想。我个人很不谦逊，近几年我把自己的期望寄托在无能的文辞上，搜集全国各地散失的传闻，简略地考察他们的行事，综合这些人物或事件的始末，考究他们成功失败和兴起消亡的规律，上从轩辕黄帝算起，下到现在为止，作有十种表，十二个朝代或皇帝的本纪，八章书志，三十篇世家，七十篇列传，总共一百三十篇。想通过写《史记》来研究天和人的关系，了解古今的历史变化，而成为我的一家之言。谁知刚刚开始草创，还没有写成，就恰好碰到李陵事件的灾祸。我很可惜《史记》写不成，因此，我接受宫刑而没有怨恨的表情。我如果写成了《史记》这部书，把它珍藏到名山，把它传给了解自己的人，并且流传到各大城市，那么我就偿还了以前受辱的债务，即使我被杀戮一万次，难道还有后悔的吗？然而这事只能和聪明人讲，很难和一般流俗之人说呀！

况且在背负罪名的情况下不容易立身处世，处在卑贱的地位，诽谤和议论就多。我因说话遭遇这种祸害，深深地为家乡人所耻笑，已经使先人受到了玷污和侮辱，还有什么脸面再上父母的坟墓呢？即使再过一百代，耻辱只会更加严重罢了！因此，我经常感到肠子老绞转那样的痛苦，坐在家里恍恍忽忽，好像丢失了什么东西，走出门外就不知自己要往哪儿去，每次想到这个耻辱，汗没有不从背上发出来沾湿衣服的。我不过是朝廷里的一个宦官，怎么能够自己引退隐居到岩洞之中去呢？所以暂且跟俗人一起随波逐流，用这种处世态度来抒发自己的愤懑。现在您用推举贤能来教我，难道不是与我内心相违背吗？现在即使想自我粉饰，用美丽的词藻来装饰自己，也没有好处，对于世俗之人来说也是不会相信的，恰好足够招致侮辱罢了。总之，要到死了以后，我的是非才有定论。书信不能写尽我的全部心意，简略地陈述我的固塞鄙陋的言辞。恭敬地再拜两拜。

（一）☰乾卦表天、（二）☷坤卦表地、（三）☳震卦表雷、（四）☴巽卦表风、（五）☵坎卦表水、（六）☲离卦表火、（七）☶艮卦表山、（八）☱兑卦表泽。

（先天八卦）"—"为阳爻。"--"为阴爻

附八卦图

先天八卦　李秀廉教授供稿

《史　记》

司马迁（公元前145—前90年左右），字子长，龙门（今陕西韩城县北）人，是我国伟大的史学家和文学家。司马迁的父亲司马谈，在汉武帝建武、元封年间曾任太史令。在司马谈的教育下，司马迁十岁就能诵读《左传》、《国语》等史学名著。之后司马迁随父亲来到长安，师从孔安国、董仲舒等大家名儒，这就为他后来写《史记》打下了坚实的知识基础。司马迁二十岁时，开始漫游大江南北，足

历祖国的名山大川，搜集各种史料，为写《史记》做好了充分的准备。汉武帝元封三年（公元前108年），司马迁三十八岁，继承父志，正式当了太史令，四十二岁开始写《史记》。到武帝天汉二年（公元前99年），发生了李陵事件。李陵是汉初名将李广之孙，在一次战斗中，因寡不敌众，人尽粮绝，投降了匈奴。司马迁曾为李陵辩护，因此触怒了武帝，身受宫刑。出狱后，司马迁继续发奋著书，约花十六年的时间，写成了《史记》这部巨著。

《史记》是我国第一部纪传体的通史。它既是一部史学巨著，也是一部文学名著。《史记》记事上自传说中的黄帝，下至汉武帝太初年间，前后三千年。作者对待史料采取了考信和实录的态度，做到信而有征。《史记》对人物的描写，形象鲜明，文笔生动，具有很高的文学价值，对后代文学，特别是传记文学的发展，产生了深远的影响。

"本纪"、"表"、"书"、"世家"和"列传"，是《史记》一书所编写的五种体例。全书分为十二本纪、十表、八书、三十世家和七十列传，共计一百三十篇（卷），五十二万六千五百字。

现在《史记》通行的注本是三家注本，南朝宋裴骃集解，唐司马贞索隐，张守节正义。

五　帝

[说明]　本文选自《史记》的本纪第一篇。关于五帝有三种说法：一说为伏羲（太皞）、神农（炎帝）、黄帝、尧、舜；二说为黄帝、颛顼、帝喾、尧、舜；三说为少昊（一说为黄帝之子青阳；一说为古东夷族首领）、颛顼（高阳）、高辛、尧、舜。我们取第二说，因为伏羲为三皇（伏羲、女娲、神农）之一，黄帝长子青阳又非古帝。

本文记载了五帝任人唯贤，禅让等优良作风，是一篇值得学习的好史料。

黄帝者，少典①之子，姓公孙，名曰轩辕。生而神灵，弱而能言，幼而徇齐，长而敦敏，成而聪明。

轩辕之时，神农氏世衰，诸侯相侵伐，暴虐百姓，而神农②氏弗能征。于是轩辕乃习用干戈，以征不享③，诸侯咸来宾从。而蚩尤④最为暴，莫能伐。炎帝欲侵陵⑤诸侯，诸侯咸归轩辕。轩辕乃修德振兵，治五气⑥，艺五种，抚万民，度四方，教熊罴貔貅貙虎，以与炎帝战于阪泉之野。三战，然后得其志。蚩尤作乱，不用帝命。于是黄帝乃征师诸侯，与蚩尤战于涿鹿⑦之野，遂禽杀蚩尤。而诸侯咸尊轩辕为天子，代神农氏，是为黄帝……

黄帝二十五子，其得姓者十四人。黄帝居轩辕之丘，而娶于西陵之女，是为嫘祖⑧。嫘祖为黄帝正妃，生二子，其后皆有天下：其一曰玄嚣，是为青阳，青阳降⑨居江水；其二曰昌意，降居若水⑩。昌意娶蜀山氏女，曰昌仆，生高阳，高阳有圣德焉。黄帝崩，葬于桥山。其孙昌意之子高阳立，是为帝颛顼也。

① 少典：人名。一说古代帝王，娶有娇氏，生黄帝……一说炎帝妃，生黄帝。弱：年少。徇（xùn）齐：敏慧。敦：厚道；忠实。敏：聪敏。
② 神农：传说古帝名。古史又称炎帝，烈山氏。相传始教民耒、耜以兴农业，尝百草为医药以治疾病。
③ 不享：诸侯不来朝。宾从：服从、归顺。
④ 蚩尤：古帝王（依应劭《汉书》注）。古九黎族部落酋长，即九黎之君。
⑤ 侵陵：亦作"侵凌"，即侵犯欺凌。
⑥ 五气：指五行之气，五方之气。艺：种植。五种：五种谷物，即黍、稷、菽、麦、稻；一说为黍、稷、菽、麦、麻。阪泉：地名。其说有三：一说在今河北涿鹿县东南；二说在今山西运城县南。宋沈括《梦溪笔谈》三辨证："解州盐泽，方百二十里。久雨，四山之水悉注其中，未尝溢；大旱未尝涸。卤色正赤，在阪泉之下，俚俗谓之蚩尤血。"三说在今山西阳曲县东北。
⑦ 涿鹿：地名。在今河北省西北部，桑干河流域，邻接北京市。
⑧ 嫘（Léi）祖：一作累祖、雷祖。传为西陵氏之女，黄帝之妻。传说她创造养蚕，北周以后被祀为先蚕（蚕神）。自南朝宋元嘉以来，历代封建王朝皆设先农坛祭祀先蚕（嫘祖）。
⑨ 降（jiàng）：降生。江水：古指长江。
⑩ 若水：古水名。即今雅砻江，在四川省。桥山：山名。在今陕西黄陵县西

北,又称子午山,相传上有黄帝墓。一说在今河北涿鹿县东南。

帝颛顼高阳者,黄帝之孙而昌意之子也。静渊以有谋,疏通而知事;养材以任地①,载时以象天,依鬼神以制义,治气以教化,洁诚以祭祀。北至于幽陵②,南至于交阯,西至于流沙,东至于蟠木。动静之物,大小之神,日月所照,莫不砥属③。……

帝颛顼生子曰穷蝉。颛顼崩,而玄嚣之孙高辛立,是为帝喾。

①任地:分配土地,利用土地的制度。载:记录。象:象征。
②幽陵:即幽州。古代十二州之一。传说舜分冀州东北为幽州。燕曰幽州。交阯:即交趾。汉武帝设置交阯、九真、日南、珠厓等九郡。流沙:沙漠。蟠(pán)木:传说中的山名。在东海中,相传为神荼、郁壘所居。
③砥(dǐ)属:服从平定,皆来归属。

高辛生而神灵,自言其名。普施利物,不于其身。聪以知远,明以察微。顺天之义,知民之急。仁而威,惠而信,修身而天下服。取地之财而节用之,抚教万民而利诲之,历①日月而迎送之,明鬼神而敬事之。其色郁郁,其德嶷嶷。其动也时,其服也士。帝喾溉执中而遍天下,日月所照,风雨所至,莫不从服。

帝喾娶陈锋氏女,生放勋。娶娵訾②氏女,生挚。帝喾崩,而挚代立。帝挚立,不善,而弟放勋立,是为帝尧。

①历:《大戴礼记·曾子天圆》:"圣人慎守日月之数,以察星辰之行,以序四时之顺逆,谓之历。"守:掌握。数:自然之理。郁郁:忧伤、沉闷貌。嶷嶷:高尚貌。
②娵(jū)訾(zī):又作陬訾……传说中部族首领帝喾妃(常仪)的姓。

帝尧者,放勋。其仁如天,其知①如神。就②之如日,望之如云。富而不骄③,贵而不舒。黄收④纯衣,彤车乘白马。能明驯⑤德,以亲九族。九族既睦,便章⑥百姓。百姓昭明,合和万国……

尧曰:"谁可顺此事?"放齐曰:"嗣子丹朱开明。"尧曰:"吁!顽凶⑦,不用。"尧又曰:"谁可者?"欢兜曰:"共工旁聚布功,可用。"尧曰:"共工善言,其用僻,似恭漫天,不可。"尧又曰:"嗟,四岳,汤汤⑧洪水滔天,浩浩怀山襄陵,下民其忧,有能使治者?"皆曰鲧可。尧曰:"鲧负命毁族,不可。"岳曰:"异哉!试不可用而已。"尧于是听岳用鲧。九岁,功用不成。

尧曰："嗟！四岳：朕在位七十载，汝能庸⑨命，践朕位？"岳应曰："鄙德忝帝位。"尧曰："悉举贵戚及疏远隐匿者。"众皆言于尧曰："有矜⑩在民间，曰虞舜。"尧曰："然，朕闻之。其何如？"岳曰："盲者子。父顽，母嚚⑪，弟傲，能和以孝，烝烝治，不至奸。"尧曰："吾其试哉。"于是尧妻之⑫二女，观其德于二女。舜饬⑬下二女于妫汭，如妇礼。尧善之，乃使舜慎和五典，五典能从。乃遍入百官，百官时序⑭。宾于四门，四门穆穆，诸侯远方宾客皆敬。尧使舜入山林川泽，暴风雷雨，舜行不迷。尧以为圣，召舜曰："女谋事至⑮而言可绩，三年矣，女登帝位。"舜让于德不怿。正月上日，舜受终于文祖。文祖者，尧大祖也⑯。

①知（zhì）：同"智"。
②就：接近。之：指代尧。下句同。
③骄：骄傲。舒：伸展。
④收：古冠名。纯：丝。彤：朱红色。
⑤驯（xùn）：善良。通"训"，古训字。
⑥章：条款，章程。
⑦凶：通"讻"，争讼、吵闹。共工：官名。旁：辅佐，帮助。布：布币，古赋税。僻：偏僻，不正。
⑧汤汤（shāng）：大水急流貌。滔：弥漫。浩浩：水盛大貌。怀：包围。襄陵：大水漫过丘陵。其：副词，大概，可能。负：背负。
⑨庸（yōng）：用。忝（tiǎn）：辱，有愧于。
⑩矜（jīn）：自以为贤能、骄傲。然：是这样。
⑪嚚（yín）：愚顽。烝烝：纯一，厚美。
⑫妻：名词作动词用，许配。之：指示代词，指代舜。
⑬饬（chì）：告诫，教导。妫汭（guī ruì）：水名，在今山西省。妇礼：妇道，旧指重男轻女，卑谦处世。善之：意动式，以之为善。五典：即五常，指父义、母慈、兄友、弟恭、子孝。
⑭时序：时间的先后，季节的次序。四门：四方之门。穆穆：肃敬、恭谨。
⑮至：得当。言：作语助。绩：继续。怿（yì）：喜悦。文祖：有文德之祖。古帝王对祖先的美称。

虞舜者，名曰重华。舜为颛顼七世孙，自穷蝉至舜，皆微为庶人……舜年二十以孝闻。三十而帝尧问可用者，四岳咸荐虞舜，曰可。于是尧乃以二女妻舜以观其内,使九男与处以观其外……舜年五十摄①行天子事,年五十八尧崩。年六十一代尧践帝位,践帝位三十九年,南巡狩,崩于苍梧之野,葬于江南九疑,是为零陵。舜之践帝位,载天子旗,往朝父瞽叟,夔夔②唯谨,如子道。封弟象为诸侯。舜子商均亦不肖,舜乃豫③荐禹于天。

①摄:代理。巡狩(shòu):一作"巡守"。古时皇帝五年一巡狩,观察诸侯所守的地方。苍梧:地名。在今湖南省。九疑:一作"九嶷",即今湖南九疑山。零陵:古地名,在今湖南宁远县东南。
②夔夔(kuí):悚惧貌。子道:指奉事父母之道。
③豫(yù):通"预"。事先准备。

译文

五个帝王

黄帝是少典的儿子,姓公孙,名叫轩辕。出生就很神异,威灵,年少会讲话,幼年很敏慧,长大了也很忠实、聪敏,长成后很聪明。

当轩辕长大的时候,神农氏的家世衰微了,各地诸侯互相侵伐,凶暴地虐杀百姓,然而神农氏不能征讨。于是轩辕氏就练习用兵器,用这来征伐那些不来朝的诸侯,于是诸侯都来服从归顺。然而蚩尤最强暴,没有谁能讨伐他。炎帝想要侵逼欺陵各诸侯,诸侯都归服黄帝。于是黄帝就修明德政,整治兵器,治理五方之人的精神状态,种植五种谷物,安抚广大民众,度量自己的能力能否服四方之人,并教习熊、罴、貔、貅、貙、虎六种猛兽(或以六兽为图腾的氏族),在阪泉之野用它们与炎帝作战,经过多次战斗之后,才取得胜利。蚩尤作乱,不听从黄帝的命令。于是黄帝就从诸侯征集军队,在涿鹿之野与蚩尤作战,把蚩尤抓住杀掉了。因而诸侯都尊崇黄帝作天子,代替神农氏,这就是黄帝……

黄帝有二十五个儿子,其中得姓的有十四人。黄帝住在轩辕山丘,娶西陵之女为妻,这就是嫘祖。嫘祖是黄帝的正妻,生两个儿子,他们的后代都有天下:其中第一个叫玄嚣,这就是青阳,青阳降生后居住在长江;其中第二个叫昌意,他降生下来居住在今雅砻江。昌意娶蜀山氏女为妻,名叫昌仆,生了高阳,高阳有圣贤之德。黄帝去世后,葬在桥山。他的孙子昌意的儿子高阳即位,这就是帝颛顼。

帝颛顼高阳是黄帝的孙,昌意的儿子,他平日静心思考,学识渊博,因而有谋略,通观万物,因而知道事理,需要栽培某种木材,因而制定分配土地,利用土地的制度,用记载季节来象征大自然的变化,依照鬼神的喜爱而制定各种礼仪,用治理不良习气来教化万民,用清洁、忠诚来祭祀鬼神。(颛顼称帝时的统治范围)北面到达幽州;南面到达交阯;西面到达沙漠地带;东面到达东海中的蟠木山。所有动静的物体,大小的神灵,日月照耀的地方,没有谁不服从,都来归属。颛顼生的儿子叫穷蝉(不肖),颛顼去世,由玄嚣的孙高辛即位,这就是帝喾(kù)。

高辛是天生的神灵,一出生就能自己说出自己的名字。他普遍施给利物,但不给他自身。依靠聪明能知远、察微。顺应天的心意,懂得民众的危急。他仁慈而且有威望,仁惠而且诚实,加强自身修养,因而天下的人都服从他。取土地的财富而且节省使用它们,抚慰教养万民而且还严厉地教诲万民,按日月运行的自然规律而迎送它们(指利用时间),使鬼神明智而恭敬地服事鬼神。他的脸色是很忧郁的,他的德行是很高尚的。他的活动适时,他的穿戴如同一般人士。帝喾施恩如灌溉,不偏不倚遍及全天下,凡是日月所照之处,风雨所到之处,没有谁不服从他。

帝喾娶陈锋氏女,生放勋。娶娵訾氏女,生挚。帝喾去世,兄挚代立,不善,由弟弟放勋即位,这就是帝尧。

帝尧是放勋。他的仁爱像天,他的智慧像神。就近他如同太阳似的明亮,远望他如同云一样的高超。他富裕然而不骄傲,他有地位然而不张扬。他戴黄帽,穿绸衣,坐朱红色车,骑白马。他能够明了善德,并用善德来亲近九族。九族的人既已经和睦友好了,便用条款来给百姓规定执行。百姓都昭明善德了,就能合和万邦……

尧说:"这件事谁能治理如意(指定春夏秋冬四时的次序)?"放齐说:"帝尧您的嫡长子丹朱开明。"尧说:"唉!他烦琐、爱争吵，不用。"尧又问："谁能够呀？"欢兜说："共工辅佐收集布币有功，可用。"尧说："共工只会说话，他行为不正，貌似恭敬弥漫了天空，不可用。"尧又说："唉！各位诸侯，现在汪洋的大水漫天，洪水包围了山顶，漫过了丘陵，下面的老百姓大概很忧愁，有能够治理洪水的人吗？"大家都说鲧可以。尧说："鲧违背命令，毁坏族名，不可用。"诸侯说："奇怪呀！试一试，不可用就算了。"尧于是听从诸侯起用了鲧。九年，鲧治水无成。

尧说："唉！诸侯们，我在位七十年，你们能用命，那就来即位吧！"诸侯答应说："（我们）德行鄙陋，有愧于帝位。"尧说："列举所有贵戚和疏远的隐士们。"大家都对尧说："有个我们认为贤能的人在民间，名叫虞舜。"尧曰："是这样，我也听说这人，大概怎么样"？诸侯们说："是盲人的儿子。父亲顽固，继母愚顽，弟弟傲慢，他能用孝心来和好这一家，纯心治理，不至奸诈。"尧说："我将要试试呀。"于是尧把两个女儿许配给舜作妻子，用两个女儿来观察舜的德行。舜在妫汭告诫（尧的）二女，如重男轻女、卑谦处世等妇女道德。尧认为很好，于是使舜谨慎地和谐五典，五典能够顺从。于是又遍入众官，众官行事都能按时间的先后，季节的次序。又使舜在四方之门用宾客之礼接待宾客，四方之门出入的诸侯远客都能肃敬、恭谨。尧又使舜进入山林水泽的地方，无论暴风雷雨，舜都行走不迷失方向。尧认为舜是圣人，召唤舜说："你办事得当，而且可以继续，多年了，你登帝位吧。"舜在德行方面谦让，不乐登帝位。正月初一日，舜在尧的祖庙里最后接受了帝命。文祖就是尧的祖上。

虞舜名叫重华。舜是颛顼帝的第七代孙，从穷蝉到舜，都微贱成了普通老百姓……舜二十岁时因为孝敬父母而著名。三十岁时尧问可起用的人，诸侯都推荐舜，（尧）说：可以。于是尧就把两个女儿给舜作妻，用来观察舜在家的行为，又派遣很多男士和舜相处以观察舜在外面的表现……舜五十岁时，代理行使天子的事，五十八岁时尧去世。六十一岁时代替尧登上帝位，登上帝位三十九年的时候，去南方视察诸侯所守的地方，在苍梧的郊外去世了，葬在长江以南的九疑山，这就是零陵。当上了皇帝的舜，乘坐着有天子旗的车，去朝拜瞎了眼的父亲，很谨慎地小心悚惧，丝毫没有丧失人子之道。封他的弟弟（象）作诸侯。舜的儿子（商均）不贤，舜就事先向天推荐了夏禹。

附三皇、五帝简表

三皇：伏羲、女娲、神农。
五帝：黄帝、帝高阳、帝喾、帝尧、帝舜。
三王：夏禹王、商汤王、周文王……

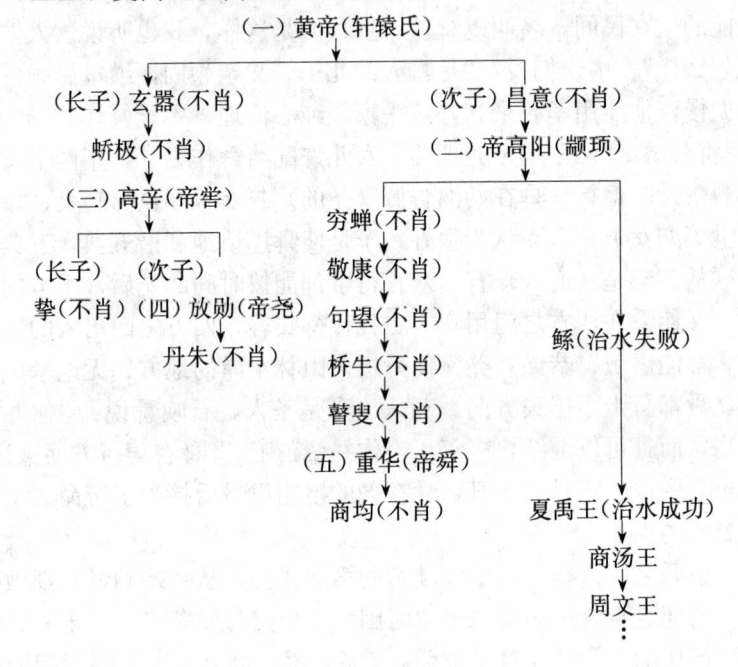

```
                    （一）黄帝（轩辕氏）
                    ┌──────────┴──────────┐
            （长子）玄嚣（不肖）         （次子）昌意（不肖）
                    │                           │
                 蛴极（不肖）              （二）帝高阳（颛顼）
                    │                           │
              （三）高辛（帝喾）          穷蝉（不肖）
             ┌──────┴──────┐            │
          （长子）       （次子）        敬康（不肖）
          挚（不肖）  （四）放勋（帝尧）   │
                          │             句望（不肖）
                       丹朱（不肖）        │
                                        桥牛（不肖）
                                          │
                                        瞽叟（不肖）
                                          │
                                    （五）重华（帝舜）      鲧（治水失败）
                                          │                  │
                                       商均（不肖）       夏禹王（治水成功）
                                                            │
                                                         商汤王
                                                            │
                                                         周文王
                                                            ⋮
```

孙　膑

[说明]　战国时期，我国古代的军事科学发展到了一个新的阶段，出现了不少杰出的军事家和系统的军事著作。司马迁在这篇

传记中，对战国中期齐国军事家孙膑的事迹和才能作了生动的描写。作者先通过赛马这件小事，显示了孙膑的智慧，然后又通过"桂陵之役"和"马陵之役"两大著名战役，写出了孙膑卓越的军事思想。这是《史记》通过典型事件刻画人物的一例。

孙膑的兵法失传已久。1972年在山东临沂银雀山发掘的西汉早期墓葬中，发现了《孙膑兵法》的部分竹简，它反映了孙膑军事思想的某些方面。

本篇选自《史记·孙子吴起列传》，题目是后加的。

孙武既死①，后百余岁有孙膑②。膑生阿、鄄之间③，膑亦孙武之后世子孙也。孙膑尝与庞涓俱学兵法。庞涓既事魏④，得为惠王将军，而自以为能不及孙膑。乃阴使召孙膑⑤。膑至，庞涓恐其贤于己，疾之⑥，则以法刑断其两足而黥之⑦，欲隐勿见⑧。齐使者如梁⑨，孙膑以刑徒阴见⑩，说齐使。齐使以为奇⑪，窃载与之齐⑫。齐将田忌善而客待之⑬。

① 孙武：春秋时代著名的军事家，著有《孙子兵法》。
② 膑（bìn）：古代的一种刑罚，即挖去膝盖骨。孙膑的名字失传，因为受过膑刑，故称为孙膑。
③ 阿（ē）：齐国地名，在今山东阳谷县附近。鄄（juàn）：齐国地名，在今山东鄄城县。
④ 事魏：为魏国服务。
⑤ 阴：暗地里，秘密地。使：派人。
⑥ 疾：妒忌，今写作"嫉"。
⑦ 以法刑断其两足。指对他实行膑刑，挖去了他两足的膝盖骨。以法刑：根据法律用刑。黥（qíng）：古代的一种刑罚，刺面后涂墨，故称"墨刑"。
⑧ 隐：使……隐。见（xiàn）：出现。
⑨ 如：到……去。梁：魏国迁都大梁（今河南开封）后，故又称"梁"。
⑩ 以：用……身份。刑徒：受过刑的罪犯。
⑪ 奇：指有奇特的才能。
⑫ 窃载：偷偷地载到车上。与之齐：和他一起到齐国去。"与"后面省了宾语"之"。

⑬田忌：齐国的宗室。善：认为他有才能。客待之：把他当客人对待。"客"是名词作状语。

忌数与齐诸公子驰逐重射①。孙子见其马足不甚相远。马有上、中、下辈②，于是孙子谓田忌曰："君弟重射，臣能令君胜③。"田忌信然之④，与王及诸公子逐射千金⑤。及临质⑥，孙子曰："今以君之下驷与彼上驷⑦，取君上驷与彼中驷，取君中驷与彼下驷。"既驰三辈毕，而田忌一不胜而再胜⑧，卒得王千金。于是忌进孙子于威王⑨，威王问兵法，遂以为师。

①数（shuò）：屡次。诸公子：指诸侯不继承王位的诸儿子。驰逐：驾马比赛。重（zhòng）射：下很大赌注打赌。射：打赌。
②马足：马的足力。辈：等级。
③弟：只管。臣：古人谦称自己为臣。
④信然之：相信孙膑的话正确。
⑤逐射千金：下千金赌注赌驾马比赛。
⑥临质：临比赛的时候。质：双方找人评定是非。这里指比赛。
⑦驷：古称同驾一车的四马。与：对付。
⑧再胜：胜两次。
⑨进：推荐。

其后魏伐赵，赵急，请救于齐。齐威王欲将孙膑①，膑辞谢曰："刑余之人不可②。"于是乃以田忌为将，而孙子为师③，居辎车中④，坐为计谋，田忌欲引兵之赵，孙子曰："夫解杂乱纷纠者不控捲⑤，救斗者不搏撠⑥，批亢捣虚⑦，形格势禁⑧，则自为解耳。今梁赵相攻，轻兵锐卒必竭于外⑨，老弱罢于内⑩。君不若引兵疾走大梁⑪，据其街路，冲其方虚⑫，彼必释赵而自救，是我一举解赵之围而收弊于魏也⑬。"田忌从之。魏果去邯郸⑭，与齐战于桂陵⑮。大破梁军⑯。

①将（jiàng）：以……为将。
②谢：婉言推谢。刑余之人：受过刑的人。
③师：此处指军师，与"遂以为师"的"师"不同。
④辎（zī）车：有帷的车。
⑤大意是：解乱丝不能整团地抓住去拉。杂乱纷纠：指乱丝。控：拉。捲：卷着的乱丝。
⑥大意是：劝解打架不能在双方相持很紧的地方去搏击。撠（jǐ）：指打

⑦批亢(gāng)：打击要害处。批：击。亢：喉咙。捣虚：冲击敌人空虚之处。捣：后来写作"捣"。

⑧形格势禁：是两个并列的主谓结构。造成形止势禁的局面。格：止。

⑨轻兵：轻装的士兵，即精锐部队。

⑩罢(pí)：通"疲"。

⑪走：奔向。大梁：魏国的国都。

⑫街路：指要道。方虚：正空虚处。

⑬收弊于魏：对魏可以收到使它疲惫的效果。弊：通"弊"。

⑭邯郸：赵国的国都。

⑮桂陵：魏地。在今山东菏泽市东北。"围魏救赵"的事发生在魏惠王十七年（公元前353年）。

⑯据银雀山出土的《孙膑兵法》记载，在桂陵之战中庞涓被擒。

后十三年，魏与赵攻韩，韩告急于齐①，齐使田忌将而往，直走大梁，魏将庞涓闻之，去韩而归，齐军既已过而西矣②。孙子谓田忌曰："彼三晋之兵素悍勇而轻齐③，齐号为怯④；善战者因其势而利导之⑤。兵法：'百里而趣利者蹶上将，五十里而趣利者军半至⑥。'使齐军入魏地为十万灶，明日为五万灶，又明日为三万灶⑦。"庞涓行三日，大喜，曰："吾固知齐军怯，入吾地三日，士卒亡者过半矣。"乃弃其步军，与其轻锐倍日兼行逐之⑧。孙子度其行，暮当至马陵⑨。马陵道陕⑩，而旁多阻隘，可伏兵。乃斫大树白而书之曰⑪："庞涓死于此树之下。"于是令齐军善射者万弩⑫，夹道而伏，期曰："暮见火举而俱发⑬。"庞涓果夜至斫木下，见白书，乃钻火烛之⑭。读其书未毕，齐军万弩俱发，魏军大乱相失⑮。庞涓自知智穷兵败，乃自刭⑯，曰："遂成竖子之名！"齐因乘势尽破其军，虏魏太子申以归⑰。孙膑以此名显天下，世传其兵法。

①马陵之战发生在魏惠王二十八至二十九年（公元前342—前341年）。关于这次战役，《史记·魏世家》说是"魏伐赵，赵告急齐"；《史记·田敬仲完世家》的记载是"魏伐赵，赵与韩亲，共击魏，赵不利……韩请救于齐"，和这里不一样。

②齐军已经越过国境向西进了。

③三晋之兵：指魏军。三晋：本指魏、赵、韩。晋是春秋时一个强大的

诸侯国，后来它的三家大夫分晋，成了魏、赵、韩三国。
④号为怯：被称为胆小的。
⑤因其势：根据客观形势。顺着有利的方向加以引导。
⑥趣利：跑去争利。趣（qū）：通"趋"，趋向。蹶（jué）：跌、挫折。这里是使动用法，"使……受挫折"的意思。军半至：军队只有一半能达到，意思是说在行军途中军队损耗过半。这些话见《孙子·军争》文字不全同。
⑦灶：逐日减灶是为了造成齐军逐日逃亡的假象，引诱魏军"倍日兼行"，使之处于"百里而趣利"的不利地位。
⑧轻锐：轻兵锐卒。倍日兼行：两天的路程并作一天走。
⑨度（duó）其行：估量其行程。马陵：魏地。在今山东濮县北。
⑩陕："狭"的本字，与"陕"字不同。
⑪斫（zhuó）大树白：把树皮砍掉露出白色。斫：砍。书：写。
⑫善射者万弩：善射箭的弩手一万人。
⑬期：约。发：（箭）射出去。
⑭见白书：见到树白上的字。书：字。钻火：钻木取火。这里指取火。烛：照。
⑮相失：彼此失去联系。
⑯刭（jǐng）：用刀割脖子。《史记·魏世家》说庞涓是被杀的。
⑰太子申：魏惠王的太子，名申。马陵之役，魏以太子申为上将军，以庞涓为将。以：而。

译文

孙　膑

孙武去世以后，过一百多年出生了孙膑。孙膑出生在齐国的阿鄄之间，他也是孙武的后代子孙。孙膑曾经与庞涓在一起学习兵法。后来庞涓已经为魏国服务，任命为魏惠王的将军，然而自己认为比不上孙膑的才能。于是就暗中派人把孙膑召来魏国，庞涓担心孙膑比自己贤能，就按法律用刑，挖去了孙膑两腿的膝盖骨，并且刺面涂墨，让孙膑隐藏不许出现。齐国的使者去到魏国。孙膑凭受刑人的身份暗中求见，说服齐国使者。齐使认为他有特别的才能，偷偷地装载与他一同回往齐国。齐将田忌认为他不错，当做客人一样地对待他。

　　田忌屡次与公子们下很大赌注驾马比赛。孙膑看见他们马的足力相差不太远，但马分上、中、下三个等级，于是孙膑对田忌说："您只管下很大的赌注打赌，我能使您获胜利。"田忌相信孙膑的话是对的，就与王和公子们下千金赌注比赛。等到比赛的时候，孙膑说："现在用您的下驷对付他的上驷，拿您的上驷对付他的中驷，拿您的中驷对付他的下驷。"比赛三个等级完毕后，田忌败一次胜两次，终于获得了齐威王的千金。因此田忌向齐威王推荐孙膑，威王问孙膑兵法，于是就把孙膑当作老师。

　　自那以后，魏国进攻赵国，赵危急，向齐国求救。齐威王要以孙膑为将，孙膑辞谢说："受过刑的人不能（当将官）。"于是威王就用田忌当将，而用孙膑作军师，坐到有帷幕的车里，坐着为作战出主意。田忌想直接带兵往赵，孙膑说："解开杂乱的丝团，不能整团地抓住去拉（而要一根根地往外抽），制止打架也不能打击他们互相揪住的地方。要打击要害处、捣毁空虚的地方，形成禁止相斗的局势，那就自然被解开了。现在梁赵相攻，他们的轻装的精锐部队一定全部在外面，而在内部的都是些疲惫不堪的老弱残兵。您不如引导士兵直接奔向大梁，占据它的交通要道，冲击它正空虚的地方，他们（魏军）一定会放弃赵国而来挽救自己（国家），这样我们一举解赵之围而收到使魏军疲惫的效果。"田忌听从了他的话。魏军果然撤离了邯郸，与齐军在桂陵交战。齐军大破魏军。

　　过后十三年，魏国与赵国攻打韩国，韩国向齐国告急。齐国派田忌率领军队前去，直接奔向大梁。魏将庞涓听到了，马上离开韩国就回去了，齐军已经越过国境而向西进军了。孙膑对田忌说："那些魏军向来很强悍勇敢而轻视齐军，称齐军为胆小的。会作战的人要根据客观情势，顺着有利的方向加以引导。兵法规定说：'上百里的地方跑去争利，会使上将受挫折，跑到五十里的地方去争利，行军途中军队会损耗一半。'于是派齐军进入魏地的时候做十万个灶，第二天做五万个灶，第三天做三万个灶。"庞涓走了三天，大为欢喜地说："我本来知道齐军胆小，进入我们魏地才三天，逃跑掉的齐军就超过一半了。"于是就放弃步兵，同他轻装的精锐部队将两天的路程一天走完，以追逐齐军。孙膑估计庞涓的行动，晚上该达到马陵。马陵道路又狭窄，而且旁边阻隘又多，可以伏兵。于是就把大树砍白而写道："庞涓死于这棵树的下边。"于是派齐军中会射箭的一万名射手埋伏到大路的两旁，并且约定说："夜里见到火就举箭齐射。"庞涓果然夜里来到了砍白的树下，看到了白树上的字，于是就取火照字。读那几个字还没有完毕，齐军万箭齐射，魏军大乱彼此失去了联系。庞涓知道自己智穷兵败，于是就自杀，说："就让你这小子成名吧！"齐军因此把魏军全部攻破了，抓获魏太子申回去了。孙膑因此名扬天下，世上流传孙膑的兵法。

西门豹治邺

[说明] 西门豹是战国初期魏国杰出的无神论者。他在任邺县令时，严惩了罪大恶极的老巫婆、乡官和三老等人，揭穿了他们大搞迷信、残害人民的骗人把戏。西门豹还发动邺县群众，兴修水利，发展了农业生产。他治邺显示了他的魄力和政治才能。这篇文章言辞简洁，情节生动，通过"送女河上"这一场面的刻画，突出地表现了西门豹的深沉而机智的性格。

本篇选自《史记·滑稽列传》褚少孙续补部分，题目是后加的。褚少孙，颖川（今河南禹县）人。家住沛县（今江苏沛县）。西汉元帝、成帝年间（公元前48—前7年）曾为博士。他为《史记》补写了《孝武本纪》、《三王世家》、《日者列传》等篇，又为《外戚列传》、《滑稽列传》增补了一些内容。

魏文侯时，西门豹为邺令①。豹往到邺，会长老②，问之民所疾苦③。长老曰："苦为河伯娶妇，以故贫④。"豹问其故，对曰："邺三老、廷掾常岁赋敛百姓⑤，收取其钱得数百万，用其二三十万为河伯娶妇，与祝巫共分其余钱持归⑥。当其时，巫行视小家女好者⑦，云：'是当为河伯妇⑧。'即娉取⑨。洗沐之，为治新缯绮縠衣⑩，闲居斋戒⑪；为治斋宫河上⑫，张缇绛帷⑬，女居其中，为具牛酒饭食，行十余日⑭。共粉饰之，如嫁女床席⑮，令女居其上，浮之河中。始浮，行数十里乃没。其人家有好女者，恐大巫祝为河伯取之，以故多持女远逃亡⑯。以故城中益空无人⑰，又困贫，所从来久远矣⑱。民人俗语曰：'即不为河伯娶妇，水来漂没，溺其人民'云⑲。"西门豹曰："至为河伯娶妇时，愿三老、巫祝、父老送女河上，幸来告语之⑳，吾亦往送女。"皆曰："诺㉑。"

① 魏文侯（公元前445—前396年在位）：名斯，战国初期魏国的君主。先后任用李悝（kuī）为相，吴起为将，西门豹为邺令，奖励耕战，使魏国成为战国初期的强国。邺：今河北临漳县。令：县令，县的长官。
② 会：会集。长老：地方年长的人。
③ 问他们关于老百姓痛苦的事情。之：他们，指长老。民所疾苦：老百姓痛苦的事情。这里"之"和"民所疾苦"做"问"的双实语。
④ 河伯：迷信传说中的水神名。以故：因为这个缘故。
⑤ 三老：古代的乡官，管地方上的思想教育。廷掾（yuàn）：辅佐县令的官。岁：每年。赋敛百姓：向百姓收税。
⑥ 祝巫：装神弄鬼搞迷信活动的人。祝：替人告神求福的人。巫：用舞蹈降神替人祈祷的人。持：拿着。
⑦ 当其时：当为河伯娶妇的时候。行视：巡行查看。小家女：小户人家的女子，即贫苦人家的女子。好：漂亮。
⑧ 便说"这个女子应当做河伯的妻子"。是：指示代词，指这个女子。
⑨ 马上下聘娶去。娉：通"聘"，下聘，旧时给女方送财礼表示订婚。取：通"娶"。
⑩ 洗沐之：给她洗澡洗头。沐：洗头。为治新缯（zēng）绮（qǐ）縠（hú）衣：给她做新的丝绸花衣。缯：绸子。绮：有花纹的绸子。縠：有皱纹的纱。
⑪ 间居：独自居住。间：隔离。斋戒：一种迷信活动。指祭祀鬼神之前，洗干净身子，穿干净衣服，以表示虔诚。
⑫ 斋宫：供闲居斋戒用的屋子。河上：河岸上。河：指漳河。
⑬ 张挂起赤黄色和大红色的绸帐。缇（tí）：赤黄色。绛（jiàng）：大红色。帷（wéi）：围在四周的帐幕。
⑭ 具：备办。牛酒：牛肉和酒。古代以牛为三牲（牛羊猪）之首。行：

经过。

⑮ (大家)共同给它装饰点缀,像嫁女儿一样的床铺枕席。之:指代嫁女床席。

⑯ 以故多持女远逃亡:因为这个缘故大多带着自己的女儿远远地逃走了。

⑰ 益:愈益,越来越……

⑱ 所从来久远矣:这种情况从开始以来已经很长久了。所:代词,与"从来"构成各词性词组作"久远"的主语。

⑲ 民人俗语:老百姓中流传的俗语。即:假设连词,即使。漂没:漂走沉没。溺(nì):淹死。云:用在引文之后的语气词,表示据说如此。

⑳ 父老:古代的乡官。下文"里父老":同此。幸来告语之:把这件事告诉我对我是有幸的。幸:形容词作状语,有幸的意思,表示对对方的尊敬。之:指"我",古代"相"、"之"、"其"均可指代第一、二、三人称。

㉑ 诺:答应的声音,表示同意。

　　至其时,西门豹往会之①河上。三老、官属②、豪长者、里父老皆会,以③人民往观之者三二千人。其巫,老女子也,已年七十。从弟子女十人所,皆衣缯单衣④,立大巫后。西门豹曰:"呼河伯妇来,视其好丑。"即将⑤女出帷中,来至前。豹视之,顾⑥谓三老,巫祝、父老曰:"是女子不好,烦⑦大巫妪为入报河伯,得⑧更求好女,后日送之。"即使吏卒共抱大巫妪投之河中。有顷⑨,曰:"巫妪何久也?弟子趣⑩之!"复以弟子一人投河中。有顷,曰:"弟子何久也?复使一人趣之!"复投一弟子河中。凡⑪投三弟子。西门豹曰:"巫妪、弟子,是女子也,不能白事⑫。烦三老为入白之。"复投三老河中。西门豹簪笔磬折⑬,向河立待良久。长老、吏傍观者皆惊恐。西门豹曰:"巫妪、三老不来还,奈之何⑭?"欲复使廷掾与豪长者一人入趣之。皆叩头,叩头且破,额血流地,色如死灰⑮。西门豹曰:"诺,且留待之须臾⑯。"须臾,豹曰:"廷掾起矣。状河伯留客之久,若皆罢去归矣⑰。"邺吏民大惊恐,从是以后,不敢复言为河伯娶妇。

① 之:指长老(地方上年纪大的人)。

② 官属：官员一类，指廷掾（yuàn）等。豪长者：指地方上有钱有势的人。

③ 以：介词，用。这里是"以……身份"之意。

④ 跟随老巫婆的女徒有十来个人，都身穿丝绸的单衣。弟子：徒弟。所：表约数，如同"左右"。衣：第一个"衣"是动词"穿"。缯单衣：丝绸的单衣。

⑤ 将：扶着。出帷中：从帷帐中出来。

⑥ 顾：回过头去看。

⑦ 烦：敬词，表示请托。大巫妪（yù）：大巫婆。妪：对老年妇人的称呼。

⑧ 得：能愿动词，表示情况需要。更（gèng）：重新。后日：迟几天。

⑨ 有顷：过了一会儿。

⑩ 趣（cù）：通"促"，催促。

⑪ 凡：总共。

⑫ 白事：说明事情。白：陈述，说明。

⑬ 簪（zān）笔磬（qìng）折：插着笔，弯着腰。形容西门豹做出恭恭敬敬的样子。簪笔：把笔插在冠前的头发上。簪：古代别住头发的一种首饰，这里用作动词"插"。笔：簪尖装上毛，像笔，不是真笔。古代官吏头上，表示听从吩咐的礼节。磬折：比喻像石磬一样弯着。磬（qìng）是一种古代乐器，由玉、石或金属制成，状如曲尺。良久：很久。

⑭ 奈之何：古汉语中一种凝固结构，意思是"把它怎么办"。傍：靠近。

⑮ 且：连词，而且。色如死灰：脸上的气色像死灰一样。

⑯ 须臾（yú）：片刻，一会儿。

⑰ 廷掾可以站起来了，估量河伯留客时间的长久，你们都散了吧，离开这里回家吧。状：用作动词，"看……情况"。若：你们。罢去归：是三个动词连用。

　　西门豹即发民凿十二渠，引河水灌民田，田皆溉①。当其时，民治渠少烦苦②，不欲也。豹曰："民可以乐成，不可与虑始③。今父老子弟虽患苦我④，然百岁后期令父老子孙思我言。"至今皆得水利，民人以给足富⑤。

① 发：征发。凿：开挖。溉：灌溉。

② 少烦苦：稍微感到厌烦劳累。少：稍微。不欲：不想干了。

③ 老百姓可以和他们共同为成功而快乐，不能同他们一起考虑事情的开始。这是西门豹轻视劳动人民的一种言论。以：与，后面省略了指代人民的宾语"之"。

　　④ 患苦我：以我为祸患痛苦。意动用法。期：期望。令：使，让。

　　⑤ 老百姓因此家给（jǐ）人足，生活富裕。

译文

西门豹治理邺县

　　魏国文侯时，西门豹当邺县县长。刚去到邺县，召集地方的老人，问老百姓痛苦的事情。长老们说："以为河神娶妇最痛苦，因这个缘故，百姓贫穷。"西门豹问其原因，长老们很恭敬地回答说："邺县的各种官吏每年向百姓收税多达数百万，用其中的二三十万替河神娶妇，其余出三老、官吏和巫婆瓜分。到时，巫婆巡查贫苦人家漂亮的女子，便说'这女子应作河神的妻子'。立即给女方送财礼表示订婚，并叫女子洗涤干净，穿上新做的绸花衣，单独居住实行斋戒，并在河上修建斋宫，四周围上赤黄色、大红色的绸帐，让女子住其中，每天给她准备牛肉酒菜饭食，要过十多天。然后，大家都来装饰打扮，有像嫁女一样的床席，让女子住上面，浮到河中，开始还浮着，但过几十里便沉没了。那些有漂亮女孩的人家，担心巫婆替河神娶妇，因而大都携女远逃。因此城中空虚无人，更加贫穷。这种情况从开始到现在已经很久了。百姓俗话说'据说如果不为河神娶妇，大水来漂没，淹死百姓。'"西门豹说："到为河神娶妇时，希望乡、县官吏、巫师、父老都到河上送女，并请告诉我，我也去送姑娘。"大家都说"好"。

　　到送女的时候，西门豹到河上会见了地方长老和有钱有势的官员们，以各种身份来观望的有两三千人，那女巫已七十岁，跟从她的弟子约有十人，都穿着丝绸单衣，站在女巫的后面。西门豹说："叫河伯妇来，看看她的美丑。"立刻扶女子从帷帐中来到西门豹面前，西门豹看到姑娘，回头对三老、巫祝和父老们说："这个姑娘不美，敬请大巫老太太去报告河伯，需要换个漂亮的，晚几天送她去。"于是立即让士兵们共抱巫婆投入河中。过了一阵,西门豹说:"大巫老太太为何这么久不回来?徒弟去催吧!"再把一名弟子投入河中。又过了一会儿,西门豹说:"弟子为何也不回来?再去一人催吧。"于是又投一人入河中,共投三弟子。豹说:"巫师、徒弟都是女子,不能说明事情,敬请三老入河中说明此事。"于是又投三老入河中。西门豹插着笔、弯着腰,面向河中等待很久。其余靠近西门豹的长老、官吏们都很害怕。西门豹说:"巫老太太和官吏们都不回来,怎么办?"打算再派遣廷掾或豪长一人进河中催他(她)们。人人都叩头,而且叩破了皮,额血流地,脸色像死灰一样苍白。西门豹说:"好,暂且等他们一阵。"过了一阵,西门豹说:"官员们可以起来了,看河伯留客长久的情形,你们都散场回去吧。"邺县的官民都大为惊恐,从此以后,不敢再说为河伯娶妇了。

西门豹立即发动百姓挖凿十二条水渠,引水灌溉民田,水田都灌溉了。当他们浇灌时,百姓修治水渠稍微麻烦辛苦,就不想干了。西门豹说:"百姓可以乐享渠成之福,但不能和他们一起考虑事情的开始。今天父老子弟虽然以我为祸患痛苦,然而百年之后希望父老子孙想想我的话。"到今天都得水利,百姓都家庭兴旺,生活富裕。

《汉　书》

《汉书》是我国第一部纪传体断代史,起于汉高祖元年(公元前206年),止于王莽地皇四年(公元23年),共二百三十年。全书共十二纪、八表、十志、七十传,共计一百篇。

《汉书》的主要作者是班固。班固(公元32—92年)字孟坚,扶风安陵(今陕西咸阳市东)人,东汉著名的史学家。汉明帝时任兰台令史,汉和帝时随大将军窦宪出征匈奴,为中护军。后窦宪谋反,事败自杀;班固被牵连,死于狱中。

东汉初年,地主阶级的思想统治日益强化,封建皇帝大力提倡尊孔读经,宣扬谶纬神学。班固的父亲班彪就主张编写历史要"依五经之法言,同圣人之是非",在这样的指导思想下,他编写了

《史记后传》六十五篇。班固在此基础上,用了二十多年的时间才把《汉书》的初稿编成,其中的《天文志》和八表是他死后由他的妹妹班昭补写的。

《汉书》强调帝王正统,宣扬"君权神授",极力为汉王朝的帝王将相竖碑立传。它对统治阶级的罪行虽也有所揭露,但根据的是儒家的道德标准,目的是给统治者提供鉴戒。因此,思想性远不如《史记》。但是《汉书》在史料方面有相当大的价值,对于我们研究汉代的政治、经济、文化、地理、天文以及民族关系等方面的情况,是很重要的历史文献。

作为传记文学来说,《汉书》的成就不如《史记》。文笔不如《史记》奔放流畅,描写人物也不如《史记》活泼生动。《汉书》的特色是行文整齐,记事周密。

张骞传 (节选)

[说明] 本文记载了我国古代杰出的外交家张骞(qiān)(公元前139—前114年)两次出使西域的情况,为我们研究西汉初年的民族问题以及外交关系问题,提供了宝贵的资料。

张骞通西域是我国和世界历史上的一件大事。汉武帝时期,中国各民族的团结得到了进一步加强,但我国北方的匈奴贵族经常进行破坏活动,张骞第一次出使西域的直接目的就是要联合大月氏夹击匈奴。虽然联合的目的没有达到,但这次出使却沟通了西北边境少数民族与中央王朝的联系,加强了各民族之间的友好团结,有利于汉王朝彻底打跨匈奴贵族的武装集团,建立了统一的多民族的国家。

张骞通西域,还对后来形成的"丝绸之路"起了开创作用,发展了我国和中亚、西亚许多国家的友好关系,促进了东西方经济、文化的交流。这说明在两千多年以前,中国人民就为世界人民的团结合作做出了积极的贡献。

本篇选自《汉书·张骞、李广利传》

张骞，汉中[1]人也，建元[2]中为郎。时匈奴降者言匈奴[3]破月氏王，以其头为饮器[4]，月氏遁而怨匈奴，无与共击之[5]。汉方欲事灭胡[6]，闻此言，欲通使，道[7]必更匈奴中，乃募[8]能使者。骞以郎应募，使月氏[9]，与堂邑氏奴甘父[10]俱出陇西。径[11]匈奴，匈奴得之，传诣单于[12]。单于曰："月氏在吾北，汉何以得往使[13]？吾欲使越[14]，汉肯听我乎？"留骞十余岁[15]，予妻，有子，然骞持汉节不失[16]。

[1] 汉中：汉代郡名，郡治在南郑（今陕西汉中市）。
[2] 建元：汉武帝（刘彻）的第一个年号（公元前140—前135年）。郎：官名，汉代属光禄勋，负责宫廷侍卫，随从皇帝出行。
[3] 匈奴：我国古代北方的民族。月氏（ròu zhī）：我国古代西部的民族。原住敦煌、祁连山一带，汉文帝时被匈奴老上单于（chán yú）击败西走，到达今阿姆河流域（今塔吉克斯坦共和国和阿富汗境内一带）建立王朝，称大月氏。
[4] 饮器：饮酒的器具。
[5] 无与共击之：没有人和他们（月氏）一起打匈奴。
[6] 事：从事。胡：指匈奴。
[7] 道：道路。更：经过。
[8] 募：招募。
[9] 使月氏：张骞出使月氏是在建元三年（公元前139年）。
[10] 堂邑氏奴甘父：堂邑氏的奴仆名叫甘父。堂邑氏：汉人，姓堂邑。陇西：汉代郡名。郡治在狄道（今甘肃临洮）。
[11] 径：途经。用作动词，"取道"的意思。
[12] 传（zhuàn）：传车。古代在驿站上设有车马，用来传递公文等，这里是名词作状语，"用传车送"的意思。诣（yì）：到。单于：匈奴对君主的称呼，这里指军臣单于（公元前160——前126年在位）。
[13] 月氏在我的北边，汉朝人怎么能往那儿出使呢？按：月氏实际在匈奴西边。
[14] 越：指当时的南越（今五岭以南）。秦末农民起义时，真定（河北正定县）人，赵佗据南海、桂林等地（包括今广东、广西等地）称"南越武王"，汉高祖十一年（公元前196年）受封为"南越王"。后来，汉武帝元鼎五年（公元前112年），南越相吕嘉叛乱，被武帝派兵平定，废封国，设置郡县。
[15] 留骞：扣留了张骞。

⑯ 汉节：汉朝给予使臣的一种出使凭证，用竹做竿，上面饰以羽或毛。

居匈奴西，骞因与其属①亡乡月氏，西走数十日，至大宛②。大宛闻汉之饶③财，欲通不得，见骞，喜，问欲何之。骞曰："为汉使月氏而为匈奴所闭道④，今亡，唯⑤王使人道送我。诚得至，反汉⑥，汉之赂遗王财物不可胜言⑦。"大宛以为然，遣骞，为发译道⑧，抵康居⑨。康居传致大月氏⑩。大月氏王已为胡所杀，立其夫人为王⑪。既臣大夏而君之⑫，地肥饶，少寇，志安乐⑬，又自以远远汉⑭，殊无报胡之心⑮。骞从月氏至大夏，竟不能得月氏要领⑯。留岁余，还，並南山⑰，欲从羌中归⑱，复为匈奴所得。留岁余，单于死，国内乱⑲，骞与胡妻及堂邑父俱亡归汉。拜骞太中大夫⑳，堂邑父为奉使君㉑。

骞为人彊力㉒，宽大信人㉓，蛮夷爱之㉔。堂邑父，胡人，善射，穷急㉕，射禽兽给食㉖。初㉗，骞行时百余人，去十三岁㉘，唯二人得还。

① 其属：指张骞出使时带领的人。亡：逃亡。乡："向"的古字。
② 大宛（yuān）：古西域国名，在大月氏东北，今乌兹别克斯坦共和国费尔干纳盆地。
③ 饶：富饶，多。通：交往，联系。
④ 闭道：封锁道路，不让通行。
⑤ 唯：句首语词，表示希望。道：引导。导：古代本作"道"。
⑥ 诚：果真，表未定事实的假设。得至：能够达到（大月氏）。反：通"返"。
⑦ 赂：送人财物。胜（shēng）：尽。
⑧ 发：派遣。译道：翻译和响导。
⑨ 康居：古代中亚国名，在今哈萨克和乌兹别克斯坦共和国境内。
⑩ 致：送到。
⑪ 立其夫人为王：《史记·大宛列传》作"立其太子为王"。
⑫ 已经使大夏臣服而且统治着它（大夏）。臣：名词用做使动，即"使（大夏）臣服"。大夏：古西域国名，在月氏南，今阿富汗境内。君：名词用作动词，即"做君主"。之：指大夏。
⑬ 寇：侵扰。志：志趣。
⑭ 第一个"远"字，"遥远"的意思。第二个"远"字，旧读（yuàn），

"离开"的意思。
⑮ 全没有报复匈奴的意思。殊无：完全没有。
⑯ 竟：终于。要领：问题的关键。这里指明确的表示。
⑰ 並（bàng）：通"傍"，沿着。南山：指昆仑山。
⑱ 羌中：我国古代西部羌族居住的地方，在今甘肃一带。
⑲ 公元前126年，匈奴军臣单于死，其弟左谷蠡（lù lí）王伊稚斜（公元前126—前114年在位）攻败军臣单于太子于单，自立为单于。
⑳ 拜：古代授予官职。太中大夫：郎中令的属官，主管议论政事。
㉑ 堂邑父：即上面所说"堂邑氏奴甘父"。奉使君：堂邑父的官号。
㉒ 彊力：坚强而有毅力。彊同"强"。
㉓ 宽大：度量宽大。信人：对人有信用。
㉔ 蛮夷：我国古代对汉族以外的民族的一种污蔑性的称呼。
㉕ 穷急：穷困，急迫。
㉖ 给：供给。
㉗ 初：当初。指张骞、堂邑父开始出发的时候。
㉘ 离开汉十三年：即公元前138—前126年。

　　骞身所至者①：大宛、大月氏、大夏、康居，而传闻其旁大国五六②，具为天子言其地形所有③。语皆在《西域传》④。
　　骞曰⑤："臣在大夏时，见邛竹杖、蜀布⑥，问安得此⑦，大夏国人曰：'吾贾人往市之身毒国⑧。身毒国在大夏东南可数千里⑨。其俗土著⑩，与大夏同，而卑湿暑热⑪。其民乘象以战。其国临大水焉⑫。'以骞度之⑬，大夏去汉万二千里，居西南。今身毒又居大夏东南数千里，有蜀物，此其去蜀不远矣⑭。今使大夏，从羌中，险，羌人恶之；少北，则为匈奴所得⑮；从蜀，宜径⑯，又无寇。"天子既闻大宛及大夏、安息之属皆大国⑰，多奇物，土著，颇与中国同俗⑱，而兵弱，贵汉财物；其北则大月氏、康居之属，兵彊，可以赂遗设利朝也⑲。诚得而以义属之⑳，则广地万里，重九译㉑，致殊俗㉒，威德遍于四海。天子欣欣以骞言为然。乃令因蜀、犍为发间使㉓，四道并出㉔：出駹，出莋，出徙、邛，出僰㉕，皆各行一二千里。其北方闭氐、莋，南方闭巂、昆明㉖。昆明之属无君长，善寇盗，辄杀略汉使㉗，终莫得通。然闻其西可千余里,有乘象国,名滇越㉘,而蜀贾间出物者或至焉㉙,于是汉以求大夏道始通滇国。初,汉欲通西南夷㉚,费多,罢之。及骞言可以通大夏,乃复事西南夷。

① 身:亲身。所至者:所到的地方。
② 而传闻其旁大国五六:并且听说了这些国邻近的五六个大国的情况。其旁:指大宛、大月氏、大夏、康居等国的情况。
③ 具:全。所有:指物产。
④ (张骞当时对汉武帝所说的)话都记在《汉书·西域传》(见《汉书》卷九十六)中。
⑤ 骞曰:张骞说。这段话是在汉武帝元狩元年(公元前 122 年)说的。见《汉书·西南夷传》。
⑥ 邛(qióng)竹杖:邛崃山出产的竹杖。邛:邛崃山,在今四川中部。
⑦ 安得此:从哪里得到这些东西。
⑧ 贾(gǔ)人:商人。市:买。身毒(yuān dú):印度的古译名。之:之于,即在(身毒国)买得邛竹杖和蜀布。
⑨ 可:大约。
⑩ 土著:定土而居的意思。与游牧民族相对而言。
⑪ 卑湿:地势低湿。
⑫ 大水:指恒河。
⑬ 度(duó):忖度,推测。
⑭ 这就表明[身毒]离蜀地不远了。其:大概。
⑮ 少:稍微。得:得到,此指抓住。
⑯ 宜:应当。径:形容词,径直,道路直且近。
⑰ 安息:亚洲西部的古国,在今伊朗和伊拉克一带。属:类。
⑱ 颇:副词,表程度较大,略等于"很"。
⑲ 可以赂遗设利朝也:可用赠送财物,施之以利的办法,让他们来朝见。设:施。朝:使动用法,使……朝见。
⑳ 得而:能够。以义属之:指不用武力而施用恩谊使之归附于汉。属:使动用法,使……归附。之:指大宛等国。
㉑ 重九译:[一直到达]要经过多次翻译才能听懂话的远方。重:重叠。九:表多数。
㉒ 致殊俗:使不同习俗的人到来。致:招引,使到来。
㉓ 因:由。犍(jiān)为:汉代郡名。郡治在僰(bó)道(今四川宜宾市)。间使:秘密使者。

㉔ 四道：四条路线。并出：一同出发。
㉕ 駹（máng）：冉駹，汉代我国西南氐族建立的政权。故地在今四川茂县。莋（zuó）：莋都，汉代中国西南莋族建立的政权在今四川汉源县。徙（xǐ）：汉代我国西南徙族建立的政权在今四川徙县。邛：邛都，汉代我国西南邛族建立的政权，故地在今四川西昌市东南。僰：先秦我国西南白族建立的政权，故地在今以四川宜宾为中心的川南和滇东一带地方。
㉖ 其北方闭氐、莋：从北路去的使者被氐、莋阻拦住了。氐（dǐ）：我国古代西部的民族。巂（xī）：亦称巂州夷，我国古代西南的民族，居住在今四川大渡河以南，金沙江以西，锦屏山、盐井河以东地区。昆明：即昆明夷，我国西南古民族，在巂州夷西南，居住在今云南盐源县。
㉗ 辄：副词，总是。杀略：杀害和抢劫。
㉘ 滇（diān）越：古国名，即滇国，故地在今云南东部滇池附近。一说滇国在今云南大理县。
㉙ 间出物：私自运出货物。
㉚ 西南夷：我国古代对西南各民族的通称。

骞以校尉从大将军击匈奴①，知水草处，军得以不乏，乃封骞为博望侯②。是岁，元朔六年也③。后二年，骞为卫尉④，与李广俱出右北平击匈奴⑤。匈奴围李将军，军失亡多，而骞后期，当斩⑥，赎为庶人⑦。是岁骠骑将军破匈奴西边⑧，杀数万人，至祁连山⑨。其秋，浑邪王率众降汉⑩，而金城、河西并南山至盐泽⑪，空无匈奴⑫。匈奴时有候者到，而希矣⑬。后二年，汉击走单于于幕北⑭。

① 校尉：武官名，汉武帝设置，掌管屯兵。汉代大将军下有五部，每部都有校尉。大将军：最高武官名，掌统兵征战。这里指卫青，他是汉武帝时击败匈奴的主将之一。
② 博望侯：张骞的封爵，博望在今河南南阳市东北。
③ 元朔六年：公元前123年。元朔：汉武帝的年号。
④ 后二年：又过了两年，即元狩二年（公元前121年）。卫尉：负责宫廷守卫的官，秦时设置，汉代沿袭，为九卿之一。
⑤ 李广：汉代与匈奴作战的名将，善射。公元前121年，李广带四千骑，

张骞带一万骑异道出击匈奴。右北平：汉代郡名，郡治在平刚（今河北平泉县）。俱：偕，一同。
⑥ 后期：晚于约定的日期到达。当：判罪。
⑦ 赎为庶人：根据汉朝的法律，犯死罪的可以用钱赎罪免死，有爵位的便因罪失去爵位。
⑧ 骠骑将军：汉代的将军名号，位仅次于大将军，这里指霍去病。霍去病于公元前121年的春夏，两次攻打匈奴，他是汉武帝时击败匈奴的又一主将。匈奴西边：指匈奴西部，今甘肃河西走廊一带。
⑨ 祁连山：在今甘肃省西部。
⑩ 汉武帝元狩二年（公元前121年）秋天，匈奴单于因为浑邪王和休屠（xiū chú）王战事不利，被汉将霍去病杀虏了好几万人，很是愤怒，要把他们召去处死。浑邪王和休屠王就决定一同向汉投降。后来，浑邪王又杀了休屠王，带领数万人投降汉朝。浑邪：是汉朝时匈奴西部的部落名，居住在今甘肃武威、张掖一带。
⑪ 金城：汉代郡名，郡治在允吾（qiān yá）（今甘肃皋兰县）。河西：指黄河以西今甘肃西北部一带。后来汉武帝在这一带设武威、酒泉、张掖、敦煌四个郡。南山：此指祁连山。盐泽：又名蒲昌海，也叫泑（yōu）泽，即今新疆罗布泊。
⑫ 无匈奴：《汉书·匈奴传》："汉已得浑邪，则陇西、北地、河西益少胡寇。"
⑬ 候：斥候，侦察的人。希：稀少。
⑭ 幕北：即漠北。这是指阴山以北的沙漠。幕：通"漠"。公元前119年，卫青、霍去病各带骑兵五万多，深入匈奴作战，匈奴大败，单于突围远遁，这是汉击败匈奴的一次决定性战役。

　　天子数问骞大夏之属①。骞既失侯，因曰："臣居匈奴中，闻乌孙王号昆莫②。昆莫父难兜靡本与大月氏俱在祁连、焞煌间③，小国也。大月氏攻杀难兜靡，夺其地，人民亡走匈奴。子昆莫新生，傅父布就翎侯抱亡④置草中，为求食，还，见狼乳之⑤，又乌衔肉翔其旁⑥，以为神，遂持归匈奴，单于爱养之。及壮，以其父民众与昆莫，使将兵⑦，数有功⑧。时，月氏已为匈奴所破，西击塞王⑨。塞王南走远徙⑩，月氏居其地。昆莫既健，自请单于报父怨，遂西攻破大月氏。大月氏复西走，徙大夏地。昆莫略其众，因留居，兵稍彊⑪，会单于死⑫，不肯复朝事匈奴⑬。匈奴遣兵击之，不胜，益以为神而远之⑭。今单于新困于汉，而昆莫地空⑮。蛮夷恋故地，又贪汉物。诚以此时厚赂乌孙⑯，招以东居故地⑰，汉遣公主为夫人，结昆弟⑱，其势宜听⑲，则是断匈奴右臂也⑳。既连乌孙，自其西大夏之属皆可招来而为外臣㉑。"天子以为然，拜骞为中郎将㉒，将三百人，马各二匹，牛羊以万数，赍金币帛直数千钜万㉓，多持节副使㉔，道可便遣之旁国㉕。骞既至乌孙，致赐谕指㉖，未能得其决㉗。语在《西域传》㉘。骞即分遣副使使大宛、康居、月氏、大夏㉙。乌孙发译道送骞，与乌孙使数十人，马数十匹。报谢㉚，因令窥汉㉛，知其广大。

骞还，拜为大行㉜。岁余，骞卒。后岁余，其所遣副使通大夏之属者皆颇与其人俱来㉝，于是西北国始通于汉矣㉞。然骞凿空㉟，诸后使往者皆称博望侯，以为质于外国㊱，外国由是信之㊲。其后，乌孙竟与汉结婚㊳。

① 数（shuò）：屡次。
② 乌孙：我国古代的民族。开始居住在敦煌、祁连之间，后为匈奴所迫，迁移至今新疆伊犁河上游一带。昆莫：乌孙王的号，名猎骄靡，生于汉文帝时期，死于汉武帝元封年间。
③ 焞煌：即敦煌。汉代郡名，郡治在敦煌（今甘肃敦煌市）。按：敦煌郡是浑邪王降汉后设的，这里是张骞事后的追述。
④ 傅父：负责教育和奉养王子的人。布就翕（xī）侯：傅父的官号。"翕侯"是乌孙大臣的官号，"翕"同"翕"。"布就"是"翕侯"中职位的分别，就好像汉族的"将军"有左右等分一样。
⑤ 还：回来。乳之：给他（昆莫）吃奶。
⑥ 乌：乌鸦。衔：叼。翔：回旋地飞。其：代词，指昆莫。
⑦ 使将兵：叫昆莫带兵。将（jiàng）：统帅、带领。
⑧ 数有功：屡次有战功。
⑨ 塞（sài）：古族名，原住今伊犁河一带。
⑩ 塞王向南逃跑，迁徙得很远。据《汉书·西域传》载，塞王南迁到了罽（jì）宾（古代西域国名，在今阿富汗喀布尔河下游及克什米尔一带）。
⑪ 稍：渐渐。彊：即"强"。
⑫ 单于：指老上单于。
⑬ 朝：朝拜。事：侍奉，伺候。

⑭ 益以为神而远之：更加以为昆莫真有"神助"，就远远地避开他。益：更。远：形容词用作动词，远离。
⑮ 单于：指伊稚斜单于。昆莫地空：昆莫的父亲时代，乌孙族本在祁连、敦煌间，后来其地为月氏所夺，月氏又被匈奴击破，祁连、敦煌一带就为匈奴所有。公元前121年，汉击败匈奴，匈奴浑邪王降汉，祁连、敦煌一带为汉中央政府所有，所以说：昆莫地（指乌孙故地）空。
⑯ 果真在这时以大量财物赠给乌孙。诚：果真。厚赂：大量馈赠财物。
⑰ 大意是用他们在东方居住过的老地方招引他们，即让乌孙回到祁连、敦煌间。
⑱ 昆弟：兄弟。
⑲ 根据他们的形势，应当听从。
⑳ 这样，就好像截断了匈奴的右胳臂。
㉑ 外臣：古代士大夫对别国君主的自称。这里指没有正式的君臣关系，但臣服于汉朝。
㉒ 中郎将：官职名，位次于将军。
㉓ 赍（jī）：送给。币帛：古人用来赠送的礼物，如玉、帛、马等都叫币帛。直：通"值"。钜万：等于说"万万"，亿。
㉔ 派许多持节副使。持节：拿着使节（凭证）。表示有代表国家的权力。
㉕ 《史记·大宛列传》作"道可使，使遣之他旁国"。大意是，如道路可通行，就派遣他的副使到附近的国家去。
㉖ 致赐：把汉武帝赏赐的东西交给乌孙王。谕指：把汉武帝的意思告诉乌孙王。谕：告知。指：同"旨"。
㉗ 没能得到乌孙的决定（指是否东迁的决定）。
㉘ 《汉书·西域传》载：乌孙离匈奴很近，长期以来都服从匈奴，又不知汉之大小，乌孙大臣都不愿迁回祁连、敦煌间。
㉙ 据《史记·大宛列传》：张骞的副使还到了安息、身毒（印度）等地。
㉚ 乌孙王昆莫派遣翻译和向导送张骞，同时派了乌孙使臣几十人，献马几十匹，跟着张骞到汉朝中央政府来答谢。与：介词，以及。报聘，国与国之间交往表示回访。
㉛ 因：乘机会。令：昆莫命令他的使臣们。窥：察看，私下探视。
㉜ 大行：即大行令，九卿之一，是负责掌管国内各民族事务和接待外宾的长官。
㉝ 其：前一"其"字指张骞。其人：指大夏等国的人。
㉞ 从这时起，西北各国开始与汉朝相往来。

㉟ 凿空：指张骞开辟了通西域的道路。凿：凿开。空：孔道。
㊱ 为质：取信。质：诚信。
㊲ 外国人因此信任他们。之：指使者。
㊲《汉书·西域传》载：乌孙使者随张骞到汉，看到汉"人众富厚"。回国后，乌孙"乃益重汉"。随后，汉中央政府与大宛、月氏的交往日益频繁，匈奴又威胁着乌孙，乌孙王决定与汉通婚，元封年中，汉武帝以江都王刘建的女儿为公主，嫁给乌孙王昆莫。竟：终究。

译文

张 骞 传

张骞是汉中人。汉武帝建元年间作郎官。当时匈奴投降过来的人说匈奴攻破月氏王，用月氏王的头骨作饮酒器具，月氏逃遁而怨恨匈奴，没有人和他们共同打击匈奴。汉正好要从事消灭匈奴，听到这话，要派使者去，但道路一定要经过匈奴中间，于是就招募能派遣的人。张骞以郎官的身份响应招募，出使月氏。与堂邑氏的奴仆甘父一同从陇西出去。经过匈奴，被匈奴抓得了，用传车送到单于手上。单于说："月氏在我们的北边，汉怎么能过去？我们要出使南越，汉会听我们的?"于是扣留张骞十多年，给予妻子，生有儿子，然而张骞保持汉节不丢失。

留居在匈奴的西部，张骞和他的随行从属一起逃往月氏方向，向西走了几十天，到了大宛。大宛听到汉的丰富财产，早就想去未能成行，所以见到张骞来了非常高兴，问张骞要到哪儿去。张骞说："替汉出使月氏，匈奴封锁道路，被扣留，现在逃跑出来了，希望王派人当向导送我们。真正能达到月氏，将来返回汉地，汉将赠送给王的财物，说也说不尽。"大宛王认为是对的，于是派人当翻译和向导，遣送张骞到了康居。康居再用传车护送到大月氏。大月氏王已被匈奴杀害，立他的夫人作王。大月氏已经使大夏臣服，而且统治着大夏，那儿土地肥沃富饶，寇盗少，以安乐为志趣，又自认为离汉很远，很没有报复匈奴的心思。于是张骞从月氏去到了大夏，始终不能得到月氏的明确表示。停留了一年多，就沿着昆仑山往回走，要从羌中归回，又一次被匈奴俘获了。扣留了一年多，单于王死，国内变乱了，张骞和匈奴的妻子以及堂邑父一道逃回汉地。汉王任命张骞为太中大夫，堂邑父当奉使君官。

张骞为人坚强而有毅力，度量宽大、对人讲信用，各民族的人都很喜爱他。堂邑氏的甘父是胡人，他善于射击，穷困紧急的时候，他射击禽兽供食用。当初，张骞出使西域的时候有一百多人，离开十三年，只剩有两人回来。

张骞亲身所达到的有：大宛、大月氏、大夏、康居，而且听到了这些地方旁边的五六个大国的情况，都给天子讲了它们的地形和所有一切。话语都在《西域传》。

张骞说："我在大夏的时候，见到了邛竹杖、蜀布，我问是怎么得到这些东西？大夏国的人说：'我们的商人从身毒国购买的。'身毒国大概在大夏国的东南数千里的地方。身毒的风俗是定土而居，与大夏国相同，地势低下潮湿很炎热，那里的人民乘大象作战。身毒国面临大河。据我猜测，大夏离开汉有一万二千里，位于西南面。现在身毒又在大夏的东南方数千里的地方，有蜀地的物产，这里大概离蜀郡不远了。现在要出使大夏，从羌中走，危险，羌人讨厌我们；稍微向北面一点，那就会被匈奴俘获，从蜀郡走，应当是一条直且近的道路，又没有寇盗。"天子既已经听到大宛、大夏、安息之类都是大国，奇特的物品多，又是定土而居的土著，与中国的习俗很相同，然而兵力很弱，以汉物为宝贵；它的北面是大月氏、康居之类，兵力很强，可以用赠送财物，用施利的办法，使他们来朝。如果能够用施恩的情谊使他们归属于汉，那就要扩大土地上万里，一直到达经过很多次翻译才能听懂话的远方，使不同习俗的人到来，汉的威德遍天下。汉天子认为张骞的话是对的。于是命令由蜀、犍为两郡发出秘密使者，四条路线同时出发：出駹，出笮，出徙、邛，出僰，都各走一二千里。他们的北方路线被氐族、笮族阻拦了，南路被嶲、昆明族阻拦了。昆明族没有君长，善于寇盗，动辄就杀害和抢劫汉的使者，始终没有能行通。然而听说他们的西边约一千多里的地方，有乘象国，名叫滇越，蜀地的商人有私自运出货物的有人到了那儿，于是汉因为寻找去大夏的道路，开始通到了滇国。最初，汉想通到西南夷，耗费太多，停止了这事。直到张骞说可以通往大夏，才又从事通达西南夷。

张骞凭校尉官职跟从大将军卫青出击匈奴，知道水草处，所以军队才能不受困乏，于是就封张骞为博望侯。这一年是汉武帝元朝年间第六年。过后两年，张骞当卫尉官，与李广一同从右北平郡出发去攻打匈奴。匈奴围住了李将军，军中跑失逃亡很多，张骞晚于约定的日期达到，判了斩杀的罪，后来用钱赎罪，降成没有官爵的平民。这一年骠骑将军霍去病攻破了匈奴的西部，杀几万人，一直攻到了祁连山。这年秋天，匈奴的浑邪王率领士兵向汉投降，而且金城、河西沿着祁连山到盐泽一带是空的，没有匈奴。匈奴不时有侦察的人来到，但是不多了。又过了两年，在漠北地方，汉把匈奴打跑了。

汉武帝屡次问张骞关于大夏之类。张骞既然已经失掉了博望侯的官职，因此说："我居住在匈奴境中的时候，听说乌孙王名叫昆莫，昆莫的父亲难兜靡本来与大月氏一同住在祁连与敦煌之间，是一个小国。大月氏杀害了难兜靡，抢夺了他的土地，人民逃亡跑到匈奴去了。难兜靡的儿子刚出生，负责教养王子的傅父布就翎侯官抱着刚出生的昆莫逃走，放在草丛中。替他找食物，回来时，见狼在给昆莫喂奶，又有乌鸦衔着肉在他的身旁飞，认为昆莫是神，于是抱回匈奴，单于很喜爱收养了昆莫。等到昆莫长大，拿他父亲的民众给昆莫，派他领兵，屡次立有战功。这时，月氏已被匈奴攻破了，向西攻塞王。塞王向南面逃跑远远地迁徙了，月氏住在它的地方。昆莫既已经健壮了，自己请求单于要报父亲的怨仇，于是向西攻破了大月氏，大月氏再向西跑，迁徙到大夏的地方。昆莫便掠夺了大月氏的民众，因而留居在那儿，武力渐渐强大。正好单于去世，昆莫不肯再朝拜待奉匈奴。匈奴派兵攻打昆莫，没有取胜，更加认为是神而远离昆莫。现在单于新被汉围困，而原来昆莫的住地是空着的。蛮夷留恋老地方，他们又贪爱汉的产物。的确趁这时候用大量财物赠送给乌孙，用东居故地招引它，汉送公主给昆莫作夫人，结为兄弟关系，根据他们的形势应当听从。那这是断匈奴的右臂。既已经连系了乌孙，自它西面的大夏国之类都可以招来作外臣。"汉武帝认为很对，任命张骞当中郎将，带领三百人，每人两匹马，牛羊数以万计，带有玉、帛、马等价值亿元的礼品，还有很多个持节副使，道路方便，便遣送他们去旁边的国家。张骞既已经到了乌孙国，便把汉武帝赏赐的物品交给乌孙王，但没有得到乌孙国的决定。这些话记在《西域传》。张骞立即派遣副使出使大宛、康居、月氏、大夏。乌孙派遣翻译、向导护送张骞，还给与乌孙的使者数十人，数十匹马，表示回谢，趁机会使他们私下察看汉的大小，才知道汉是很大的。

张骞回来，被提升为大行官。一年后，张骞病故。过后一年多，那些被派遣到大夏之类的副使都陆陆续续地与他们所到国的人一同回来，于是西北各国开始和汉交通了。然而这是最早由张骞凿开的孔道，所以那些后来出使西域的人都被称做博望侯，并通过他们在西域各国取得信赖，汉西边以外的国家都因此诚信他们。在那之后，乌孙终于与汉结成了婚姻关系。

（本文由张铁山教授审改）

西域传（节选）

西域以孝武时始通，本三十六国，其后稍分至五十余，皆在匈奴之西，乌孙之南①。南北有大山，中央有河②，东西六千余里，南北千余里。东则接汉，阸以玉门、阳关③，西则限以葱岭。其南山，东出金城④，与汉南山属焉。其河有两原⑤：一出葱岭山，一出于阗⑥。于阗在南山下，其河北流，与葱岭河合，东注蒲昌海⑦。蒲昌海，一名盐泽者也，去玉门、阳关三百余里，广袤三百里⑧。其水亭居⑨，冬夏不增减，皆以为潜行地下，南出于积石⑩，为中国河云⑪。

（以下注释主要依颜师古和王先谦说，笔者略有补充）

① 乌孙：古国名，在今新疆维吾尔自治区天山以北地区。
② 南山：指昆仑山。北山：指天山。河：指塔里木河。
③ 玉门、阳关：二关名，都在今甘肃省敦煌市西。阸：同"厄"，塞、堵。

④ 金城：郡名。在今甘肃省兰州市以西及青海省东部地区。
⑤ 原：与"源"通。
⑥ 于阗（tián）：古国名。在今新疆维吾尔自治区于田县。
⑦ 蒲昌海：即今罗布淖尔。
⑧ 袤（mào）：南北距离的长度。也指东西距离的长度。
⑨ 亭居：不流动。亭：通"停"。
⑩ 积石：山名。在今青海省东南部。
⑪ 中国河：指黄河。

自玉门、阳关出西域有两道：从鄯善傍南山北①，波河西行至莎车为南道②，南道西逾葱岭则出大月氏、安息③。自车师前王廷随北山④，波河西行至疏勒为北道⑤，北道西逾葱岭则出大宛、康居、奄蔡焉（耆）⑥。

① 鄯善：楼兰国名。在今新疆维吾尔自治区若羌县东北。傍：应是並（bàng）：沿着。
② 波河：沿河，循河。莎车：新疆莎车县。
③ 大月氏：古国名。原居甘肃、青海祁连山地区。后西徙至妫水一带（今阿姆河流域）。安息：古国名。
④ 车师前王廷：车师前王国的都城，当时叫交河城，在今新疆吐鲁番市附近。车师后王国：在今新疆吉木萨尔县南。二国原名姑师国，宣帝时郑吉破姑师，分为车师前后国和山北六国。
⑤ 疏勒：古国名。在今新疆疏勒县。
⑥ 大宛、康居、奄蔡：西域国名，均在葱岭以西。耆：应为后人妄加，葱岭以西无焉耆。

西域诸国大率土著①，有城郭田畜，与匈奴、乌孙异俗，故皆役属匈奴。匈奴西边日逐王置僮仆都尉，使领西域，常居焉耆、危须、尉黎间②，赋税诸国，取富给焉。

① 大率（shuài）：大抵、大概。土著：定居。
② 焉耆：古国名。在今新疆焉耆回族自治县。危须：古国名。在今新疆焉耆回族自治县东。尉黎：古国名。在今新疆尉犁县。

自周衰，戎狄错居泾渭之北。及秦始皇攘却戎狄，筑长城，界中国，然西不过临洮①。

① 临洮（táo桃）：县名。在今甘肃省岷县。

汉兴至于孝武，事征四夷，广威德，而张骞始开西域之迹。其后骠骑将军击破匈奴右地①，降浑邪、休屠王，遂空其地，始筑令居以西②，初置酒泉郡③，后稍发徙民充实之，分置武威、张掖、敦煌④，列四郡，据两关焉⑤。自贰师将军伐大宛之后⑥，西域震惧，多遣使来贡献。汉使西域者益得职⑦。于是自敦煌西至盐泽，往往起亭，而轮台、渠犁皆有田卒数百人⑧，置使者校尉领护，以给使外国者。

① 骠骑将军：指霍去病。
② 令居：县名，在今甘肃省永登县。
③ 酒泉郡：郡名，在今甘肃省西北部，河西走廊北口。
④ 武威：郡名，在今甘肃省中部，河西走廊南口。张掖：郡名，在今甘肃省中部，河西走廊的中部。敦煌：郡名，在今甘肃省的西北部。
⑤ 两关：指玉门关和阳关。
⑥ 贰师将军：指李广利。
⑦ 得职：称职。西域诸国畏汉，尊敬使臣，不敢轻忽，故使臣不失其职，都很忠于职守。
⑧ 轮台：国名，在今新疆轮台县。渠犁：国名，在今新疆轮台县东南。

至宣帝时，遣卫司马使护鄯善以西数国，及破姑师①，未尽殄，分以为车师前后王及山北六国②。时汉独护南道，未能尽并北道也，然匈奴不自安矣。其后日逐王畔单于，将众来降，护鄯善以西使者郑吉迎之。既至，汉封日逐王为归德侯，吉为远安侯。是岁，神爵三年也。乃因使吉并护北道，故号曰都护。都护之起，自吉置矣。僮仆都尉由此罢，匈奴益弱，不得近西域。于是徙屯田，田于北胥鞬，披莎车之地③，屯田校尉始属都护。都护督察乌孙、康居诸外国动静，有变以闻。可安辑安辑之，可击击之。都护治乌垒城④，去阳关二千七百三十八里，与渠犁田官相近，土地肥饶，于西域为中，故都护治焉。

① 姑车：国名，又名车师。在今新疆吐鲁番市及奇台、阜康等县境。

② 殄(tiǎn)：消灭。山北六国：指且弥东西两国，卑陆前后两国，蒲类前后两国。
③ 披：分。莎车：从地理位置看，应是"车师"而非西部的莎车。
④ 乌垒城：汉西域都护治所，在今新疆轮台县。

至元帝时，复置戊己校尉，屯田车师前王廷。是时匈奴东蒲类王兹力支将人众千七百余人降都护，都护分车师后王之西为乌贪訾离地以处之①。

① 乌贪訾(zǐ 紫)离：国名，在今新疆沙湾县。

自宣、元后，单于称籓臣，西域服从。其土地山川王侯户数道里远近翔实矣①。

出阳关，自近者始，曰婼羌②。婼羌国王号去胡来王③。去阳关千八百里，去长安六千三百里，辟在西南，不当孔道④。户四百五十，口千七百五十，胜兵者五百人。西与且末接⑤。随畜逐水草，不田作，仰鄯善、且末谷⑥。山有铁，自作兵，兵有弓、矛、服刀、剑、甲⑦。西北至鄯善，乃当道云⑧。

① 翔：通"详"。翔实：详尽确实。
② 婼(ruò)羌：县名。在今新疆维吾尔自治区塔里木盆地东南缘。
③ 言去离胡戎来归附汉王朝。
④ 孔道：穿山险而为道，又称"穴径"，即隧(suì)道。
⑤ 且(jū)末：县名。在新疆维吾尔自治区巴音郭楞蒙古自治州西南部。汉为且末地。1914年由于田县析置且末县。经济以农、牧业为主。
⑥ 赖以自给。
⑦ 刘德曰："服刀：拍髀也。"拍(mò)髀(bǐ)
⑧ 王先谦说：出玉门首经鄯善。

鄯善国，本名楼兰，王治扜泥城①，去阳关千六百里，去长安六千一百里。户千五百七十，口万四千一百，胜兵二千九百十二人。辅国侯、卻胡侯②。鄯善都尉、击车师都尉、左右且渠、击车师君各一人，译长二人。西北去都护治所千七百八十五里，至山国千三百六十五里③，西北至车师千八百九十里。地沙卤，少田，寄田仰谷旁国④。国出玉，多葭苇、柽柳、胡桐、白草⑤。民随畜牧逐水草，有驴马，多橐它⑥。能作兵，与婼羌同。

① 扜（yū）泥城：地名。
② 卻：即"却"。
③ 此国山居，故名山国。
④ 寄于它国种田，又糴旁国之谷。
⑤ 颜师古注引孟康曰："白草，草之白者。胡桐似桑而多曲。"柽柳：河柳，今称赤柽。白草：似莠而细，无芒，其干孰时正白色，牛马所嗜。胡桐：似桐，不类桑。
⑥ 橐（tuó）它：即橐驼，骆驼。

（以下删且末、小宛、精绝、戎卢、扜弥、龟兹、渠勒、于阗、皮山、乌秅、西夜、蒲犁、依耐、无雷、难兜、罽宾、乌弋山离、安息、大月氏、大夏、康居、大宛、桃槐、休循、捐毒、莎车、疏勒、尉头……等国）

乌孙国，大昆弥治赤谷城①，去长安八千九百里。户十二万，口六十三万，胜兵十八万八千八百人。相，大禄，左右大将二人，侯三人，大将、都尉各一人，大监二人，大吏一人，舍中大吏二人，骑君一人。东至都护治所千七百二十一里，西至康居蕃内地五千里。地莽平，多雨，寒。山多松樠②。不田作种树③，随畜逐水草，与匈奴同俗。国多马，富人至四五千匹。民刚恶，贪（狠）〔狼〕无信，多寇盗，最为彊国。故服匈奴④，后盛大，取羁属，不肯往朝会⑤。东与匈奴、西北与康居、西与大宛、南与城郭诸国相接⑥。本塞地也，大月氏西破走塞王，塞王南越县度，大月氏居其地方。后乌孙昆莫击破大月氏，大月氏徙西臣大夏，而乌孙昆莫居之，故乌孙民有塞种、大月氏种云。

① 乌孙子西域诸戎其形最异。今之胡人青眼、赤须，状类弥猴者，本其种也。
② 莽平谓有草莽而平坦也。一曰莽莽平野之貌。樠（mán）：木名，其心似松。
③ 树：植也。
④ 故：旧时。服：属于。

⑤ 言才羁縻属之而已。下有删节。
⑥ "相"字为后人所加。城郭诸国：指姑墨、温宿、龟兹、焉耆。
⑦ 县即"悬"，县度：山名，用绳悬度过山峰之意。
（以下有删节）

匈奴闻其与汉通，怒欲击之。又汉使乌孙，乃出其南，抵大宛、月氏、相属不绝①。乌孙于是恐，使使献马，愿得尚汉公主，为昆弟。天子问群臣，议许，曰："必先内聘，然后遣女。"乌孙以马千匹聘②。汉元封中，遣江都王建女细君为公主，以妻焉。赐乘舆服御物，为备官属宦官侍御数百人③，赠送甚盛④。乌孙昆莫以为右夫人。匈奴亦遣女妻昆莫，昆莫以为左夫人。

① 汉从南道或北道到大月氏、大宛、都在乌孙之南。抵：至也。相属（zhǔ）：连接。
② 聘：即入聘财。
③ 主簿一人，仆一人，私府长一人，家丞一人，直吏三人，从官二人，和宦官侍御数百人。此异于常制。
④ 令在马上奉琵琶，以慰公主乡国之思。

公主至其国，自治宫室居，岁时一再与昆莫会，置酒饮食，以币帛赐王左右贵人。昆莫年老，语言不通，公主悲愁，自为作歌曰："吾家嫁我兮天一方，远托异国兮乌孙王。穹庐为室兮旃为墙，以肉为食兮酪为浆①。居常土思兮心内伤②，愿为黄鹄兮归故乡。"天子闻而怜之，间岁遣使者持帷帐锦绣给遗焉④。

① 食：即饭。
② 土思：忧思而怀本土。
③ 黄鹄（hú）：一名天鹅。形似鹤，色苍黄，其翔极高。
④ 间岁：每隔一年（以下有删节）。

译文

西域传

西域从汉武帝时开始与汉来往，那儿本来是三十六国，后来逐渐增加到五十多国，都在匈奴的西边，乌孙的南边。南面北面都有大山,中间有河,从东到西有六千多里长,从南到北有一千多里宽。东边与汉连接,以玉门和阳关为界限,西边以葱岭为界限。它南面的昆仑山,东边出自金城,与汉的南山在那里相连接。它的河流有两个来源:一条出自葱岭山;一条出自于阗。于阗在南山下面,该河向北方流,与葱岭河汇合,向东注入蒲昌海。蒲昌海就是名叫盐泽的地方,离玉门、阳关有三百多里,南北距离的长度有三百里。蒲昌海的水停滞不流,冬夏不见增减,都认为是在地下潜行,南面从积石下出来,是黄河的上游。

从玉门、阳关出发到西域有两条路:一条是从鄯善沿着昆仑山的北面,循河向西行走到莎车是南道;南道再越过葱岭那就到了大月氏、安息。另一条是从车师前王廷沿天山循河向西走到疏勒是北道;北道向西越过葱岭那就到了大宛、康居、奄蔡等地。

西域诸国大概都是些定土而居的人群,他们有城墙、外城、田土和牲畜,与匈奴、乌孙的风俗不同,所以都臣服匈奴。匈奴西边日逐王设置了僮仆都尉官,使他们统领西域,经常居住在焉耆、危须、尉黎之间,索取这些国家的赋税,在这些地方取得财产和给养。

自从周代衰微,西戎和北狄人民交错居住在泾水和渭水的北面。到秦始皇时打退戎狄,修筑长城,以作中原地区与边疆的界限,然而往西不超过临洮。

自汉代兴起到汉武帝,从事征讨四面的夷人,以推广自己的威德,是张骞开始通向西域的足迹。后来骠骑将军(霍去病)在右面击破了匈奴,使浑邪王和休屠王投降,于是使他们的住地空着了,就开始在令居以西的地方筑起要塞,开始设置了酒泉郡,后来渐渐派遣徙民充实那儿,又分别设置武威、张掖、敦煌,排列为四个郡,占据着玉门关和阳关。自从贰师将军李广利讨伐大宛之后,西域震惊畏惧,纷纷派遣使者来献贡品,汉出使西域的人更加忠于职守。于是自敦煌向西到盐泽,往往设数人亭所,而轮台、渠犁都有田兵数百人,设置使者校尉领护,以给予出使外国的人。

到宣帝的时候,派遣卫司马官使保护鄯善以西的几个国家,等到攻破姑师,未能全部消灭,把它分成了车师前后王和天山以北的六个国家。当时汉只护南道,没有能够兼顾北道,然而匈奴自己不安定了。从这以后日逐王背叛单于，率领民众来汉投降，保护鄯善以西的使者，郑吉负责迎接来降的人。既然已经到了，汉封日逐王为归德侯，封郑吉为远安侯。这年是神爵第三年。这就因此使郑吉兼护北道，所以号叫都护。都护自郑吉起开始设置。僮仆都尉由此废除，匈奴更加软弱了，不能接近西域。于是迁移农民到边区种地，所种的田在北面的胥鞬、分割了车师的地方，屯田校尉官开始属于都护。都护负责督察乌孙、康居等外国的动静，只要有什么变动就依靠他们来传达讯息。如果可以安抚和睦就与乌孙、康居安抚和睦；如果可以打就攻打它们。都护的办事治所在乌垒城，距离阳关有二千七百三十八里，和渠犁田官相近，土地肥沃，位置在西域当中，所以都护在这里设立办公治所。

汉元帝时，又设置戊己校尉官，在车师前王廷开垦田地。这时候匈奴的东蒲类王兹力支带领一千七百多人来向都护投降，都护就分车师后王以西的乌贪訾离地方给他们居处。

从汉宣帝、元帝以后，匈奴的单于王向汉称隶属于汉的藩臣，西域也服从汉，那些地方的土地山脉河流、王侯的户数、路程的远近都了解得详细确实了。

出了阳关，从近的开始，叫做婼羌。婼羌国王名叫去胡来王。距阳关一千八百里，离长安六千三百里，偏在西南，不经过隧道。有四百五十户人家，一千七百五十人，能当兵的有五百人。西边与且末相接。随牲畜追逐水草地，不从事田间劳作，依靠鄯善、且末的谷物生活。山上有铁，自己做兵器，兵器有弓、矛、服刀、剑、铠甲。往西北到玉门首先经过鄯善。

鄯善国本来叫做楼兰，楼兰王的办公处所在扜泥城，离阳关一千六百里，离长安六千一百里。有一千五百七十户，一万四千一百人，能当兵的有两千九百一十二人。辅助国侯，退避胡侯。鄯善都尉击杀车师都尉、左右且渠、车师君各一人和译长二人。西北面离都护治所一千七百八十五里，到山国有一千三百六十五里，西北到车师一千八百九十里。是沙卤地，田很少，寄托别国种田，靠购买旁国的谷物。国内出产玉，有很多葭苇、河柳、胡桐、白草。居民随牲畜追逐水草，有驴马，还有很多骆驼。能做兵器，与婼羌相

同。(以下有删节)

　　乌孙国王的办事治所设在赤谷城,离长安有八千九百里。有十二万户,六十三万人,能当兵的有十八万八千八百人。设有相、大禄各一人,左右大将二人,侯三人,大将、都尉各一人,大监二人,大吏一人,舍中大吏二人,骑君一人。东到都护治所有一千七百二十一里,西到康居、蕃内有五千里。土地草多而平。多雨、寒冷。山上多松槲。不耕田种植,随牲畜追逐水草,与匈奴习俗相同。国内马很多,富人多达四五千匹。民性坚强、不善,贪财无信,寇盗多,是最强的国家。所以最初服从匈奴,后来强大了,采取受束缚的态度而勉强归属匈奴,但不肯去参加匈奴祭祀祖先天地鬼神的朝会活动。乌孙东面与匈奴、西北与康居、西面与大宛、南面与有城郭的国家连接。乌孙的住地本来是塞王的住地,大月氏向西攻破使塞王逃跑了,塞王往南迁徙到县度,大月氏居住了塞王的地方。后来乌孙王昆莫又攻破大月氏,大月氏向西迁徙,使大夏臣服自己,而乌孙昆莫居住在那儿。所以说乌孙的民众中,有塞人种、大月氏人种。(以下有删节)

　　匈奴听说乌孙与汉来往,发怒要攻打乌孙。同时汉出使乌孙,或者必须经过乌孙的南面达到大宛、大月氏,来往不断。于是乌孙很害怕,派遣使者献马,希望能匹配汉公主,结为兄弟。汉武帝问群臣,群臣议论赞许,但说:"必须先交纳聘礼,然后再遣送女儿。"于是乌孙用一千匹马作为聘礼。汉武帝元封年间,派遣江都国王建的女儿(细君)作公主,用她去做乌孙王的妻子。汉武帝赐给车乘、服饰等御物,还替公主准备官属、宦官侍御共数百人,赠礼与欢送都非常隆重。乌孙王昆莫把公主作为右夫人。匈奴也遣送女儿给昆莫作妻子,昆莫把她作为左夫人。

　　公主来到乌孙国,自己修建宫室居住,一年当中一再与昆莫相会,设置酒食,还用礼物赠送给王的左右贵人。但昆莫年老,语言又不通,公主悲愁,自行作歌道:"我家嫁我来到天的另一方,老远地寄托给异国的乌孙王。毡帐作房、旃旗作墙,用肉作饭食、奶酪作水浆。居常思乡内心伤,希望变作大雁飞回故乡。"汉武帝听到了很同情她,每隔一年派遣使者拿着帷帐锦绣去赠送给她。

　　(本文由张铁山教授审改)

匈奴传（节选）

匈奴，其先夏后氏之苗裔，曰淳维①。唐、虞以上山戎、猃允、薰粥②，居于北边，随草畜牧而转移。其畜之所多则马、牛、羊，其奇畜则橐佗、驴、蠃、駃騠、騊駼、驒奚③。逐水草迁徙，无城郭常居耕田之业，然亦各有分地④。无文书，以言语为约束。儿能骑羊，引弓射鸟鼠⑤，少长则射狐菟⑥，肉食⑦。士力能弯弓，尽为甲骑。其俗，宽则随畜田猎禽兽为生业，急则人习战攻以侵伐⑧，其天性也。其长兵则弓矢，短兵则刀铤⑨。利则进，不利则退，不羞遁走。自君王以下咸食畜肉，衣其皮革，被旃裘。壮者食肥美，老者饮食其余。贵壮健，贱老弱……其俗有名不讳而无字。

（注释主要依颜师古、王先谦。）
① 从殷商时开始奔向北边。
② 唐、虞，朝代名。山戎、猃允、薰粥皆匈奴别号。猃：（读 xiǎn）。粥：（读 yù）。
③ 橐（tuó）佗：即骆驼。蠃（luó）：驴种而马生。駃（jué）騠（tí）：骏马，出生七日而超其母。騊（táo）駼（tú）：青色野马，生于北海。驒（tuó）奚（xī）：青毛，白前足，似马而小。
④ 分（fèn）：同"份"。
⑤ 言其幼小则能射。
⑥ 少长：渐大。
⑦ 无米粟，唯食肉。
⑧ 人人皆习之。
⑨ 铤（chán）：即"铲"，铁柄小矛。

夏道衰，而公刘失其稷官，变于西戎①，邑于豳②。其后三百有余岁，戎狄攻太王亶父③，亶父亡走于岐下④，豳人悉从亶父而邑焉，作周⑤。其后百有余岁，周西伯昌伐畎夷⑥。后十有余年，武王伐纣而营雒邑，复居于丰、镐，放逐戎夷泾、洛之北⑦，以时入贡，名曰荒服。其后二百有余年，周道衰，而周穆王伐畎戎⑧，得四白狼四白鹿以归。自是之后，荒服不至，于是作吕刑之辟⑨。

至穆王之孙懿王时，王室遂衰，戎狄交侵，暴虐中国。中国被其苦，诗人始作，疾而歌之，曰："靡室靡家，猃允之故"；"岂不日戒，猃允孔棘⑩"。至懿王曾孙宣王，兴师命将以征伐之，诗人美大其功，曰："薄伐猃允，至于太原⑪。""出车彭彭"，"城彼朔方⑫"。是时四夷宾服，称为中兴。

①夏：朝代名。道：治理、统治。公刘：后稷之曾孙。变：化。谓行化于其俗。

②豳（bīn）：即豳州，在今陕西渭水北面。

③自公刘至宣君共九君。

④岐山之下。

⑤始作周国。

⑥西伯昌即周文王姬昌。畎夷即畎戎，又名犬戎，又名昆夷。昆字有的作混。

⑦此洛即漆沮水。出自上郡，东南入于渭。

⑧穆王：成王孙，康王子。

⑨白狼、白鹿：这里都是氏族部落信奉的图腾名。《尚书·吕刑》。辟（pì）：法。

⑩即《诗·小雅·采薇》。孔：甚。棘：急。言征踽时，靡有室家夫妇之道者，以有猃允之难故也。岂不日月相警戒乎？猃允之难甚急。

⑪《诗·小雅·六月》。薄伐：言逐出之。

⑫《诗·小雅·出车》。彭彭：甚。朔方：北方。言猃允既去，北方安静，仍筑城以守。

至于幽王，用宠姬褒姒之故，与申（后）[侯]有隙①。申侯怒而与畎戎共攻杀幽王于丽山之下②，遂取周之地，卤获而居于泾渭之间，侵暴中国。秦襄公救周，于是周平王去丰、镐而东徙于雒邑③。当时秦襄公伐戎至岐④，始列为诸侯。后六十有五年，而山戎越燕而伐齐，齐釐公与战于齐郊⑤。后四十四年，而山戎伐燕。燕告急齐，齐桓公北伐山戎，山戎走。后二十余年，而戎翟至雒邑，伐周襄王⑥，襄王出奔于郑之氾邑⑦。初，襄王欲伐郑，故取翟女为后，与翟共伐郑。已而黜翟后，翟后怨，而襄王继母曰惠后，有子带，欲立之，于是惠后与翟后、子带为内应，开戎翟，戎翟以故得入，破逐襄王，而立子带为王。于是戎翟或居于陆浑⑧，东至于卫,侵盗尤甚。周襄王既居外四年,乃使使告急于晋。晋文公初立,欲修霸业,乃兴师伐戎翟,诛子带,迎内襄王于洛邑。

①幽王:宣王之子。隙:此指感情上的隔阂。
②丽(lí):山名。在今陕西境内。
③平王:幽王之子。
④郊:古岐字。
⑤釐:读(xī)。
⑥襄王:惠王之子。
⑦氾(fàn):颍川襄城。因襄王常居,故名襄城。
⑧今伊阙南陆浑山川是其地。

当是时,秦晋为强国。晋文公攘戎翟,居于西河圁、洛之间①,号曰赤翟、白翟②。而秦穆公得由余,西戎八国服于秦。故陇以西有绵诸、绲戎、狄源之戎③,在岐、梁、泾、漆之北有义渠、大荔、乌氏、朐衍之戎④,而晋北有林胡、楼烦之戎,燕北有东胡、山戎⑤。各分散豁谷,自有君长,往往而聚者百有余戎,然莫能相壹。

①圁水出上郡白土县西,东流入河。圁水即银州银水。洛水亦谓漆沮。
②《春秋》所书晋师灭赤狄潞氏,郤缺获白狄子。
③皆在天水界,即緜诸道及豲道。
④此漆水在新平。
⑤乌桓之先也,后为鲜卑。

自是之后百有余年,晋悼公使魏绛和戎翟,戎翟朝晋。后百有余年,赵襄子逾句注而破之,并代以临胡貉①。后与韩魏共灭知伯,分晋地而有之,则赵有代、句注以北,而魏有西河、上郡,以与戎界边。其后,义渠之戎筑城郭以自守,而秦稍蚕食之,至于惠王,遂拔义渠二十五城。惠王伐魏,魏尽入西河及上郡于秦。秦昭王时,义渠戎王与宣太后乱,有二子②。宣太后诈而杀义渠戎王于甘泉,遂起兵伐灭义渠。于是秦有陇西、北地、上郡,筑长城以距胡。而赵武灵王亦变俗胡服,习骑射,北破林胡、楼烦,自代并阴山下至高阙为塞③,而置云中、雁门、代郡。其后燕有贤将秦开,为质于胡,胡甚信之。归而袭破东胡,[东胡]郤千余里④。与荆轲刺秦王秦舞阳者,开之孙也。燕亦筑长城,自造阳至襄平⑤,置上谷、渔阳、右北平、辽西、辽东郡以距胡。当是时，冠带战国七，而三国边于匈奴⑥。其后赵将李牧时，匈奴不敢入赵边。后秦灭六国，而始皇帝使蒙恬将数十万之（物）[众]北击胡，悉收河南地，因河为塞，筑四十四县城临河，徙適戍以充之⑦。而通直道，自九原至云阳，因边山险，堑溪谷，可缮者缮之⑧，起临洮至辽东万余里。又度河据阳山北假中⑨。

①胡貉（mò）：地名。
②宣太后：即秦昭王母。
③並（bàng）：沿着。高阙：地名。
④郤（xì）：退也。
⑤造阳：地名，在上谷界。襄平：即辽东所治。
⑥三国：指燕、赵、秦。（由晋分成赵、魏、韩三国。赵在北面）
⑦適：同"谪"。有罪谪合徙戍者，令徙居之。
⑧缮（shàn）：补，修理。
⑨北假：地名。

当是时，东胡强而月氏盛①。匈奴单于曰头曼②，头曼不胜秦，北徙。十有余年而蒙恬死，诸侯畔秦，中国扰乱，诸秦所徙適边者皆复去③，于是匈奴得宽，复稍度河南与中国界于故塞。

①月氏（ròu zhī）：古部族名。后来被匈奴打败，迁至大夏附近。
②头曼（mán）：匈奴王名。
③適（zhé）：同"谪"。贬谪：古代官吏因犯罪而被降职或流放。

单于有太子，名曰冒顿。后有爱阏氏，生少子①，头曼欲废冒顿而立少子，乃使冒顿质于月氏。冒顿既质，而头曼急击月氏。月氏欲杀冒顿，冒顿盗其善马，骑亡归。头曼以为壮，令将万骑。冒顿乃作鸣镝②，习勒其骑射③，令曰："鸣镝所射而不悉者斩。"行猎兽，有不射鸣镝所射辄斩之。已而，冒顿以鸣镝自射善马，左右或莫敢射，冒顿立斩之。居顷之，复以鸣镝自射其爱妻，左右或颇恐，不敢射，复斩之。顷之，冒顿出猎，以鸣镝射单于善马，左右皆射之。于是冒顿知其左右可用，从其父单于头曼猎，以鸣镝射头曼，其左右皆随鸣镝而射杀头曼，尽诛其后母与弟及大臣不听从者。于是冒顿自立为单于。

①阏氏（yān zhī）：匈奴王皇后的名称号。

②骑（jì）：一人一马的合称。鸣镝（dí）：即响箭。
③勒其所部骑，皆习射。

冒顿既立，时东胡强，闻冒顿杀父自立，乃使使谓冒顿曰："欲得头曼时号千里马。"冒顿问群臣，群臣皆曰："此匈奴宝马也，勿予。"冒顿曰："奈何与人邻国爱一马乎？"遂与之。顷之，东胡以为冒顿畏之，使使谓冒顿曰："欲得单于阏氏。"冒顿复问左右，左右皆怒曰："东胡无道，乃求阏氏！请击之。"冒顿曰："奈何与人邻国爱一女子乎？"遂取所爱阏氏予东胡。东胡王愈骄，西侵。与匈奴中间有弃地莫居千余里，各居其边为瓯脱①。东胡使使谓冒顿曰："匈奴所与我界瓯脱外弃地，匈奴不能至也，吾欲有之。"冒顿问群臣，或曰："此弃地，予之。"于是冒顿大怒，曰："地者，国之本也，奈何予人！"诸言与者，皆斩之。冒顿上马，令国中有后者斩，遂东袭击东胡。东胡初轻冒顿，不为备。及冒顿以兵至，大破灭东胡王，虏其民众畜产。既归，西击走月氏，南并楼烦、白羊河南王②，悉复收秦所使蒙恬所夺匈奴地者，与汉关故河南塞，至朝那、肤施③，遂侵燕、代。是时汉方与项羽相距，中国罢于兵革④，以故冒顿得自强，控弦之士三十余万⑤。

①瓯脱：匈奴语作土室以伺。一说为境上候望之处，若今之伏宿舍。侦察所：瞭望台。
②二王之居在河南。
③朝那属于安定。肤施属于上郡。
④罢（pí）：通"疲"。
⑤控：引。控弦：指能引弓的人。

自淳维以至头曼千有余岁，时大时小，别散分离，尚矣①，其世传不可得而次。然至冒顿，而匈奴最强大，尽服从北夷，而南与诸夏为敌国，其世（信）[姓]官号可得而记云。

①尚：久远。

是时，汉初定，徙韩王信于代，都马邑。匈奴大攻围马邑，韩信降匈奴。匈奴得信，因引兵南逾句注，攻太原，至晋阳下。高帝自将兵往击之。会冬大寒雨雪①，卒之堕指者十二三，于是冒顿阳败走，诱汉兵。汉兵逐击冒顿，冒顿匿其精兵，见其羸弱，于是汉悉兵，多步兵，三十二万，北逐之。高帝先至平城，步兵未尽到，冒顿纵精兵三十余万骑围高帝于白登,七日②,汉兵中外不得相救饷。匈奴骑,其西方尽白,东方尽駹,北方尽骊,南方尽骍马③。高帝乃使使间厚遗阏氏④,阏氏乃谓冒顿曰:"两主不相困。今得汉地,单于终非能居之。且汉主有神,单于察之。"冒顿与韩信将王黄、赵利期,而兵久不来,疑其与汉有谋,亦取阏氏之言,乃开围一角。于是高皇帝令士皆持满傅矢外乡,从解角直出⑤,得与大军合,而冒顿遂引兵去。汉亦引兵罢,使刘敬结和亲之约。

①雨:读(yù)。下雨。
②白登:在平城东南,离平城十余里。
③駹(máng):青马。骊(lí):深黑马。骍(xīn):赤红马。
④求间隙而私遗之。
⑤傅:读(fù):附着。乡:读(xiàng),朝向。

译文

匈 奴 传

匈奴的先人是夏朝禹王部下的后代,名叫淳维。尧舜以前有山戎、猃允、薰粥各部族,居住在我国的北边,他们随水草放牧牲畜而不断迁徙。牲畜中最多的是马、牛、羊,最少见的有骆驼、驴、骡、玦騠骏马、騊駼和弹奚。追逐水草迁移,没有城市常住和耕种的土地,然而每个群体各有一个放牧范围的土地。没有文字书籍,用言语作约束自己的法则。儿童能骑羊、拉弓射鸟、鼠,渐渐长大后能射杀狐狸和野兔,没有米粟,专吃肉食,青壮年的力气能把弓拉弯,尽是甲级骑手。他们的风俗,平日松闲的时候就跟随牲畜在野外打猎,以捕捉禽兽为生,到紧急的时候就人人练习作战,用来侵伐他人,这成了他们的天性。他们的长武器就是弓箭,短武器就是刀和铁柄小矛。形势有利就进,形势不利就退,不以逃跑为羞耻。从君王以下都吃畜肉,穿用牲畜的皮制成的革,披用兽毛制成的毡裘衣服。壮年人吃肥美的肉,老年人吃剩下的。以壮健为贵,以老弱的贱。他们的风俗有名,但不忌讳呼名,没有字。

夏代衰微,公刘失去了他的稷官职务,变成西戎,到豳地建城。三百多年之后，戎人和狄人攻打太王亶父，亶父逃跑到岐山之下，豳地的人都跟从亶父到岐修筑城邑居住，开始建立周国。此后一百余年，周文王攻打畎戎。往后十多年，周武王讨伐商纣王而营建雒邑，后又迁到丰、镐一带，把戎夷之人放逐到泾水和洛水的北面，按时进贡，叫做荒服。此后二百多年，周朝世道衰微，周穆王攻打畎戎获得四个以白狼为图腾的部落和四个以白鹿为图腾的部落回来。从这以后，荒服不进了。于是吕侯制定中刑的法律。值到周穆王的孙周懿王时，王室衰微，戎人和狄人交相入侵，残酷侵扰国中，中原深受其苦，诗人开始作诗，痛苦地歌唱道："无家无室，是猃允入侵的原故"。"难道不要每天警戒？猃允入侵来得很急"。到周懿王的曾孙周宣王时，命令将帅带兵征伐猃允，诗人又赞美他们的巨大功绩说："讨伐猃允，打到了太原"。"出动了很多的车"，"在北方筑起了长城"。这时候四面的夷戎都按时进贡，像客人一样服从中原，国人称这叫做中兴。

　　一直到周幽王时，幽王宠爱褒姒的原故，与申侯有隔阂。申侯发怒与畎夷一道在丽山之下攻杀了幽王，于是夺取了周地，掠夺了当地财产而居住在泾水和渭水之间的人，侵略和践踏中原。后来，秦襄公救周，于是周平王离开丰、镐而向东迁徙到雒邑。当时秦襄公讨伐戎夷到了岐地，（秦）开始被列为诸侯。后六十五年，山戎从北面跨越燕国来攻打齐国，齐釐公与山戎战于齐郊。往后四十年，山戎讨伐燕国，燕向齐告急，齐桓公向北攻打山戎，山戎逃跑。往后二十余年，戎翟到雒邑，攻打周襄王，襄王出外跑到郑国的汜邑。起初，襄王想讨伐郑国，所以娶了戎翟女做皇后，与戎翟共同伐郑。不久，又废黜翟后，翟后怒恨。襄王的继母叫惠后，有子带，想立他做王，于是惠后与翟后，子带合作内应，为戎翟开路，因此戎翟得路进入，攻破了襄王，而立子带为王。于是戎翟有部分居住在陆浑，往东一直到卫，侵犯劫掠更加厉害。周襄王既已居外四年，于是就派遣使者向晋国告急。晋文公初立，想成霸业，于是派遣军队讨伐戎翟，诛杀子带，在洛邑迎接周襄王。

　　在这时候，秦、晋都是强国。晋文公攻打戎翟，居处在西河的圜水与洛水之间，号称赤翟，白翟。而秦穆公得到由余，西戎八国都臣服于秦。所以陇的西面有绵诸、畎戎、狄獂之戎,在岐、梁、泾、漆之北有义渠、大荔、乌氏、朐衍之戎,而晋北有林胡、楼烦之戎、燕北有东胡、山戎。各分散在溪谷之中,自有君长,往往一百多戎相聚在一起,然而没有谁能互相统一起来。

从这以后一百多年,晋悼公派遣魏绛与戎翟和善,戎翟朝拜晋国。再往后一百余年,赵襄子越过句注而攻破戎翟,吞并了代郡而临近胡貉。后来赵又与韩魏共同消灭知伯,瓜分晋地而占有晋国,于是赵就分有代和句注以北的地方,魏分有西河、上郡,而与戎接界。此后,义渠戎修筑城郭的守卫自己,而秦国渐渐蚕食义渠戎,到秦惠王时,攻下义渠二十五城。惠王又攻打魏国,魏把西河和上郡全部给秦。秦昭王时,义渠戎王与宣太后乱,生有两个儿子。宣太后在甘泉突然杀掉义渠王,起兵攻灭义渠戎。因此秦占有陇西、北地、上郡等地,修建长城与胡人隔离。赵武灵王也改变风俗,穿胡人服装,学习骑马射箭,向北攻破林胡。楼烦,从代地起沿着阴山下到高阙作为军事要塞,设置云中、雁门、代郡。此后,燕国有个名叫秦开的贤将,到胡作为人质,胡很相信他。回来后袭破东胡,东胡退却千余里。那个和荆轲一道刺杀秦王的人就是秦开的孙子。燕国也修筑长城,从造阳到襄平,设置上谷、渔阳、右北平、辽西、辽东等郡,用这些郡和长城与胡人隔开。当这时,为首的战国七雄,有燕赵秦三国在匈奴的边界上。此后,到赵将李牧的时候,匈奴不敢进入赵国的边境。后来,秦灭六国,秦始皇派蒙恬带领数十万士兵往北攻胡,全部收回了黄河以南的地方,于是沿河筑塞,在临近黄河的地方修起四十四个县城,并且迁徙很多有罪适合戍边的人去充实这些县城。而通行直道,从九原到云阳,因为山边险阻,土坑溪谷,能修补的地方就修补,从临洮起直到辽东一万多里。又渡河占据阳山、北假中间。

在这时,东胡很强大,而月氏也很强盛。匈奴的王名叫头曼,头曼受不了秦国的威胁,向北迁徙。十多年之后,蒙恬去世,诸侯背叛秦国,中原扰乱,那些原来由秦国迁去戍边的人都回去了,于是匈奴获得了宽广地域,又渐渐渡河到南面与中原旧塞接界。

匈奴王太子,名叫冒顿。后来匈奴王有个宠爱的阏氏生了小儿子，头曼想废掉冒顿，而立小儿子为太子，于是就派冒顿到月氏国去作人质。冒顿既已经到月氏作人质，头曼就急于攻打月氏，月氏要杀冒顿，冒顿就偷得良马，骑马逃回匈奴。头曼认为冒顿成壮年了。命令冒顿带领一万人马。于是冒顿就制作响箭，并经常勒令他的骑兵部下练习射箭，下命令说："响箭射击某目标，（必须尽其所有），如有不尽其所有的人，杀头。"执行打猎捕兽时，有不射尽其所有的人动辄被杀。不久，冒顿响箭射自己的良马，左右的人有的不敢射，冒顿立即斩杀了他。过了不久，冒顿又响箭射杀自己的爱妻，左右的人有的害怕，不敢射，冒顿又暂杀了他们。不久，冒顿出外打猎，又用响箭射杀匈奴王的良马，左右的人都射单于的良马。因此冒顿知道他的左右可以使用了，于是就跟他的父亲头曼去打猎，冒顿用响箭来射击头曼，他的左右射手都跟随响箭射杀头曼，并把冒顿的后母、弟弟和不听从的大臣们全部杀光了，于是冒顿自立为匈奴王——单于。

冒顿既已自立为匈奴王了，当时东胡很强大，听说冒顿杀父自立为王，于是派遣使者对冒顿说："想要头曼时号称千里马的马。"冒顿问群臣，群臣都说："这是匈奴的宝马，不能给。"冒顿说："怎么跟人家邻国交往舍不得一匹马呢？"于是就把千里马送给东胡了。不久，东胡认为冒顿害怕他，派遣使者对冒顿说："想要你匈奴王的一位有阏氏称号的皇后。"冒顿又问左右群臣，左右群臣都很生气地说："东胡没有道理，才要阏氏，请求去攻打东胡。"冒顿说："怎么与邻国交往而舍不得一个女子呢"？于是就选一个冒顿所宠爱的有阏氏称号的皇后送给东胡。东胡王更加骄傲了，向西进攻。东胡与匈奴中间有废弃的土地、没有人居住的一千多里，但双方都住有人在边境的土室内窥视对方。东胡又派使者对冒顿说："匈奴与我东胡边界所作的侦察室以外的弃地，匈奴不能到那儿，我们东胡要占有它。"冒顿问群臣，有人说："这是废弃的地方，给它吧。"于是冒顿大发脾气说："地是国家的根本，怎么能给人？"那些要把弃地给东胡的都被杀戮。冒顿上马，命令国中把走在后面的人杀掉，于是向东袭击东胡。东胡起初轻视冒顿，没有作准备。等到冒顿带兵打来，顺利攻破东胡，俘虏东胡的百姓，掠夺他们的牲畜财产。既已归来，又向西打跑了月氏、向南并吞了楼烦和白羊二王在黄河以南所居的土地，全部收复了秦使蒙恬所夺匈奴的地方，与汉室旧黄河以南的军事要塞直到朝那和肤施一带，于是侵犯燕、代两地。这时候，汉正与项羽互相抗拒，中原正因战争而疲乏不堪，因此冒顿能够强大自己，部下能射箭的人达三十多万。

从淳维到头曼一千多年，匈奴时大时小，人们离别分散，已经很久远了，不能编排他们世代相传的历史先后次第。然而到冒顿时候，匈奴最强大，全部服从北夷，而南面把诸华夏国看成敌国，他们的世姓官号可以记下来。

这时候，华夏刚刚安定，韩信受流刑，被徙边到代地，在马邑。匈奴大举围攻马邑，韩信投降匈奴。匈奴得韩信，因此带领士兵向南越过句注，攻太原，直到晋阳下。汉高帝亲自带领士兵前往攻打匈奴。正冬天大寒下雪，士兵中有十分之二三的人冻坏了手脚，于是冒顿表面上装着失败逃跑，引诱汉兵。汉兵追击冒顿，冒顿隐藏他的精兵，使一些瘦弱的士兵显现在外面，于是汉用全部士兵，多半是步兵，共计三十二万，向北追击冒顿。汉高帝先到平城，步兵没有全到，冒顿在白登发动三十余万精锐的骑兵人马围攻高帝，长达七天。汉兵被围里外不能救济粮饷。匈奴的骑兵西边的全是白马；在东边的全是青马；在北边的全是深黑色马；在南边的全是红马。汉高帝于是派遣使者暗中用厚礼赠送给阏氏，阏氏就对冒顿说：“两个主人不要互相为难。现在夺得了汉地，匈奴王未必能够占住它。而且汉主有神，请匈奴王考虑。"（于是）冒顿允许韩信带领王黄、赵利期的兵，然而士兵很久不来，怀疑他们和汉有计谋，也采取阏氏的意见，于是敞开包围的一角。汉高皇帝也命令士兵都拿着满引弓弩的箭朝向外面，从敞开的一角直跑出外，得到了与大军相聚。于是冒顿带领士兵离去了。汉高帝也带领士兵罢去，派遣刘敬与匈奴缔结和亲的盟约。

（本文由蒙古族专家佟德富教授审稿）

朝鲜传（节选）

朝鲜王满，燕人。自始燕时，尝略属真番、朝鲜①，为置吏筑障②。秦灭燕，属辽东外徼。汉兴，为远难守，复修辽东故塞，至浿水为界③，属燕。燕王卢绾反，入匈奴，满亡命，聚党千余人，椎结蛮夷服而东走出塞，度浿水，居秦故空地上下障，稍役属真番、朝鲜蛮夷及故燕、齐亡在者王之④，都王俭⑤。

①战国时，燕（yān）国略得此地。
②障（zhàng）：所以自障蔽。徼（jiào）：边界。
③浿（bèi）水：水名。在今朝鲜平壤以北，即大同江。（一说为鸭绿江）。
④燕、齐之人逃居此地，与真番、朝鲜蛮夷都属满人。稍：逐渐。役属：使隶属于自己。
⑤王俭：地名。原意为"君主"，指檀君。今指平壤城。

会孝惠、高后天下初定，辽东太守即约满为外臣，保塞外蛮夷，毋使盗边；蛮夷君长欲入见天子，勿得禁止。以闻，上许之，以故满得以兵威财物侵降其旁小邑，真番、临屯皆来服属，方数千里。

传子至孙右渠①，所诱汉亡人滋多②，又未尝入见③；真番、众国欲上书见天子，又雍阏弗通④。元封二年，汉使涉何谯谕右渠，终不肯奉诏⑤。何去至界，临浿水，使驭刺杀送何者朝鲜裨王长⑥，即渡水，驰入塞，遂归报天子曰"杀朝鲜将"。上为其名美，弗诘，拜何为辽东东部都尉。朝鲜怨何，发兵攻袭，杀何。

①满死传子，子死传孙。右渠：其孙名。
②滋：益，更加。
③不朝见天子。
④辰：指辰国。雍（yōng）：壅塞。阏（è）：阻塞。
⑤谯（qiào）：责让，谴责。谕：使知道。
⑥长：裨王名。送何至浿水，何因刺杀之。裨（pí）：副手、助手。

天子募罪人击朝鲜。其秋，遣楼船将军杨仆从齐浮渤海，兵五万，左将军荀彘出辽东，讨右渠。右渠发兵距险。左将军卒多率辽东士兵先纵①，败散。多还走，坐法斩②。楼船将齐兵七千人先至王俭。右渠守城，窥知楼船军少，即出击楼船，楼船军败走。将军仆失其众，遁山中十余日，稍求收散卒，复聚。左将军击朝鲜浿水西军，未能破。

①辽东兵多。

②于法合斩。

天子为两将未有利，乃使卫山因兵威往谕右渠。右渠见使者，顿首谢："愿降，恐将诈杀臣；今见信节，请服降。"遣太子入谢，献马五千匹，及馈军粮①。人众万余，持兵。方度浿水，使者及左将军疑其为变，谓太子已服降，宜命人毋持兵，太子亦疑使者左将军诈之，遂不度浿水，复引归。山还报天子，天子诛山。

①馈（kuì）："馈"的异体字。馈：赠送。

左将军破浿水上军，乃前至城下，围其西北。楼船亦往会，居城南。右渠遂坚守城，数月未能下。

左将军素侍中，幸①，将燕、代卒，悍，乘胜，军多骄。楼船将齐卒，入海已多败亡，其先与右渠战，困辱亡卒，卒皆恐，将心惭，其围右渠，常持和节。左将军急击之，朝鲜大臣乃阴间使人私约降楼船②，往来言，尚未肯决。左将军数与楼船期战，楼船欲就其约，不会。左将军亦使人求间隙降下朝鲜，朝鲜不肯，心附楼船。以故两将不相能。左将军心意楼船前有失军罪③，今与朝鲜私善而又不降，疑其有反计，未敢发。天子曰："将率不能前，乃使卫山谕降右渠，右渠遣太子，山使不能颛决，与左将军相误，卒沮约④。今两将围城又乖异，以故久不决。"使济南太守公孙遂往正之，有便宜得以从事。遂至，左将军曰："朝鲜当下久矣，不下者有状。"言楼船数期不会。具以素所意告遂曰："今如此不取，恐为大害，非独楼船，又且与朝鲜共灭吾军。"遂亦以为然，而以节召楼船将军入左将军营计事，即命左将军麾下执缚楼船将军⑤，并其军。以报天子，天子诛遂。

①亲幸于天子。

②与楼船为要约而请降。

③意：疑。

④颛：同"专"。卒：终。沮：坏。

⑤戏（huī）：通"麾"。麾下：部下。

左将军已并两军，即急击朝鲜。朝鲜相路人、相韩陶、尼溪相参、将军王唊①，相与谋曰："始欲降楼船，楼船今执，独左将军并将，战益急，恐不能与战②，王又不肯降。"陶、唊、路人皆亡降汉。路人道死。元封三年夏，尼溪相参乃使人杀朝鲜王右渠来降。王俭城未下，故右渠之大臣成已又反，复攻吏。左将军使右渠子长降③、相路人子最告谕其民④，诛成已。遂定朝鲜为真番、临屯、乐浪、玄菟四郡。封参为澅清侯⑤，陶为秋苴侯⑥，唊为平州侯，长降为几侯。最以父死颇有功，为温阳侯。左将军征至，坐争功相嫉乖计，弃市。楼船将军亦坐兵至列口当待左将军⑦，擅先纵，失亡多，当诛，赎为庶人。

①共四人：一朝鲜相路人，二相韩陶，三尼溪相参，四将军王唊。唊（jiá）："唊"的繁体字。相（xiàng）：姓氏。

②相（xiāng）与：共同。不能与：如谆说是不能与左将军相持。师古说：不能与犹言不如。

③右渠之子名长。

④路人子名最。

⑤澅：读（huò 获）。

⑥《功臣表》秋苴（chá）属于勃海。

⑦列口：县名。度海先得之。

（《汉书》赞曰段与《朝鲜传》无关，可能有误，依崔宰宇教授意见，改用《史记》朝鲜列传第五十五之收尾）

太史公曰：右渠负固，国以绝祀①。涉何诬功②，为兵发首。楼船将狭，及难离咎②。悔失番禺，及反见疑。荀彘争劳，与遂皆诛。两军俱辱，将率莫侯矣④。

①负固：依仗地势险固。以：通"已"，已经。绝祀：断绝祭祀。

②诬：欺骗。狭：指胸襟狭小，见识不广。

③番禺：地名，在今广东省广州附近。

④率：通"帅"。

译文

朝鲜传

朝鲜王名满,是燕国人。战国时候,燕占领了此地,附属在真番、朝鲜,替他们设置官吏筑起防卫的障物。秦灭燕后,又隶属于辽东外塞。汉兴起后,认为太远难于守卫,于是又修辽东旧塞,一直达到平壤城边以浿水为界限,属于燕国。燕王卢绾造反,进入匈奴,朝鲜王满逃亡,聚合朋党一千余人,椎结蛮夷服从而向东跑出塞,渡过浿水,居住在秦旧空地上筑起遮障物,逐渐把真番隶属于自己,直到原来故燕、齐逃亡还存在的人以满为王时,才在王俭地方建立都城。

到汉惠帝、高后（吕雉）初定天下,辽东太守立即约满当外臣,以教育塞外的蛮夷,不要使他们抢劫边疆;蛮夷君长想入见天子,不能禁止。把这些使皇上听到了,皇上允许这一作法,因此,朝鲜王满能够利用兵威财物侵犯并降伏周围小城,附近的真番、临屯都来服从归属,地方宽达数千里。

满死传子,子又传给满孙右渠,被引诱逃亡的汉人更加多起来了,又不曾朝见天子;真番、辰韩等国要上书朝见天子,又壅塞不通。汉武帝元封二年（公元前109年）汉派遣涉何谴送谕示右渠,右渠始终不肯接受诏书。涉何离去到边境上,临近浿水的时候,涉何派人驾御马刺杀送涉何的朝鲜副王（长）,立即渡过浿水,奔驰入关,于是回报天子说:"杀掉了朝鲜的大将。"皇上认为涉何向来名声很好,丝毫不查问实况,立即封涉何为辽东东部都尉官。朝鲜怨恨涉何,出兵攻打,杀掉了涉何。

汉天子招募罪人攻打朝鲜。当年秋天,派遣楼船将军杨仆领兵五万从齐国浮游过海。左将军荀彘从辽东出发,讨伐右渠。右渠派兵在王俭城外抗拒。左将军的一个名叫多的士兵率领辽东士兵先放纵出击,士兵失败跑散,多跑回来,犯法被斩。楼船带领七千多齐兵先到王俭城外。右渠在城中守卫,从小道探知楼船军队人少,立即出击楼船,楼船军失败逃跑。杨仆将军失去了他的士兵,逃跑到山中十多天,后来渐渐寻找回收散兵,又集中起来了。左将军攻打朝鲜浿水西边的军队，没有攻破。

汉武帝认为这两个将军都不顺利，于是就派遣卫山凭借兵威前往朝鲜谕示右渠。右渠见到汉的使者，叩头道谢说："愿意降汉，但是担心会被骗杀我；现在见到可信的使节，请求降服汉王。"派遣太子入汉道谢，献五千匹马，以及赠送军粮。一万余人手持武器，正要渡浿水时，卫山和左将军怀疑右渠有变化，说既然太子已降服，应该不叫人拿武器。太子也怀疑使者卫山和左将军欺骗自己，于是不过浿水，又带领人马回去了。卫山回报此事，汉武帝诛杀了卫山。

左将军攻破了浿水上的军队，就前进到了城下，围住了城的西北面。楼船也前往会合，居住在城南。右渠就坚守城内，几个月没有攻破。

左将军平日在侍从中，亲幸于天子，带领燕、代两地的士兵，很勇猛，因为胜利，军心多骄傲。楼船将军带领齐地的士兵，渡海时多已战败逃亡，他们先与右渠战，逃亡的士兵遭到窘迫和侮辱，士兵们都很恐惧，将军内心很惭愧，因此，他围右渠的时候常常携带着讲和的符节。左将军急于攻打右渠，于是朝鲜大臣暗中派人私下许约向楼船投降，来去地说，尚未决定。左将军屡次与楼船约定出战，楼船想成就他的私约，不出来会战。左将军也派人寻求可乘的机会使朝鲜降服，朝鲜不肯降左将军，心想归附楼船。因此两个将军不相合。左将军心疑楼船前有失军罪，现在与朝鲜友好而又不降，怀疑楼船有谋反的计策，没有敢表达出来。汉武帝说："将军率兵不能前进，于是派遣卫山谕示降服右渠，又不能专擅、独断独行，与左将军互相误会，终于损坏了要约。现在两将围城又不和谐，所以很久不能决定胜负。"于是派遣年老而有威望的公孙遂前往纠正他们，在方便的时候应该是能作事的。公孙遂达到，左将军说："朝鲜本来该攻下很久了，攻不下的原因，是楼船将军屡次约期不来会战。"于是把他平日怀疑的想法全部告诉公孙遂说："现在像这样不夺取，恐怕会成为大害，不仅是楼船，而且还会与朝鲜共同消灭我的军队。"公孙遂也认为是这样，因而用符节召楼船将军来到左将军的军中议事，马上使左将军部下抓获了楼船将军，合并了他的军队。把此事上报给汉武帝，汉武帝杀了公孙遂。

左将军已把两军合并了，马上急于攻打朝鲜。朝鲜的相路人、相韩陶、尼溪的相参，和将军王唊四人共同商量说："开始要降楼船，现在楼船被抓了，由左将军一人单独带兵，战斗又更加紧急，恐怕不能与他们作战，王又不肯降服。"后来韩陶、王唊、路人都逃亡降汉。路人在路上死亡。元封三年的夏天，尼溪相参派人杀掉了朝鲜王右渠前来投降。王俭城尚未攻下，所以右渠的大臣自已又反，再攻打官吏。左将军使右渠的儿子投降，相路人的儿子，告示他的民众，诛杀了成。于是把朝鲜定为真番、临屯、乐浪、玄菟四个郡。封参为澅清侯，陶为秋苴侯，唊为平州侯，长降为几侯。最因为父死有功，也封为涅阳侯。左将军被召回，他犯了争夺功绩妒嫉别人用不和谐的罪，判处在闹市执行死刑，并暴尸街头。楼船将军也犯了兵到列口渡海应当等待左将军，擅自先放纵军行，兵多失亡的罪，当诛杀，用财货赎罪成为普通人。

太史公司马迁说：右渠靠王俭城地势险要牢固不肯投降，使国家已经断了香火。涉何欺骗领导居功，被朝鲜出兵杀害。楼船将军胸襟狭小，达到了不能免于罪责。后悔丢失番禺，才反遭怀疑。左将军荀彘争功劳，和公孙遂都被杀害。两军都被羞辱，将帅没有谁封侯的了。

（本文由朝鲜族专家崔宰宇教授依《史记》审改）

两粤传（节选）

南粤王赵佗，真定人也①。秦并天下，略定扬粤②，置桂林、南海、象郡，以适徙民与粤杂处③。十三岁，至二世时，南海尉任嚣病且死④，召龙川令赵佗语曰⑤："闻陈胜等作乱，豪桀叛秦相立，南海辟远，恐盗兵侵此⑥。吾欲兴兵绝新道⑦，自备待诸侯变，会疾甚。且番禺负山险阻⑧，南北东西数千里，颇有中国人相辅，此亦一州之主，可为国。郡中长吏亡足与谋者，故召公告之。"即被佗书，行南海尉事⑨。嚣死，佗即移檄告横浦、阳山、湟溪关曰⑩："盗兵且至，急绝道聚兵自守。"因稍以法诛秦所置吏，以其党为守假⑪。秦已灭，佗即击并桂林、象郡，自立为南粤武王。

①真定：本来是赵国的县，故"粤"《史记》作"越"。佗：读（tuó）。
②扬粤：又称"扬越"，中国古族名，百越的一支，住地一说曾广泛分布于古扬州；一说分布于岭南；一说分布于江汉。此文扬越指岭南越人。本来"粤"专指两广；"越"泛指"百越"，但粤、越相通，有时同用。
③适（zhé）：同"谪"。古代官吏因罪而被降职或流放。如：贬谪。这里是指把有罪者徙于越地，与那儿的土人杂居。
④嚻：读（áo）。
⑤古循州地，今广东龙川县一带。
⑥辟：读（pì），偏僻。
⑦新道：指秦所开越道。
⑧负：即"偝（bèi）"，背向着。
⑨被（bèi）：加。
⑩湟：读（huáng）。檄（xí）：古代官府用作征召、晓谕或声讨的文书。
⑪守假：令为郡县之职，或为职守或为假借、代理。

高帝已定天下，为中国劳苦，故释佗不诛①。十一年，遣陆贾立佗为南粤王，与剖符通使，使和辑百粤②，毋为南边害，与长沙接境。

①释：置，放开。
②辑：同"集"。

高后时，有司请禁粤关市铁器。佗曰："高皇帝立我，通使物，今高后听谗臣，别异蛮夷，鬲绝器物①，此必长沙王计，欲倚中国②，击灭南海并王之，自为功也。"于是佗乃自尊号为南武帝，发兵攻长沙边，败数县焉。高后遣将军隆虑侯灶击之③，会暑湿，士卒大疫，兵不能隃领④。岁余，高后崩，即罢兵。佗因此以兵威财物赂遗闽粤、西瓯、骆，役属焉⑤。东西万余里。乃乘黄屋左纛，称制，与中国侔⑥。

①鬲：同"隔"。
②倚（yǐ）：靠着，依赖，倚仗。
③灶：即周灶。虑：读（lú）。
④隃：同"踰"，越过。领：通"岭"。
⑤赂遗（lù wèi）：赠送。骆即骆越，西瓯与骆越是岭南越人的两个支系，均为壮族的祖先。役：当是"役"。
⑥侔（móu 谋）：相等。

文帝元年，初镇抚天下，使告诸侯四夷从代来即位意，谕盛德焉①。乃为佗亲冢在真定置守邑②，岁时奉祀。召其从昆弟，尊官厚赐宠之。诏丞相平举可使粤者，平言陆贾先帝时使粤。上召贾为太中大夫，谒者一人为副使，赐佗书曰："皇帝谨问南粤王，甚苦心劳意。朕，高皇帝侧室之子③，弃外奉北藩于代，道里辽远，壅蔽朴愚，未尝致书④。高皇帝弃群臣，孝惠皇帝即世，高后（白）〔自〕临事，不幸有疾，日进不衰⑤，以故诶暴乎治⑥。诸吕为变故乱法，不能独制，乃取它姓子为孝惠皇帝嗣。赖宗庙之灵，功臣之力，诛之已毕。朕以王侯吏不释之故⑦，不得不立，今即位。乃者闻王遗将军隆虑侯书，求亲昆弟，请罢长沙两将军⑧。朕以王书罢将军博阳侯，亲昆弟在真定者，已遣人存问，修治先人冢。前日闻王发兵于边，为寇灾不止。当其时长沙苦之，南郡尤甚，虽王之国，庸独利乎⑨！必多杀士卒，伤良将吏，寡人之妻，孤人之子，独人父母，得一亡十，朕不忍为也。朕欲定地犬牙相入者，以问吏，吏曰"高皇帝所以介长沙土也⑩"，朕不得擅变焉。吏曰："得王之地不足以为大，得王之财不足以为富，服领以南，王自治之⑪"。虽然，王之号为帝。两帝并立，亡一乘之使以通其道，是争也；争而不让，仁者不为也。愿与王分弃前患⑫，终今以来，通使如故⑬。故使贾驰谕告王朕意，王亦受之，毋为寇灾矣。上褚五十衣，中褚三十衣，下褚二十衣，遗王⑭。愿王听乐娱忧，存问邻国⑮。"

①言不以威武加于远方。
②亲：父母。
③言非正嫡所生。
④言未得通使于越。
⑤言疾病益甚。
⑥诶（bèi）：悖的异体字。违背，谬误。
⑦辞让帝位可见置。
⑧乃者：指从前、昔日。佗之昆弟在故乡求访之，而两将军将兵击越者请罢之，以宾附于汉。言亲昆弟者，谓有服属者。
⑨言越兵寇边，长沙、南郡皆厌苦之。而汉军亦当相拒，方有战斗，于越亦非利也。
⑩犬牙相入：即犬牙交错，形容边界参差不齐，如犬齿交错。介：

⑪山岭名：一说长沙南界。
⑫彼此共弃，故云分。
⑬从今通使至于终久，故云终今以来。
⑭褚（zhǔ）：用丝绵装的衣服。上中下三等指装绵之多少。精曰编，粗曰絮。
⑮谓闽越、瓯骆等。

陆贾至，南粤王恐，乃顿首谢，愿奉明诏，长为藩臣，奉贡职。于是下令国中曰："吾闻两雄不俱立，两贤不并世。汉皇帝贤天子。自今以来，去帝制黄屋左纛。"因为书称："蛮夷大长老夫臣佗昧死再拜上书皇帝陛下：老夫故粤吏也，高皇帝幸赐臣佗玺，以为南粤王，使为外臣，时内贡职①。孝惠皇帝即位，义不忍绝，所以赐老夫者厚甚。高后自临用事，近细士，信谗臣②，别异蛮夷，出令曰：'毋予蛮夷外粤金铁田器；马、牛、羊即予③，予牡，毋与牝④。'老夫处僻，马、牛、羊齿已长⑤，自以祭祀不修，有死罪，使内史藩、中尉高、御史平凡三辈上书谢过，皆不反。又风闻老夫父母坟墓已坏削，兄弟宗族已诛论⑥。吏相与议曰："今内不得振于汉，外亡以自高异⑦。"故更号为帝，自帝其国，非敢有害于天下也。高皇后闻之大怒，削去南粤之籍，使使不通。老夫窃疑长沙王谗臣，故敢发兵以伐其边。且南方卑湿，蛮夷中西有西瓯，其众半羸⑧，南面称王；东有闽粤，其众数千人，亦称王；西北有长沙，其半蛮夷，亦称王⑨。老夫故敢妄窃帝号，聊以自娱。老夫身定百邑之地，东西南北数千万里，带甲百万有余，然北面而臣事汉，何也？不敢背先人之故。老夫处粤四十九年，于今抱孙焉。然夙兴夜寐，寝不安席，食不甘味，目不视靡曼之色，耳不听钟鼓之音，以不得事汉也。今陛下幸哀怜，复故号⑩，通使汉如故，老夫死骨不腐，改号不敢为帝矣！谨北面因使者献白璧一双，翠鸟千，犀角十，紫贝五百，桂蠹一器⑪，生翠四十双，孔雀二双。昧死再拜，以闻皇帝陛下。"

①言以时输入贡职。
②细士：指小人。
③因在五岭外，故称外越。

④巩其蕃息,生殖。牡(mù):鸟兽的雄性。牝(pìn):鸟兽的雌性。
⑤辟:读(pì)。齿已长:老了。
⑥风闻:听到风声。
⑦振:起。亡(wú):无。异:其他,别的。
⑧羸(léi):劣弱,瘦弱。
⑨言长沙之国,半杂蛮夷之人。
⑩复(fù):恢复。
⑪蠹(dù):同"蠹"。颜师古引应劭曰:"桂树中蝎虫也。"颜师古又引苏林曰:"汉常以献陵庙,载以赤毂小车。"颜师古云:"此虫食桂,故味辛,而渍之以蜜食之也。"

译文

两 粤 传

南粤王赵佗是真定地方的人。秦国并吞天下之后,掠定岭南扬粤,设置桂林、南海、象郡,贬谪迁徙民众去和粤人杂居。过十三年,到秦二世的时候,南海的军事长官任嚣生病并且死亡,临死前征召龙川的县令赵佗,并告诉他说:"听说陈胜等人作乱,豪杰叛秦相对立,南海地处僻远,担心盗兵侵犯到这儿。我要起兵去断绝秦所开通越的新道,自行防备以等待诸侯的叛变,恰遇病重。而且番禺地方背靠山,形势险阻,纵横几千里,有国中的人帮助它,这也是一州之长,可以成为一个方国。郡中的长官没有能够相与出主意的,故而召集您来告诉这事。"随即加给赵佗任职书,行使南海的尉官事。南海尉官任嚣死,赵佗立即施予文书,以告横浦、阳山、湟谿关等地说:"盗兵将要到了,要赶快断绝道路,聚合军队守卫自己。"因而悄悄依法诛杀秦所设置的官吏,用他的朋党来任职或代理。秦国已经灭亡,赵佗立即打击和兼并桂林、象郡,自己立为南粤武王。

汉高祖已经奠定了天下,正为国家操劳,所以搁置赵佗不杀。十一年(公元前196年),高祖派遣陆贾立赵佗为南粤王,给与剖符通史,使百越和睦,不作南边害,与长沙南面接界。

高后当权时,有司官请命禁止在南粤关口出售铁器。赵佗说:

"汉高皇帝立我，给我通使剖符等物，现在高后听信奸臣的谗言，用不同的态度对待蛮夷，使器物隔绝，这一定是长沙王的计谋，想倚靠着中国的势力，攻灭南海，而且统治着它们，作为他自己的功绩。"因此赵佗就尊称自己叫做南武帝，派遣士兵攻打长沙边境，击败了几个县。高后派遣将军隆虑侯灶攻打赵佗，恰好天气暑热潮湿，士兵大疫，士兵不能越过南岭山脉。过后一年多，高后去世，即退兵。赵佗因此用自己的兵威吓周边的小方国，用财物赠送给闽粤、西瓯、骆越，使它们役服隶属自己，东西长达万余里。于是乘坐黄屋左纛的车，称南武帝，与国中的汉帝地位相等。

汉文帝元年（公元前179年），刚安抚天下，派人告知诸侯四夷，自己由代郡入为皇帝，是要谕示大家自己将行盛德，而不用武力加于远方。于是替赵佗父母亲坟墓在真定而设置守护，每年按时祭祀。召佗为堂兄弟，赐尊位以拉拢他。命令丞相陈平推举可以出使粤的人，陈平说陆贾在先帝的时候曾出使粤地。皇上征召陆贾为太中大夫，请随从者一人为副使，赐给赵佗的信说："皇帝谨问候南粤王，你辛苦了。我是高皇帝的旁室之子，抛弃在代郡事奉北藩，路途遥远，闭塞愚蠢，从没有给你写过信。高皇帝抛弃群臣，孝惠帝即位，高后亲管政事，不幸有病，而且一天天加重不减退，因此，错误地残暴治理世事。姓吕的外戚们变政乱法，不能独自制止，于是取他姓子弟作为孝惠皇帝的继承人。依赖祖庙的灵气，功臣的力量，铲除已经完毕。我因王侯官吏不弃的原故，不能不立帝，现已即位。从前听说王的兄弟有人送给将军隆虑侯的信，请求服属成昆弟关系，并罢去长沙两将军。现我已罢去将军博阳侯，在真定的兄弟，已派人存问，并修治先人的坟墓。前些日子听说王派兵来边境，为害不止。那时候，长沙以此为苦，南郡更加厉害，即使是你的国家会独得利吗？那种一定要多杀士兵，损伤优良将吏，使人之妻寡，使人之子孤，使人父母独，得一损十的作法，我是不忍心做的啊。我要定参差不齐的地界，把这件事询问官吏，官吏们说：'高皇帝把长沙土地作为边界。'我不能擅自改变呀。官吏们说：'得到你南粤王的土地不足以使我们强大，得到你南粤王的财利不足以使我们富裕，五岭以南的地方，你南粤王自己治理吧。'

虽然这样，你南粤王的号还是叫做帝。两帝并立，没有一辆车的友好使者往来在路上通行，是争夺的表现；争抢而不谦让，是仁德的人所不做的。希望和南粤王一道共同抛弃以往的祸患，从今以后，友好通使往来如前。所以特派陆贾驰驱将我的心意告诉你，你如果也接受我的意思，就不要成为寇灾了。送给你上等丝绵装五十套，中等丝绵装三十套，下等丝绵装二十套。希望你南粤王听赏音乐，使忧心娱乐，到邻国来访问。"

陆贾达到南粤，南粤王（赵佗）惊恐，于是叩头称谢，表示愿意奉领明诏的指示，长期称为藩属的臣下，奉行进贡的职责。于是给全南粤下命令说："我听说两个英雄不并立，两个贤主不同时。汉皇帝是贤天子。从今以后，我去掉称皇帝的制度，不坐黄屋左纛的君车。"因而上书给汉文帝说："蛮夷之长老臣赵佗冒死敬拜两拜上书皇帝陛下：老臣是南粤的旧官，高皇帝曾经赐给我玉玺，用我作南粤王，使我成为外臣，按时交纳贡品。孝惠皇帝即位，在情义上不忍心断绝，所以赐给我赵佗的很丰厚。高后自己临时执政，亲近小人，听信说小话者的谗言，区别抛弃蛮夷，出示命令说：'不要给蛮夷外粤金属农具；马牛羊即使给予蛮夷，也只给公的，不要给母的。'我老臣地处偏僻，现在马牛羊都老了，（没有新繁殖的嫩羊），我自己认为用老牲口祭祀不好，有死罪。我派遣名叫藩的内史、名叫高的中尉和名叫平的御史，共三批上书谢罪，都不见返回。又小道听说老夫我父母的坟墓已被损坏，兄弟宗族已被诛杀。官吏们共同讨论说：'现在在里面我们在汉皇帝面前不能得到起用，在外面我们没有其他别的事情用来自感高兴了（即是在外面没有以此自高的其他事情了）。'所以改号为帝，自己在自己的方国称帝，不是敢损害天下。高皇后听到了这事，大发脾气，削除了南粤的户籍，使两地使者不能往来。我暗自怀疑长沙王说了我的坏话，所以敢出兵攻打它的边界。况且南方低下潮湿，蛮夷中西面有西瓯，它的民众半数是瘦弱的人，他们向南称王；东边有闽粤，它有数千人，他们也称王；西北有长沙，它的半数人是蛮夷，也都称王。因此，我老头也敢妄自窃取帝号，姑且自娱。我老头身在百城之地，东西南北数千万里，武士百万有余，然而要向北称臣来事汉，这是为什么呀？

不敢违背先人的原故。我老夫居南粤已四十九年，现在已经抱孙子了。然而起早睡晚，睡不安席，食不甘味，眼睛不看美丽的颜色，耳朵不听钟鼓的声音，因为不能事汉呀。现在您皇帝陛下哀怜我，再叫我称旧（帝）号，通使汉地同前，我老夫死骨不腐，改号不敢称帝了！谨向北称臣派使者献上一双白璧，一千只翠鸟，十个犀角，五百紫贝，一箱桂蠹，四十双生翠，两双孔雀。冒死再拜，以此请皇帝陛下闻知。"（本文由壮族专家梁庭望教授审改）

西南夷传（节选）

西南夷君长以十数，夜郎最大①。其西靡莫之属以十数，滇最大②。自滇以北，君长以十数，邛都最大③。此皆椎结④，耕田，有邑聚。其外，西自桐师以东，北至叶榆⑤，名为嶲、昆明⑥，编发⑦，随畜移徙，亡常处，亡君长，地方可数千里。自嶲以东北，君长以十数，徙、莋都最大⑧。自莋以东北，君长以十数，冉駹最大⑨。其俗，或土著，或移徙⑩。在蜀之西。自駹以东北，君长以十数，白马最大，皆氐类也。此皆巴蜀西南外蛮夷也。

（下面注释主要依颜师古和王先谦说，笔者略有增补）。
①后为县，属牂柯郡。
②滇（diān）：地有滇池，因以为名。
③邛（qióng）都：即今四川西昌一带。
④椎结：作髻如椎形。
⑤叶榆：泽名，因以立号，后为县，属益州郡。
⑥嶲（xī）：在今云南保山一带。昆明在其西南，为诸爨（cuàn）所居。东爨居民以乌蛮为主即今彝族；西爨居民以白蛮为主即今白族。
⑦编（biàn）：结发为辫。
⑧徙：古国名，后为徙县，属蜀郡。莋都：古国名，后为沈黎郡。
⑨冉駹（máng）约在今阿坝、甘孜一带。
⑩土著：世居居民。

始楚威王时，使将军庄蹻将兵循江上①，略巴、黔中以西②。庄蹻者，楚庄王苗裔也。蹻至滇池，方三百里③，旁平地肥饶数千里④，以兵威定属楚。欲归报，会秦击夺楚巴、黔中郡，道塞不通，因乃以其众王滇，变服，从其俗，以长之⑤。秦时尝破，略通五尺道⑥，诸此国颇置吏焉。十余岁，秦灭。及汉兴，皆弃此国而关蜀故徼⑦。巴蜀民或窃出商贾，取其笮马、僰僮、髦牛，以此巴蜀殷富。

①循：顺、沿。
②黔中：在今贵州境内。
③地理志益州滇池县，其泽在西北。
④旁：指滇池旁之地。
⑤长之：以之为长帅。
⑥其地险厄，意为地势险要。
⑦西南之徼（jiào），徼（jiào）：边界。

建元六年，大行王恢击东粤，东粤杀王郢以报。恢因兵威使番阳令唐蒙风晓南越①。南粤食蒙、蜀枸酱②，蒙问所从来，曰："道西北牂柯江③，江广数里，出番禺城下④。"蒙归至长安，问蜀贾人，独蜀出枸酱，多持窃出市夜郎。夜郎者，临牂柯江，江广百余步，足以行船。南粤以财物役属夜郎，西至桐师，然亦不能臣使也。蒙乃上书说上曰："南粤王黄屋左纛⑤，地东西万余里，名为外臣，实一州主。今以长沙、豫章往，水道多绝，难行。窃闻夜郎所有精兵可得十万，浮船牂柯，出不意，此制粤一奇也。诚以汉之强，巴、蜀之饶，通夜郎道，为置吏，甚易。"上许之。乃拜蒙以郎中将，将千人，食重万余人⑥，从巴（笮）［苻］关入，遂见夜郎侯多同⑦。厚赐，谕以威德，约为置吏，使其子为令⑧。夜郎旁小邑皆贪汉缯帛，以为汉道险，终不能有也，乃且听蒙约。还报，乃以为犍为郡。发巴、蜀卒治道，自僰道指牂柯江。蜀人司马相如亦言西夷邛、笮可置郡。使相如以郎中将往谕，皆如南夷，为置一都尉，十余县，属蜀。

①番（pō）阳：古县名。令：县长。"东粤"也作"东越""南越"也作"南粤"。
②枸（jǔ）树如桑，其椹长二三寸，味酢。取其果实做酱，美，蜀人以为珍味。师古说：味尤辛，不酢。
③道：由，由此而来。
④番（pān）禺（yú）：县名。属广州市。

⑤言为天子之车服。
⑥食粮及衣重也。重（zhòng）：分量大。
⑦多同：其侯名。
⑧比之于汉县。

当是时，巴、蜀四郡通西南夷道，载转相馈①。数岁，道不通，士罢饿馁，离暑湿，死者甚众②。西南夷又数反，发兵兴击，耗费亡功③。上患之，使公孙弘往视问焉。还报，言其不便。及弘为御史大夫，时方筑朔方，据河逐胡，弘等因言西南夷为害④，可且罢，专力事匈奴。上许之，罢西夷，独置南夷两县一都尉，稍令犍为自保就⑤。

①馈：古"饷"字。
②罢：音（pí）。馁（něi）：同"馁"。饥。离：遭。
③耗（hào）：损。
④言通西南夷大为损害。
⑤令自保守，且脩成其郡县。脩：修的异体字。

及元狩元年，博望侯张骞使大夏时，见蜀布、邛竹杖，问所从来，曰"从东南身毒国①，可数千里，得蜀贾人市。"或闻邛西可二千里有身毒国。骞因盛言大夏在汉西南，慕中国，患匈奴隔其道，诚通蜀，身毒国道便近，又亡害。于是天子乃令王然于、柏始昌、吕越人等十余辈间出西南夷②，指求身毒国。至滇，滇王当羌乃留为求道③。四岁余，皆闭昆明，莫能通④。滇王与汉使言："汉孰与我大⑤？"及夜郎侯亦然。各自以一州王，不知汉广大。使者还，因盛言滇大国，足事亲附⑥，天子注意焉。

①身毒（yuān dú）：即天竺，也叫捐笃，即印度。
②求间隙而出。王然于、柏始昌、吕越人：皆人名。
③当羌：滇王名。
④闭昆明：被昆明人阻挡。
⑤孰与：何如。不若、不如，常用于反问语气，有比较意味。
⑥可以专事招来之，令其亲附。

及至南粤反，上使驰义侯因犍为发南夷兵。且兰君恐远行，旁国虏其老弱①，乃与其众反，杀使者及犍为太守。汉乃发巴、蜀罪人当击南粤者八校尉击之。会越已破，汉八校尉不下，中郎将郭昌、卫广引兵还，行诛隔滇道者且兰②，斩首数万，遂平南夷为牂柯郡。夜郎侯始倚南粤，南粤已灭，还诛反者③，夜郎遂入朝，上以为夜郎王。南粤破后，及汉诛且兰、邛君，并杀莋侯，冉駹皆震恐，请臣置吏。以邛都为越嶲郡，莋都为沈黎郡，冉駹为文山郡，广汉西白马为武都郡。

①恐发兵与汉行后，其国空虚，而旁国来寇，钞取其老弱。且（jū）兰：古县名。在今贵州贵阳附近。
②言因军行而便诛之。
③谓军还而诛且兰。

使王然于以粤破及诛南夷兵威风谕滇王入朝①。滇王者，其众数万人，其旁东北劳浸、靡莫皆同姓相杖，未肯听②。劳、莫数侵犯使者吏卒。元封二年，天子发巴、蜀兵击灭劳浸、靡莫，以兵临滇。滇王始首善，以故弗诛③。滇王离西夷④，滇举国降，请置吏入朝。于是以为益州郡，赐滇王印，复长其民⑤。西南夷君长以百数，独夜郎、滇受王印。滇，小邑也，最宠焉。

①风（fěng）通"讽"。用委婉的言辞劝告。谕：上对下的指令。如诏谕、诏令。
②杖：倚。指小国同姓相依倚为援而不听要滇王入朝的谕示。
③言初始以来，常有善意。
④言东向事汉。
⑤长（zhǎng）：作他们的长帅。

译文

西南夷传

西南夷人的君长数以十计，夜郎最大。它的西面靡莫之类的人群，也数以十计，滇最大。从滇往北的君长，也数以十计，邛都最大。这些地方的人都梳发髻如椎形，耕田，有城邑聚合。它的外面，西边自桐师以东，北边到叶榆，名叫嶲、昆明，他们都结发为辫，随畜牧迁徙，没有常住的处所，也没有君长，地方有几千里大。从嶲往东北，君长也数以十计，徙、莋都最大。从莋往东北，君长也数以十计，冉駹最大。这些人的习俗，有的定土而居，有的随时迁徙。在蜀郡西边。从冉駹往东北，君长数以十计，白马最大，全是氐族人。这些都是巴郡、蜀郡西南外面的蛮夷。

　　楚威王时，派遣名叫庄蹻的将军带领士兵沿着长江向上，略夺了巴、黔中以西的地方。庄蹻这个人是楚庄王的后代。庄蹻到滇池，那儿有土地方园三百里，旁边肥饶的平地有几千里，用庄蹻的兵威把那里定属楚国。要回去报告楚王时，正碰上秦国攻夺楚国的巴和黔中郡，道路阻塞不通，因此就凭他的士兵众多统治着滇，改变服装，从他的习俗，当那儿的长帅。秦时曾经攻破滇地，仅通一条五尺宽的小道，秦在这些小国都置有官吏。十多年之后，秦国灭亡。到汉室兴起，都放弃滇国，而以蜀郡的旧塞为关口。巴、蜀的民众有的暗中出来经商，取那里的筰马、僰童、髦牛，因此巴、蜀的人口众多，生活富裕。

　　汉武帝建元六年（前136年），大行官王恢攻打东越，东越杀掉王郢作回报。然后王恢凭自己的兵威，派遣番阳县长唐蒙，用委婉的言辞劝告，使南粤知晓。南粤人请唐蒙吃蜀郡的枸酱，唐蒙问是从哪里来的？南粤人说："路的西北边有牂柯江，江宽数里，出自番禺城下。"唐蒙回到长安，问蜀郡的商人，说只有蜀出枸酱，有很多人暗中拿到夜郎出卖。夜郎临近牂柯江，江宽百多步，足够行船，南粤因为财物隶属夜郎，向西到桐师，然而也不能臣使。唐蒙就向上呈言说："南粤王为天子的车服，地面广大东西万余里，其名是外臣，其实是一州之主。现在从长沙、豫章去，有很多水道隔绝，难走。据闻夜郎有精兵十万，在牂柯江行船，出其不料，这是制服粤人的一个奇迹。的确凭汉的强大，巴、蜀的富饶，打通夜郎道，为他们设置官吏，那是很容易的。"皇上赞许他。于是就任命唐蒙用郎中将的身分，带领一千人，食粮和衣重共用万余人，从巴苻关进入，于是见到了名叫多同的夜郎侯。用优厚的赐给，用威德谕示，约定为他们设置官吏，派遣他的儿子当县令。夜郎旁的小城市都贪求汉的绸绵，但因为汉道险阻，始终不能有所得，才姑且听唐蒙的约言。回来上报，就认为是犍为郡。于是从巴、蜀发兵治道，从僰道指挥牂柯江。蜀人司马相如也说西夷邛、筰两地都可设郡。于是派遣司马相如用郎中将的身份前往谕示，都像南夷一样，替他们设置一个都尉，共十多个县，隶属蜀郡。

　　当这时候，巴、蜀四郡通西南夷道，不断装载转运相送食物。几年过后，道路不通，士兵疲劳挨饿，遭受暑热和潮湿，死亡的很多。西南夷又屡次造反，出兵攻打，又耗费无功。皇上担忧这件事，派遣公孙弘前往视察询问。回来上报，说他不方便，等到公孙弘当上御史大夫，当时正治理朔方，依据黄河的有利条件追逐胡人，公孙弘等人因此说通西南夷为害太大，可以暂且罢休，专门全力对付匈奴。皇上允许他罢手西夷，只设置南夷两县一个都尉，渐渐使犍为善自保守，并且修建成郡县。

　　等到汉武帝元狩元年（公元前122年），博望侯张骞出使大夏时，看到了蜀布、邛竹杖，问它们的来处，说："从东南身毒国来，可能有几千里，从蜀地商人手上买得。"有的听到邛西二千里有身毒国。张骞因此大谈大夏在汉西南，羡慕中国，害怕匈奴阻隔其道，的确能通到蜀，到身毒国的路便近了，又没有侵害。于是汉武帝就命令王然于、柏始昌、吕越人等十多批人暗中出使西南夷，目的在于寻找身毒国。到滇国，滇王当羌就作为探路扣留了他们。四年多，都被昆明人阻挡了，没有人能通过。滇王对汉使说："汉与我哪个大？"等到达夜郎，夜郎侯也同样相问。他们都自以为一州的王很大，不知汉广大。使者回归，都大谈滇国大，值得专门从事招来，使它亲附自己。于是汉武帝注意这件事。

　　直到南粤造反，汉武帝派遣驰义侯由犍为发动南夷兵。且兰君担心国内的精兵远行，旁国的寇盗会来俘获自己境内的老弱，于是与他的民众一起反抗，杀掉了汉使和犍为的太守。汉就发动巴、蜀的罪人，阻挡攻击南粤的八校尉打击他们。恰巧越已被攻破，汉八校尉不肯去到，由中郎将郭昌、里广领兵回来的时候，军行顺便诛杀了阻隔滇道的且兰，杀头数万，于是就平定南夷而建成了牂柯郡。夜郎侯起初依靠南粤，南粤已破灭后，军队还回时要诛杀且兰人，夜郎于是入朝，皇上把他封作夜郎王。南粤破灭后，到汉诛杀且兰人、邛君，并杀莋侯，冉駹全震惊恐惧，请求称臣置吏。于是汉武帝安排把邛都作为越嶲郡，把莋都作为沈黎郡，把冉駹作为文山郡，把广汉西白马作为武都郡。

(汉)派遣王然于用南粤破灭和诛杀南夷的兵威委婉劝告并谕示滇王入朝①。滇王有数万群众,它的旁边东北面的劳浸、靡莫都同姓相依靠,不肯听汉王的谕示。劳浸和靡莫还多次侵犯汉使者和吏卒。汉武帝元封二年,武帝从巴郡蜀郡发兵击灭劳浸和靡莫,把士兵临近滇国。滇王从开始起常有善意,因为这个原故滇王没有被诛杀。滇王背离西夷,向东面事奉汉王,于是滇国全国降汉,请求设置官吏入汉朝拜。因此用此地作为益州郡,并赐给滇王王印,让他再做那里民众的长帅。西南夷的君长数以百计,唯独夜郎与滇接受了王印。滇是个小城市,最受宠爱。

(本文由彝族专家朱文旭教授审改)

《后汉书》

《后汉书》今本一百二十卷。其中《本纪》十卷,《列传》八十卷、南朝,宋,范晔撰;唐,李贤等注;《志》三十卷,晋,司马彪撰,梁,刘昭注。在范晔以前,记东汉一代的史书,有官修的《东观汉纪》、三国,吴,谢承的《后汉书》、晋,薛莹的《后汉记》、晋,司马彪的《续汉书》、晋,华峤的《后汉书》、晋,谢沈的《后汉书》等。晔以诸家多未善,乃以《东观汉纪》为蓝本,兼摘取诸家,自撰《后汉书》。后因获罪被处死,《志》未写成。后以刘昭注司马彪之《志》并入晔书,遂成今本一百二十卷的《后汉书》。此书史实丰富,文笔精炼流畅,虽因袭《史记》、《汉书》体例,但独创了党锢、独行、逸民、列女等类传,为以后纪传体史书所沿用。《后汉书》无《表》,宋,熊方肖《补后汉书年表》十卷。

南蛮传(节选)

作者范晔,公元398—445年。南朝,宋,顺阳人,字蔚宗,范宁之孙。博涉经史,善为文章。晋末为刘裕(宋武帝)子彭城王义康参军。宋王朝建，为尚书吏部郎，左迁宣城太守，不得志，于是删定自《东观汉记》以下诸书，撰为《后汉书》，成一家之作。自范书行而诸家皆废。又善弹琵琶，能为新声。后迁左卫将军、太子詹事。元嘉二十二年，以参与孔照先谋立义康，事泄被杀，四子一弟，同死于市。《宋书》、《南史》皆有传。参见《后汉书》。

……其在唐虞，与之要质！故曰要服①。夏商之时，渐为边患。逮于周世，党众弥盛。宣王中兴，乃命方叔南伐蛮方。诗人所谓蛮荆来威者也。又曰：蠢尔蛮荆，大邦为仇②。明其党众繁多，是以抗敌诸夏也。平王东迁，蛮遂侵暴上国。晋文侯辅政，乃率蔡共侯击破之。至楚武王时，蛮与罗子共败楚师，杀其将屈瑕③。庄王初立，民饥兵弱，复为所寇，楚师既振，然后乃服，自是遂属于楚。鄢陵之役，蛮与恭王合兵击晋④。及吴起相悼王，南并蛮越，遂有洞庭、苍梧。秦昭王使白起伐楚，略取蛮夷，始置黔中郡。汉兴，改为武陵⑤。岁令大人输布一匹，小口二丈，是谓賨布⑥。虽时为寇盗，而不足为郡国患。光武中兴，武陵蛮夷特盛。建武二十三年⑦，精夫相单程等，据其险隘，大寇郡县⑧。遣武威将军刘尚发南郡、长沙、武陵兵万余人，乘船泝沅水入武溪击之⑨。尚轻敌入险，山深水疾，舟船不得上。蛮氏知尚粮少入远，又不晓道径，遂屯聚守险。尚食尽引还，蛮缘路徼战，尚军大败，悉为所没。二十四年，相单程等下攻临沅⑩。遣谒者李嵩、中山太守马成击之，不能克⑪。明年春，遣伏波将军马援、中郎将刘匡、马武、孙永等，将兵至临沅，击破之。单程等饥困乞降，会援病卒，谒者宗均，听悉受降。为置吏司，群蛮遂平。

①相传长沙武陵蛮是古代高辛氏（帝喾）女儿的后裔（因为神话，未取。）要质：盟约，结盟以约束。要服：要者，要结好信而服从，故曰要服。古代王畿外围每五百里为一区划，按距离远近分为五等地带，叫做五服，即侯服、甸服、绥服、要服、荒服。

②《毛诗·小雅·采芑》薄言采芑，于彼新田。显允方叔，振旅阗阗。蠢尔蛮荆，大邦为仇。方叔：卿士，命而为将。

③《左传·桓公十三年》楚屈瑕伐罗,及鄢,乱次,以济其水,遂无次,且不设备,罗与卢戎两军之,大败之。罗为子爵国,故称罗子。
④《左传·成公十六年》晋楚战于鄢陵,晋郤至曰:楚二卿相恶,王卒以旧,郑陈而不整,蛮军而不陈也。
⑤黔中故城在辰州沅陵县西。
⑥賨(zōng):《说文》曰:南蛮赋也。
⑦建武二十三年:即东汉光武帝建武年间第二十三年(公元47年)。
⑧精夫:蛮夷称统帅为精夫。相(xiāng)单程:精夫的姓名。
⑨沅水出牂柯故且兰,东北经辰州、潭州、岳州,经洞庭湖入长江。《集解》引沈钦韩曰,明志,辰州府沅陵县有故刘尚城,武溪在泸溪县西,源出武山,经县城南合沅水。
⑩《集解》引沈钦韩曰:(临沅)今常德府武陵县西。
⑪克:攻破。

　　肃宗建初元年,武陵澧中蛮陈从等反叛,入零阳蛮界①。其冬,零阳蛮五里精夫为郡击破从,从等皆降。三年冬,溇中蛮覃儿健等复反②。攻烧零阳、作唐、屡陵界中③。明年春,发荆州七郡及汝南、颍川弛刑徒吏士五千余人,拒守零阳,募充中五里蛮精夫不叛者四千人,击澧中贼④……永寿三年十一月⑤,长沙蛮反叛,屯益阳。至延熹三年秋⑥,遂抄掠郡界,众至万余人,杀伤长吏……

①肃宗建初元年:查东汉无肃宗,可能是章帝(刘炟)建初元年为公元76年。零阳县属武陵郡。《集解》引沈钦韩曰:今澧州慈利县东。
②三年冬:肃宗章帝建初三年,即公元78年。溇:水名。《集解》引沈钦韩曰:(溇水)入慈利县。
③作唐县属武陵郡。屡陵县故城,在今湖北公安县西南。
④充县属武陵郡。《集解》引沈钦韩曰:明志,慈利县西有废尧县。
⑤永寿三年:即东汉桓帝(刘志)永寿三年为公元157年。
⑥延熹三年:即东汉桓帝延熹三年为公元160年。

　　及楚子称霸,朝贡百越。秦并天下,威服蛮夷,始开领外,置南海、桂林、象郡。汉兴,尉佗自立为南越王,传国五世①。至武帝元鼎五年②,遂灭之,分置九郡。交趾刺史领焉,其珠崖、儋耳二郡在海洲上,东西千里③,南北五百里。其渠帅贵长耳,皆穿而缒之,垂肩三寸。武帝末,珠崖太守会稽孙幸调广幅布献之,蛮不堪役,遂攻郡杀幸……于是九真、日南、合浦蛮里皆应之,凡略六十五城，自立为王④。交趾刺史及诸太守仅得自守。光武乃诏长沙、合浦、交趾具车船、修道桥、通障谿、储粮谷，十八年，遣伏波将军马援、楼船将军段志，发长沙、桂阳、零陵、苍梧兵万余人讨之。明年夏四月，援破交趾，斩征侧、征贰等，余皆降散……（唐樊绰撰《蛮书》介绍六诏（两爨）包括乌蛮·白蛮等数十种蛮。说明古蛮全在我国南方各地。蒙舍统一六诏称南诏全盛时辖云南全部、四川南部、贵州西部和广西西北部。）

① 五世《汉书》云：南粤王赵佗，真定人。秦时为南海尉，佗孙胡，相子婴齐，婴齐子兴，共五代。

② 武帝元鼎五年：西汉武帝元鼎年间第五年，即公元前 112 年。

③ 珠崖（yá）：郡名。公元前 111 年设置。因崖边出真珠得名。辖境相当海南岛东北部地区。儋（dān）耳：古部族名。有二说：其一在北荒，《山海经·大荒北经》："有儋耳之国"；其一在今海南省，汉武帝置儋耳郡。《山海经·海内南经》作离耳，注："馊离其耳，分令下垂以为饰，即儋耳也。"汉郡名。辖境相当于今海南省西部地区。

④ 九真：郡名。公元前三世纪末，南越赵佗所置。汉武帝元鼎六年（公元前 111 年）置。辖境今越南清化、河静两省及义安省东部。日南：郡名。汉武帝元鼎六年（公元前 111 年）置。辖境今越南中部，北起横山，南抵大岭地区。合浦：郡名。汉武帝元鼎六年（公元前 111 年）置。辖境今广东新兴、开平西南，广西容县、横县以南地区。

译文

南蛮传

……在唐尧虞舜的时候，要与南蛮订立盟约才服从，所以叫做要服。夏商时代，南蛮慢慢成为边患。直到周代，朋党越来越多了。周宣王中兴，就命令方叔往南去讨伐蛮夷。这就是诗人所说的蛮荆来威胁了。又说：你们蛮荆真蠢呀，竟与大国作仇敌。说明他们的党众很多，因此要和诸夏对抗。周平王东迁后，蛮夷侵暴居领导地位的齐晋等国。晋文侯辅佐国政的时候，于是就率领蔡共侯击破蛮夷。到楚武王时，蛮与古罗国人共同打败楚国的军队，并杀掉了楚将屈瑕。楚庄王初立的时候，人民饥饿、军队软弱，再次受到蛮的侵犯，但当楚国军队已经振作强大之后才服从，从这以后才附属楚国。鄢陵之战，蛮与恭王联合士兵攻打晋国。直到卫国兵家辅佐楚悼王实行变法，向南吞并蛮越，于是才拥有洞庭、苍梧。秦昭王派白起征伐楚国，夺取了蛮夷，开始设置黔中郡。汉代兴起后，改称武陵。汉王命令蛮夷，每年大人送布一匹、小孩送布二丈，这叫蛮夷的赋税。虽然时常还成为寇仇侵扰，但仍不足成为郡国的忧患。汉代光武帝中兴时，武陵蛮夷特别强盛，到光武帝建武二十三年，蛮夷的统帅（精夫）相单程等人，根据他们地处险隘，大施侵犯各郡县。于是汉光武帝派遣武威将军刘尚，从南郡、长沙、武陵发兵一万余人，乘船逆沅水而上，进入武溪攻打蛮夷。刘尚轻敌进入险区，山深水急，舟船不能上。蛮人知道刘尚食粮少，进路长远，又不熟悉路途，于是屯兵聚众守卫在险要的地方。刘尚食尽退回，蛮人沿路拦截作战，刘尚军大败，全部被消灭。光武二十四年，相单程等下去攻打临沅。光武帝派遣抵御者李嵩、中山太守马成攻打蛮军，没有攻下。第二年春，又派遣伏波将军马援、中郎将刘匡、马武、孙永等，带领士兵到临沅。将相单程等打败，单程等蛮夷饥困求降，恰遇马援病故。抵御者宗均，听取全部要求，接受降兵，给蛮夷设置官吏掌管，群蛮才平息下来。

汉章帝建初年间第一年，武陵郡的澧中蛮陈从等人反叛，进入到零阳蛮夷地区。这年冬天，零阳蛮五里精夫被郡攻破服从，其余的随从都投降。建初第三年冬，溇中蛮覃儿健等又反，攻打焚烧零阳、作唐、孱陵交界处。第二年春，从荆州七郡和汝南、颍川解除五千多犯人官兵，去拒守零阳，并招募充中五里蛮首领部下不叛逆的四千人，共同打击澧中叛逆的人……汉桓帝永寿三年十一月，长沙蛮反叛，聚集在益阳，到延熹三年的秋天，于是就开始掠夺郡县的边远地区，多达一万余人，还杀伤了长官……

当楚国成为霸主时（公元前613—前591年东周），使百越都来朝贡。秦国并吞天下，使蛮夷都来威服，开始开发五岭以外的地方，设置南海、桂林、象郡。领导他们，汉代兴起后，尉佗自立为南越王，传子五代。到汉武帝元鼎五年，灭掉了他们，分设九个郡。交趾刺史统领各地，其中珠崖、儋耳二郡在海洲上，东西千里。他们的大帅以长耳为贵，都穿孔挂坠，下垂三寸齐肩。西汉武帝末年，珠崖太守会稽孙幸，要调宽幅布献给他，蛮夷受不了这种奴役，攻打郡守，杀掉了孙幸……于是九真、日南、合浦等蛮区都响应他，共侵略六十五城，自立为王。交趾刺史和各太守仅能自守。汉光武帝曾下令长沙、合浦、交趾准备车船、修筑道路桥梁、打通障碍、储备粮食，十八年，派遣伏波将军马援、楼船将军段志，从长沙、桂阳、零陵、苍梧共发兵一万余人，讨伐蛮夷。第二年四月，马援攻破交趾，杀征侧、征贰等人，其余都降散……

（本文由苗族专家张永祥教授审改）

《新唐书》

《新唐书》是记载中国唐代历史的纪传体史书，二百二十五卷。包括本纪十卷，志五十卷、表十五卷，列传一百五十卷。北宋宋祁、欧阳修等撰，宋仁宗嘉祐五年（1060）全书完成，由曾公亮进呈。《新唐书》所增列传多取材于本人的章奏或后人的追述，碑志石刻和各种杂史、笔记、小说都被采辑编入。

吐蕃传（节选）

吐蕃就是古代的藏族，它的历史非常悠久。从出土文物看，大约在五千年前的新石器时代，藏族的祖先就生息在我国的青藏高原上。他们最早来源于何处，众说纷纭。《新唐书》援引《后汉书》，认为古代藏族（吐蕃）源于西羌。西羌包括一百五十个部落或部族，其中的"发羌"和"唐旄"等部，早在公元一世纪前后，就居住在青藏高原。五世纪初叶，正当我国南北朝"五胡十六国"动乱时期，又有一些古代羌人和鲜卑人向西南迁徙。这些原住土著和新迁来的部族，都先后被强大的吐蕃征服了。

公元七世纪初，在逻些（即今拉萨）建立了一个实力强大的吐蕃王朝，后来它接受唐王朝的封号，并和唐王室联姻，结成了历史上著称的"舅甥亲谊",是当时许多地方性的王朝之一。

本文除介绍古代藏族的部分情况以外,重点介绍文成公主进藏的简要情景。

吐蕃本西羌属①,盖百有五十种,散处河、湟、江、岷间;有发羌、唐旄等②,然未始与中国通。居析支水西。祖曰鹘提勃悉野,健武多智③,稍并诸羌,据其地。蕃,发声近④,故其子孙曰吐蕃,而姓勃窣野⑤。或曰南凉秃发利鹿孤之后,二子,曰樊尼,曰傉檀⑥。傉檀嗣,为乞佛炽盘所灭。樊尼挈残部臣沮渠蒙逊,以为临松太守。蒙逊灭,樊尼率兵西济河,逾积石,遂抚有群羌云。

① 吐蕃(tǔbō):藏部族、藏部落、藏族、藏域之古称。
② 盖:发语词。湟(huáng):湟中,地区名,在今青海东北部湟水流域。
唐旄(máo):地名。
③ 鹘(hú)提勃悉野:西羌祖先名。
④ 蕃:音(bō)。发:中古音为[pǐwat]。
⑤ 勃窣(sù,又读sū)野:吐蕃的姓。
⑥ 傉(rù)檀:(公元365—415年)十六国时南凉国君秃发傉檀兄之子,鲜卑族。后败迁乐都,在今青海省。

其俗谓疆雄曰赞,丈夫曰普,故号君长曰赞普,赞普妻曰末蒙。其官有大相曰论茝,副相曰论茝扈莽,各一人,亦号大论、小论;都护一人,曰悉编掣逋①;又有内大相曰囊论掣逋,亦曰论莽热,副相曰囊论觅零逋,小相曰囊论充,各一人;又有整事大相曰喻寒波掣逋,副整事曰喻寒觅零逋,小整事曰喻寒波充:皆任国事,总号曰尚论掣逋突瞿。地直京师西八千里,距鄯善五百里,胜兵数十万。国多霆、电、风、雹、积雪,盛夏如中国春时,山谷常冰。地有寒疠,中人辄痞促而不害②。其赞普居跋布川,或逻娑川,有城郭庐舍不肯处,联氈帐以居,号大拂庐,容数百人③。其卫候严,而牙甚隘④。部人处小拂庐,多老寿至百余岁者。衣率毡韦,以赭涂面为好⑤。妇人辫发而縈之。其器屈木而韦底,或毡为槃,凝麨为盌,实羹酪并食之,手捧酒浆以饮⑥。其官之章饰,最上瑟瑟,金次之,金涂银又次之,银次之,最下至铜止,差大小,缀臂前以辨贵贱。屋皆平上,高至数丈。其稼有小麦、青稞麦、荞麦、䝁豆。其兽,犛牛、名马、犬、羊、彘,天鼠之皮可为裘,独峰驼日驰千里。其宝,金、银、锡、铜。其死,葬为冢,墼涂之⑦。

①论莅(zhǐ,又读chǎi)扈(hù 户)莽(mǎng):副相名。悉编掣(chè)逋:都护官名。

②寒疠(lì):癞病,即麻疯。痞(pǐ):病症名,腹内结病。

③跋(bá)布川:一译匹播城,又名勃令驿。七世纪吐蕃迁居逻些以前的旧都。迁都后仍为赞普夏令牙帐所在。即今西藏乃东县的昌珠区。逻娑(suò):又作逻些。七世纪以后,吐蕃的都城,即今西藏拉萨市。毳(cuì)帐:即毡帐。

④牙甚隘:牙旗很狭窄。

⑤率(shuài):大率,通常。毡:同"毡"。毡韦:指用毛毡做的粗陋衣服。韦:粗陋衣服。赭(zhě):红土。

⑥槃(pán 盘):盘。盌(wǎn)同"碗"。

⑦营(láo)豆:野绿豆,又名鹿豆。墼(xì):涂屋顶。

其吏治,无文字①,结绳齿木为约。其刑,虽小罪必抉目,或刖、劓,以皮为鞭抶之,从喜怒,无常算②。其狱,窟地深数丈,内囚于中,二三岁乃出③。其宴大宾客,必驱牦牛,使客自射,乃敢馈④。其俗,重鬼右巫,事羱羝为大神⑤。喜浮屠法,刃呪诅,国之政事,必以桑门参决⑥。多佩弓刀。饮酒不得及乱。妇人无及政。贵壮贱弱……出入前少而后老。重兵死,以累世战没为甲门,败懦者垂狐尾于首示辱,不得列于人。拜必手据地为犬号,再揖身止。居父母丧,断发、黛面、墨衣,既葬而吉。⑦其举兵,以七寸金箭为契。百里一驿,有急兵,驿人臆前加银鹘,甚急,鹘益多⑧。告寇举烽。其畜牧,逐水草无常所。其铠胄精良,衣之周身,窍两目,劲弓利刃不能甚伤⑨。其兵法严,而师无馈粮,以卤获为资⑩。每战,前队尽死,后队乃进。其四时,以麦熟为岁首。其戏,棊、六博⑪。其乐,吹螺、击鼓。其君臣自为友,五六人曰共命。君死,皆自杀以殉,所服玩乘马皆瘗,起大屋冢颠,树众木为祠所⑫。赞普与其臣岁一小盟,用羊、犬、猴为牲;三岁一大盟,夜肴诸坛,用人、马、牛、间等为牲。凡牲必折足裂肠陈于前,使巫告神曰:"渝盟者有如牲⑬。"

①公元七世纪,藏族已有藏文。

②抉（jué）：挖出。刖（yuè）：断足。劓（yì）：割鼻刑。拸（chì）：鞭打。
③内（nà）：通"纳"，藏进。
④氂（máo）：同"牦"。馈（kuì）：让人进食。
⑤羱（yuán）：羱羊，即野羊。羝（dī）：公羊。
⑥呪：同"咒"，祝告。呪诅（zǔ）：咒骂。桑门：即沙门。佛教专指依照戒律出家修道的人。
⑦黛（dài）：青黑色的颜料。
⑧契（qì）：契约，合同。臆（yì）：胸。鹘（hú；gǔ）：鹘鸠鸟。
⑨铠（kǎi）：古代战士护身的铁甲。胄（zhòu）：古代战士作战戴的铁帽。窍（qiào壳）：孔洞，空。
⑩馈（kuì）：同"馈"。卤（lǔ）：通"掳"，掠夺。
⑪棊（qí）：同"棋"。六博：本作"六簙"。古代博戏，共十二棋，六黑六白，每人六枚，两人相博。
⑫瘗（yì）：瘗的繁体字，埋葬。
⑬肴（yáo）：荤菜。闾（lǘ）：山驴，形状似驴而歧蹄。渝（yú）：违背。

其后有君长曰疲悉董摩，董摩生佗土度，佗土生揭利失若，揭利生勃弄若，勃弄生讵素若，讵素生论赞索，论赞生弃宗弄赞，亦名弃苏农，亦号弗夜氏。其为人慷慨才雄，常驱野马、氂牛，驰刺之以为乐，西域诸国共臣之。

太宗贞观八年，始遣使者来朝，帝遣行人冯德遐下书临抚。弄赞闻突厥、吐谷浑并得尚公主，乃遣使赍币求昏①，帝不许。使者还，妄语曰："天子遇我厚，几得公主，会吐谷浑王入朝，遂不许，殆有以间我乎？"弄赞怒，率羊同共击吐谷浑，吐谷浑不能亢，走青海之阴，尽取其赀畜。又攻党项、白兰羌，破之②。勒兵二十万人寇松州，命使者贡金甲，且言迎公主，谓左右曰："公主不至，我且深入。"都督韩威轻出觇贼，反为所败，属羌大扰，皆叛以应贼③。乃诏吏部尚书侯君集为行军大总管，出当弥道，右领军大将军执失思力出白兰道，右武卫大将军牛进达出阔水道，右领军将军刘兰出洮河道，并为行军总管，率步骑五万进讨④。进达自松州夜麕其营，斩首千级。⑤

①吐谷（yù）浑（hún）：鲜卑的一支，西迁至伏俟城（今青海西部）。尚：匹配，指与皇家女儿婚配。赍（jī）：以物送人。

②羊同:羌人的一支,分布于今西藏西北,唐初被吐蕃并吞。亢(kàng):即"抗"。赀(zī):奴婢。党项:即党项羌,羌人的一支,唐初吐蕃征服青藏高原诸族,党项东逃建西夏政权。
③觇(chān):窥看。应:顺应,响应。
④骑(jì):一人一马称一骑。
⑤鏖(áo):战斗激烈。《汉书·霍去病》:"合短兵,鏖皋兰下。"颜师古注:"鏖,谓苦击而多杀也。"

初东寇也,连岁不解,其大臣请返国,不听,自杀者八人。至是弄赞始惧,引而去,以使者来谢罪,固请昏,许之。遣大论薛禄东赞献黄金五千两,它宝称是,以为聘。

十五年,妻以宗女文成公主,诏江夏王道宗持节护送,筑馆河源王之国①。弄赞率兵次柏海亲迎,见道宗,执婿礼恭甚,见中国服饰之美,缩缩媿沮②。归国,自以其先未有昏帝女者,乃为公主筑一城以夸后世,遂立宫室以居。公主恶国人赭面,弄赞下令国中禁之。自褫毡罽,袭纨绡,为华风③。遣诸豪子弟入国学,刓《诗》、《书》。又请儒者典书疏。

①十五年:指唐太宗贞观十五年,即公元641年。
②缩缩:畏缩貌。媿:同"愧"。沮(jǔ):沮丧,惊恐失色。
③褫(chǐ):革除。毡(zhān):同"毡"。罽(jì):一种毛织品。袭(xí):继承,接受。纨(wán):细绢。绡(xiāo):生丝织的薄绸。

帝伐辽还,使禄东赞上书曰:"陛下平定四方,日月所照,并臣冶之①。高丽恃远,弗率于礼,天子自将度辽,隳城陷阵,指日凯旋,虽雁飞于天,无是之速②。夫鹅犹雁也,臣谨冶黄金为鹅以献。"其高七尺,中实酒三斛。二十二年,右卫率府长史王玄策使西域,为中天竺所钞,弄赞发精兵从玄策讨破之,来献俘③。

①辽:即辽东,古国名,战国始置郡,在今辽宁省。
②高丽:古国名,即高句(gōu)丽。在今辽宁省境内。隳(huī灰):毁坏。
③二十二年:指唐太宗贞观年间第二十二年(公元648年)。钞(chāo):掠夺。

高宗即位,擢驸马都尉、西海郡王①。弄赞以书诒长孙无忌曰:"天子初即位,下有不忠者,愿勒兵赴国共讨之②。"并献金琲十五种以荐昭陵③。进封宾王,赐饷蕃渥④。又请蚕种、酒人与碾砬等诸工,诏许。永徽初,死,遣使者吊祠⑤。无子,立其孙,幼不事,故禄东赞相其国。

①擢(zhuó):抽,拔,提升。
②诒(yí):通"贻",送给。勒(lè):拉紧缰绳,使马急步向前。
③琲(bèi):成串的珠。刘良说:珠十贯为一琲。
④賨(cóng)王:给弄赞的封号,意为"宗室之宝王"。蕃渥(wò):茂盛。
⑤永徽:唐高宗永徽初年(约公元652年)。死:当指弄赞去世。
(以下有删节)

永隆元年,文成公主薨,遣使者吊祠,又归我陈行焉之丧①。初,行焉使虏,论钦陵欲拜己,临以兵,不为屈,留之十年。及是丧还,赠睦州刺史。赞婆复入良非川,常之击走之。②

①永隆元年:唐高宗永隆一年(公元680年)。
②赞婆:吐蕃王的译音。常之:即唐左领军将军黑齿常之。

译文

吐蕃传

吐蕃本来属于西羌,有一百五十种部落,散居在黄河、湟中、长江和岷山之间,有发羌、唐旄等古代部落,然而并没有一开始就与中原往来。居住在析支水西边(今青海省内)。祖先名叫鹘提勃悉野,健壮尚武多智谋,渐渐并吞了各支羌部落,占据了羌部落的土地。"蕃"与"发"古音相近,所以他的子孙名叫吐蕃,而姓勃窣野。有传说蕃是南凉国王秃发利鹿孤的后代,两个儿子,名叫樊尼,傉檀。傉檀子孙被乞佛炽盘所灭。樊尼带领他的残部臣服沮渠蒙逊,被任用为临松地区的太守官。蒙逊被消灭后,樊尼又率兵往西渡过黄河,越过积石,渐次占有很多羌人的住地。

他们的风俗称雄性强者叫做赞,称丈夫叫做普,因此称君长叫做赞普,赞普的妻子叫做末蒙。他们的官有大相叫做论茝。副相叫做论茝扈莽,各一人,也叫做大论、小论;还有都护一人,叫做悉编掣逋;又有内大相叫做曩论掣逋,也叫做论莽热,副相叫做曩论觅零逋,小相叫做曩充,各有一人;又有整事大相叫做喻寒波掣逋,副整事叫做喻寒觅零逋，小整事叫做喻寒波充；都担当国事总号叫做尚论掣逋突瞿。地处正在长安西边八千里，距离鄯善五百里，拥有雄兵数十万。邦国之内多雷霆、闪电、风和冰雹，常年积雪，三伏天如同中原的春天，山谷中常年不冰封。地方有麻风病，人遇上动辄要生病，但不以为害。他们的国君住在跋布川，或者逻娑川，有城郭庐舍不愿住，却要住到联毡帐蓬里，那种联合的毡帐叫做大拂庐，能容纳数百人。他们的守卫和侦察很严格，然而国君的牙帐很狭窄。部下的人住在小拂庐里，很多人长寿达一百多岁。穿的通常是些粗毡服，用红土涂面好看，妇女用发辫缠头。他们的容器是挖木成筒，用熟牛皮做底，有的是用毡片做成水盆，用凝结炒麦面做成碗，装满浓汤奶酪就吃，用双手捧起酒浆就喝。他们官员的文采装饰，最上等的是用碧珠，其次是黄金，再其次是金涂银，再其次是白银，再其次是铜。官差的职务大小靠胳膊前面的装饰来辨别贵贱。居住的房屋都是平顶，高的达到几丈。他们的庄稼有小麦、青稞麦、荞麦、豌豆等。他们的兽类有牦牛、名马、狗、羊、猪，天鼠的皮可做皮衣，单峰驼可以一天急行一千里。他们的宝物有金、银、锡、铜。他们的人去世了，埋葬作为隆起的坟墓，用土涂顶。

他们的官吏治事，没有文字资用，靠结绳刻木作为规约。他们的刑罚，虽然人犯小罪，也一定要挖出眼睛，有的要砍脚或者割鼻子、用皮鞭抽打，依从刑吏情绪的喜怒，没有定规依据。他们的牢狱，挖地几丈深，把囚犯关进深坑，两三年才能出来。他们的大宴宾客。必定要赶来牦牛，请客人自己射杀，才能请客人吃。他们的风俗，重视鬼神和巫师，信奉雄山羊为大神。喜欢佛僧的法术，习惯祝颂和诅咒。国家的政事，必须用佛教徒参与决定。人们多半佩带弓箭和藏刀。喝酒但是不许醉。妇女不参与政事。以强壮为贵，以老弱为贱……。出入时少年在前，老年在后。重视战士死亡，以接连数代战死为甲等门第，战败胆小的人在头上垂挂狐狸尾巴表示侮辱，这种人不能和人排列在一起。拜必定要靠地并发出叫声，两次作揖伏身为止。当父去世时，子女要剪断头发、用黑色颜料涂脸、用缥索束衣，直到安葬完毕才算完善。他们用兵，用七寸长的金属箭作兵符。一百里设置一个驿站，有紧急军令或军需物，送者胸前加佩银鹘鸟，越紧急佩带的银鹘越多。报告有寇盗就烧烽火。他们放牧牲畜，追逐水草，无一定常居处。他们作战时身穿的铠甲和头戴的胄帽都很精良，穿在全身仅两眼留孔，即使遇到强劲的弓箭和锋利的刀刃，也不会受重伤。他们的军法很严，但军队没有维生的粮饷，以房掠为资产。每次作战时，前面的人全部死完了，后面的人才前进。他们的四时，以麦熟为岁首。他们的游戏，有下棋和六搏。他们的音乐，有吹海螺、敲鼓。他们君臣自然成为朋友，五六人在一起叫做共命。国君去世了，臣下都自杀殉葬，国君生前所穿的、玩的和乘的马匹都全部埋葬，在坟顶上建起大屋，立很多树木作为祭堂。国君与他的臣下一年小盟一次，用羊、狗、猴作祭品；三年大盟一次，晚上在很多佛坛上用荤菜祭祀，用人、马、牛、驴等作祭牲。所有祭牲都必须折断脚、剖开肠肚陈列在坟前，使巫师告神说："谁违背盟约，谁就会有像祭牲一样的下场。"

从那以后，有位君长名叫疲悉董摩，董摩生佗土度，佗土又生揭利失若，揭利又生勃弄苦，勃弄又生讵素若，讵素又生论赞索，论赞又生弃宗论赞；也叫做弃苏农，也叫做弗夜氏（后称松赞干布）。他为人慷慨、有才、雄威，经常驱赶野马、牦牛，以快走追刺兽类为乐，西域诸国都来臣服他。

唐太宗贞观年间第八年，开始派遣使者来朝，皇帝（唐太宗）派遣行人冯德遐下诏书临问安抚。弄赞听说突厥、吐谷浑都得匹配公主，于是派遣使者送货币向皇室求婚。唐太宗不许。使者回去谎称"唐太宗对待我很好，几乎得到了公主，碰巧吐谷浑王来唐朝廷，使唐太宗改变主意，恐怕有什么用来离间我们吧？"弄赞发怒，率领羊同人共同攻打吐谷浑，吐谷浑不能抵抗，逃到了青海的南面，弄赞夺得了他们的全部奴婢和牲畜。又攻破了党项羌与白兰羌。又勒令二十万士兵侵犯松州，命令使者向唐皇进贡金属衣。并且说去迎娶公主。又对左右说："如果公主不来，我们就侵入内地。"名叫韩威的都督很轻率地出来窥视入侵者，反被击败，属于羌族的人都乱成一团，纷纷背叛唐皇而顺应入侵者。于是下诏书给吏部尚书官侯君集当行军大总管，从当弥道出发，右领军大将军执失思力从白兰道出发，武卫大将军中进达从阔水道出发，右领军刘兰将军从洮河道出发，并任行军总管，率领五万骑马的步兵进行讨伐。牛进达从松州夜袭敌营，斩杀千人。

起初，向东侵犯，一连几年不解决问题，大臣们请求返回，不听，大臣中有八人自杀。弄赞开始害怕，带领士兵回去了，同时派遣使者向唐皇谢罪，并坚持请婚，唐太宗答应他了。弄赞派遣大论官薛禄东赞献黄金五千两，其他宝物配合这些黄金，用作聘礼。

唐太宗贞观十五年，以唐宗室女文成公主嫁给弄赞吐蕃王为妻，唐太宗诏令江夏王道宗手持符节护送，并且在河源王国修建了寓居。弄赞率领士兵驻扎在柏海地方亲自迎接。弄赞见到道宗，执行女婿礼节非常恭敬，看见中原服饰的华美，畏缩惭愧惊恐失色。回到吐蕃，自认为他的先人中没有与帝女结婚的人，想要替公主修筑一座城的夸耀于后世，于是建立宫室来居住。公主不喜欢吐蕃国人用红土涂脸，弄赞下令禁止国人涂红。自行革除毡毛织品，学习承用细绢和薄绸，养成华夏的风俗。派遣诸侯的子弟进国立学校读书，学习《诗经》、《书经》。并且还请来懂儒家学说的学者负责教书写和疏通内容。

唐太宗攻辽回来，弄赞派遣禄东赞向太宗上书说："皇上平定四方，日月所照到的天下诸国，您都一定使他们臣服而治理他们。高丽国人靠他们地处遥远，不遵循礼仪，天子您亲自带领士兵，渡过辽河，摧毁城池，攻陷阵地，不几天就胜利了，即使是大雁在天空飞行，也没有这样神速。鹅犹如大雁，臣下我恭敬地冶炼黄金做成鹅用作献礼。"那只金鹅有七尺高，中间用三斛酒充实。唐太宗贞观二十二年，右卫率府长史官王玄策出使西域，被中天竺人掠夺，弄赞派精锐部队跟随玄策讨伐破灭了中天竺人，来中原敬献战俘。

唐高宗刚即位，封弄赞为附马都尉和西海郡王。弄赞寄信给长孙无忌："天子刚即位，如果下面有不忠君的人，我愿意快马加鞭带兵前往国内共同讨伐他。"并献十五种金琲，用来进献唐太宗之墓。进一步封为賨王，并赐给很丰盛的军粮。弄赞又请求赐予蚕种、造酒和制作碾子、磨子的技工，高宗都下诏应允。永徽初年，弄赞去世，高宗派遣使者去吊丧祭祀。弄赞没有儿子，立他的孙子继承，但年幼不能做事，所以由禄东赞辅助料理国事。

唐高宗永隆元年，文成公主去世，高宗派使者前往吊丧，祭祀，（吐蕃）又归还我早已丧失的陈行焉。起初，陈行焉出使吐蕃被俘虏，吐蕃论钦陵官要他拜自己，并且面对兵器不屈服，扣留行焉十年。直到这次去人吊丧，才让行焉归来，高宗赠封睦州刺史。赞婆再次侵入良非川，黑齿常之又把他赶跑了。

（本文由藏学专家剧宗林教授审改）

答李翊书 （韩 愈）

韩愈（768—824），字退之，邓州南阳（今河南南阳县，一说河南修武县）人。因为昌黎（河北昌黎县）韩氏是望族，后人又称他为韩昌黎。韩愈早年不得志，二十五岁考中进士，二十九岁走上仕途，后累官至吏部侍郎，中间有几次被贬官。贞元十九年，他在任监察御史时，因天旱人饥，上书请求减免租税，得罪了皇帝的幸臣京兆尹李实，被贬为阳山（今广东阳山县）令。元和十四年，又因谏迎佛骨，触怒了皇帝，被贬为潮州刺史。卒年五十七岁。

韩愈是唐朝中期著名的散文家和诗人，是古文运动的倡导者。他主张文以载道，文章应该阐明孔孟之道，并以此来反对当时单纯追求形式的骈文。但他的古文理论，并不以拟古为贵，而是从语言形式到思想内容都有创新的要求，在继承传统的基础上要有所革新，所以他的古文能独树一帜，表现了崭新的精神面貌。

韩愈一生创作了许多散文。他的散文，内容广泛，形式多样，语言流畅，具有简炼、准确、鲜明、生动的特点。他的作品现存有《韩昌黎文集》。

[说明] 本文选自《韩昌黎文集》。这是贞元十七年（公元801年）韩愈写给李翊的一封回信。在这封信中，作者总结了自己学习古文和从事写作的经验，阐明了自己对文学的见解。本文的主要论点是：一、文章的形式取决于内容，而内容则取决于作者的思想修养。二、语言要有创新，要做到"惟陈言之务去"。这两点既是古文运动的重要理论，也是文学创作中的重要问题。这些理论和主张在

当时及以后都产生了重大的影响。韩愈在文章中一味地强调向古人学习,非三代两汉之书不敢看,这又反映了他思想上的局限性。

六月二十六日,愈白①。李生足下②;生之书辞甚高③,而其问何下而恭也④。能如是,谁不欲告生以其道⑤?道德之归也有日矣⑥,况其外之文乎⑦?抑愈所谓望孔子之门墙而不入于其宫者⑧,焉足以知是且非邪⑨?虽然,不可不为生言之。

①六月二十六日:即贞元十七年六月二十六日。白:禀告,陈述。是当时书信开头或结尾的习惯用语。
②李生:李翊(yì),中唐时人,生卒年不详。唐德宗贞元十八年(公元802年)中进士。生:前辈人对年轻的读书人亲切的称呼。
③书辞:来信的文辞。
④其问:指信中向韩愈请教问题的态度。下:谦下。
⑤道:指"文以明道"的"道",即儒家的仁义之道。
⑥归:归属你。有日:有日可待,即时间不久了。
⑦其外之文:道德外在表现形式的文章。韩愈认为文章是道德的表现。
⑧抑:不过,可是,转折连词。望孔子之门墙而不入于其宫:语出《论语·子张》:"子贡曰:'譬之宫墙,赐之墙也及肩,窥见室家之好。夫子之墙数仞,不得其门而入,不见宗庙之美,百官之富。'"韩愈用这个典故,是说自己的造诣还很不深。
⑨且:或,还是,连词。

生所谓"立言"者,是也①;生所为者与所期者②,甚似而几矣③。抑不知生之志,蕲胜于人而取于人邪?将蕲至于古之立言者邪④?蕲胜于人而取于人,则固胜于人而可取于人矣⑤;将蕲至于古之立言者⑥,则无望其速成,无诱于势利⑦,养其根而俟其实,加其膏而希其光⑧。根之茂者其实遂,膏之沃者其光晔⑨。仁义之人,其言蔼如也⑩。

①立言:著书立说。是:对。
②所为者:所做的事情,指写文章。所期者:所希望达到的,指"立言"。
③几:近,接近。
④可是不知道你的志向,是希望胜过别人而为人所取呢,还是希望达到古人立言的境界呢?蕲(qí):通"祈",求。取于人:被人所取。将:还是,选择连词。

⑤固：本来。
⑥将：如果，表假设的连词。
⑦无诱于势利：不要被当时士大夫所习用的时文所引诱。作时文可得以富贵，所以韩愈才这样说。
⑧竢（sì）：今作"俟"，等待。实：果实。这里以种植为喻，说明根基的重要。膏：脂肪，油。光：光亮。这里以种树和点灯为喻。根和膏指"道"，实和光指"言"。
⑨遂：成，成熟。沃：肥美。晔（yè）：火光旺盛。
⑩蔼如：和顺的样子。以上说明要想文章写得好，首先要加强"道"的修养。

抑又有难者①。愈之所为，不自知其至犹未也②。虽然，学之二十余年矣。始者，非三代两汉之书不敢观，非圣人之志不敢存③。处若忘④，行若遗⑤，俨乎其若思⑥，茫乎其若迷⑦，当其取于心而注于手也⑧，惟陈言之务去，戛戛乎其难哉⑨！其观于人也，不知其非笑之为非笑也⑩。如是者亦有年，犹不改⑪。然后识古书之正伪，与虽正而不至焉者⑫，昭昭然白黑分矣⑬，而务去之，乃徐有得也⑭。当其取于心而注于手也，汩汩然来矣⑮。其观于人也，笑之则以为喜，誉之则以为忧⑯，以其犹有人之说者存也⑰。如是者亦有年，然后浩乎其沛然矣⑱。吾又惧其杂也，迎而距之，平心而察之⑲，其皆醇也，然后肆焉⑳。虽然，不可以不养也㉑，行之乎仁义之途，游之乎《诗》《书》之源㉒。无迷其途，无绝其源，终吾身而已矣。

①抑又有难者：可是（达到古之立言）又有很多困难。
②自己也不知道是达到还是没有达到（古之立言的境界）。
③三代：夏、商、周。圣人之志：指儒家的思想。
④处（chǔ）若忘：静坐的时候好像忘掉了什么。处：居住。
⑤行若遗：行走的时候好像丢失了什么。
⑥俨乎其若思：俨然像在思考。俨乎：俨然。乎：词尾。
⑦茫乎其若迷：茫茫然象是昏迷（找不到头绪）。以上四句是形容学习时专心致志、冥思苦想的样子。
⑧取于心：把心里所想的表达出来。注于手：用手写出来。注：灌注。
⑨惟陈言之务去：务去陈言。惟：语气词。之：复指提前的宾语。务：力求做到。陈言：陈词滥调。戛戛（jiá jiá）乎：形容吃力困难的样子。

⑩其观于人：把文章拿给别人看。其：指代文章。非：非难。笑：讥笑。
⑪有年：有不少年。不改：不改变自己学习和对别人非难所持的态度。
⑫然后对识别古书上所载之道的是非真假以及那些虽然纯正但还没有达到顶点的。正：立意纯正，指和儒家思想相合的。伪：指和儒家思想相背离的。
⑬昭昭然：清楚明显的样子。
⑭务去之：务必丢弃那些"伪"和"虽正而不至焉者"。徐有得：慢慢地有所得。
⑮汩汩（gǔgǔ）然：水急流的样子。这里用来比喻文思敏捷。
⑯笑之则以为喜：讥笑我的文章我就高兴（说明我的文章不同于一般的时文，有独创）。誉之则以为忧：称赞我的文章就忧虑。
⑰因为文章中还有时人的见解存在。人之说者：指当时人的见解。
⑱浩乎：水势大的样子。沛然：水势汹涌的样子。这里用来比喻思路宽广，文章的气势奔放。其：指文章。
⑲迎而距之，平心而察之：当文思汹涌而来时，要迎着文思阻挡它，然后平心静气地反复地推敲。距：通"拒"。
⑳醇（chún）：思想纯正。肆：指放手去写。意思是经过平心静气地体察后，觉得都很纯正，便可以放手地写下去。
㉑虽然：虽然这样。不可不养：不可不继续修养充实自己。
㉒在仁义的大道上实践，在《诗》《书》等儒家经典著作的源泉里学习。游：游学，学习。

气，水也；言，浮物也①。水大而物之浮者大小毕浮②。气之与言犹是也③，气盛则言之短长与声之高下者皆宜④。虽如是，其敢自谓几于成乎⑤？虽几于成，其用于人也，奚取焉⑥？虽然，待用于人者，其肖于器邪⑦？用与舍诸人⑧。君子则不然。处心有道⑨，行己有方⑩，用则施诸人⑪，舍则传诸其徒，垂诸文而为后世法⑫。如是者⑬，其亦足乐乎？其无足乐乎⑭？

①气：指作家的思想修养。言：言辞，文章的词语。
②毕：尽，完全。
③犹是：如同这样。
④文章的气势盛则语句的长短，声调的高低都合宜。意思是气盛就能驾驭语言。
⑤其敢：怎么敢。其：表反问。几于成：接近于成功。几：近。

⑥即使接近成功，文章被人用时，又有什么可取的呢？即不见得被人取用。
⑦等待别人取用的人，大概象器皿一样吧！其：表测度。肖：像。器：器皿，器具。
⑧用还是不用取决于别人。属：归属，取决的意思。
⑨处心有道：使自己的思想不离开仁义之道。处：安排。心：思想。
⑩行己有方：使自己的行为有正确的方向（合乎仁义之道的原则）。
⑪被人用时，把自己的一切（道德学问）用之于人。
⑫不被人用时，就传授给自己的弟子，把自己的思想写成文章传下去，被后世来效法。垂：传下去。法：效法。
⑬如是：像这样。
⑭是值得高兴呢，还是不值得高兴呢？

有志乎古者希矣①，志乎古必遗乎今②，吾诚乐而悲之③。亟称其人，所以劝之④，非敢褒其可褒而贬其可贬也⑤。问于愈者多矣，念生之言不志乎利，聊相为言之⑥。愈白。
①希：即"稀"，稀少。
②遗乎今：被今人所遗弃。
③乐而悲之：为志于古的人高兴。为志于古而又被今人遗弃的人悲愤。
④其人：指那些志于古的人。劝之：勉励他们。
⑤意思是不敢有所褒贬。
⑥聊：姑且。相为：为你（李翊）。言之：讲这些。之，指以上所说的。

译文

给李翊的回信

六月二十六日，韩愈陈述。李翊同学阁下：你来信的文辞水平很高，然而，你提问题的态度是多么谦虚和恭敬啊！你能做到这样，谁不愿意把他掌握的仁义之道告诉你呢？儒家的仁义道德归属于你不要多久了，何况作为道德外表的文章呢？那更不要多久了。不过，我韩愈是个没有入孔子之门的人，哪里能知道什么是对的，什么是不对的呢？虽然这样（才疏学浅），但我还是不能不给你谈谈。

你所说的"立言"这句话是对的；你所做的事与你所要期待的立言，是很近似而且很接近了。不过我不知道你的志向，是希望自己胜过别人，而且要被别人取用呢？还是希望达到古人立言的境界呢？如果是希望超过别人而且要被别人取用，那么你本来已经超过别人而且可以被别人取用了；如果你想达到古人立言的境界，那么就不要盼望立言很快成功，不要被现在的权势和利益所引诱。比如植树，要细心培植它的根部，然后等待它的果实；比如点灯，要加好油，然后盼望着它的光亮。凡是根部茂盛的，它的果实才能成熟；凡是加灯油多而且好的，它的火光就旺；凡是掌握了仁义道德的人，他的言辞就很和顺。

不过，真正要想达到古人立言的境界，还是有很多困难的地方。我所做的，自己不知道是达到了古人立言的境界还是没有达到，即使是这样，我学习写文章二十多年了。开始的时候，不是夏、商、周三代和前汉后汉的书我不敢看，不是孔子、孟子的圣人思想我不敢保存。我坐着的时候，好像忘记了什么，我走路的时候，好像丢失了什么，很庄重的样子，像是在认真思考；不清醒的样子，像是在昏迷之中。当我的文思从脑子里出来而用手写文章的时候，务必要去掉时人的陈词滥调，那真是困难重重呀！当我的文章被时人观看时，我不知道时人对文章的非难讥笑是一种非难讥笑。像这种情况也过了一些年，我还是没有改变自己的态度。这样后来我识别古书中那些符合圣人思想的和不符合圣人思想的，与那些虽然符合圣人思想但还没有达到顶点的，我一目了然，黑白分明，而务必丢掉那些不符合圣人思想的部分，我对圣人之道慢慢地有所领悟了。当文思从心中出来而用手写成文章的时候，文思就像水一样哗哗地流出来了。当我的文章被人观看时，如果时人讥笑它，那么我就感到高兴；如果时人称赞它，那么我就感到忧愁，说明文章还有时人的见解在里面。像这样的情况也经过了一些年。这样以后，我的文思就浩浩荡荡地奔放了。但我又担心文思杂乱，因而我对文思又欢迎又拒绝，总是心平气静地反复推敲它，觉得文思都纯正了，然后才放手写作。虽然这样，我也不能因为这样就不继续加强修养了，我坚持在仁义的大道上前进，在《诗》《书》的源泉里学习，不迷失仁义的道路，不断绝《诗》《书》的源泉，一直到老为止。

文章的气势是水；文章的言辞是浮在水面的物体。水大的时候，只要是能浮的东西，不论大小全部都能浮起来。文思与文章的关系就是这样，文思的气势盛大，那么文章中的言辞的长短、声音的高低都很适宜。即使像这样，我怎么敢说自己接近成功了呢？即使接近成功，文章被人取用，又有什么可高兴的呢？即使是这样，等待被人取用的，大概也就像一个器皿吧！因为用与不用完全取决于别人。凡是有道德修养的人就不是这样，他们使自己的思想不离开仁义之道，使自己的行为不离开正确的方向。被人取用时，就把自己掌握的仁义之道传授给别人，不被人取用时，就把它传授给自己的弟子，写在文章上让后人效法。像这样的做法，到底是值得高兴呢？还是不值得高兴呢？

现在对古文方面有志趣的人很稀少了，在古文方面有志趣的人必然要受到今人的遗弃，我确实为那些有志于古文的人高兴，也为那些有志于古文而被今人遗弃的人而悲愤。我屡次称赞那些在古文方面有志趣的人，用这个来鼓励他们，但对他们我不敢有所褒贬。向我问问题的人很多，我考虑到你的言辞不是立志为名利，因此姑且跟你谈谈这些。韩愈回复。

附骈体文简例

骈体文是一种要求词句整齐对仗的文体，它重视词藻的华丽，但不押韵。形式美而内容较空洞。如：

一、主谓结构对主谓结构

　　情者文之经，理者辞之纬。

　　　　刘勰《文心雕龙·情采》

二、述宾结构对述宾结构

　　吞吐百川，写泄万壑。

　　　　鲍照《登大雷岸与妹书》

三、偏正结构对偏正结构

　　冬穴夏巢之时，茹毛饮血之世。

　　　　肖统《文选序》，引自北京大学《古代汉语》

蝜蝂传 （柳宗元）

[作者介绍] 柳宗元（公元773——819年），字子厚，河东（今山西永济县）人，唐代杰出的文学家和著名的唯物主义思想家。

中唐时期，宦官专权，藩镇割据，阶级矛盾和社会矛盾非常尖锐。公元805年春，王叔文执政，采取了一些改革政治的措施，柳宗元积极参加了这一改革，被任为礼部员外郎。不久，王叔文被宦官、藩镇所攻击而失败，柳宗元也被贬为永州（今湖南零陵县）司马，十年后，又被贬到更荒远的柳州（今广西柳州）任刺史。最后死在柳州。

在漫长的贬逐生涯中，柳宗元坚持自己的政治主张，写出了许多战斗性很强的哲学、政治论文，并创作了大量揭露当时社会黑暗、反映人民疾苦的优秀文学作品。他还是唐代古文运动的主要倡导人之一，历来都把他和韩愈并称。柳宗元的诗文有较高的艺术性：山水记清新秀丽，寓言简练而深刻，都富于创造性；诗歌幽峭清朗，具有独特风格。他的著作现存有《柳河东集》。

[说明] 这则寓言用蝜蝂的生活习性同"嗜取者"的思想行为作对比，深刻地讽刺了那些贪得无厌的财迷和拼命往上爬的野心家，指出他们实际上跟小虫一样愚蠢，结果必然要自取灭亡。

蝜蝂者，善负小虫也①。行遇物，辄持取，卬其首负之②。背愈重，虽困剧不止也③。其背甚涩，物积因不散，卒踬仆不能起④。人或怜之，为去其负，苟能行，又持取如故⑤。又好上高，极其力不已，至坠地死⑥。

① 蝜蝂（fùbǎn）：《尔雅·释虫》作"负版"，一种黑色小虫。善负：喜爱背东西。
② 辄（zhé）：副词，总是。卬（áng）：同"昂"高举着(头)。之：指"物"。
③ 背愈重：背上的东西越来越重。困剧：劳累得厉害。

④其：它的。甚涩：非常不光滑。积：堆积，积存。不散（sǎn）：不散落，不掉下来。卒：副词，终于。踬仆（zhìpū）：跌倒。这里指被东西压倒。

⑤或：无定代词，有的。为：介词，替。去其负：去掉它背的东西。负：用作名词，指背的东西。苟：连词，如果。如故：像从前一样。

⑥上高：往高处爬。极其力：用尽了它的气力。不已：不停止。坠地：坠落在地上。

今世之嗜取者，遇货不避，以厚其室①，不知为己累也，唯恐其不积②。及其怠而踬也，黜弃之，迁徙之，亦以病矣③。苟能起，又不艾④，日思高其位，大其禄⑤，而贪取滋甚，以近于危坠，观前之死亡不知戒⑥。虽其形魁然大者也，其名人也，而智则小虫也⑦，亦足哀夫⑧！

①嗜（shì）取者：指贪得无厌的人。遇货不避：见到钱财就捞一把。厚其室：充实他的家产。厚：用作使动，充实。

②累：负担。其：代词，指财货。

③及：等到。怠而踬：因疏忽大意而垮下来。也：句中语气词，表停顿。黜（chù）弃：罢官。迁徙：被降职调往边远地区。之：两个"之"都代"嗜取者"。亦以病矣：实在已经吃够苦头了。病：受害。

④艾（yì）：悔改。

⑤日：天天。高：用作使动，提高。大：用作使动，加大。禄：俸禄。

⑥滋甚：更加厉害。近于危坠：接近摔死。前之死亡：指以前由于极力求官贪财而自取灭亡的人。

⑦其形：他的形状。魁然：庞大的样子。其名人也：他的名称是人。智则小虫：见识却像小虫一样。

⑧亦足哀夫：也太可悲了。夫：句尾语气词，表感叹。

译文

蝜蝂传

蝜蝂这动物是一种爱背东西的小虫。行走时，遇见物体总是捡起来，高抬着它的头背负物体。背上的东西越来越重，虽然非常劳累也不停止。它的背部很不光滑，因此物体堆积在上面不至掉下来，最后它终于被东西压倒爬不起来了。有人同情它，替它去掉背上的东西，只要能行走，它又像以前一样地捡取东西。它又喜欢往高处爬，用尽了它的气力还不停止，直到最后坠落到地上而死亡。

现在贪得无厌的人，见到钱财就要捞一把，以充实他们的家产，他们不知道这是自己的负担，只担心不能积累他的财物。等到他们疏忽大意而垮下来的时候，他们被废黜抛弃，被降职调离，那也可以算吃了苦头了。但如果一旦能起来又不改悔，成天想着如何使他的地位提高，如何使他的待遇加高，而更加厉害地贪图索取，又已接近要摔死了，还不知道把以前看到的那种由于极力求官贪财而自取灭亡的人作为警戒。即使他的形状是很庞大的，他的名称是人，然而他的见识却和小虫一样，也实在是太可悲了啊！

滕王阁序 （王　勃）

王勃（649—676），字子安，绛州龙门（今山西河津县）人。他少年时聪明过人，被视为神童，不到二十岁即应举及第，授朝散郎。后来又做过几任小官，因匿藏犯罪的官奴而被废。二十八岁时，他前往交趾（今越南境内）探视父亲，渡海溺水，惊悸而死。王勃是初唐的著名作家，与杨炯、卢照邻、骆宾王齐名，当时号称"四杰"。他们的作品突破了齐梁以来形式主义的束缚，对开创唐代新诗风有一定的贡献。王勃的作品大多亡佚，现存《王子安集》十六卷。

〔说明〕　本文原题作《秋日登洪府滕王阁饯别序》。滕王阁，是唐高祖的儿子滕王李元婴任洪州都督时修建的，故址在今江西南昌市（唐为洪州州治）附近。阎公任洪州都督时重修此阁。唐高宗上元二年（675），王勃去交趾省亲，路经洪州。九月九日（重阳节）阎公在阁上大宴宾客，王勃赴宴。在宴会上王勃即兴赋诗，并写了这篇序。文中描绘了宴会的盛况和滕王阁周围的景色，抒发了作者怀才不遇的感慨。虽有"达人知命"的消极情绪，但也不乏"老当益壮"、"穷且益坚"的进取精神。文章对仗工整，声韵和谐，词藻华美，艺术上达到了很高的水平。

豫章故郡，洪都新府[1]。星分翼轸[2]，地接衡庐[3]。襟三江而带五湖④，控蛮荆而引瓯越⑤。物华天宝，龙光射牛斗之墟⑥；人杰地灵，徐孺下陈蕃之榻⑦。雄州雾列⑧，俊采星驰⑨。台隍枕夷夏之交⑩，宾主尽东南之美⑪。都督阎公之雅望，棨戟遥临⑫；宇文新州之懿范，襜帷暂驻⑬。十旬休假，胜友如云⑭；千里逢迎⑮，高朋满座。腾蛟起凤，孟学士之词宗⑯；紫电青霜，王将军之武库⑰。家君作宰⑱，路出名区⑲；童子何知⑳，躬逢胜饯㉑！

① 豫章：一作"南昌"。豫章是汉代郡名，郡治在南昌（今江西南昌市）。豫章郡在隋代曾改为洪州，后又恢复旧名。唐代又改为洪州，设都督府。这两句是点明滕王阁的地理位置，意思是滕王阁地处过去的豫章郡，现在的洪州都督府。

② 这里星的分野属于翼轸。古人把地上的区域划分同天上星的方位对应起来，称为"分野"。"翼轸"是二十八宿中的两个星名，古楚地与之相对应，是楚的分野。洪州古属楚地，所以这里说"星分翼轸"。

③ 衡庐：指衡山（在湖南省）、庐山（在江西省）。

④ 襟三江：以三江为襟。襟：衣襟，这里用作动词。三江，《尚书·禹贡》伪孔传："自彭蠡江分为三。"彭蠡即鄱阳湖，在洪州附近，王勃可能采用此说。带五湖：以五湖为带。带：用作动词。五湖：《史记·夏本纪》正义："五湖者，菱湖、游湖、莫湖、贡湖、胥湖，皆太湖东岸。"当指此。

⑤ 蛮荆：指古楚地，即今湖南、湖北等地。引：这里是统领的意思。瓯越：指古代的东瓯、西瓯、闽越、南越等地，相当于今浙江南部、福建、广东、广西等地。

⑥ 物华天宝：意思是洪州这里有物的精华是天的珍宝。龙光：龙泉宝剑的光芒。牛斗：二十八宿的两个星名，是吴地的分野。墟：居住的地方，指星座。《晋书·张华传》载：晋惠帝时，张华见斗牛之间有紫气，问雷焕是怎么回事。雷焕认为是丰城（属洪州）有宝剑，精气上通于天的缘故。张华于是派雷焕为丰城令，掘得龙泉、太阿两把宝剑。

⑦ 人杰地灵：意思是洪州这里人的俊杰是地的灵气。徐孺：即徐孺子，名稚，东汉豫章南昌人。家贫，在家务农，不肯做官，德行为人所景仰。称徐孺子为徐孺，是因为骈体文要求对仗整齐的缘故。下陈蕃之榻：陈蕃做豫章太守，素来不接待宾客，却特设一榻，平时挂起来不用，徐孺子来时就放下来供他坐用。事见《后汉书·徐稚传》。这里

用徐孺子的故事来说明洪州有杰出的人才。
⑧ 雄州：大州，泛指洪州都督府所辖的大城。雾列：像雾一样排列着。形容大城很多，彼此相接。
⑨ 俊采：指杰出的人才。星驰：像群星那样运行。形容人才很多。
⑩ 台隍：城池。台：指城。隍：护城河，有水叫池，无水叫隍。枕（zhèn）：指居于。夷：古代泛指少数民族为夷。这里指上文说的蛮荆、瓯越之地。夏：华夏，指中原地带。交：指交接之地。
⑪ 宾主：指洪州的宾客和主人。美：指杰出的人才。
⑫ 都督：官名。阎公：当时的洪州都督，名不详。雅望：很高的名望。棨（qǐ）戟：有衣套的戟。古代官吏出行，有骑吏带剑持棨戟以为前驱。这两句是说阎公从远地来洪州做官。
⑬ 宇文：复姓，名不详。新州：州名，州治在今广东新兴县。宇文当是新州刺史，故称宇文新州。懿范：美好的风范。懿：美。襜（chān）帷：车的帷幔。这里借指车。暂驻：作短暂的停留。这两句是说宇文路过洪州，作短暂的停留。
⑭ 十旬：十天。十天为一旬，这里的"十旬"是同义词连用。休假：唐代官吏每十天休假一天，叫做"旬休"。假，一作"暇"。
⑮ 千里：指远道的来宾。
⑯ 腾蛟起凤：形容文人才华之丰富多采，如蛟龙升腾，凤凰起舞。《西京杂记》："董仲舒梦蛟龙入怀，乃作《春秋繁露》词。"又："扬雄著《太玄经》，梦吐凤凰集《玄》之上。"孟学士：名未详，可能是用典。学士：掌著述的官。词宗：文章的宗师，人们所仰望的文章能手。
⑰ 紫电青霜：均指宝剑，《古今注》说，孙权有六把宝剑，第二把叫"紫电"。《西京杂记》上曰："高帝（汉高祖）斩白蛇剑，十二年磨一次，刃上常白若霜雪"，因主霜雪之神为青女，所以又称"青霜"。王将军：可能指王僧辩。梁徐陵《为贞阳侯与王太尉（王僧辩）书》曰："霜戈雪戟，无非武库之兵。"以上四句是说，参加宴会的人，文有才华，武有韬略。
⑱ 家君：家父。作宰：作县令。当时王勃的父亲任交趾令。
⑲ 路出：路过。名区：著名的地区，指洪州。
⑳ 童子：王勃自称。称自己为童子，是表示谦虚。
㉑ 躬：身，亲身。胜饯：盛大的饯别宴会。饯：饯别，这里用作名词。阎公举行这次宴会可能同时为宇文饯行。

时维九月，序属三秋①。潦水尽而寒潭清②，烟光凝而暮山紫③。俨骖騑于上路④,访风景于崇阿⑤;临帝子之长洲⑥,得天人之旧馆⑦。层台耸翠,上出重霄⑧,飞阁翔丹,下临无地⑨。鹤汀凫渚,穷岛屿之萦回⑩;桂殿兰宫,列冈峦之体势⑪。披绣闼⑫,俯雕甍⑬,山原旷其盈视⑭,川泽纡其骇瞩⑮。闾阎扑地,钟鸣鼎食之家⑯;舸舰迷津,青雀黄龙之轴⑰。云销雨霁,彩彻区明⑱。落霞与孤鹜齐飞,秋水共长天一色⑲。渔舟唱晚,响穷彭蠡之滨⑳;雁阵惊寒,声断衡阳之浦㉑。

① 维:通"唯",语气词,表判断。序:时序。三秋:秋季的第三个月,即九月。这两句的意思是一样的。
② 潦(lǎo)水:蓄积的雨水。寒潭:潭是深水,因在秋季,故称"寒潭"。《楚辞·九辩》:"寂寥兮收潦而水清。"王逸注:"沟无溢滥,百川静也,言川夏浊而秋清。"
③ 烟光凝:指无风时在阳光照射下雾气的凝滞状态。凝:凝滞。
④ 俨:整齐肃穆的样子。这里用作动词,是使整肃的意思。骖騑(fēi):指驾车的马。古一车四马时两旁的边马称为"左骖""右骖";一车六马时,两旁的边马称为"左騑""右騑"。上路:方位在上的路,即地势高的路。
⑤ 崇阿(ē):高的山陵。
⑥ 帝子:指滕王李元婴。因他是唐高祖的儿子,所以称"帝子"。长洲:指滕王阁所在之地。洲,本指水中的陆地,而滕王阁建在赣江的岸边,用"洲"是借指。
⑦ 天人:指滕王,是褒美之词。三国时邯郸淳曾"叹植(曹植)之材,谓之天人"(《三国志·魏书·王粲传》注引《魏略》)。一本作"仙人"。旧馆:指滕王阁。
⑧ 层台:高的楼台。一本作"层峦"。翠:绿色。重霄:高空。
⑨ 飞阁:架空建筑的阁道。翔丹:意思是朱红色的阁道架在空中如同飞翔一般。下临无地:飞阁是架空的,所以这样说。王巾《头陀寺碑文》:"层轩延袤,上出云霓;飞阁逶迤,下临无地。"本文以上四句,即脱胎于此。
⑩ 鹤汀(tīng):鹤所栖息的汀。汀:水边平地或水中的小块陆地。凫渚(fú zhǔ):野鸭所栖息的渚。渚:水中的小块陆地。穷岛屿之萦回:使岛屿的萦回曲折达到了极致。穷:尽,极尽。

⑪ 桂殿兰宫：指滕王阁的宫室殿堂，用"桂""兰"来形容，是表示其高雅。列冈峦之体势：依据山峦的形势排列着，错落有致。
⑫ 披：开。绣闼（tà）：雕饰华美的门。闼：门。
⑬ 俯：俯视。雕甍（méng）：雕饰的屋脊。甍：屋脊。
⑭ 旷：广阔。其：语气词，兼有连接作用，与"而"字相当。盈视：满眼，尽收眼底。
⑮ 纡（yū）：曲折。一本作"盱"。骇瞩（zhǔ）：意思是使人看了感到惊讶。骇：惊。瞩：注视。
⑯ 闾阎：本指里巷中的门。《说文》："闾，里门也；阎，里中门也。"这里借指街道房屋。扑地：满地。扑：尽。钟鸣鼎食：鸣钟列鼎而食，形容富贵。两句是说：洪州城居住的都是富贵的人家。
⑰ 舸（gě）：大船。舰：一种战船，四周围有木板，可防箭石。迷津：使渡口迷乱而看不清楚，极言船之多。一本作"弥津"。青雀黄龙：指船头或船尾作鸟形或龙形。舳（zhù）：通"舳"，船头或船尾。
⑱ 销：消。霁（jì）：雨停止。彩：指日光。彻：通达，普照。区：区宇，指宇宙。
⑲ 鹜（wù）：鸭子，指野鸭。庾信《马射赋》："落花与芝盖同飞，杨柳共春旗一色。"这两句即脱胎于此。
⑳ 渔舟：指渔船上的人。唱晚：唱着傍晚的归歌。晚：用作名词，是"唱"的宾语。响：指歌声。穷：指传遍。彭蠡：鄱阳湖。
㉑ 雁阵：排列成行的雁群。惊寒：因寒而惊。断：止。衡阳：今湖南衡阳市。浦：水边。据《一统志》载：衡阳有回雁峰，雁至此不过，遇春而回。这两句是说，排成行的群雁因天冷而南飞，到了衡阳的水边就停止了飞鸣。

遥襟甫畅，逸兴遄飞①。爽籁发而清风生②，纤歌凝而白云遏③。睢园绿竹，气凌彭泽之樽④；邺水朱华，光照临川之笔⑤。四美俱，二难并⑥。穷睇眄于中天⑦，极娱游于暇日⑧。天高地迥，觉宇宙之无穷⑨；兴尽悲来，识盈虚之有数⑩。望长安于日下⑪，指吴会于云间⑫。地势极而南冥深⑬，天柱高而北辰远⑭。关山难越，谁悲失路之人⑮？萍水相逢⑯，尽是他乡之客。怀帝阍而不见⑰，奉宣室以何年⑱？

① 遥襟：远望的胸怀。襟：指胸怀，一本作"吟"。甫畅：开始感到舒畅。甫：始。逸兴：超逸的兴致。遄（chuán）飞：立时飞扬。遄：急速。
② 爽籁（lài）：排箫。爽：参差不齐，箫由参差不齐的竹管组成，故言爽。籁：箫。《庄子·齐物论》："人籁则比竹是已。"郭象注："人籁，箫也。"清风生：形容箫声飘逸，如清风徐来。
③ 纤歌：轻柔的歌声。凝：缭绕不绝，如凝止一般。白云遏（è）：飞动的白云被歌声阻止。《列子·汤问》："（秦青）抚节悲歌，声振林木，响遏行云。"
④ 睢园绿竹：睢园即西汉梁孝王在睢阳（今河南商丘县附近）所建的兔园，园中有竹，故又云"绿竹"。梁孝王常与文人学士在此游宴。这是借梁孝王的睢园之会来比喻滕王阁之宴。气凌彭泽之樽：意思是在座的宾客饮酒的豪气很盛，超过了陶渊明。凌：超过。彭泽：指陶渊明，陶渊明曾任彭泽令，故以"彭泽"相代。樽：酒杯，陶渊明喜饮酒，其所作《归去来辞》中有"有酒盈樽"之句。
⑤ 邺水朱华：邺是曹操受封之地（故城在今河北临漳县），他在此建西园，园中有芙蓉池。曹植《公燕诗》中有"朱华冒绿池"之句。朱华，即芙蓉（莲花）。曹丕、曹植常与文士在此游宴。这句的用意与"睢园绿竹"相同，也是用以比喻滕王阁之宴。光照临川之笔：意思是在座的文士，其文章可与谢灵运的作品相辉映。临川：指谢灵运。谢灵运曾任临川内史，故以"临川"相代。笔：指文章。
⑥ 四美：指音乐、饮食、文章、言语。刘琨《答卢谌诗》："音以赏奏，味以殊珍，文以明言，言以畅神。之子（指卢谌）之往，四美不臻。"李善注："四美，音、味、文、言也。"一说指良辰、美景、赏心、乐事。二难：指贤主和嘉宾。并：兼备。
⑦ 穷：极，尽。睇眄（dì miǎn）：斜视，这里指目光四处流观。中天：天中，天空。
⑧ 极游娱：尽情娱乐游玩。暇日：闲暇之日，即假日。
⑨ 迥（jiǒng）：远。宇宙：指空间和时间。《尸子》："天地四方曰宇，往古来今曰宙。"
⑩ 盈虚：盈满和空虚，指盛衰、兴亡、穷通等的变化。数：运数，规律。
⑪ 望长安于日下：《世说新语·夙惠》载：晋明帝几岁的时候，坐在元帝的膝上，有人从长安来，元帝问他长安和日哪个远，明帝回答说：

"日远,不闻人从日边来。"次日宴会上又问他,他说日近。问他为什么。他说:"举目见日,不见长安。"长安是唐的京城,这里暗含离京城很远,无进身之路的感慨。古称京都为"日下"。

⑫ 指:一本作"目"。吴会:指吴县(今江苏苏州市),古吴郡郡治。古称吴地为"云间"。

⑬ 地势极:指陆地到了尽头。南溟:南海。

⑭ 天柱:《山海经·神异经》:"昆仑之山,有铜柱焉,其高入天,所谓天柱也。"北辰:北极星。《论语·为政》:"为政以德,譬如北辰,居其所而众星共(环绕)之。"古人常以北辰比喻君主,所以这里的"北辰远"暗含离君主很远而得不到赏识的意思。

⑮ 失路:迷失道路,比喻不得志。

⑯ 萍水相逢:浮萍随水漂流,偶然相逢在一起。比喻素不相识的人偶然相会。

⑰ 怀:怀念。帝阍(hūn):天帝的看门人。《楚辞·离骚》:"吾令帝阍开关兮。"王逸注:"帝谓天帝,阍主门者也。"这里指朝廷。

⑱ 宣室:汉未央宫前的正室,汉文帝曾在此召见贾谊。这句是说想侍奉国君而不可得。

嗟乎!时运不齐①,命途多舛②。冯唐易老③,李广难封④。屈贾谊于长沙,非无圣主⑤;窜梁鸿于海曲,岂乏明时⑥?所赖君子见几,达人知命⑦。老当益壮,宁移白首之心⑧;穷且益坚,不坠青云之志⑨。酌贪泉而觉爽⑩,处涸辙以犹欢⑪。北海虽赊,扶摇可接⑫;东隅已逝,桑榆非晚⑬,孟尝高洁,空怀报国之情⑭;阮籍猖狂,岂效穷途之哭⑮?

① 时运:时机和命运。不齐:不一样。

② 命途:命运。舛(chuǎn):错乱,不顺。

③ 冯唐:西汉人。汉文帝时年事已高,仍在做郎官,后提升为车骑都尉。景帝时为楚相,后免官。武帝时求贤良,冯唐被推荐,但年已九十余,不能任职。事见《史记·张释之冯唐列传》。

④ 李广:汉武帝时名将,屡建战功,但终身未得封侯。事见《史记·李将军列传》。

⑤ 屈:委屈。贾谊:汉文帝时贾谊曾提出许多治国的建议,文帝想任命

他为执政大臣,但遭到灌婴、周勃等旧臣的排挤,出任长沙王太傅。圣主:指汉文帝。

⑥窜:逃窜,使动用法。梁鸿:东汉人。他路经京师时作《五噫》之歌,对帝王的奢侈生活和滥用民力有所讥讽。章帝得知后,认为他不该这样做,派人找他。他更名改姓,携妻子避居齐鲁之间,后又南迁于吴。海曲:海边之地。齐、吴都近海。明时:政治清明之时。

⑦所赖:所依赖的,靠的是。见几:看到细微的征兆。几,事物的苗头、征兆。《易经·系辞下》:"君子见几而作,不俟终日。"达人:旷达的人。知命:了解自己的命。《易经·系辞上》:"乐天知命,故不忧。"

⑧益壮:指志气更加旺盛。宁:岂。移:动摇,改变。一本作"知"。白首:指年老。心:志向。

⑨穷:困厄,处境不好。益坚:指志气更加坚定。坠:衰落,使动用法。青云之志:指高尚远大的志向。《后汉书·马援传》:"(马援)尝谓宾客曰:'丈夫为志,穷当益坚,老当益壮。'"

⑩酌:斟酒,这里指舀水喝。贪泉:《晋书·吴隐之传》:"隐之为广州刺史,未至州十里,地名石门,有水曰贪泉,饮之者怀无厌之欲。隐之酌而饮之,因赋诗曰:'古人云此水,一歃(shà,吸饮)怀千金。试使夷齐(伯夷、叔齐)饮,终当不易心。'及至州,清操愈厉。"爽:清爽,指心地清爽而无贪欲。

⑪涸(hé)辙:积水已干的车辙,比喻困境。《庄子·外物》:"周昨来,有中道而呼者,周顾视车辙中,有鲋鱼焉。周问之曰:'鲋鱼来,子何为者邪?'对曰:'我东海之波臣也,君岂有斗升之水而活我哉?'周曰:'诺,我且南游吴越之王,激西江之水而迎子,可乎?'鲋鱼忿然作色曰:'吾失我常与,我无所处,吾得斗升之水然活耳。君乃言此,曾不如早索我于枯鱼之肆。'"这里是反用其意。

⑫赊:远。扶摇:旋风。《庄子·逍遥游》:"鹏之徙于南冥也,水击三千里,搏扶摇而上者九万里。"

⑬东隅:东方日出的地方,表示早晨。桑榆:古人称日落之处为桑榆,表示黄昏。《后汉书·冯异传》:"可谓失之东隅,收之桑榆。"两句是说,早年虽已过去,但晚年还可以有所作为。

⑭孟尝:东汉人,字伯周。任合浦(今广西合浦县一带)太守时,兴利除弊,有政绩。后辞官隐居,汉桓帝时杨乔荐举他,称其"清行出俗,能干绝群",但未被任用。这句是说,孟尝品行高洁,虽未被重

用，仍怀有报国之心。
⑮阮籍：字嗣宗，魏晋间人，能诗文，是竹林七贤之一。因对时政不满，以纵酒来掩护自己。常独自驾车外出，任凭马走，不由道路，走不通时就痛哭而返。猖狂：放任而不拘礼法。效：效法。穷途：路的尽头。这句是说自己决不像阮籍那样因穷途而痛哭。

勃三尺微命，一介书生①。无路请缨，等终军之弱冠②；有怀投笔，爱宗悫之长风③。舍簪笏于百龄④，奉晨昏于万里⑤。非谢家之宝树⑥，接孟氏之芳邻⑦。他日趋庭，叨陪鲤对⑧；今兹捧袂，喜托龙门⑨。杨意不逢，抚凌云而自惜⑩；锺期既遇，奏流水以何惭⑪？

①三尺：指绅（衣带）的长度。《礼记·玉藻》："绅长制，士三尺。"命：《周礼·春官·典命》郑玄注："王之下士一命（只宣布一次就算任命）。"三尺微命，就是绅长三尺，只受一命的卑微小官。一介：一个，谦词。

②请缨：请求赐予长缨，即请求投军报国。缨：驾车时系在马颈上的长绳。等：等同。终军：字子云，西汉济南人。武帝时为谏议大夫。《汉书·终军传》："南越与汉和亲……军自请，愿受长缨，必羁南越王而致之阙下。"终军死时二十多岁。弱冠：指二十至三十岁之间。《礼记·曲礼》："二十曰弱冠。"孔颖达疏："二十成人，初加冠，体犹未壮，故曰弱也。至二十九，通得名弱冠，以其血气未定故也。"两句是说，自己与终军的年龄相等，但无路请缨报国。

③有怀：有意，有……的志向。投笔：《后汉书·班超传》："（超）家贫，常为官佣书，以供养，久劳苦，尝辍业投笔曰：'大丈夫无他志略，犹当效傅介子、张骞，立功异域，以取封侯，安能久事笔研（砚）间乎？'"后从军，通西域有功，封定远侯。后因以投笔表示弃文从武。宗悫（què）：字元幹，南朝宋南阳人。年少时叔父问他的志向，他说："愿乘长风破万里浪。"事见《宋书·宗悫传》。长风：即"乘长风破万里浪"的志向。

④舍：放弃。簪笏（zānhù）：指做官。簪：冠簪，把冠固定在头发上的首饰。笏：笏板，大臣上朝时所持的板子（用以记事备忘）。簪和笏都是做官人所用的，故用以指代做官。百龄：指一生，这句是说，放弃一生做官的前程。

⑤ 奉晨昏：指侍奉父母。《礼记·曲礼》："凡为人子之礼，冬温而夏清（凉），昏定而晨省。"郑玄注："定，安其床衽也；省，问其安否何如。"万里，指到交趾的路程。这句是说，到万里之外去侍奉父母。
⑥ 谢家之宝树：指谢玄。《世说新语·言语》载：谢安问他的子侄们，为什么人们总是希望子弟好。谢玄回答："譬如芝兰玉树，欲使其生于阶庭耳。"因而称谢玄为谢家宝树。这句是王勃自谦没有谢玄的才能。
⑦ 孟氏之芳邻：相传孟子年幼时，其母为培养他的品德，择邻而居，曾三次迁移，最后在学宫旁住了下来。事见《列女传·母仪传》。这句是说自己能在宴会上与有德之士相交。
⑧ 他日：指到交趾后。趋庭：快步走过庭前，是对尊长表示恭敬的礼节。叨（tāo）陪：辱承相陪，即陪从父亲。鲤对：像孔鲤那样回答父亲的问话并接受教诲，鲤，孔鲤，孔子之子。《论语·季氏》："（孔子）尝独立，鲤趋而过庭。曰：'学诗乎？'对曰：'未也。''不学诗，无以言。'鲤退而学诗。他日，又独立，鲤趋而过庭。曰：'学礼乎？'对曰：'未也。''不学礼，无以立。'鲤退而学礼。"
⑨ 今兹：今天，现在。一本作"今晨"。捧袂（mèi）：对尊长表示恭敬的样子。《礼记·曲礼》："长者与之提携，则两手奉长者之手。"袂，衣袖。捧袂即奉手。喜：幸，有幸。托龙门：托足龙门，登龙门，比喻受到名人的提携而提高了自己的地位。
⑩ 杨意：即杨得意，西汉武帝时人。汉武帝读了《子虚赋》，非常欣赏，想见一见作者。杨得意说这是司马相如所作，汉武帝于是召见司马相如，让他做郎官。后来司马相如又奏《大人赋》："天子大说，飘飘有凌云之气，似游天地之间。"事见《史记·司马相如列传》。凌云：这里借指司马相如的赋。这两句以司马相如自比，感叹怀才不遇。
⑪ 钟期：即钟子期，春秋时楚国人。《列子·汤问》："伯牙善鼓琴，钟子期善听。伯牙鼓琴，志在高山，钟子期曰：'善哉，峨峨乎若泰山！'志在流水，曰：'善哉，洋洋乎若江河！'伯牙所念，钟子期必得之。"这里以"钟期"来比喻知音者。奏流水：比喻自己赋诗作序。这两句是以伯牙自比，意思是既遇知音，那么赋诗作文又有什么可惭愧的呢。

呜呼：胜地不常，盛筵难再①。兰亭已矣②，梓泽丘墟③。临别赠言，幸承恩于伟饯④；登高作赋，是所望于群公⑤。敢竭鄙怀，恭疏短引⑥。一言均赋，四韵俱成⑦。请洒潘江，各倾陆海云尔⑧！

① 胜地：指滕王阁。不常：不能常在。盛筵：指这次宴会。难再：很难再次出现。
② 兰亭：故址在今浙江绍兴西南。晋代王羲之曾与孙绰、谢安等人在此宴集，王羲之作《兰亭集序》。这里的"兰亭"指兰亭的宴会。已矣：完结了。这句与"盛筵难再"相应。
③ 梓（zǐ）泽：晋代石崇的金谷园的别名，故址在今河南洛阳市西北。石崇常与文士在此宴集，石崇作《金谷诗序》。丘墟：用作动词，变成废墟。这句与"胜地不常"相应。
④ 赠言：赠以良言。《说苑·杂言》："子路将行，辞于仲尼。曰：'赠汝以车乎？以言乎？'子路曰：'请以言。'"承恩：承蒙主人招待之恩。伟饯：盛大的饯别宴会。两句是说，幸蒙主人招待之恩，在这盛大的饯别宴会上我写了这篇临别的赠言。
⑤ 登高作赋：《韩诗外传》七："孔子曰：'君子登高必赋。'"《汉书·艺文志》："登高能赋，可以为大夫。"赋：这里用作名词，指诗。群公：指在座的宾主。
⑥ 竭：竭尽。鄙怀：自己鄙陋的情怀。鄙：谦词。怀：一本作"诚"。疏：陈述。引：一种文体的名称，这里指序。
⑦ 一言：古人集会赋诗，往往规定一个统一的韵。这里的一言，可能是所规定的韵字。均赋：每人赋诗一首。四韵俱成：大家都写一首八句诗。四韵，诗一般是两句一韵，四韵为八句。王勃写的《滕王阁诗》是："滕王高阁临江渚，佩玉鸣鸾罢歌舞。画栋朝飞南浦云，珠帘暮卷西山雨。闲云潭影日悠悠，物换星移几度秋？阁中帝子今何在？槛外长江空自流。"
⑧ 潘：潘岳。陆：陆机。两人皆晋代作家。钟嵘《诗品》："余尝言陆才如海，潘才如江。"云尔：语气词，用于序文的最后，表示结束。两句是说，请诸位各自发挥像潘岳，陆机那样的才能吧。

译文

滕王阁序

滕王阁地处汉代的豫章郡治（南昌），又是现在唐代的洪州都督府。这里星宿的分野属于翼星和轸星的分界，地理位置连接着衡山和庐山。以三江为襟，以五湖为带，控制着蛮荆而且统领着瓯越地区。洪州这里物的精华是天的珍宝，龙泉宝剑的光芒射到了牛斗二星的空间；这里人的俊杰是地的灵气所致，杰出的徐孺子使（豫章太守）陈蕃放下卧榻（来热情接待他）。（雄伟的洪州管辖的）大城很多，像云雾般地排列着，杰出的人才像众星飞驰。洪都的城池居于中原华夏与边疆各民族的交界处，在坐的宾客和主人全是东南方的杰出人才。有崇高威望的阎都督，驱使着仪仗队，从遥远的地方来到洪都；模范人物、新州刺史宇文钧先生也乘车来此作短暂停留。正好碰上十天一休的假日，杰出的朋友们纷纷来到这里集会；喜逢远道的来宾，高贵的朋友座无虚席，贵宾中有很多人文才丰富，像蛟龙腾空，凤凰起舞，个个有如文坛宗师孟学士；也有很多佩带宝剑的武将，人人如同胸有韬略的王将军。我父亲作交趾县令，我探望父母路过这著名的洪州。我作为一个童子知道什么呢？竟荣幸地参加了这次盛大的饯别宴会。

九月份的时候，时序正好是三秋。地上的积水已经流尽，寒冷的潭水清澈见底，阳光照射下的水气像要凝结，傍晚的山峦呈现出一片紫色。我在高坡路上严肃地驾驶着马车，在高山上观赏着风景；来到了从前滕王建阁的长洲，登上了已旧的滕王阁。层层亭台楼阁耸起一片翠绿，高入九霄；架空的楼阁和朱红的楼道，如飞翔在天空，向下看不到地。白鹤栖息的水边和野鸭聚居的小洲，以及滕王阁旁的岛屿使水路萦回曲折达到了极点；高雅洁净的宫殿，排成了依山峦起伏的形势。打开华美雕饰的阁门，俯视雕饰精致的屋顶。辽阔的山峦和原野尽收眼底，曲折的河流和湖泽使人看了感到惊讶。洪都城中房屋遍地，尽是些敲钟吃饭、列鼎进食的富贵人家；大船（停满江边）使渡口都看不清，有许多是画着青雀、黄龙的大船。乌云消散，雨过天晴，灿烂的阳光照得整个天空万里清明。落日的彩霞与孤独的野鸭一齐飞翔，碧绿的秋水同辽阔的天空浑然一色。晚归的渔船上渔夫们唱出了歌声，响遍了整个鄱阳湖畔；雁群因害怕寒冷发出的叫声，消失在衡阳的水边。

登高远望，我的胸怀开始舒畅，飘逸的兴趣也急速高涨。参差不齐的排箫齐奏，仿佛清风徐徐发生。柔细的歌声缭绕不绝，白云为之停飞。(阎公好像从前的梁孝王)在种有绿竹的睢园宴请宾客，宾客们的酒量超过了当年的陶彭泽(阎公也好像当年的曹植)，与宾客们在邺水宴会上作朱华诗，文彩可与谢临川的文笔相辉映。音乐、饮食、文章、言语四美俱备，贤主和嘉宾这两种难得的人，今天也都到齐了。我对着天空纵目远望，在闲暇的日子里尽情游乐。天高地远，深感宇宙没有穷尽，兴致过去，悲感到来，我知道人生的悲欢离合如同世事兴衰是有一定的。西望长安在遥远的京都，东指吴会也在遥远的吴地；南面靠着很深的南海，大地已经到了尽头；昆仑山上的天柱很高，北极星(比喻唐高宗)和我相隔最远。关山险阻难于翻越，有谁可怜我这个不得志的人？我们如同浮萍一样偶然相逢，大家都是异乡的客人。我怀念朝廷然而不得见，要想侍奉国君更不知要到哪一年？

唉！人的命运各不相同，我的命运偏多不幸。冯唐容易衰老；李广很难封侯，委屈贾谊使他出任长沙王太傅，当时不是没有圣贤的君主；使梁鸿逃窜到东海边隐居，难道是缺乏政治清明的时代吗？所依赖的是道德高尚的君子能够看到细微的征兆(安贫乐道)；通达事理的人知道自己的命运。人到老年应当更加壮志凌云，怎么能改变自己一生的雄心壮志呢？越是穷困越要坚定不移，决不抛弃自己高尚远大的志向。一个有志气的人，虽然喝了贪泉的水，然而心志依旧清爽，不生贪心，像鲋鱼处在干涸的车辙中，心情依旧欢畅。北海虽然遥远，但乘旋风可以达到；早年的时间虽然已经逝去，但抓紧未来的日子还可以做出成绩。战国时的孟尝君高尚、纯洁，然而是空怀一片报国之情；我虽然仕途不顺，难道应该仿效阮籍行为不羁，遇到穷途末路就抱头痛哭吗？

我地位低微，是一个微不足道的书生。我没有机会向皇帝请缨报国，但我的年龄已和终军(二十多岁请缨报国时)相等，我有志投笔从戎，羡慕宗悫(乘长风破万里浪)的志气。(我只好)舍弃簪笏，终身不再做官，回到万里之外去侍奉双亲。我虽然不是谢玄那样的好子弟，但参加了这次盛会结识了许多有学问的嘉宾。不久，我回到父亲身边，一定要像孔鲤那样侍奉父亲，接受父亲的教导；今天我恭敬地拜见了诸公，我高兴得像登上了龙门。我遇不着杨得意那样的人来推荐我，只好抚摸着凌云赋来自我叹息；在这里既然遇上了钟子期那样的知音（阎公），那么我奏一曲流水乐章，又有什么可惭愧的呢？

唉！像滕王阁这样的胜地不能常在，这样盛大的宴会也很难再逢。当年兰亭宴会的盛况，已成为过去，繁华的金谷园也成了废墟。在这次盛大的饯别宴会上，我很荣幸地承受了阎公的恩惠，写下了这篇短序。登上滕王阁要写诗作赋，这主要是对贵宾们的希望。我大胆地竭尽自己鄙薄的诚意，恭恭敬敬地写了这篇短小的引言。规定一韵的诗每人都要写，我的诗共四韵八句也已写成。现在请诸位高手挥洒潘岳如江的墨水，倾倒陆机如海的才能吧！

附历史简介

618 年　唐高祖李渊之子李元婴封为滕王，任洪州都督府时，在赣江岸边，南昌附近修建滕王阁。

627 年　唐太宗李世民（滕王之兄），助修完善。

675 年　唐高宗李治上元二年九月王勃去交趾省亲，路过洪州都督府南昌。

附滕王阁重建图

从 1985 年开始重建的滕王阁于 1989 年 10 月 8 日（阴历 9 月 9 日）在江西南昌市落成。周围还有一些建筑物。

滕王阁为唐太宗之弟滕王李元婴任洪州都督时创建，因王勃作《滕王阁序》而与黄鹤楼、岳阳楼齐名，历史上屡废屡兴达 28 次之多。今日重修的滕王阁建筑群坐落在南昌市西侧赣江与抚河的汇合处，主阁高 57.5 米，登阁送目，可一览"落霞与孤鹜齐飞，秋水共长天一色"的胜景。图为滕王阁主阁。（新华社记者撰文，《南宁晚报》记者赵志坚摄影）

韵　文

《诗　经》

《诗经》是我国古代第一部诗歌总集，共收周代诗歌三百零五篇。《诗经》在我国文学史和汉语史上都占有重要地位。

《诗经》分风、雅、颂三类。国风包括周南、召南、邶、鄘、卫、王、郑、齐、魏、唐、秦、陈、桧、曹、豳等十五部分，合称十五国风，共一百六十篇。雅分大雅和小雅，其中大雅三十一篇，小雅七十四篇，共一百零五篇。颂分周颂、鲁颂和商颂，其中周颂三十一篇，鲁颂四篇，商颂五篇，共四十篇。

一般认为风、雅、颂是《诗经》的体制。风诗是《诗经》的精华，其中大部分是民间歌谣，小部分是贵族作品。这些民歌都从不同角度深刻地反映了当时社会历史的面貌。雅诗中小雅大部分是贵族作品，小部分是民间歌谣，而大雅则全是贵族作品。大雅中的农事诗和史诗，具有较高的史料价值。颂诗也都是贵族作品，是统治阶级的宗庙祭祀的乐舞歌辞，文学价值最低。

赋、比、兴是《诗经》的表现手法，是它艺术上突出特点之一。风雅颂和赋比兴古人合称"诗"的"六义"。《诗经》的基本句式是四言体，它标志我国四言诗发展的一个高峰。

《诗经》大约产生于公元前十一世纪（西周初期）至公元前六世纪（春秋中期），前后共约五百多年。一般认为风诗多数是东周时期的作品，雅诗中大雅是西周时期的作品，小雅是西周和东周初期的作品，颂诗中周颂是西周初期的作品，鲁颂是公元前七世纪鲁国的作品。商颂的年代争议较大，一般认为是春秋时代宋国的作品。

《诗经》在先秦只称"诗"或"诗三百"。"诗"正式被确立为"经"的地位是在汉武帝时代。《诗经》虽经秦火,但由于学者口头讽咏,至汉复传。汉代传诗者共有四家,即齐之辕固,鲁之申培,燕之韩婴,鲁之毛亨。毛亨为传诗而写成一部解诗的《诂训传》。东汉郑玄为毛传作笺,此后毛诗声望大振,学者日多,而三家诗亡。我们读到的《诗经》,即为毛亨所传。

历代为《诗经》作注的著作很多,其中较好的注本有《毛诗正义》(汉毛亨传,东汉郑玄笺,唐孔颖达疏),《诗集传》(宋朱熹著),《诗毛氏传疏》(清陈奂著),《毛诗传笺通释》(清马瑞辰著)。今人高亨的《诗经今注》,余冠英的《诗经选》,均可参考。

关雎① 《诗经·国风·周南》

关关雎鸠②,在河之洲③。窈窕淑女④,君子好逑⑤。

参差荇菜⑥,左右流之⑦。窈窕淑女,寤寐求之⑧。

求之不得,寤寐思服⑨。悠哉悠哉⑩,辗转反侧⑪。

参差荇菜,左右采之。窈窕淑女,琴瑟友之⑫。

参差荇菜,左右芼之⑬。窈窕淑女,钟鼓乐之⑭。

①关雎:篇名。《诗经》每篇都是从第一句里摘出几个字(一般是两个字)作为篇名。周南:黄河以南,江汉以北一带的诗歌。《关雎》是一首民间情歌,作者运用兴的艺术手法,写出一个青年男子对一位少女的思慕和追求之情。

② 关关：鸟的和鸣声。雎（jū）鸠：水鸟名。
③ 洲：水中的陆地。
④ 窈窕（yǎo tiǎo）：形容女子身态美好的样子。淑：好，善，指品德好。
⑤ 逑：匹，这里指配偶。逑，本亦曰"仇"。（见《释文》）《尔雅·释诂》："仇，匹也。"
⑥ 参差（cēn cī）：长短不齐。荇（xìng）：一种水草，可食。一说为荇丝菜。
⑦ 左右：向左或向右。左右，这里都是名词作状语。流：求，即采摘的意思。
⑧ 寤（wù）：醒着。寐（mèi）：睡着。
⑨ 思服：思念。服：怀，亦即怀念的意思。（依朱熹说）
⑩ 悠（yōu）：思。（依毛传）
⑪ 辗转：转动。反侧：翻来复去。"反侧"意同"辗转"。《小雅·何人斯》郑笺："反侧，辗转也。"
⑫ 琴瑟（sè）：古代乐器。琴有五弦或七弦，瑟有二十五弦。友：爱。这句是说拨动琴弦向淑女求爱。之：代词，指代淑女。
⑬ 芼（mào）：搴（qiān），拔，与"流""采"同义。《尔雅·释言》："芼，搴也。"郭璞注："谓拔取菜。"
⑭ 钟鼓：古代乐器。乐之：使之快乐。乐，使动用法。

译文

关　雎

关关鸣叫的雎鸠，在河的水陆洲头。
美丽善良的姑娘，是君子的好配偶。

长短不齐的荇菜，左右摆动不停留。
美丽善良的姑娘，醒来睡着都寻求。

追她想她不能得，醒来睡着思不休。
想呀想呀日子久，翻来复去暗自愁。

长短不齐的荇菜，左左右右连忙采。
美丽善良的姑娘，弹琴鼓瑟使她爱。

长短不齐的荇菜，左左右右忙采择。
品貌都美的姑娘，敲钟击鼓使她乐。

附本篇韵脚的上古音

鸠：见幽平 kǐu ⎫
洲：照幽平 tɕǐu ⎬ 幽部 [u]
逑：群幽平 gǐu ⎭

流：来幽平 lǐu ⎫
求：群幽平 gǐu ⎬ 幽部 [u]

得：端职入 tək ⎫
服：並职入 bǐwək ⎬ 职部 [ək]
侧：庄职入 tʃǐək ⎭

采：清之上 tshə ⎫
友：匣之上 ɣǐwə ⎬ 之部 [ə]

芼：明宵平 mo ⎫
乐：来药入 lok ⎬ 宵部 [o]、药部 [ok] 合韵

注：依王力《汉语语音史》第35页拟音。

静女① 《诗经·国风·邶风》

静女其姝②，俟我于城隅③。爱而不见④，搔首踟蹰⑤。

静女其姝⑥,贻我彤管⑦。彤管有炜⑧,说怿女美⑨。
自牧归荑⑩,洵美且异⑪。匪女之为美⑫,美人之贻。

① 这是一首写青年男女相约的情歌。诗中表现了这位青年男子见到情人以前的焦急心情和见到情人以后的欢乐情景。全诗的格调是热情而欢快,纯洁而质朴。
② 静:举止文静;其:句中助词,无意义。姝(shū):美丽。
③ 俟(sì):等候。隅(yú):角落。
④ 爱:通"薆",隐蔽。《尔雅·释言》:"薆,隐也。"郝懿行说:"隐者,释诂云微也,玉篇云不见也,匿也,皆藏伏、翳蔽之义也。"(见《尔雅义疏》)
⑤ 搔(sāo):挠。踟蹰(chí chú):走来走去。
⑥ 娈(luán):美好。
⑦ 贻(yí):赠给。彤管:到底是何物,其说不一。联系下文"荑"字,当释草类较妥。彤管即红色管状的野草。彤(tóng):红色。
⑧ 炜(wěi):红而有光。
⑨ 说(yuè):即"悦"。怿(yì):喜欢。女:通"汝",指彤管。
⑩ 牧:郊外。《尔雅·释地》:"邑外谓之郊,郊外谓之牧。"归:通"馈"(kuì),赠给。荑(tí):初生的茅草。
⑪ 洵(xún):信,确实。异:奇异。
⑫ 匪:通"非"。女:指荑。之:助词。下句的"之"字同。

译文

文静的姑娘

文静而美丽的姑娘,她在城墙的角落等着我。
她隐藏起来找不见,急得我走来走去连连搔脑壳。

文静而美丽的姑娘,送我一根红色的茅管。
红色茅管鲜明有光,你的美丽使我非常喜欢。

在郊外你送我一根嫩茅草,它特别美丽。
不是你茅草如何美,而是因为它是美人的赠礼。

氓① 《诗经·国风·卫风》

氓之蚩蚩②，抱布贸丝③。匪来贸丝，来即我谋④。送子涉淇⑤，至于顿丘⑥。匪我愆期⑦，子无良媒。将子无怒⑧，秋以为期⑨。

① 这是一首弃妇诗。这首诗通过一个被遗弃的女子的不幸遭遇，反映了旧社会妇女的悲惨命运。
② 氓（méng）：民，诗中指弃妇的丈夫。之：助词。蚩蚩（chī）：忠厚的样子。（依毛传）或言"蚩蚩"同"嗤嗤"，笑嘻嘻的样子，亦通。
③ 布：春秋时的货币（依毛传）。贸：买。
④ 匪：通"非"。来即：来到我这里。即：就近。我谋：与我商议。谋：议。
⑤ 涉：渡。淇：水名，在今河南省北部。
⑥ 至于：送到。至：到。于：介词，表住所。顿丘：地名。
⑦ 愆（qiān）：过，耽误。
⑧ 将（qiāng）：愿。无：通"毋"，不要。
⑨ 秋以为期：以秋为期。以上写女子追忆恋爱的过程。

乘彼垝垣①，以望复关②。不见复关，泣涕涟涟③；既见复关，载笑载言④。尔卜尔筮⑤，体无咎言⑥。以尔车来⑦，以我贿迁⑧。

① 乘：登。垝垣（guǐ yuán）：破墙。垝：毁。垣：墙。
② 以：连词，作用同"而"。复关：男子住地名。
③ 涕：泪。涟涟：流泪不止的样子。
④ 载：助词。"载……载……"可译为"就……就……"或"又……又……"
⑤ 尔：你。卜：用龟甲卜卦。筮（shì）：用蓍（shī）草占卦。
⑥ 体：卦象，即卜筮结果所显示出的征兆。咎言：不吉利的话。咎：灾，凶。
⑦ 以：动词，这里引申为"驾"。
⑧ 以：动词，这里引申为"携带"。贿：财物。迁：迁往。以上写女子追忆结婚的经过。

桑之未落①，其叶沃若②。于嗟鸠兮③，无食桑葚④！于嗟女兮⑤，无与士耽⑤！士之耽兮，犹可说也⑥；女之耽兮，不可说也。

① 之：助词。
② 沃若：润泽的样子。这两句是女子自比年轻貌美之时。
③ 于嗟（xū jiē）：感叹词。于：即"吁"。鸠：鹘鸠，鹘鸠似山雀而小，短尾，青黑色，多声。兮：语气词。
④ 无：通"毋"，不要。桑葚（shèn）：桑树的果实，成熟时呈黑紫色或白色，味甜，可食。
⑤ 士：男子的通称。耽（dān）：乐，这里有过分迷恋于欢乐的意思。
⑥ 说（tuō）：即"脱"，摆脱。

桑之落矣，其黄而陨①。自我徂尔②，三岁食贫③。淇水汤汤④，渐车帷裳⑤。女也不爽⑥，士贰其行⑦。士也罔极⑧，二三其德⑨。

① 其黄：指其叶枯黄。陨（yǔn）：落下。
② 自我徂（cú）尔：自从我到你那里以后。徂：往。
③ 三岁：多年。食贫：谷食贫乏。
④ 汤汤（shāng）：水大的样子。《经典释文》："汤汤：音伤，水盛貌。"
⑤ 渐：浸湿。帷裳：车子的帷幔。这两句是描写女子被遗弃后再渡淇水而归的凄惨情景。
⑥ 爽：差，过错。
⑦ 贰：贰心，指心不专一。或以为""贰"是 忒 之误。"贰"同"忒"。忒：改变。此说亦通。行：行为。
⑧ 罔极：无常。罔：无。
⑨ 二三：用如动词，有"改变"的意思。德：德行。以上写女子被遗弃后，对男子的负心表示极大的愤恨。

三岁为妇，靡室劳矣①。夙兴夜寐②，靡有朝矣③！言既遂矣④，至于暴矣⑤；兄弟不知，咥其笑矣⑥！静言思之⑦，躬自悼矣⑧！

① 靡室劳矣：没有什么家务不干的。靡：通"莫"，无定代词。室劳：家务劳动。

② 夙（sù）兴：早起。夜寐：晚睡。
③ 靡有朝矣：没有朝夕之暇。靡：副词，无。朝（zhāo）：早晨，这里指"早早晚晚"的意思。
④ 言：助词，无意义。既：已。遂：遂意，等于说"达到目的"。
⑤ 暴：暴虐。
⑥ 咥（xì）：笑的样子。
⑦ 言：助词。
⑧ 躬：自身。悼：伤心。以上写女子追忆自己婚后的美德以及被弃后受到亲人的歧视，心中不胜悲凉。

及尔偕老①，老使我怨。淇则有岸，隰则有泮②。总角之宴③，言笑晏晏④。信誓旦旦⑤，不思其反⑥。反是不思⑦，亦已焉哉⑧！
① 及：与，介词。偕老：共同生活到老。偕：偕同。
② 隰（xí）：低湿的地方。泮（pàn）：水边。这两句，言外之意是自己的苦难是无尽无休。
③ 总角：结发。古代儿童把头发扎成抓髻叫总角。郑注："总角，收发结之。"在此诗中，"总角"指男女未成年之时。宴：欢乐。
④ 晏晏：温和，柔顺。
⑤ 信誓：誓言诚恳。旦旦：诚恳的样子。
⑥ 反：变心。
⑦ 反是不思：违反誓言，不思念旧情。
⑧ 亦已焉哉：也就算了吧。以上写女子对往事虽然有所怀念但终究是悔恨交加，表达了决裂的态度。

译文

人

起初，你笑嘻嘻地抱着布币来买丝，原来不是来买丝，是来就近我商量婚事。商量完了我送你渡过了淇水，达到了顿丘。不是我耽误你结婚的日期，是你没有好的媒人。希望你不要生气，定秋天作为我们结婚的日期。

回家后我登上那个倒塌了的破墙，朝着你住的方向盼望着你，见不到你的时候，我小声哭着不停地流眼泪；见到你的时候，我俩又笑又说。你用龟甲用蓍草占卜,卦体都没有显示出不吉利的预兆。于是就驾着你的车子来,把我的嫁妆搬迁到你家去。

当桑树没有落叶的时候,它的叶子很润泽。唉,鹘鸠鸟啊,你不要吃桑树的果实;唉!年轻的姑娘啊,你不要迷恋于爱情!小伙子迷恋了啊!还可以设法解脱;若是姑娘们迷恋了啊,那是不能解脱的。

桑树要落叶了,它的叶子先发黄,而且要落下来。自从我去到你家,多年缺少粮食。我被你遗弃后,回来又渡过了水势浩大的淇河,河水浸湿了车子的帷幔。我做妻子的没有过失,你做丈夫的却中途变了心。做丈夫的行为没有准,三心二意没有德行。

多年做你的妻子,没有哪样家务事没有操劳。早起晚睡没有片刻的闲暇。你的心愿满足了,就对我态度粗暴了。我的兄弟不了解我的心情,还大声嘲笑我。我冷静地思量,只有自我悲伤了。

原想和你白头偕老,现在这种白头偕老的想法只是使我怨恨了。淇河也有岸,低湿的地方也有边,我的忧愁要痛苦到何年?我们从小在一起玩耍,说说笑笑十分欢乐,长大了十分诚恳地忠心发誓,从未想到他会变心,完全违背了当年的誓言,你既然丝毫不思念旧情,也就算了吧!

将仲子 《诗经·国风·郑①风》

将仲子兮②,无逾我里③,无折我树杞④。岂敢爱之⑤?畏我父母。仲可怀也⑥,父母之言,亦可畏也。

将仲子兮,无逾我墙,无折我树桑。岂敢爱之?畏我诸兄。仲可怀也,诸兄之言,亦可畏也。

将仲子兮,无逾我园,无折我树檀⑦。岂敢爱之?畏人之多言。仲可怀也,人之多言,亦可畏也。

① 郑:国名。周平王东迁以后,郑武公在新郑一带建国。这里的新郑即今天河南的新郑。以后郑国强大,它又逐步兼并了桧(kuài)国和东虢。桧的都城相当于今天河南省密县东北。所以,郑风(包括桧风在内)就是今天河南省中部一带的诗歌。这首诗是一位少女赠给她的情

人的。诗中告诉他不要翻墙越园地到家来，这不是不爱他，而是人言可畏。这首诗深刻地描绘了一个少女既热恋情人，又担心流言中伤的矛盾心情。

② 将（qiāng）：请，希望。仲子：男子名。
③ 逾（yú）：越过。里：居，住宅。
④ 树：种植。杞（qǐ）：一种树。
⑤ 爱：吝惜，舍不得。之：代词，指杞。
⑥ 怀：怀念。
⑦ 檀（tán）：檀树，木质坚硬，生于南方。

译文

请求仲子

请求你这个仲子啊，不要越过我住的村子，不要攀断了我种的杞树。难道我是舍不得这棵树吗？害怕父母拿家法来治我。尽管我的内心怀念你呀，但我父母教训我的话，也是很可怕的呀！

请求你这个仲子啊，不要翻越我家的墙头，不要攀折了我种的桑树，难道我是舍不得这棵树吗？害怕我的几位哥哥。尽管我的内心思念你呀，我的几位哥哥指责我的话，实在是可怕呀！

请求你这个仲子呀，不要越过我家的园子，不要弄断我种的檀树。难道我是舍不得这棵树吗？害怕旁人说闲话，尽管我的内心想念你呀，别人议论的话，实在很可怕呀！

附《诗经》篇目

国风：

周南（关雎、葛覃、卷耳、樛木、桃夭、兔罝、芣苢、汉广、汝坟、麟之趾）

召南（鹊巢、采蘩、草虫、采蘋、甘棠、行露、羔羊、殷其雷、摽有梅、小星、江有汜、野有死麕、何彼襛矣、驺虞）

邶风（柏舟、绿衣、燕燕、日月、终风、击鼓、凯风、雄雉、

匏有苦叶、谷风、式微、旄丘、简兮、泉水、北门、北风、静女、新台、二子乘舟)

鄘风(柏舟、墙有茨、君子偕老、桑中、鹑之奔奔、定之方中、蝃蝀、相鼠、干旄、载驰)

卫风(淇奥、考槃、硕人、氓、竹竿、芄兰、河广、伯兮、有狐、木瓜)

王风(黍离、君子于役、君子阳阳、扬之水、中谷有蓷、兔爰、葛藟、采葛、大车、丘中有麻)

郑风(缁衣、将仲子、叔于田、大叔于田、清人、羔裘、遵大路、女曰鸡鸣、有女同车、山有扶苏、萚兮、狡童、褰裳、丰、东门之墠、风雨、子衿、扬之水、出其东门、野有蔓草、溱洧)

齐风(鸡鸣、还、著、东方之日、东方未明、南山、甫田、卢令、敝笱、载驱、猗嗟)

魏风(葛屦、汾沮洳、园有桃、陟岵、十亩之间、伐檀、硕鼠)

唐风(蟋蟀、山有枢、扬之水、椒聊、绸缪、杕杜、羔裘、鸨羽、无衣、有杕之杜、葛生、采苓)

秦风(车邻、驷驖、小戎、蒹葭、终南、黄鸟、晨风、无衣、渭阳、权舆)

陈风(宛丘、东门之枌、衡门、东门之池、东门之杨、墓门、防有鹊巢、月出、株林、泽陂)

桧风(羔裘、素冠、隰有苌楚、匪风)

曹风(蜉蝣、候人、鳲鸠、下泉)

豳风(七月、鸱鸮、东山、破斧、伐柯、九罭、狼跋)

小雅(鹿鸣、四牡、皇皇者华、常棣、伐木、天保、采薇、出车、杕杜、鱼丽、南有嘉鱼、南山有台、蓼萧、湛露、彤弓、菁菁者莪、六月、采芑、车攻、吉日、鸿雁、庭燎、沔水、鹤鸣、祈父、白驹、黄鸟、我行其野、斯干、无羊、节南山、正月、十月之交、雨无正、小旻、小宛、小弁、巧言、何人斯、巷伯、谷风、蓼莪、大东、四月、北山、无将大车、小明、鼓钟、楚茨、信南山、甫田、大田、瞻彼洛矣、裳裳者华、桑扈、鸳鸯、頍弁、车舝、青

蝇、宾之初筵、鱼藻、采菽、角弓、菀柳、都人士、采绿、黍苗、
隰桑、白华、绵蛮、瓠叶、渐渐之石、苕之华、何草不黄）

大雅（文王、大明、绵、棫朴、旱麓、思齐、皇矣、灵台、下
武、文王有声、生民、行苇、既醉、凫鹥、假乐、公刘、泂酌、卷
阿、民劳、板、荡、抑、桑柔、云汉、崧高、烝民、韩奕、江汉、
常武、瞻卬、召旻）

周颂（清庙、维天之命、维清、烈文、天作、昊天有成命、我
将、时迈、执竞、思文、臣工、噫嘻、振鹭、丰年、有瞽、潜、
雝、载见、有客、武、闵予小子、访落、敬之、小毖、载芟、良
耜、丝衣、酌、桓、赉、般）

鲁颂（駉、有駜、泮水、閟宫）

商颂（那、烈祖、玄鸟、长发、殷武）

黄　鸟① 《诗经·国风·秦风》

　　交交黄鸟②，止于棘③。谁从穆公④？子车奄息⑤。维此奄息⑥，
百夫之特⑦。临其穴⑧，惴惴其栗⑨。彼苍者天，歼我良人⑩！如可
赎兮⑪，人百其身⑫！

　　交交黄鸟，止于桑。谁从穆公？子车仲行⑬。维此仲行，百夫
之防⑭。临其穴，惴惴其栗。彼苍者天，歼我良人！如可赎兮，人
百其身！

　　交交黄鸟　止于楚⑮。谁从穆公？子车鍼虎⑯。维此鍼虎，百
夫之御⑰。临其穴，惴惴其栗。彼苍者天，歼我良人！如可赎兮，
人百其身！

① 这是一首秦国人民痛悼子车氏三兄弟的挽诗。《左传》鲁文公六年：
"秦伯任好卒，以子车氏之三子奄息、仲行、鍼虎为殉，皆秦之良也。
国人哀之，为之赋黄鸟。"又据《史记·秦本纪》记载："三十九年，
穆公卒，葬雍。从死者百七十七人，秦之良臣子舆氏三人，名曰奄
息、仲行、鍼虎，亦在从死之中。秦人哀之，为作歌黄鸟之诗。"此
诗以黄鸟起兴，对殉葬的三良予以高度的同情，对残害人民的统治者

表示强烈的憎恨。
② 交交：鸟叫声。
③ 棘（jí）：酸枣树，这里泛指带刺的灌木。
④ 从：跟从，这里指从死、殉葬。穆公：秦穆公，嬴姓，名任好，成公弟，春秋五霸之一。
⑤ 子车奄息：人名。子车：氏。奄息：名。
⑥ 维：副词，只有，表限定。
⑦ 百夫之特：子车奄息的德才可以抵得上一百个人。毛传："乃特百夫之德。"特：匹，匹配，"百夫"是"特"的宾语。之：助词。
⑧ 穴：墓穴。
⑨ 惴惴（zhuì）：恐惧的样子。慄（lì）：战慄。
⑩ 歼（jiān）：尽，消灭。良人：善人。
⑪ 赎：赎身。
⑫ 人百其身：人们愿用一百条生命去换他的身体。百：这里用为动词。其身：指子车奄息之身。
⑬ 子车仲行（háng）：人名，三良之一。
⑭ 防：当，比。
⑮ 楚：一种矮小丛生的木本植物，也叫荆。
⑯ 子车铖（qián）虎：人名，三良之一。
⑰ 御：抵。

译文

黄　鸟

那飞来飞去的黄鸟，在酸枣树上栖息，多么自由呀！可怜人还不如黄鸟。是谁为秦穆公殉葬呀？是秦穆公的臣子，姓子车名叫奄息的。这个奄息的才德，可以抵得上一百个人。当子车奄息走近墓穴，都吓得浑身直哆嗦。那苍色的天啊，在歼灭我国的好臣子呀！如果能有办法可以把他的性命赎回来的话，我们都愿意拿一百条人命去换他！

那飞来飞去的黄鸟，在桑树上栖息，多么幸福呀！可怜人还不如黄鸟。是谁随秦穆公殉葬呀？是秦穆公的臣子，姓子车名叫仲行的。这个仲行呀，他是一个人能打退一百个人的勇士哩！当子车仲行走近墓穴,都吓得浑身发抖。那苍色的天啊,在歼灭我国的好人呀!如果可以赎回他呀,我们都愿意用一百条人命去换他!

那飞来飞去的黄鸟,在矮小丛生的树上栖息,多么逍遥自在呀!可怜人还不如黄鸟。是谁替秦穆公殉葬呀?是秦穆公的臣子,姓子车名叫铖虎的。这个子车铖虎啊!他是一个人可以抵抗一百个人的猛士呢!当子车铖虎走近墓穴,都吓得浑身颤抖起来。那苍色的天啊!定要弄死我国的良臣,如果有法子可以把他赎回来,我们每个人都愿意用一百条人命去换他!

七　月　《诗经·国风·豳风①》

七月流火②,九月授衣③。一之日觱发④,二之日栗烈⑤。无衣无褐⑥,何以卒岁⑦?三之日于耜⑧,四之日举趾⑨。同我妇子⑩,馌彼南亩⑪。田畯至喜⑫。

① 豳(bīn):也作"邠",古国名。相当于今天陕西省栒(xún)邑县和郴县一带。豳是周的先祖公刘率领部落从邰(今陕西武功县)迁去以后所开发的一个地方。西周灭亡之后,此地为秦所有。因此,豳风也就是指这一带的民歌。这是一首反映我国上古时代奴隶生活的诗歌。这首诗运用赋的艺术表现手法,逐月逐季地铺叙了奴隶制时代劳动人民的悲惨生活。这首诗是杰出的,比较全面地反映了当时的农业生产和社会关系,具有较高的史料价值。

② 七月:指夏历七月。夏历即今天常说的阴历、农历或旧历。流:下。火:古籍中或称"大火",即星宿二,西名是天蝎座α星。周时夏历每年六月出现于正南方,到了七月,就偏西向下了。这里是用天象变化来说明季节的变换,表示夏去秋来。

③ 授衣:把裁制的冬衣发给农民。

④ 一之日:一月的日子。这里指周历。周历建子,夏历建寅,周历的一月相当于夏历的十一月。觱发(bì bō):形容寒风吹动的声音。觱发,《说文》作"潷泼"。

⑤ 二之日:周历二月,夏历十二月。栗烈:等于说"凛冽",形容天气寒冷。

⑥ 褐（hè）：粗毛编织的衣服。
⑦ 何以：以何，靠什么。卒岁：过完一年。卒：终了。
⑧ 三之日：周历三月，夏历正月。于：助词，无意义。耜（sì）：古代的一种农具，类似后代的铧。"耜"在这里用作动词，指修理耜一类的农具。
⑨ 四之日：周历四月，夏历二月。举趾：举步，即下田种地的意思。趾：脚。
⑩ 同：偕同。我：农家年长者自称。朱熹："我，家长自我也。"（见《诗集传》）妇子：妇女和孩子。
⑪ 馌（yè）：饷田，给种地的人送饭。南亩：泛指田地。
⑫ 田畯：管理农田的官员。至喜：很欢喜。至：甚，很。

七月流火，九月授衣。春日载阳①，有鸣仓庚②。女执懿筐③，遵彼微行④，爰求柔桑⑤。春日迟迟⑥，采蘩祁祁⑦。女心伤悲，殆及公子同归⑧。

① 载：助词，作用相当于"则"、"乃"。郑笺："载之言则也。"阳：温和，这里用作动词，指天气暖和。
② 有：助词，无意义。仓庚：黄莺。
③ 执：拿着。懿筐：深筐。
④ 遵：循，沿着。微行（háng）：小路。
⑤ 爰（yuán）：助词，作用同"于"。柔桑：柔嫩的桑叶。
⑥ 迟迟：迟缓的样子，这里指春日白天长。
⑦ 蘩（fán）：菊科植物，又叫白蒿。据说用煮蘩的水浇蚕子，则蚕子容易繁殖。毛传："蘩，白蒿也，所以生蚕。"祁祁：从容不迫、慢的样子。
⑧ 殆（dài）：将。及：与，跟。公子：国君之子。同归：指被迫带走，以为妾媵（yìng）。

七月流火，八月萑苇①。蚕月条桑②，取彼斧斨③，以伐远扬④，猗彼女桑⑤。七月鸣鵙⑥，八月载绩⑦。载玄载黄⑧，我朱孔阳⑨，为公子裳⑩。

① 萑（huán）：荻的别名。苇：芦苇。萑苇：这里用如动词，指收割萑苇。八月，萑苇已经长成，把它收割存起来，以备来年做蚕箔（bó）用。蚕箔是用竹篾（miè）或芦苇编成的圆形或长方形的一种平底养

蚕器具。
② 蚕月：养蚕的月分，指三月。条桑：修剪桑枝。条：这里用如动词，指修剪桑的枝条。
③ 斨（qiāng）：方孔斧，即装柄的孔是方的。
④ 远扬：指长得又长又高的枝条。
⑤ 猗：通掎（jǐ），拉，牵引。（依段玉裁说，见《说文解字注》）女桑：即"柔桑"。
⑥ 鵙（jué）：伯劳鸟。
⑦ 绩：缉，纺织。丝曰纺，麻曰绩。孔颖达说："绩，缉麻之名。八月丝事毕而麻事起，故始绩也。"（见《毛诗正义》）
⑧ 玄黄：用如动词，这里指将纺织品染用玄色和黄色。玄：黑红色。
⑨ 朱：大红，这里用如名词，指染成大红色的纺织品。孔阳：非常鲜明。孔：很。阳：明。
⑩ 裳：这里泛指衣裳。

四月秀葽①，五月鸣蜩②。八月其获③，十月陨萚④。一之日于貉⑤，取彼狐狸⑥，为公子裘。二之日其同⑦，载缵武功⑧。言私其豵⑨，献豜于公⑩。
① 秀：结子。毛传："不荣而实曰秀。"葽（yāo）：草名，又名"远志"，可入药。
② 蜩（tiáo）：蝉。
③ 其：助词。获：收获。
④ 陨萚（yǔn tuò）：草木落叶。陨：坠。萚：落。
⑤ 于：助词。貉（hé）：通称为貉子（háo zi），形似狐狸的一种毛皮兽。貉：这里用如动词，指猎取貉一类野兽。
⑥ 狸（lí）：山猫。
⑦ 同：会同。指打猎前把人马集合起来。
⑧ 缵（zuǎn）：继续。武功：武事，指田猎之事。
⑨ 言：助词，无意义。私：用如动词，这里指私人占有的意思。豵（zōng）：一岁的小猪，这里泛指小兽。
⑩ 豜（jiān）：三岁的猪，这里泛指大兽。公：统治者。

五月斯螽动股①，六月莎鸡振羽②。七月在野③，八月在宇④，九月在户⑤，十月蟋蟀入我床下。穹窒熏鼠⑥，塞向墐户⑦。嗟我妇子，曰为改岁⑧，入此室处⑨。

① 斯螽（zhōng）：蝗类鸣虫。股：腿。
② 莎（suō）鸡：虫名，纺织娘。振羽：指振动双翅而鸣。上句"动股"，也是"振羽"的意思，变文避免重复。
③ 野：野外。"在野""在宇""在户"的主语都是"蟋蟀"。
④ 宇：屋宇，檐下。
⑤ 户：室门。
⑥ 穹（qióng）：穷，极，彻底。窒（zhì）：堵塞，这里指堵鼠洞。熏鼠：用烟熏老鼠。
⑦ 向：朝北的窗户。墐（jǐn）：涂，用泥涂抹。
⑧ 曰：助词，无意义。为：副词，将。改岁：过年。
⑨ 处（chǔ）：居住。

　　六月食郁及薁①，七月亨葵及菽②。八月剥枣③，十月获稻。为此春酒④，以介眉寿⑤。七月食瓜，八月断壶⑥，九月叔苴⑦。采荼薪樗⑧，食我农夫⑨。

① 郁（yù）：李子一类的果实。薁（yù）：蘡（yīng）薁，即野葡萄。
② 亨：即"烹"，煮。葵：冬苋菜。菽：豆类。
③ 剥：通"攴"（pū），打。段玉裁说："豳风假剥为攴。八月剥枣，毛曰，剥，击也"。（见《说文解字注》）
④ 春酒：冬酿春成，故名"春酒"。
⑤ 介：大。《尔雅·释诂》："介，大也。"大：这里有"加大"、"延长"的意思。《经·小雅·小明》："神之听之，介尔景福"，"介"也是用的此义。郑玄训"介"为"助"，意义相近。眉寿：长寿，这里也就是"寿命"的意思。
⑥ 断：摘。壶：葫芦。
⑦ 叔：拾取。苴（jū）：麻子，可食。
⑧ 荼（tú）：苦菜。薪樗（shū）：砍下臭椿当柴烧。薪：柴，意动用法。樗：臭椿。
⑨ 食（sì）：养活。

　　九月筑场圃①，十月纳禾稼②。黍稷重穋③，禾麻菽麦④。嗟我农夫，我稼既同⑤，上入执宫功⑥，昼尔于茅⑦，宵尔索绹⑧。亟其乘屋⑨，其始播百谷⑩。

① 筑场圃：在原来的菜地上修筑打谷场。场：打谷场。圃：菜园。毛传："春夏为圃，秋冬为场。"郑笺："场圃同地。"
② 纳：纳入，装进。禾稼：泛指一切谷物。
③ 重（tóng）：通"穜"，先种晚熟的农作物。穋（lù）：通"稑"，后种先熟的农作物。
④ 禾：这里专指小米。麻：芝麻。
⑤ 同：集中。这里是说农夫把收获的谷物都运到奴隶主的粮仓中去了。
⑥ 上入：指到统治者家中去。执：执事，干活。宫功：指家中劳役。
⑦ 昼：白天。尔：通"而"。（依裴学海说，见《古书虚字集释》）于：助词。茅：用如动词，指割茅草。
⑧ 宵：夜晚。索：用如动词，指搓。绹（tāo）：绳。
⑨ 亟（jí）：急忙。其：助词。乘屋：上房。这里指上房修理房屋。乘：升，登。
⑩ 其始：来年春天。

二之日凿冰冲冲①，三之日纳于凌阴②。四之日其蚤③，献羔祭韭④。九月肃霜⑤，十月涤场⑥。朋酒斯飨⑦，曰杀羔羊⑧。跻彼公堂⑨，称彼兕觥⑩，万寿无疆！⑪

① 冲冲：形容凿冰的声音。
② 凌阴：冰窖。凌：冰。
③ 蚤：通"早"，指早朝。朱熹说："蚤，蚤朝也"。（见《诗集传》）早朝是当时统治者于每年二月初一举行的一种祭祖仪式，因此下句说"献羔祭韭"。
④ 羔：小羊。韭：韭菜。羔、韭都是祭品。
⑤ 肃霜：万物萧索，秋高气爽。肃：缩，草木凋零。霜：通"爽"。
⑥ 涤场：清扫打谷场。
⑦ 朋酒：两樽酒。毛传："两樽曰朋。"斯：助词，作用同"之""是"。飨（xiǎng）：以酒食招待别人。或飨通"享"，亦通。
⑧ 曰：助词，无意义。
⑨ 跻：登。公堂：大概是乡校一类的公共场所。
⑩ 称：举。兕觥（sì gōng）：指用兽角做的酒杯。

⑪ 万寿无疆：祝颂之辞。无疆：无境，即无限之意。

译文

七　月

　　夏历七月的时候，大火星偏西向下流动，天气转凉，到夏历九月的时候，开始分发寒衣。周历一月（即夏历十一月）的时候寒风吹物觱发作响，周历二月（夏历十二月）的时候人们冷得直哆嗦。可怜的贫苦人民连一件粗麻或兽毛编织的短衣都没有，靠什么来度过这个严寒的冬天呢？周历三月（即夏历正月）的时候，就开始修理农具，周历四月（即夏历二月）的时候开始劳动。偕同我的妇人孩子把饭带到田里。管理田地的农官看见了很欢喜。

　　夏历七月的时候，大火星偏西向下流动，天气转凉，九月份开始分发冬衣。到春天天气开始暖和，黄莺鸟在枝头鸣叫。姑娘们手拿深筐，沿着那野外的小路，去寻找柔嫩的桑叶。春天的日子白天长，人们慢慢地采集白蒿（煎汁浇蚕子）。姑娘们内心伤悲，担心将被公子强迫带归。

　　夏历七月的时候，大火星偏西向下流动，天气转凉，八月份收割荻草和芦苇。三月份修剪桑枝，用各种斧头砍伐飘扬很远的长枝，采取那些鲜嫩的柔桑。七月伯劳鸟开始鸣叫，八月开始绩麻，将纺织品染成红黑色和黄色，我的染成非常鲜明的大红色，用来替公子做衣裳。

　　夏历四月的时候，远志草结出果实了，五月蝉开始鸣叫。八月收获果实，十月草木的叶子凋零了。周历一月（即夏历十一月）的时候，猎取貉子，也猎取狐和山猫，用它们的皮来给公子做毛皮袄。周历二月（即夏历十二月）的时候，把打猎的人群集合起来，开始继续打猎的武艺。捕获了动物，把小兽分给私人，把大兽献给国君。

　　夏历五月的时候，蝗虫弹动着翅膀鸣叫，六月纺织娘振动翅膀鸣叫。七月蟋蟀在野外，八月来到房檐下，九月钻进门内，十月躲到我的床下。彻底堵塞鼠洞熏老鼠，堵塞好北面的窗子，又用泥土涂抹门缝。呼唤我的妻儿说：将要过年了，大家进这屋子去歇息。

夏历六月的的候，大家摘野果和葡萄来吃，七月又煮葵菜和豆类来吃。到八月打收红枣，到十月收藏稻谷。用这些来做成春酒，喝春酒以求长寿。到七月吃瓜菜，八月摘葫芦，九月收麻子。又采摘苦菜，收集臭椿柴，烧饭给我们农夫吃。

夏历九月的时候，把菜园改筑场地，十月开始收回谷物。有黏的黍子和不黏的稷，也有早种晚熟的谷物和晚种早熟的谷物，还有谷子、芝麻、豆子和麦子。然后叫我们农夫，把谷物交主人之后，又要到主人家中去服劳役。白天割茅草，晚上搓草绳。急急忙忙登上屋顶修理房屋，到来年春天又将播种五谷。

周历二月（即夏历十二月）的时候，冲冲地凿打冰块，周历三月（即夏历一月）的时候，又把冰藏进冰窖里。周历四月（即夏历二月）的时候，举行早朝的祭祀活动，人们献上小羊和韭菜。夏历九月的时候，万物萧条，秋高气爽，十月打扫晒谷场地。然后宰杀小羊，大家享用两杯酒。再登上国君的朝堂，举起兽角做的酒杯，祝主人万寿无疆！

无 羊① 《诗经·小雅》

谁谓尔无羊②？三百维群③。谁谓尔无牛？九十其犉④。尔羊来思⑤，其角濈濈⑥；尔牛来思，其耳湿湿⑦。

或降于阿⑧，或饮于池⑨，或寝或讹⑩。尔牧来思⑪，何蓑何笠⑫，或负其餱⑬。三十维物⑭，尔牲则具⑮。

尔牧来思，以薪以蒸⑯，以雌以雄⑰。尔羊来思，矜矜兢兢⑱，不骞不崩⑲。麾之以肱⑳，毕来既升㉑。

牧人乃梦㉒；众维鱼矣㉓，旐维旟矣㉔。大人占之㉕：众维鱼矣，实维丰年；旐维旟矣，室家溱溱㉖。

① 这是一首歌颂西周初期畜牧业兴旺发达的诗歌。诗中对牧群的动态，牧人的形象都作了生动描写，展现人们面前的是一幅生动出色的放牧图。

② 谓：说。尔：你，这里用于泛指。
③ 三百：三百只，非确指。维：副词，表强调，限定。这句应理解为"维群三百"，因押韵而倒置。下"九十其犉"，分析相同。
④ 九十：极言其多，也非确指。犉（chún）：七尺的牛。
⑤ 思：句末助词，无意义。
⑥ 濈濈（jí）：形容羊角聚集的样子。
⑦ 湿湿：耳动的样子。
⑧ 或：无定代词，有的。阿：丘陵。
⑨ 池：积水池。
⑩ 寝：卧，息。讹：变动。这句是说有的牛羊卧地而息，有的则走动不已。
⑪ 牧：牧人。
⑫ 何（hè）：同"荷"，背着，这里是"穿戴"的意思。蓑（suō）：蓑衣，草衣。笠：用竹或草编织的帽子。
⑬ 或：有时。负：背着。餱（hóu）：干粮。
⑭ 物：色，指牛羊毛色、品种。
⑮ 牲：将用于祭祀、食用的大牲畜。具：具备，齐全。
⑯ 以薪以蒸：指为牧群选择牧草丰盛的地方。以：连词，作用同"而"。薪：粗大的柴草。蒸：细小的柴草。这里都用如动词。
⑰ 以雌以雄：指分别雌雄，合之以时，以期繁殖。雌雄，这里也用如动词。
⑱ 矜矜兢兢：形容牛羊强壮的样子。
⑲ 不骞（qiān）：没有亏损，指牛羊长得健壮。骞：亏。不崩：没有疾病。崩：群疾。
⑳ 麾（huī）：挥动，赶。肱（gōng）：手臂。
㉑ 毕来：全来。既升：升到高处。
㉒ 乃：副词，就。梦：指做梦。
㉓ 众：通"螽"，或作"蚣"，蝗虫。维：乃。鱼：用如动词，指化为鱼。古人传说，鱼子旱荒则为蝗，丰年水大则为鱼。所以螽蝗化鱼是丰年之兆。
㉔ 旐（zhào）：魂幡，出丧时引路的旗，不吉利的象征。旟（yú）：画有鸟隼的旗。鸟隼象征勇健，所以旐变为旟，是人兴之兆。
㉕ 大（tài）人：占卜之官。
㉖ 溱溱（zhēn）：同"蓁蓁"，众多的样子。

译文

没 有 羊

（自从周宣王中兴，已经把畜牧业整顿起来了，这时候）谁说你没有羊呢？那几百只一群的羊，不知有多少群呢！谁说你没有牛呢？那七尺长一头的牛，不知有多少呢！现在你的许多羊都走来了，它们角对角地聚集在一起；你的许多牛也走来了，它们的耳朵都是一动一动的。

有的跑下山坳里去吃草；有的跑到池边去喝水；有的在地里躺着；有的在野外走着。这时候，你那管牛羊的人来了，他穿着蓑衣，戴着箬帽，还有几个人背负着干粮。他们根据毛色把羊分做三十只一类，要用于祭祀和食用的牲畜都已备齐了。

你那管牛羊的人来了，他为牛羊选择了牧草丰盛的地方，把牛羊按雌雄分类，合之以时，以期繁殖。你的许多羊走来了，每只羊都很结实、健康，没有亏损，没有疾病。牛羊十分驯服熟悉，只要牧人把手一挥，便统统跑过来了，叫它们上山，也都全部爬上山去了。

管牛羊的人在一旁睡着了，做起梦来了，他梦见许多人在那里捉鱼哩，又见插着许多引路的旗帜。醒来时，便请人详梦：据说许多人捉鱼是丰收年的预兆；到处插旗帜是子孙兴旺的预兆。

公 刘① 《诗经·大雅》

笃公刘②！匪居匪康③。迺埸迺疆④；迺积迺仓⑤。迺裹糇粮⑥，于橐于囊⑦，思辑用光⑧。弓矢斯张⑨，干戈戚扬⑩，爰方启行⑪。

① 这是周人叙述自己开国的史诗之一。这首诗歌颂了公刘率领部落从邰（今陕西武功县）迁豳（今陕西栒邑县西）的英雄业绩。

② 笃（dǔ）：忠厚，忠诚。公刘：后稷的曾孙，"公"是尊称，"刘"是名字。

③匪：通"非"，不。居：平安。康：安宁。这句是说公刘因遭夏人之乱而不能安居，点出由邰迁豳的原因。
④迺：同"乃"，就。场（yì）：田的小界。疆：田的大界。场疆，用如动词，这里是修理田界，整治田亩的意思。
⑤积：聚，露积，指在露天堆积粮食。（依朱熹说）仓：粮仓，用如动词，这里指把粮食装进仓内。
⑥裹：包裹。餱（hóu）粮：干粮。餱：食。餱：同"糇"。
⑦于：介词，在。橐囊（tuó náng）：口袋。橐：无底的口袋。囊：有底的口袋。
⑧思：想。辑：和睦。用：介词，以。光：发扬光大。这句是说公刘想使他的人民和睦相处，并借此使他们的国家发扬光大。
⑨斯：助词。张：张弓，安上弓弦。
⑩干：平头戟。戚：斧。扬：秉持，举起。"张"与"扬"对文，"扬"是动词可知。
⑪爰（yuán）：于是。方：始。启行：出发。以上写离邰前的准备工作和出发时的情形。

笃公刘！于胥斯原①，既庶既繁②，既顺迺宣③，而无永叹④。陟则在巘⑤，复降在原⑥。何以舟之⑦？维玉及瑶⑧，鞞琫容刀⑨。
①于：助词，无意义。胥：相，察看。斯：此。原：原野。
②庶：众。繁：多。此指迁到豳地的人越来越多。
③顺：安，安适。宣：通，舒畅。迺：及，又。
④永叹：长叹。
⑤巘（yǎn）：小山。
⑥降：下来，下山。这两句是描写公刘上山下原，观察地形。
⑦舟：通"周"，环绕，佩带。
⑧维：连结，系。瑶：美玉。
⑨鞞（bǐng）：刀鞘。琫（běng）：刀柄的装饰物，这里指代刀柄。容刀：容饰之刀。这句是说所佩之刀，刀柄刀鞘都经过了装饰。以上写公刘初到豳地，上山下原，观察地形，以便定居。

笃公刘！逝彼百泉①，瞻彼溥原②。迺陟南冈③，乃觏于京④。京师之野⑤，于时处处，于时庐旅⑥，于时言言，于时语语⑦。

① 逝：往。百泉：众泉。
② 瞻：视。溥（pǔ）原：广大的原野。溥：大。
③ 冈：山脊。
④ 觏（gòu）：看见。京：高丘。《尔雅·释丘》："绝高为之京。"
⑤ 京师：高丘而众又宜居之地。师：众。（依朱熹说）
⑥ 于时：于是。处：安居。庐旅：寄居。依上下文例，"庐旅"当作"庐庐"或"旅旅"。
⑦ 言言：形容人民乐其所居，有说有笑的样子。语语：义同"言言"。以上写公刘选定地形之后，便领导民众营建城邑，使之安居乐业，各得其所。

笃公刘！于京斯依①。跄跄济济②，俾筵俾几③，既登乃依④。乃造其曹⑤，执豕于牢⑥，酌之用匏⑦。食之饮之⑧，君之宗之⑨。
① 于：介词，在。斯：助词。依：倚，这里是"安居"的意思。
② 跄跄（qiāng）：形容群臣有威仪的样子。济济（jǐ）：义同"跄跄"。
③ 俾（bǐ）：使。筵（yán）：竹席。几（jī）：古人席地而坐所凭依的一种矮桌。这里都用如动词，指铺席设几。
④ 登：登席。依：依几。
⑤ 造：往，到……去。曹：群牧之处。（依朱熹说）
⑥ 执：捉。豕（shǐ）：猪。牢：猪圈。
⑦ 酌：斟酒。之：代词，指代群臣。匏（páo）：葫芦。这里指剖开后的匏，即瓢。
⑧ 食（sì）：使之食，使动用法。饮（yìn）：使之饮（yǐn），使动用法。
⑨ 君：以之为君，意动用法。宗：以之为尊，意动用法。之：代词，指代公刘。（依郑笺）以上写宫室既成，公刘宴饮群臣，并定君臣之礼。

笃公刘！既溥既长①，既景迺冈②，相其阴阳③，观其流泉④。其军三单⑤，度其隰原⑥，彻田为粮⑦。度其夕阳⑧，豳居允荒⑨。
① 溥：广。长：大。这包是说被开垦的土地面积非常广阔。
② 景：即"影"，用如动词，指测日影，定方向。冈：用如动词，指登上山冈。
③ 相：察看。阴阳：指山河的南北。山南水北为阳，山北水南为阴。此章韵脚字用的是阳部，疑"相其阴阳"一句当置于"观其流泉"之后。

④ 流泉：泛指河流。连上句，是说公刘考察山河南北及河流情况，以便耕种。
⑤ 三单（dān）：三批。单：一。孔颖达说："重衣谓之袭，三单，相袭者谓三行皆单，而相重为军也。"（见《毛诗正义》）这句是说军队分为三批，轮流开荒生产。所以毛亨说："三单，相袭也。"
⑥ 度（duó）：测量。隰原：低湿的原野。
⑦ 彻田：整治土地。彻：治。为粮：生产粮食。
⑧ 夕阳：山的西面。这句是说，为了扩大耕种面积，又测量了山西的土地。毛传："山西曰夕阳。"
⑨ 居：名词，指所居之地。允：信，诚，实在。荒：大。以上写公刘组织人力，开荒生产。

　　笃公刘！于豳斯馆①。涉渭为乱②，取厉取锻③。止基乃理④，爰众爰有⑤。夹其皇涧⑥，遡其过涧⑦。止旅乃密⑧，芮鞫之即⑨。

① 于：介词，在。斯：助词。馆：用如动词，指建造房舍。
② 渭：渭水。乱：截流横渡。《尔雅·释水》："正绝流曰乱。"
③ 厉：即"砺"，磨刀石。锻：同"碫"，也是磨刀石。这里都是泛指建筑用的石料。
④ 止：止步，来到。基：基址，用如动词，指选定基址。理：治理，修建。
⑤ 众：多，指居豳之人越来越多。有：足，指财富也越来越充足。
⑥ 夹：夹持，这里指人们夹皇涧而居，即指住在皇涧的两岸。皇涧：涧名。
⑦ 遡：向，面对。过涧：涧名。
⑧ 旅：众，多。密：稠密。这句是说迁到豳地的人越来越多，人烟稠密。
⑨ 芮（ruì）：通"汭"，水边向内凹处。鞫：通"沉"，水边向外凸处。芮鞫，《周礼》郑注引作"汭沉"。之：助词。即：就，到。这句是说，由于迁来的人越来越多，就让后来的人到靠近水湾的地方去住。以上写豳地人口越来越多，公刘组织人力进一步营造房屋，充满一片兴旺景象。

译文

尊敬的刘

那个性情厚道的公刘，（在邰这个地方）不能居住，不得安宁。

于是划好边界，整治田亩，（秋天）收粮成堆，装粮进仓。百姓们个个忙个不停，于是把做好的干粮包裹好，装在各式各样的口袋里，公刘想使百姓和睦相处，并借此来使国家发扬光大。他带领百姓张开弓箭，挥动干戈斧钺，于是开始向豳的地方出发。

那个性情厚道的公刘（搬到豳地以后），首先去察看了一块大平原。到这里居住的人很多，大家都很安定愉快，再也没有人哀声叹气了。公刘为了寻找好地方，先爬上山顶，又下到平原，上上下下好不容易找到这片好地方，让百姓们安居啊！他很爱护百姓，百姓也很尊敬他，百姓送什么给公刘佩带呢？只有给他系上玉石和美玉，还送刀鞘刀柄都有装饰的佩刀。

那个性情厚道的公刘，为了建筑房屋，他去到郊外流着泉水的地方，察看着了一块大平地。他又爬到南面的山脊上，又看见了那块近山的高地。在高丘的原野，修筑了许多房子，许多百姓到这些房子里去安居，到这些房子里去寄居。于是百姓们都有说有笑，乐其所居。

那个性情厚道的公刘，把百姓安居在京地，于是设宴，请大臣们喝酒，群臣都威仪有礼，使人摆好筵席，立好矮桌，请公刘坐在上座，大家都坐上席位，靠着矮桌了。然后到猪圈去把猪从牢里捉出来，杀了给大家下酒，让群臣用葫芦瓢斟酒，公刘请群臣吃肉，让群臣喝酒，群臣也以公刘为君，以公刘为宗祖，非常尊敬国王，定下了君臣之礼。

那个性情厚道的公刘，他找到的地方已经是很大很长的了，也已经根据太阳的影子，认定了东南西北的方向，但他又爬上山去察看地势，观察泉水流经的地方，看清水流的南北方向，温暖程度，以利种植，发展生产。又把军队分成三队，轮流生产。测量低湿的平地，整治田地，生产粮食。又测量山的西面的土地，扩大生产面积，豳地居住和生产的地方实在是够广大的了。

那个性情厚道的公刘，他在豳的地方修筑了很多房舍。他又截流横渡涉过了渭水，取来了石头等建筑材料。打好地基之后，立即修建房屋，发展生产，豳地的百姓也多，财物也足。来这里的人很多，有的住在皇溪的两岸；有的住在过溪的两岸。迁来豳地的人越来越多,只好把后来的人安排到靠近水湾的地方去住。

噫 嘻 《诗经·周颂》

[说明] 这是周人歌颂成王鼓励农民努力耕种的一首乐章。现代历史学家都很重视这首诗所反映的史实,但各家的解释有明显的不同。

噫嘻成王,既昭假尔①。率时农夫,播厥百谷②。骏发尔私,终三十里③。亦服尔耕,十千维耦④。

① 噫嘻:叹词,表示赞叹。成王:周武王的儿子,名诵。既昭假尔:已经把他的诚敬之心表达于天帝。昭:表明,表达。假:达。古书中凡言"昭假",都是指祀天帝而言(依王先谦说)。尔:句末语气词,这里作用同"矣"。
② 率领这些农夫,播种那些百谷。时:是指示代词,这。厥:指示代词,那。
③ 骏:疾,赶紧。发:开发。尔:你,你们,指农夫。私:指私田。终:竟,全部。三十里:指三十平方里面积的私田。据郑玄笺,万夫(一万人)所耕之田共三十三平方里多,这里说"三十里"是举其成数。
④ 亦:语气词,表示肯定语气。服:从事。十千:一万人。耦:两人并耕。这两句是说,成王号召农夫万人一齐出动,并力从事耕作。按,这首诗不押韵。

译文

好 啊

好啊!成王,既已经把他的诚敬之心表达给天帝了。率领这些农夫们,播种那些百谷。赶紧开发你们的私田,全部三十多平方里,号召一万农夫同时出动,两人并力从事耦耕。

《楚　　辞》

在我国战国时代，以爱国诗人屈原为代表的楚国诗人，吸取了《诗经》的丰富创作经验，在民歌的基础上，创造成一种新的诗体，这就是《楚辞》。《楚辞》的出现，标志着我国诗歌创作继《诗经》之后，又达到了一个新的高峰。

《楚辞》具有浓厚的地方色彩。句式的变化，词汇的使用，都与《诗经》的语言风格形成了鲜明的对照。宋黄思伯说："屈原诸骚皆书楚语、作楚声、纪楚地、名楚物，故可谓之《楚辞》。"《楚辞》对后代文学影响很大。汉赋就是在它的直接影响下而发展起来的。

《楚辞》最主要的作家是屈原。屈原名平，字原，约生于公元前340年，卒于公元前278年，是楚王的后裔。初屈原颇得楚怀王的信任，曾任左徒。在政治上，他主张任用贤能、厉行法治；在外交上，他主张联齐抗秦。屈原的进步主张，遭到楚国腐朽贵族的反对和秦王的痛恨，因此他们内外勾结，对屈原进行了残酷的打击与迫害。在楚怀王和楚顷襄王时期，屈原曾先后两次被流放到汉北和江南。公元前278年，秦国大将白起攻破楚都郢，占领楚国大片土地，在国破家亡之际，惨遭放逐的屈原愤激之至。最后投江而死。屈原是我国战国时代的一位伟大的诗人。他的诗篇都是在激烈的斗争中产生的，充满了热爱祖国，同情人民，坚持正义，向往光明的无限激情。他的主要作品有《离骚》、《九歌》、《天问》、《九章》等。

"楚辞"这个名称，是西汉时才有的。西汉末年刘向把屈原、宋玉等人的作品以及汉代模拟楚辞形式的作品，汇编成集，题名《楚辞》。从此，"楚辞"就成了专书的名称。流传至今的最早的一部《楚辞》集，就是东汉王逸的《楚辞章句》。现在较好的《楚辞》注本有宋洪兴祖的《楚辞补注》，宋朱熹的《楚辞集注》和清蒋骥的《山带阁注楚辞》等。

离 骚（节选） （屈 原）

屈原（公元前 340—公元前 278）名平，战国时楚人。他一生的活动主要在楚怀王和楚顷襄王时期。曾担任左徒官职。公元前 278 年秦兵攻破楚国，屈原眼看着祖国陷入败亡的绝境，自己的政治主张不得实现投江而死。他的代表作有《离骚》、《九歌》、《天问》等。

[说明] 关于《离骚》的篇名，历来是众说纷纭。其中汉代司马迁和班固的解释至今较为流行。司马迁说："离骚者，犹离忧也。"（见《史记·屈原贾生列传》）东汉班固说："离，犹遭也；骚，忧也。明己遭忧作辞也。"（见《离骚赞序》）当以班固说较妥。离：通"罹"，遭。骚：忧，愁。"离骚"，即遭受忧愁的意思。今人龙海清、龙文玉说"离骚"是湘西苗语"要诉说"的意思。

《离骚》是屈原的最重要的代表作品，也是《楚辞》中最长的一篇自叙性的抒情诗。诗人在这篇作品中，充分抒发了他的坚持正义，要求革新的崇高理想，对祖国、对人民无限忠贞的高尚精神以及因多次蒙受打击，政治抱负不得实现的苦闷情怀。作品思想深厚，艺术雄浑，想象奇异，语言华丽，是一篇极其杰出的文学珍品。

帝高阳之苗裔兮①，朕皇考曰伯庸②。摄提贞于孟陬兮③，惟庚寅吾以降④。皇览揆余初度兮⑤，肇锡余以嘉名⑥。名余曰正则兮⑦，字余曰灵均⑧。

① 高阳：传说中的远古帝王颛顼（zhuān xū）即位后用的称号。帝高阳：即高阳帝，定语后置。苗裔（yì）：后代子孙。兮（xī）：语气词，相当于现在的"啊"。
② 朕（zhèn）：人称代词，我。先秦时期"朕"主要用作定语，意为"我的"。秦代以后才成为君王独有的自称。皇：大。考：对亡父的尊称。

《礼记·曲礼下》："生曰父曰母……死曰考曰妣。"伯庸：屈原父亲的字。

③ 摄提："摄提格"的简称，寅年的别名。摄提格，即指设想中的太岁星运行到了寅位，是太岁年名。贞：正，正当。孟陬（zōu）：孟春正月。孟：始。陬：正月。夏历建寅，每年正月是寅月。

④ 惟：助词，常与时间词配合使用，表示强调。庚寅：指庚寅日，屈原的生日。以：乃，则。降：降生。

⑤ 皇：皇考的简称。览：观察。揆（kuí）：估量。余：人称代词，我。初度：初生时的时节。朱熹说："初度之度，犹言时节也。"（见《楚辞集注》）

⑥ 肇（zhào）：始。锡：通"赐"，赐给。嘉名：美名。

⑦ 名：用作动词，指"取名"的意思。正则：公正的法则。这是解释屈原名"平"的含义。

⑧ 字：用作动词，指"取字"的意思。灵均：美好的平地。这是解释屈原字"原"的含义。

纷吾既有此内美兮①，又重之以脩能②。扈江离与辟芷兮③，纫秋兰以为佩④。汩余若将不及兮⑤，恐年岁之不吾与⑤。朝搴陁之木兰兮⑦，夕揽洲之宿莽⑧。日月忽其不淹兮⑨，春与秋其代序⑩。惟草木之零落兮⑪，恐美人之迟暮⑫。不抚壮而弃秽兮⑬，何不改乎此度⑭？乘骐骥以驰骋兮⑮，来吾道夫先路⑯！

① 纷：众多，是形容"内美"的。内美：内在的美好品质。

② 重（chóng）：加上。脩能：优秀的才能。脩：长。能：才。

③ 扈（hù）：披。王逸说："楚人名被为扈。"（见《楚辞补注》）江离：长在江边的香草名，又称"蘼芜"。离：《文选》作"蓠"。辟芷：幽僻之处的芷草。辟：即"僻"。芷：香草名，即"白芷"。

④ 纫：续，连结。洪兴祖说："《方言》曰：'续，楚谓之纫。'"（见《楚辞补注》）秋兰：香草名，因秋天开花，故名"秋兰"。（依朱熹说）佩：用作名词，指佩饰之物。

⑤ 汩（yù）：水流迅疾的样子。洪兴祖说："汩，越笔切，《方言》云：'疾行也，南楚之外曰汩。'"（见《楚辞补注》）若：如，好像。不及：追不上，来不及。这句是说时光快得如同流水一样，我好像追赶不及似的。

⑥ 与：等待。
⑦ 搴（qiān）：摘取，楚方言。阰（pí）：大的山坡。戴震说："南楚语，大阜曰阰。"（见《屈原赋注》）木兰：香树名，俗称紫玉兰，晚春开花。
⑧ 揽：采摘。洲：水中的陆地。宿莽：拔心不死的草，一名"卷施草"。《尔雅·释草》："卷施草，拔心不死。"郭璞注："宿莽也。"郝懿行说："《类聚》八十一引《南越志》云：'宁乡县草多卷施，拔心不死，江淮间谓之宿莽。'"（见《尔雅义疏》）这两句是以采摘为喻，说明自己时刻都在修养品德。
⑨ 日月：指时光。忽：意指迅速。其：助词。淹：停留。
⑩ 其：助词，作用同"之"。代序：更代时序。
⑪ 惟：动词，想，与下句"恐"字为对文。
⑫ 美人：喻楚怀王。迟暮：指年老。
⑬ 抚壮：趁着壮年之时。抚：持，引申为凭借。弃秽（huì）：抛弃错误的行为。
⑭ 此度：指现行的法度、政策。
⑮ 骐骥（qí jì）：骏马，喻贤才。
⑯ 道：即"导"，引导。夫（fú）：语气助词，表舒缓语气。先路：前面的路。这两句是说希望楚王能任用贤才，而自己愿为楚国的改革贡献一份力量。

　　昔三后之纯粹兮①，固众芳之所在②。杂申椒与菌桂兮③，岂维纫夫蕙茝④？彼尧舜之耿介兮⑤，既遵道而得路⑥。何桀纣之猖披兮⑦，夫唯捷径以窘步⑧。惟夫党人之偷乐兮⑨，路幽昧以险隘⑩。岂余身之惮殃兮⑪，恐皇舆之败绩⑫。忽奔走以先后兮⑬，及前王之踵武⑭。荃不察余之中情兮⑮，反信谗而齌怒⑯。余固知謇謇之为患兮⑰，忍而不能舍也⑱。指九天以为正兮⑲，夫唯灵修之故也⑳。曰黄昏以为期兮㉑，羌中道而改路㉒。初既与余成言兮㉓，后悔遁而有他㉔。余既不难夫离别兮㉕，伤灵修之数化㉖。

① 三后：三王，指夏禹、商汤和周文王。后：君王。纯粹：品德纯正。
② 固：副词，确实，必然。众芳：比喻众多的贤才。所在：等于说所在之处。这两句是说因为从前夏禹、商汤和周文王三个贤君品德纯正完

美，所以在他们那里必然集聚许多的贤才。
③ 杂：合，共，兼有。申椒：申地产的花椒。申：国名，故城在今河南南阳，春秋时灭于楚。椒：香木名。菌桂：香木名，桂树的一种。
④ 维：通"唯"，只。蕙：香草名，又名薰草。茞（zhǐ）：同"芷"，香草名。连上句，"申椒""菌桂""蕙""茞"均喻群贤，亦即上文所说的"众芳"。
⑤ 尧舜：唐尧、虞舜，传说中的上古贤君。耿介：光明正大。耿：光明。介：大。
⑥ 道：道路，比喻治国的正确方向。
⑦ 何：多么。桀（jié）纣：夏桀、商纣，均是暴君。猖披：衣不结带，散乱不整的样子。引申为狂乱放肆。猖披，或作"昌披""昌被"。
⑧ 夫唯：正因为。夫：语气词。唯：副词，有解释原因的作用。捷径：斜出的小路。捷：斜出。径：小路，与上文"得路"之"路"相对而言。以：连词，表结果。窘步：步履困窘。这两句是说，夏桀、商纣是多么狂乱放肆，正因为他们只走斜路，结果弄到走投无路的地步。
⑨ 惟：用法与上句"唯"字相同。夫（fú）：指示代词，那，那些。党人：指楚王身边那些结党营私的人。偷乐：苟安享乐。偷：苟且。
⑩ 路：比喻国家前途。幽昧（mèi）：黑暗。险隘：危险狭隘，比喻国家前途充满危险。
⑪ 惮（dàn）：怕。殃：灾难。
⑫ 皇舆：君王之车，喻楚王朝。皇：君。舆：车。败绩：翻车，这里引申为"倾覆"。
⑬ 先后：用作动词，指跑前跑后。
⑭ 及：追及，赶上，这里引申为"遵循""追随"的意思。踵武：足迹。踵：脚后跟。武：足迹。这两句是说我在车旁匆忙地跑前跑后，就是为了使楚王赶上先王的步伐。
⑮ 荃（quán）：香草名，又名"荪"，这里是比喻楚王。察：细看，体察，了解。中情：内心。
⑯ 齌（jì）怒：马上发怒；齌：急火煮饭。《说文》："齌，炊疾也，"引申为"疾"。王逸说："齌，疾也。言怀王不徐徐察我忠信之情，反信谗言而疾怒己也。"（见《楚辞补注》）
⑰ 謇謇（jiǎn）：忠贞的样子。
⑱ 忍：忍耐。舍（shě）：即"捨"，止，放弃。这里指停止进言。

⑲ 九天：上天。传说天有九重，故言九天。"指九天"，犹言"指天发誓"。正：即"证"。
⑳ 灵修：神明远见之人。（依王逸说）这里指楚怀王灵，神。修：远。故：缘故。
㉑ 期：指双方约会之期。《楚辞》常用男女的关系比喻君臣的关系。
㉒ 羌（qiāng）：楚方言，发语词。洪兴祖疑此二句为后人所增。
㉓ 成言：说定，约定。
㉔ 悔遁：翻悔变心。悔：改。遁：移。他：无定指代词，别的。这两句是以男女约会为喻，说明楚王最初本是信任自己的，后来却听信谗言而疏远了他。
㉕ 难（nán）：以……为难。意动用法，引申为"惧怕……"
㉖ 数（shuò）：屡次。化：变化。这两句是说我并不怕被楚王疏远而离去，所伤心的却是楚王的主意屡次变化，反复无常。

　　余既滋兰之九畹兮①，又树蕙之百亩②。畦留夷与揭车兮③，杂杜衡与芳芷④。冀枝叶之峻茂兮⑤，愿俟时乎吾将刈⑥。虽萎绝其亦何伤兮⑦，哀众芳之芜秽⑧！

① 滋：长，殖，引申为"栽培"的意思。畹（wǎn）：十二亩。（王逸说）或云三十亩为一畹。《说文》："畹，田三十亩也。"
② 树：动词，种植。百亩：言其种植之多，不一定确指，与上文"九畹"同。
③ 畦（qí）：区，四面有田埂的一块块田地叫畦。这里用作动词，指按畦种植的意思。留夷：香草名，或作"蔄蘴"。《史记》作"流夷"。《广雅·释草》："留夷作荦夷，芍药也。"（见《屈原赋证辨》）揭车：香草名，一名"艺舆"。郝懿行说："《御览》引《广志》云：'藒车，香，味辛，生彭城，高数尺，黄叶白华。'《齐民要术》云：'凡诸树有蛀者，煎此香冷淋之，即辟也。'"（见《尔雅义疏》）
④ 杜衡：香草名，叶似葵，又名"杜葵""马蹄香"。芳芷：即白芷。
⑤ 冀：希望。峻茂：高大茂盛。
⑥ 俟（sì）时：到时候。俟：待。时：指芳草峻茂之时。刈（yì）：收割。以上六句，作者是以培植香草比喻自己积极培养人材，希望到时候与自己一起参与变革现实的斗争。
⑦ 萎绝：枯萎、凋谢。其：指示代词，那。亦：副词，又。
⑧ 芜秽：荒芜杂乱，比喻人材变质。这两句说众贤才即使因蒙受打击而

死也是不足令人悲伤的，可悲的是他们却同小人同流合污而变质。

众皆竞进以贪婪兮①，凭不厌乎求索②。羌内恕己以量人兮③，各兴心而嫉妒④。忽驰骛以追逐兮⑤，非余心之所急⑥。老冉冉其将至兮⑦，恐脩名之不立⑧。朝饮木兰之坠露兮⑨，夕餐秋菊之落英⑩。苟余情其信姱以练要兮⑪，长顑颔亦何伤⑫！擥木根以结茝兮⑬，贯薜荔之落蕊⑭。矫菌桂以纫蕙兮⑮，索胡绳之𫄨𫄨⑯。謇吾法夫前脩兮⑰，非世俗之所服⑱。虽不周于今之人兮⑲，愿依彭咸之遗则⑳。

① 竞进：争着向上爬。贪婪（lán）：贪得无厌。婪：贪。
② 凭：楚方言，满。王逸说："凭，满也。楚人名满曰凭。"（见《楚辞补注》）不厌：不满足。厌：满，足。乎：介词，作用同"于"。求索：追求索取。这两句是说群小竞相向上爬，贪得无厌，他们虽已很有势利，但仍不满足，继续追求。
③ 恕己：宽恕自己。量人：算计别人。
④ 兴心：等于说产生了嫉妒之心。
⑤ 驰骛（wù）：奔驰。追逐：指追逐权势利禄。
⑥ 所急：等于说所关切的事。
⑦ 老：指老年。冉冉（rǎn）：渐渐。
⑧ 脩名：美名。
⑨ 坠露：指从木兰树上坠下的露水。
⑩ 落英：落花。
⑪ 苟：假如，只要。信：诚，确实。姱（kuā）：美好。练要：精粹、纯正。
⑫ 顑颔（kǎn hàn）：因饥饿而面黄肌瘦的样子。这两句是说假如我的品德确实美好而又精粹纯正，即使长期饿得面黄肌瘦，那又有什么关系呢？
⑬ 擥（lǎn）：同"揽"，持。木根：可能是申椒之根。《楚辞》中的植物名，使用上有些搭配习惯。上文言"杂申椒与菌桂兮，岂维纫夫蕙茝"，这里说"擥木根以结茝兮"，下文又说"矫菌桂以纫蕙兮"，可知"木根"是"申椒"之根的可能性极大。
⑭ 贯：串连。薜荔：香草名，蔓生。落蕊（ruǐ）：义同"落英"。蕊：花心。

⑮ 矫：举。
⑯ 索：用作动词，搓。胡绳：香草名，蔓生。䌛䌛（xǐ）：长而不垂的样子。以上八句，作者以饮露、餐英为喻，说明自己品德高洁，不与众小同流合污。结茝贯蕊，纫蕙索绳，作者以香草为饰，以喻坚持操守，增溢美德，效法前贤，至死不移。
⑰ 謇（jiǎn）：楚方言，语气词。法：效法。前修：前代的贤人。
⑱ 服：佩带。所服之物，即上文所说的香草诸物。这两句是说我决心效法那些前代的贤人，而我的美好品德是一般世俗之人所不具备的。
⑲ 周：合。今之人：即指众小，世俗之人。
⑳ 依：依照，按照。彭咸：殷代贤臣，因谏君不从，投水身死。遗则：留下的榜样。则：法则。

长太息以掩涕兮①，哀民生之多艰②。余虽好修姱以鞿羁兮③，謇朝谇而夕替④。既替余以蕙纕兮⑤，又申之以揽茝⑥。亦余心之所善兮⑦，虽九死其犹未悔⑧。

① 太息：叹息。掩涕：掩面哭泣。
② 民生：人民的生活。民，《文选》作"人"，避唐讳改。
③ 虽：通"唯"（繁体"雖"从"唯"得声，故可通用），只，独。洪兴祖释"虽"为"独"，是也。（见《楚辞补注》）修姱：修洁姱美，当指品德而言。鞿（jī）：马缰绳。羁（jī）：马笼头。鞿羁：均用作动词，指受约束。
④ 谇（suì）：进谏。替：废弃。这两句是说我只爱慕美好的品德而又时刻受人约束，真是早上进谏，晚上就被人废弃。
⑤ 蕙纕（xiāng）：蕙草做的佩带。纕：佩带。以：介词，因为。
⑥ 申：重复，加上。这两句是说他们以我佩饰蕙纕，又加上以我揽持芳茝 为由终于把我废弃了。
⑦ 亦：副词，犹，确实，的确。善：喜爱。
⑧ 虽：连词，即使。九死：死亡多次。九：虚数，言其多。其：副词，将。悔：改。连前文，这两句是说佩饰蕙纕，揽持芳茝，这仍是我内心所喜爱的，即使死亡多次，我仍将毫不改悔。

怨灵修之浩荡兮①，终不察夫民心②。众女嫉余之蛾眉兮③，谣诼谓余以善淫④。固时俗之工巧兮⑤，偭规矩而改错⑥。背绳墨以追曲兮⑦，竞周容以为度⑧。忳郁邑余侘傺兮⑨，吾独穷困乎此时也⑩。宁溘死以流亡兮⑪，余不忍为此态也⑫。

① 浩荡：水势广大，这里形容楚王行为放纵，遇事不深思熟虑。
② 终：等于说"始终"。
③ 众女：比喻楚国的众奸臣。蛾眉：如同蚕蛾那样细长而弯曲的眉毛。这里指美貌。
④ 谣诼（zhuó）：造谣诬蔑。诼：中伤之言。以：徐锴《说文系传》引作"之"。善淫：善于淫邪。
⑤ 时俗：现实的社会风气。工巧：善于投机取巧。
⑥ 偭（miǎn）：违背。规矩：喻法度。规：画圆形的工具。矩：画方形的工具。改错：改变正常的措施。错：通"措"。
⑦ 绳墨：木工用来定直线的工具，这里喻正确的准则。追曲：追求邪曲。
⑧ 竞：争着。周容：苟合求容。度：法度，常规。以上四句是说现实的社会风气就是投机取巧，人们都违背法度，改变正常的措施。他们背叛正确的行为准则，而争相苟合求容，并以此作为常规。
⑨ 忳（tún）：忧愁。郁邑：心情忧愁的样子。侘傺（chà chì）：楚方言，失意、不得志的样子。
⑩ 独：副词，只，只有。
⑪ 宁：宁愿。溘（kè）：忽然。流亡：指随水漂流而去。（依王逸说）。
⑫ 此态：指苟合求容之丑态。以上两句是说我宁愿忽然死去，让尸体随水漂流而去，也不忍心做出这种苟合求容的丑态。

鸷鸟之不群兮①，自前世而固然②。何方圜之能周兮③，夫孰异道而相安④？屈心而抑志兮⑤，忍尤而攘诟⑥，伏清白以死直兮⑦，固前圣之所厚⑧。

① 鸷（zhì）：凶猛的鸟。鸟：指普通的鸟。群：用作动词，合群。不群：指鸷鸟不与普通小鸟生活在一起。这里指正直的人不与小人同流合污。
② 固然：就是如此。然：代词，如此，这样。
③ 何：怎么。圜：同"圆"。周：合。
④ 夫（fú）：语气词。孰：用法同"何"。异道：不同的思想、主张。相

安：犹言"相合"。
⑤ 屈心：内心受到委屈。抑志：思想遭到压抑。
⑥ 忍尤：忍受罪过。尤：罪过。攘诟（rǎng gòu）：招来耻辱。攘：取。诟：耻辱。
⑦ 伏：通"服"，佩带、保持。死直：为正直而死。
⑧ 厚：重，看重，称赞。这两句是说我决心为清白正直而死，这一向是前代圣贤所称赞的。

悔相道之不察兮①，延伫乎吾将反②。回朕车以复路兮③，及行迷之未远④。步余马于兰皋兮⑤，驰椒丘且焉止息⑥。进不入以离尤兮⑦，退将复修吾初服⑧。制芰荷以为衣兮⑨，集芙蓉以为裳⑩。不吾知其亦已兮⑪，苟余情其信芳⑫。高余冠之岌岌兮⑬，长余佩之陆离⑭。芳与泽其杂糅兮⑮，唯昭质其犹未亏⑯。忽反顾以游目兮⑰，将往观乎四荒⑱。佩缤纷其繁饰兮⑲，芳菲菲其弥章⑳。民生各有所乐兮㉑，余独好修以为常㉒。虽体解吾犹未变兮㉓，岂余心之可惩㉔？

① 相（xiàng）道：看路。不察：看得不细。
② 延伫（zhù）：久立，指行动有所迟疑。反：即"返"。
③ 回：转过来。复路：回到旧路上来。复：回复。
④ 及：趁着。行迷：迷路。
⑤ 步：慢行，这里是使动用法。皋（gāo）：水边高地。
⑥ 且：副词，暂且。焉：于此。止息：休息。这两句是说让我的马在长满兰草的水边慢慢行走，或者奔驰在长着椒树的小丘之上，然后暂且在这里休息。
⑦ 进：进仕。不入：不被信任。入：纳。离尤：获罪。离：通"罹"，遭。
⑧ 退：退隐。修：治。初服：当初未进仕时的服饰。这里比喻原来的志趣。这两句是说既然我进仕于朝不被信任而获罪，倒不如退隐下去，洁身自好，以期继续培植我当初的志趣。
⑨ 制：裁制。芰（jì）：菱。这里指菱叶。
⑩ 芙蓉：荷花。裳：裙子。
⑪ 其：指示代词，那。已：止，这里是"算了"的意思。
⑫ 其：助词，作用同"之"。信芳：的确芳洁。信：诚，确实。
⑬ 高：使动用法，使……高的意思。岌岌（jí）：高的样子。

⑭ 长：使动用法，使……长的意思。佩：用作名词，指佩饰之物。陆离：长的样子。苗语和壮语中都有这类后置状语。
⑮ 芳：指芳香之物。泽：通"襗"，内衣，引申为污秽的意思。《诗经·秦风·无衣》："岂曰无衣，与子同泽。"郑笺引"泽"作"襗"，并云："襗，亵衣，近污垢。"（见《毛诗正义》）
⑯ 唯：副词，只，只有。昭质：纯洁的品质。昭：明。这两句是说在楚国，芳香的东西和污秽的东西都混杂在一起了，只有我的纯洁品质仍未受到损伤。
⑰ 反顾：回顾。游目：举目四望。
⑱ 四荒：四方远处。荒：远。
⑲ 佩：指佩饰之物。缤（bīn）纷：盛多的样子，是说明"佩"的。繁饰：繁多的饰物。
⑳ 芳：指芳香之物。菲菲：香气很盛的样子，"菲菲"作"芳"的后定语，是说明"芳"的。弥章：更加显著。弥：益，更加。章：即"彰"，明，著。
㉑ 民生：人生。
㉒ 愉：美，这里指美好的品德。
㉓ 体解：古代的一种酷刑，即"肢解"。
㉔ 惩：改。以上两句是说即使我身遭肢解的酷刑，也决不改变我的理想，难道我的心是可以改变得了的吗？

译文

遭逢忧患

我是颛顼帝的后代啊，我先父的名字叫伯庸。寅年又正当寅月啊，又是在寅日这天我降生。先父考虑我初生的情况啊，开始赐我个美名。给我取名叫做正则啊，又给我表字叫做灵均。

我既有很多的内在美啊，又有美好的才与能。披着江离和白芷啊，还连结秋日兰花佩我身。时光快得像赶不上啊，恐怕年岁不会等待我。我朝采山上的玉兰花啊，晚摘水洲的宿莽茎。日月不停地转动啊，春和秋也互相替代更新。想到草木的凋落啊，我担心国君晚年将来临。何不趁早抛弃过错啊，何不改变政策和法令。您骑上骏马快向前啊，我愿效劳当个引路人。

从前三位贤君品德高啊,那是贤臣聚集的地方。他们兼用多种贤臣啊,哪里只任用一个贤良?尧舜二君光明正大啊,循正道又得正确方向。桀纣何等狂乱啊,他们走歪路以致窘步难行。小人苟安享乐啊,使国家前途黑暗难免遭殃。难道是我自己怕灾祸吗,我担心国家会灭亡。我奔跑在国君的前后啊,使您以前贤为榜样。楚王不了解我的衷情啊,反信谗暴怒把我流放。早知正直要招祸啊,宁肯招祸也不能停止谏上。望上天为我作证啊,我的一切是为了您楚王。说了信用我到晚年啊,您却中途改变了主张。当初跟我有约在先啊,您又翻悔变心往他方。我已不难离别您啊,只伤心您做事变化无常。

　　我既栽培了九畹木兰啊,又种植了百亩香草。还有五十亩芍药揭车啊,兼有杜衡与白芷药。希望它们枝叶茂盛啊,到时候我将收割用好。虽然枯萎一点无妨啊,可悲的是香草变质了。

　　小人相争求财物啊,从来就没有满足的时候。内心忌己疑人啊,他们对贤能总是百般嫉妒。他们奔跑追名逐利啊,那不是我急于所求。老年渐渐到来啊,担心为国立功之名不能收。我早饮木兰的坠露啊,晚吃秋菊嫩花度春秋。只要情操确实美好纯真啊,长久挨饿又何愁!手持椒根和白芷啊,又穿上薜荔落花的花心。举起菌桂穿香蕙啊,搓着长而下垂的胡绳香草。学习古代的圣人贤君啊,我穿戴不同一般人。虽然举动不合今之人啊,我愿照彭咸的法则行。

　　我长久叹息而流泪啊,为人生的艰苦而哀伤。我爱秀美遭约束啊,早上进谏晚上被废弃一旁。因佩带香蕙废弃我啊,加上我又持白芷芳香。坚持我内心的喜好啊,虽然死上万次又何妨。

　　恨楚王做事太荒唐啊,始终不了解我的内心。小人嫉妒我美貌啊,造谣中伤说我作风不正。他们善于投机取巧啊,违背法度改变好方针。小人背离规矩走歪道啊,争着讨好作为准绳。万分忧愁不得志啊,现在独我一人苦又贫。宁愿死去漂水中啊,不忍做丑态百出的小人。

　　猛禽和小鸟不能合群啊,本来自古就是这样。方圆之物怎能吻合啊,志趣不同岂能共一堂?我委心抑志啊,长期忍罪受辱实痛苦不可当。怀清白为正义而死啊，本来是古圣贤所赞扬。

后悔以前看路不仔细啊，我站立很久将要返航。回转车我走原路啊，趁迷途未远赶快急收场。我让马在兰皋慢步啊，再跑到椒丘那儿乘凉。既然进朝不纳反遭罪啊，不如退下重着初装。我裁制菱花荷叶作上衣啊，聚集莲花作下裳。不了解我也就算了啊，只要我的情操真高尚。把我的帽子戴得高又高啊，佩戴饰物长又长。芳香与脏臭相混杂啊，我的光洁品质未损伤。迅速回头远望啊，将游览遥远荒芜的四方。我的佩饰繁多出众啊，将发出更加显著的浓香。人生各有各的爱好啊，我独爱美德习以为常。即使肢解我也不会变啊，难道雄心可以被迫改样！

附《楚辞》篇目

一、离骚

二、九歌（东皇太一、云中君、湘君、湘夫人、大司命、少司命、东君、河伯、山鬼、国殇、礼魂）

三、天问

四、九章（惜诵、涉江、哀郢、抽思、怀沙、思美人、惜往日、桔颂、悲回风）

五、远游

六、卜居

七、渔父

八、九辩

九、招魂

十、大招

哀　　郢　（屈　原）

[说明]《哀郢》是《九章》中的第三篇。清人王夫之的《楚

辞通释》认为此篇作于楚顷襄王二十一年（即公元前278年）。这一年秦将白起攻陷郢都，顷襄王被迫东迁至陈。从本篇内容来看，王说较为可信。哀郢（yǐng），就是对郢都的失陷表示哀伤的意思。郢，今湖北省江陵县西北。

《哀郢》这篇作品，作者借助郢都失陷这一史实，追忆了自己当年离郢流放和楚国人民在战火中妻离子散、家破人亡的悲惨情景，表现了对郢都的深切怀念和对楚国人民的深厚感情，同时对楚国统治者的误国罪行也予以严厉的痛斥。

和《离骚》相比，《哀郢》较少使用幻想夸张的手法，而主要是运用写实的艺术手段来更直接地抒发内心的悲愤之情。但是，这两篇作品所表现出的基本精神却是一致的。

皇天之不纯命兮①，何百姓之震愆②？民离散而相失兮③，方仲春而东迁④。

①纯：专一。命：天命，天道。
②震：动，这里是"动荡不安"的意思。愆（qiān）：过，罪过。这两句是说上天不专一其道，反复无常，为什么让老百姓遭罪受苦、动荡不安？
③失：失散。
④方：当，正当。仲春：旧历二月。东迁：向东迁移。这里指迁都于陈。陈，今河南省淮阳县。

去故乡而就远兮①，遵江夏以流亡②。出国门而轸怀兮③，甲之鼂吾以行④。发郢都而去闾兮⑤，怊荒忽其焉极⑥。楫齐扬以容与兮⑦，哀见君而不再得⑧。望长楸而太息兮⑨，涕淫淫其若霰⑩。过夏首而西浮兮⑪，顾龙门而不见⑫。心婵媛而伤怀兮⑬，眇不知其所蹠⑭。顺风波以从流兮⑮，焉洋洋而为客⑯。凌阳侯之氾滥兮⑰，忽翱翔之焉薄⑱。心絓结而不解兮⑲，思蹇产而不释⑳。将运舟而下浮兮㉑，上洞庭而下江㉒。去终古之所居兮㉓，今逍遥而来东㉔。羌灵魂之欲归兮㉕，何须臾而忘反㉖？背夏浦而西思兮㉗，哀故都之日远㉘。登大坟以远望兮㉙，聊以舒吾忧心㉚。哀州土之平乐兮[31]，悲江介之遗风[32]。

① 去：离开。故乡：这里指"郢都"。就远：到远方去。
② 遵：循，沿着。江夏：长江夏水。夏水在今湖北省境内，源于长江，流至监利而北折，由沔阳入汉水。因江夏两水相距很近，所以这里江夏并称。
③ 国门：都门。轸（zhěn）怀：胸怀悲痛。轸：痛。
④ 甲之鼌（zhāo）：甲：日的早晨。甲：十天干之一。古代一般是干支相配用以纪日。单用天干或地支纪日，也是有的。鼌：通"朝"，早晨。以：乃，则，与《离骚》的"惟庚寅吾以降"的"以"用法相同。
⑤ 发：出发。闾（lǘ）：里门，此指旧居。
⑥ 怊（chāo）：悲伤。一本无"怊"字。荒忽：同"恍惚"，神志不清的样子。焉极：何处是尽头。焉：疑问代词，何。极：尽。
⑦ 楫（jí）：船桨。齐扬：一齐举起来。以：连词，而。容与：缓行。
⑧ 不再得：不再可能。从意义上看，"不再得"后头的句子成分应是"见君"。因"极""得"押韵（同属职部），所以句子这样变换。这两句是说行船划动船桨而又缓缓前进啊，我这次离开郢都再也不能见到楚君了，想起来多么令人哀伤。
⑨ 长楸（qiū）：高大的楸树。楸：落叶乔木，一名"梓"。太息：叹息。
⑩ 涕：泪。淫淫：形容泪珠纷纷下落的样子。霰（xiàn）：细雪珠。
⑪ 夏首：夏水的源头，即夏水源于长江之处。夏水上源长江，下入汉水。西浮：向西漂浮。王逸说："船独流为浮也。"（见《楚辞补注》）夏首，在今湖北沙市附近，地处郢都东南。屈原离郢，大概先由夏水溯流而西，然后顺江东下。故言"过夏首而西浮"。
⑫ 龙门：郢都的东门。
⑬ 婵媛（yuán）：心有所牵挂的样子。
⑭ 眇（miǎo）：通"渺"，远，遥远的样子。所蹠（zhí）：落脚之地。蹠：践。这两句是说我内心有所牵挂，胸中充满了哀伤，前途遥远迷茫，真不知何处是我的归宿。
⑮ 从流：顺着水流。
⑯ 焉：于是。洋洋：漂泊不定的样子。客：沦落他乡之人。这两句是说我顺着风波，随水而去，到处漂流，于是漂流不定地成了他乡之客。
⑰ 凌：乘。阳侯：大波之神。这里指"波涛"。氾滥：这里指水势浩大，波涛起伏的样子。

⑱ 薄：止。这两句是说我乘着汹涌澎湃的波涛，行船飞快地忽上忽下，如同飞鸟在高空翱翔一样，但不知要飞向何方。
⑲ 絓（guà）结：内心牵挂，思想郁结。絓：碍，止。
⑳ 蹇（jiǎn）产：心情迂曲，精神不畅的样子。
㉑ 运舟：行船。下浮：向下漂浮，指"顺江而下"。
㉒ 上：在上。洞庭：即洞庭湖，在湖南省北部。这两句是说我将继续乘船顺江而下，船进洞庭与长江的汇合之处，回头遥望，洞庭已在船的上游了，而下方则是更加宽阔的长江。
㉓ 终古：长久。
㉔ 逍遥：这里是"漂泊"的意思。
㉕ 羌（qiāng）：楚方言，语气词。
㉖ 须臾（yú）：片刻。反：即"返"。
㉗ 背：离，离开。夏浦：夏水边。这里指夏汉合流后入江之处，即夏口。（依蒋骥说）西思：向西而思，即指怀念楚国。
㉘ 故都：郢都。
㉙ 大坟：等于说"大堤"。坟：高地，这里指水边的高地。
㉚ 聊：副词，暂且。舒：舒展。
㉛ 州土：指临江的乡邑。平乐：田野平阔，人民康乐。
㉜ 江介：江岸。介：畔。遗风：指古代楚国留传下来的风俗习惯。这两句是说我看到大江两岸的田野平阔，人民仍旧康乐，保留着古代的遗俗，但一想到当前楚国的危亡，则不免使人悲伤。

当陵阳之焉至兮①，淼南渡之焉如②？曾不知夏之为丘兮③，孰两东门之可芜④。心不怡之长久兮⑤，忧与愁其相接⑥。惟郢路之辽远兮⑦，江与夏之不可涉⑧。忽若去不信兮⑨，至今九年而不复⑩。惨郁郁而不通兮⑪，蹇侘傺而含慼⑫。

① 当：面对。陵阳：即"陵阳侯"之省称，指代大水的波涛。
② 淼（miǎo）：大水迷茫，漫无边际的样子。焉如：到何处去。焉：疑问代词，何。如：到……地方去。这两句是说面对这汹涌的波涛，我向哪里去呢？在浩淼的江水之中，我涉江南渡，可是我又将走到哪里去呢？
③ 曾：副词，竟然，表示事情出乎意料。不知：没想到。夏：通"厦"。这里指楚王的宫殿。为丘：变为废墟。
④ 孰：疑问代词，何。芜：荒芜。这两句是说我竟然没想到高大的宫殿

瞬间变成一片废墟,那郢都的两个东门怎么也长满了荒草?

⑤ 怡(yí):愉快。
⑥ 其:助词,作用同"之"。
⑦ 惟:副词,用于句首,对事物有限定、强调的作用。郢路:指返回郢都的道路。
⑧ 江与夏:长江和夏水,从句法上看,当是"涉"的宾语,借助"之"字而提前。
⑨ 忽若:等于说"忽然"。去:离开,这里指被流放。一本无"去"字。不信:不被信任。
⑩ 不复:不能回去。复:返回。
⑪ 惨郁郁:形容心情悲痛,郁闷不开的样子。不通:不通畅。
⑫ 诧傺(chà chì):失意的样子。含戚:怀着忧伤。戚:或作"慼",忧。

外承欢之㚟约兮①,谌荏弱而难持②。忠湛湛而愿进兮③,妒被离而鄣之④。尧舜之抗行兮⑤,瞭杳杳而薄天⑥。众谗人之嫉妒兮,被以不慈之伪名⑦。憎愠惀之脩美兮⑧,好夫人之忼慨⑨。众踥蹀而日进兮⑩,美超远而逾迈⑪。

① 外:外表。承欢:奉承君主的欢心。㚟(chuò)约:美好的样子。㚟约,或作"绰约","婥约"。
② 谌(chén):诚,实在。荏(rěn)弱:软弱。荏:弱。难持:难以扶持。持:握,扶助。这两句是说那些群小外表奉承君主的欢心,媚态百出,但内心虚弱,靠他们是难以扶持、治理国家的。
③ 忠湛湛(zhàn):形容忠心耿耿的样子。湛湛:忠厚的样子。愿进:愿意被进用。
④ 妒:嫉妒。这里指嫉妒之心。被(pī)离:或作"披离",纷乱的样子。鄣:同"障",壅,塞,阻挡。
⑤ 抗行:高尚的行为。抗:通"亢",高。
⑥ 瞭杳杳(yǎo):高洁深远的样子。瞭:明。杳杳:深远的样子。薄天:上达于天。薄:接近。这两句是说古代尧舜二帝的高尚的行为,非常高洁深远,可以上达于天。
⑦ 被:加,加……之上。不慈:这里指对自己的子女不慈爱。洪兴祖说:"尧舜与贤,而不与子,故有不慈之名。《庄子》曰:'尧不慈,舜不孝。'言此者,以明尧舜大圣犹不免谗谤,况众人乎?"(见《楚辞补助》)伪名:伪造的恶名。

⑧ 愠怆（yùn lǔn）：指内心忠厚的样子。
⑨ 夫（fú）：指示代词，那些。忼慨：同"慷慨"，这里指发表那些慷慨激昂、不切实际的言词。这两句是说楚王憎恶忠诚老实这种美德，却喜欢那些小人误国害民的慷慨陈词。
⑩ 众：指"众谗人"。踥蹀（qiè dié）：行走的样子。这里指众谗人到处奔走、钻营的丑态。日进：一天比一天受到重用。
⑪ 美：贤人。超远：被疏远。超：远。逾：通"愈"。迈：行，离开。这两句是说众谗人极力奔走钻营，一天比一天受到进用，而贤人却被疏远，只好也越来越离开楚王。

　　乱曰：曼余目以流观兮①，冀一反之何时②？鸟飞反故乡兮，狐死必首丘③。信非吾罪而弃逐兮，何日夜而忘之④？
① 乱：乐曲的最末章，即"尾声"。曼余目：放开我的双眼。曼：引、流观：周流观览，亦即"四下观望"之意。
② 冀：希望。一反：回去一次。反：即"返"。这两句是说我纵目四望，很想回郢都一次，但不知是何时。
③ 首丘：把头对着土丘。首：用作动词，指"用头对着"的意思。丘：土山。传说狐狸死时总是把头对着它出生的土丘。这两句以鸟兽为喻，说明人对故乡的怀念。
④ 何：怎么。之：指故乡，故国。连上句，这是说我确实无罪而遭流放啊，日日夜夜我又怎能把故国遗忘？

译文

哀　叹　郢　都

　　天道反常啊，为什么让百姓动荡不安受灾殃？人民分离失散啊，仲春二月迁都往东方。
　　离开郢都去远方啊，沿着长江和夏水去逃亡。出都门心怀沉痛啊，甲日早晨我就开始远航。从郢都出发离旧居啊，前路渺茫何处是尽头？众桨齐划船缓行啊，我不能再见国君多忧愁。我望着高楸长叹息啊，眼泪汪汪如雪珠纷纷。去了夏首往南漂啊，回看郢都东门已不见影。内心牵挂满胸哀啊，前路迷茫不知归宿在何方。乘着风波顺水流啊，我漂泊不定流落在他乡。乘着汹涌澎湃的水波啊，快速飞腾往哪方？内心牵挂不能解啊，我思绪忧愁情不畅。我行船向下漂啊，洞庭在上，下面是长江。离开祖先的住地啊，我流浪漂泊来东方。我一心想归郢都啊，哪有片刻时间忘记？离开夏水思念郢都啊，可怜故都一天天远离。登上大堤遥望啊，可暂时舒畅一下我的忧心。可怜楚国的土地和人民啊，仍保持着楚俗楚风。

面对波涛往何处啊，大水迷茫渡江往南向何方？没料到宫殿成废墟啊，怎么都门也是一片荒凉？心情长久不愉快啊，忧愁不断一阵阵好心伤。想到郢都路遥远啊，江夏水大叫我无法返航。不被信任离开楚王啊，已九年不能回楚王身旁。思绪悲惨情不畅啊，痛苦不得志使我满腹忧伤。

（小人）献媚讨好啊，实际软弱靠他们事难作好。忠直的人盼望任用啊，嫉妒的人纷纷出来阻挠。尧舜德行高亢啊，目光远大，威望比天高。小人百般嫉妒啊，竟拿"不慈"的罪名来造谣。国君憎恨贤能啊，偏偏喜欢慷慨陈词的群小。小人奔走往上爬啊，贤能被疏远而远离王朝。

尾声说：我纵目远眺四处观望啊，希望能回去一次在何年？鸟远飞返故乡啊，狐死头朝土丘是对故乡的怀念。我确实无罪而被放逐啊，日日夜夜怎能忘记故园。

国　　殇[①]　（屈　原）

《国殇》是《九歌》十一篇中的第十篇。

据史籍记载，楚怀王时代（公元前 328—公元前 299 年），楚国与秦国连续发生战争。怀王十七年（公元前 312 年），楚与秦战于丹阳，大败，损失甲兵八万，大将军屈匄（gài）以下七十余人被俘；同年，楚袭秦，战于兰田，大败；怀王二十八年（公元前 301 年），秦联合齐、韩、魏共攻楚，杀楚将唐昧；次年，秦又向楚进攻，杀楚将景缺，楚军死者二万人；怀王三十年（公元前 299

年），秦又攻楚，取楚八城。在这些战争中，楚国在人力、物力、土地等方面都蒙受重大的损失。特别是将士的大量损伤，对楚国国力的影响不小。这些为国牺牲的将士，自然会引起楚国人民的崇敬和怀念，为此而祭祀他们，颂扬他们为国献身的功绩，鼓舞人们复仇灭秦的斗志。屈原的《国殇》，大概是在这种背景下写作的。本篇是一首祭歌，全篇着重颂扬将士们英勇作战的气概和为国牺牲的精神。

操吴戈兮被犀甲，车错毂兮短兵接②。旌蔽日兮敌若云，矢交坠兮士争先。

凌余阵兮躐余行③，左骖殪兮右刃伤④。霾两轮兮絷四马，援玉枹兮击鸣鼓⑤，天时怼兮威灵怒⑥，严杀尽兮弃原野。

出不入兮往不返，平原忽兮路遥远。带长剑兮挟秦弓，首身离兮心不惩⑦。诚既勇兮又以武，终刚强兮不可凌。身既死兮神以灵⑧，子魂魄兮为鬼雄⑨。

① 国殇（shāng）：指为国牺牲死于战场的战士。古代也指不满二十岁的人死为殇。
② 车错毂兮短兵接：双方战车的轮子互相交错，进行短兵相接的战斗。毂：指车轮中心辐条所凑集的部分。
③ 凌余阵兮躐（liè）余行：敌兵侵入我们的阵地，冲进我们的行列。
④ 左骖殪（yì）兮右刃伤：战车左边的马死了，右边的马也被刺伤。
⑤ 援玉枹兮击鸣鼓：拿起鼓槌擂得战鼓咚咚响。玉枹（fú）：鼓槌。
⑥ 天时怼（duì）兮威灵怒：天昏地暗，神灵震怒。怼：怨。
⑦ 首身离兮心不惩：头虽然断了心却不变。惩：改悔。
⑧ 身既死兮神以灵：人虽然死了可精神不死。
⑨ 子魂魄兮为鬼雄：您的灵魂在鬼中也是杰出的英雄。

译文

为国牺牲的英雄

勇士们手拿着吴国制造的好戈，身披着坚固的铠甲，敌我双方的战车轮子互相交错,和敌人短兵相接地进行战斗。战旗把太阳都遮住了,敌人像云一样多,双方射出的箭交互落在对方的阵地上,战士们争先恐后地杀上前去。

敌人侵入了我们的阵地,冲进我们的行列,战车左边的马死了,右边的马也被刀刃刺伤。指挥官的战车埋着两轮,拴住四马,决心向前,拿着槌子猛击战鼓,天帝鬼神一齐发怒,痛杀一场,战士的尸体抛弃遍野外。

勇士们抱着有出无入,有去无还的决心,踏上辽阔的平原,走上遥远的征途。始终佩带着长剑,挟着秦弓,即使身首分离,也永不变心。真是又勇敢又英武,始终壮志刚强,不可凌辱。虽然已为国捐躯,但精神常在,你们的灵魂在鬼中也是出类拔萃的英雄。

吊屈原赋[①]　（贾　谊）

贾谊（公元前201—公元前169年）,西汉洛阳人。十八岁便以读书广博,善写文章闻名郡中。二十二岁,被汉文帝召为博士,一年之内,跃升为太中大夫。由于他对当时政治提出了改革的建议,文帝不能用,大臣排斥他,出调为长沙王太傅。后来又为梁怀王太傅。梁怀王坠马死,贾谊也忧郁而死。他的遭遇与屈原有些类似,所以司马迁写《史记》时把他与屈原合传,表示对他的同情。

贾谊是汉初杰出的政治家和文学家。他的政论散文继承了先秦诸子的优秀传统而更加辅排渲染,辞赋感情色彩很浓。其内容主要表现自己不得志的遭遇和对当时社会的批判。在形式上,有学习骚体的,也有趋向散文化的,开了汉赋的先声。

今传贾谊的著作,有《贾子新书》五十六篇,出于汉人搜集整理；其他零篇散文和辞赋,载在《史记》、《汉书》、《楚辞》和《文选》中。

恭承嘉惠兮,俟罪长沙[②]。侧闻屈原兮,自沉汨罗[③]。造托湘流兮,敬吊先生[④]。遭世罔极兮,乃殒厥身[⑤]。

[①]《文选》作《吊屈原文》。贾谊因受周勃、灌婴等的潜毁,出为长沙王

太傅，实无异于贬谪。当他上任去经过湘水时，写了这篇赋来吊屈原，并用以自喻。
② 嘉惠：美好的恩惠，指皇帝任命他做长沙王太傅的诏命。俟罪：指做官，谦词。长沙：汉长沙国，在今湖南省东部。汉高祖封吴芮（ruì）为长沙王。贾谊是当吴芮的玄孙吴差的太傅。
③ 侧闻：从旁听说，谦词。汨（mì）罗：水名，在今湖南东北部。
④ 造：到。托湘流：指把吊文寄托给湘水，即投吊文于湘水之中。按：湘水和汨罗江都注入洞庭湖，古人以为汨罗流入湘水，所以托湘水而吊。屈原自沉于汨罗江。
⑤ 罔：无。极：指中正之道。殒（yǔn）：殁。厥：其。生，身，押韵（耕真通韵）。

呜呼哀哉！逢时不祥。鸾凤伏窜兮，鸱枭翱翔①。阘茸尊显兮，谗谀得志②。贤圣逆曳兮，方正倒植③。世谓随夷为溷兮，谓跖蹻为廉④，莫邪为钝兮，铅刀为铦⑤。吁嗟默默，生之无故兮⑥！斡弃周鼎，宝康瓠兮⑦；腾驾罢牛，骖蹇驴兮⑧；骥垂两耳，服盐车兮⑨；章甫荐履，渐不可久兮⑩。嗟苦先生，独离此咎兮⑪！
① 伏窜：隐藏。鸱（chī）：指鸱鸺（xiū），俗名猫头鹰。枭（xiāo）：又名鸺鹠（liú），外形跟鸱鸺相似。古人以为鸱枭都是不祥之鸟。
② 阘（tà）茸：低下，卑贱。这里指不才之人。
③ 逆曳：这里是被倒着拉的意思，即不得顺正道而行。方正：指方正的人。方正倒植：方正的人本应居高位反而居下位。
④ 随：卞随，殷代的贤士。据说汤要把天下让给他，他认为可耻，于是投水而死。夷：指伯夷。溷（hùn）：混浊。跖：指盗跖。蹻：指庄蹻。旧说二人都是古时的大盗。实为先秦时农民起义军的两大领袖。
⑤ 莫邪（yé）：宝剑名。铦（xiān）：犀利，快。
⑥ 吁嗟：感叹词。默默：不得意。生：指屈原。无故：指无故遇祸。
⑦ 斡（wò）：转，也就是弃的意思。周鼎：周朝的传国鼎，被认为国宝。康瓠（hú）：空壶，盛酒器。
⑧ 腾：驾。罢（pí）：同疲。骖：使动用法。蹇（jiǎn）：跛足，瘸。
⑨ 垂两耳：吃力的样子。马负重过于吃力，就要低下头去并垂两耳。服：驾，乘。《战国策·楚策》："夫骥之齿至矣，服盐车而上太行，中阪（半坡上）迁延（慢慢向下退），负辕不能上。"从"斡弃"到

"车兮",比喻人君摒弃贤才而重用无能的人。
⑩ 章甫:参见《论语·子路曾皙冉有公西华侍坐》注。
⑪ 离:同罹,遭受。咎:灾祸。

讯曰①:已矣!国其莫我知兮,独壹郁其谁语②?凤漂漂其高逝兮,固自引而远去③。袭九渊之神龙兮,沕深潜以自珍④。俪蝯獭以隐处兮⑤,夫岂从虾与蛭蟥⑥?所贵圣人之神德兮,远浊世而自藏。使骐骥可得系而羁兮⑦,岂云异夫犬羊⑧?般纷纷其离此尤兮⑨,亦夫子之故也。历九州而相其君兮,何必怀此都也⑩?凤凰翔于千仞兮,览德辉而下之⑪,见细德之险征兮,遥曾击而去之⑫,彼寻常之汙渎兮,岂能容夫吞舟之巨鱼⑬?横江湖之鳣鲸兮,固将制于蝼蚁⑭。

① 讯(xùn):告。汉书作谇(suì)。讯曰或谇曰,都等于楚辞的乱曰。乐歌的末章叫做"乱",即"尾声"。
② 壹郁:同抑郁。
③ 漂漂:同飘飘,飞翔的样子。
④ 袭:因袭,这里有效法的意思。九渊,等于说九重渊,即极深的渊。《庄子·列御寇》:"夫千金之珠,必在九重之渊,而骊龙(黑龙)颔下。"沕(mì):深潜的样子。
⑤ 俪(miǎn):背。蝯(xiāo):水虫,像蛇,四足,食鱼。獭(tǎ):水獭,食鱼。俪蝯獭,大意是想要抛弃蝯獭而从神龙。(依服虔说)
⑥ 虾(há):指蛤蟆(háma)。蛭(zhì):水蛭,蚂蟥,吸人畜的血。蟥:同蚓,蚯蚓。
⑦ 使:假使。
⑧ 藏,羊,押韵(阳部)。
⑨ 般:同盘,盘桓,停留不走。纷纷:紊乱的样子。离:同罹,遭也。
⑩ 故,都,押韵(鱼部)。
⑪ 仞:七尺,一说八尺。德辉:指人君之道德的光辉。
⑫ 细德:卑鄙之德。险征:危险的征兆。大意是:看见细德之人显出的危险的征兆(即有谋害之意)。曾:高。击:指两翅击空,也就是飞的意思。遥曾击:远远地高高地飞。
⑬ 寻:八尺。常:十六尺。汙:"污"的异体字,停积不流的水。渎(dú):小沟渠。《庄子·庚桑楚》:"夫寻常之沟,巨鱼无所还(转动)

其体。"
⑭ 鳣（zhān）：一种大鱼。蝼蚁：蝼蛄和蚂蚁。《庄子·庚桑楚》："吞舟之鱼，砀（溢出）而失水，则蝼蚁能苦之。"从"凤漂漂其高逝兮"至此，是作者怪屈原不该投江，而应当远世自藏，待时而动。这实际上是对屈原的同情，同时也表示了作者对待乱世的态度。

译文

吊念屈原的赋

我恭敬地承受美好的恩惠呀，来到长沙作官。我从旁听说屈原呀，竟含冤自沉于汨罗江。我拜托奔腾的湘水呀，请带去吊文以敬吊屈原先生，您遭遇没有正道的时代，使您不幸身亡。

唉，悲哀呀！没有碰到好时候。可爱的鸾凤鸟躲藏逃窜了呀，讨厌的猫头鹰到处飞翔。没有才能的人地位显贵，阿谀奉承的人很得志；那些有才能的圣贤之人却被倒着拖拉，该居高位的人却地位低下，本末倒置。社会上说卞随和伯夷混浊，而说盗跖和庄蹻廉洁；说莫邪宝剑不快呀，而说铅刀很犀利。唉！不得志，你是无缘无故遭灾祸呀！国君抛弃真正的国宝（周鼎），而把破壶（康瓠）当做国宝；国君驾驶疲惫的牛当拉车的骏马，把跛脚的驴当作骖马用；真正的千里马垂着两耳，在拉着盐车呀；这样倒行逆施，不可能长久呀。可怜苦了您，独遭到这样的灾祸！

尾声说：算了吧！国家大概没有谁了解我呀，我一人独自抑郁忧伤去跟谁说呢？可爱的鸾凤鸟高高翱翔，自己隐退远远地飞走了。去效法那九重深渊里的神龙呀，深深地隐藏起来而自珍。是抛弃那些獭獭而去跟从神龙呀，难道是去跟从蚂蟥和蚯蚓。可贵的是圣人的神德呀，远离这混浊的社会而自行隐藏。假使千里马一旦用绳子系起来而羁绊住它，那还说什么不同于牛羊呢？您徘徊不前思想紊乱，遭受了这场祸害呀，是您自己的缘故。您去游历九州去给别国当相呀，何必一定要怀念这个楚国呢？像凤凰飞上千仞呀，见到国君道德的光辉就下来，见到细德之人显露出危险的征兆，便马上远走高飞而离开他。那些几尺或十几尺的死水，或者小沟渠，哪能容纳吞舟的大鱼呢？那么能横渡江湖的大鲸鱼，如果固执己见，那就将要被蝼蛄和蚂蚁制服。

敌　　戒　（柳宗元）

[说明]　本文用一些历史事实说明了"敌存灭祸，敌去召过"的道理，批判了"敌存而惧，敌去而舞"的畏敌、轻敌思想，告诫人们在战胜敌人之后，不要放松警惕、骄傲自满。这是具有朴素的辩证观点的。

戒是和箴铭相类似的一种文体，一般是有韵的。这篇戒基本上是采用的四言诗形式，有些句子是模仿《诗经》的。

皆知敌之仇，而不知为益之尤①；皆知敌之害，而不知为利之大。秦有六国，兢兢以强②；六国既除，迤迤乃亡③。晋败楚鄢，范文为患④；厉之不图，举国造怨⑤。孟孙恶臧，孟死臧恤，药石去矣，吾亡无日⑥。智能知之，犹卒以危⑦；矧今之人，曾不是思⑧！敌存而惧，敌去而舞；废备自盈，祇益为瘉⑨。敌存灭祸，敌去召过；有能知此，道大名播⑩。惩病克寿，矜壮死暴⑪；纵欲不戒，匪愚伊耄⑫。我作戒诗，思者无咎⑬。

①尤：甚。这两句是说大家都知道敌人与我为仇，却不知道对我很有好处。

②六国：指战国时期的齐、楚、燕、赵、魏、韩。兢兢（jīng jīng）：小心警戒貌。

③六国既除：指秦始皇先后灭了六国，公元前221年统一天下。迤迤（yí yí）：骄傲貌。

④晋败楚鄢（yān）：《左传·成公十六年》记载：公元前575年在鄢陵之战中，晋国打败了楚国。鄢：鄢陵，今河南鄢陵县。这里用作处所补语。即"于鄢"。范文：范文子，名燮（xiè），晋国的卿。鄢陵之战前，范文子主张不与楚国交战，说"盍（何不）释楚以为

外惧乎",即留下楚国作为使晋国警惕自强的敌对势力。他的意见没被采纳,战后,范文子对晋厉公说:"君幼,诸臣不佞(不才),何以及此(指胜楚之事)?君其戒之。"为患:以为患。

⑤厉:指晋厉公(一作晋烈公)。不图:不考虑,指不听范文子的劝谏。举国造怨:鄢陵之战后,晋厉公"伐智而多力,急教而重敛",杀戮大臣,重用宠臣,引起内乱,两年后被大臣栾书等杀死。

⑥孟孙:指孟孙邀(sù),即孟庄子。春秋时鲁大夫。臧:指臧纥,也称臧孙纥,也是鲁国大夫。孟死臧恤:臧纥很得鲁国大贵族季武子的欢心,但为孟庄子所厌恶。孟庄子死后,臧纥去吊丧,哭得很伤心。臧纥的御者问其故,臧回答说:"季孙之爱我,疾疢(chēn)也,孟孙之恶我,药石也……孟孙死,吾亡无日矣。"药石:药物和砭(biān)石。无日:不久。

⑦《左传·襄公二十三年》记载:臧纥哭孟孙后不久,因事被人谗害,出奔他国。这两句就是指臧纥说的。

⑧矧(shěn):况且。曾:副词,用来加强语气,竟然或根本。不是思:不想想这个道理。

⑨废备:放弃戒备。自盈:自满。祇(zhī)同"只"。瘉(yù):病,这里作祸害讲。

⑩道大:思想主张昌大。大:用作动词,光大、昌大。名播:名声远扬。

⑪惩:警戒。病:用作惩的补语,惩于病。克:能。寿:用作动词,长寿。矜:自恃。暴:这里有突然、意外的意思,作"死"的补语。

⑫欲:欲望。匪:副词,不是。伊通"繄"(yī):是。耄(mào):昏乱。

⑬咎:过失,祸害。

译文

敌 人

人们都知道敌人与我为仇,却不知道敌人能给我们带来很大的益处;都知道敌人有害,然而不知道敌人给我们带来的利益是很大的。秦国有六国存在的时候,小心警戒因而日益富强;六国既已经被消除之后,秦骄傲自满很快遭到了灭亡。晋国在鄢陵打败了楚国，晋国的范文子认为是祸患；晋厉公不考虑范文子的劝告，引起内乱造成全国人民的怨恨。孟孙邈很厌恶臧孙纥，但孟孙邈死时，臧孙纥哭得很伤心，认为给自己治病的药石没有了，自己活着的日子不会长久了。聪明人（臧孙纥）能够知道这个道理，还最终遭到了危险。何况现在的人，根本就不考虑这个道理呢！他们是敌人存在就害怕，敌人走了就高兴，解除戒备，自满起来，这只能造成更大的祸害。有敌人存在可以消灭祸害，敌人走了可以招来灾殃。有人能知道这个道理，他的主张就能实现，他的名声就会远扬。对疾病能引起警戒的人能长寿，自认为强壮的人往往突然死亡；放纵自己的欲望而不加警戒的人，不是愚蠢，便是荒唐。我作这首警戒诗，考虑的人不会遭受祸殃。

唐宋古体诗

岁　晏　行① （杜甫）

杜甫（712—770）字子美，湖北襄樊人，杜甫出身"奉儒守官"的封建世家，自幼接受儒家思想。杜甫是我国文学史上一个最伟大的现实主义诗人。他的诗歌被后人称作"诗史"。

[说明]　这首诗是杜甫晚年在潇湘一带漂泊时所作，诗中反映了当时赋税繁重、战乱不息和人民痛苦生活的情况。

岁云暮矣多北风②，潇湘洞庭白雪中。渔父天寒网罟冻，莫徭射雁鸣桑弓③。去年米贵阙军食，今年米贱大伤农。高马达官厌酒肉，此辈杼柚茅茨空④。楚人重鱼不重鸟，汝休枉杀南飞鸿。况闻处处鬻男女，割慈忍爱还租庸⑤。往日用钱捉私铸，今许铅铁和青铜⑥。刻泥为之最易得，好恶不合长相蒙⑦。万国城头吹画角，此曲哀怨何时终⑧？

① 岁晏：岁暮，年终。行：诗歌体裁的一种。
② 云：语气词。《诗经·小雅·小明》："岁聿云莫。"
③ 罟（gǔ）：鱼网的总称。莫徭：居住在湖南、广西、广东等地的瑶族。桑弓：用桑木做成的弓。
④ 此辈：指上述渔夫、猎户和农夫。杼柚（zhù zhóu）茅茨空：指一无所有，极其贫困。杼柚：织布机。《诗经·小雅·大东》："杼柚其空。"茅茨：用茅草盖屋顶。
⑤ 汝：指莫瑶。鬻（yù）：卖。租庸：唐制，每个成年男子每年要缴纳定量的粮食，叫租；同时每年为公家服一定天数的劳役，叫庸；只交纳一定的绢或布，叫调。这四句是说，楚人本来就不爱吃鸟类，所以射到了雁也无人买；更何况现在百姓卖了儿女来缴税，哪里有钱买鸟吃呢！
⑥ 私铸：指私自铸钱。唐朝规定私铸要处以死刑。和：搀和，加进。铸钱本应用青铜，私铸却搀和铅铁。
⑦ 刻泥：指刻泥为钱模。好恶：指质量精制合格的钱和粗制滥造的钱。不合：不该。蒙：蒙混，混杂。
⑧ 万国：指各地。画角：指军用乐器，在早晚时用，作用相当于现在的军号。此曲：指画角声。这两句是说当时各地战火不停，人民哀怨生活不得安宁。

译文

岁暮歌

一年的末了，常常刮北风。
湖南的潇水湘水和洞庭都处在白雪中。
天冷的时候，渔翁的鱼网上了冻，
瑶族猎手射雁拉响了桑弓。
去年米贵，部队缺少军粮，
今年米贱，大大伤害了田农。
骑高马的显贵官员吃厌了酒肉，
这些穷人穿的住的样样空。
楚人爱鱼不爱吃鸟，
你们不要白白地捕杀南飞的大鸿。

何况穷人处处卖儿女,
忍痛割爱来交纳政府的租庸。
过去花钱来捕捉私造钱币的人,
如今却许可用铅铁搀入青铜。
雕刻泥土作钱模是最容易的,
合格的和粗制滥造的不该长久相混蒙。
全国各地到处作战吹军号,
这令人哀怨的军号何时告终?

杜 陵 叟 (白居易)

白居易(公元772—846年),字乐天,原籍太原,祖上迁居上邽(guī,在今陕西渭南县)。早年曾任翰林学士、左拾遗等官,因触怒权贵,被贬为江州司马,后转任杭州、苏州等地刺史。晚年任刑部侍郎、河南尹。以太子少傅致仕,闲居洛阳香山,自号"香山居士"。

白居易是我国伟大的现实主义诗人。他明确主张诗歌应该"非求宫律高,不务文字奇。惟歌生民病,愿得天子知"。他是唐代"新乐府运动"的倡导者。他的诗歌创作贯彻了自己的主张,特别是早期的"讽谕诗",深刻地揭露了当时的黑暗现实和人民生活的痛苦。但到后来,随着他地位的提高,诗歌的战斗性逐步减弱,所写的大多是"闲适诗"了。

白居易的诗歌语言通俗而优美,述事曲折生动,在当时就广为流传,对后世文学也有很大影响。有《白香山集》。

[说明] 这首诗是白居易的《新乐府》五十首中的第三十首。《新乐府》是白居易在元和四年(公元809年)任左拾遗时写的一组揭露社会黑暗和政治上过失的讽谕诗,这首《杜陵叟》愤怒地斥责了当时地方官吏的横征暴敛,并反映了封建社会法令的虚伪性。

杜陵叟,杜陵居,岁种薄田一顷余。三月无雨旱风起,麦苗不秀多黄死[2],九月降霜秋早寒,禾穗未熟皆青干。长吏明知不申破,急敛暴征求考课[3]。典桑卖地纳官租,明年衣食将何如?剥我身上帛，夺我口中粟。虐人害物即豺狼，何必钩爪锯牙食人肉④！不知何人奏皇帝，帝心恻隐知人弊⑤。白麻纸上书德音，京畿尽放今年税⑥。昨日里胥方到门，手持尺牒榜乡村⑦。十家租税九家毕，虚受吾君蠲免恩⑧。

① 杜陵：地名，在今陕西长安县东南。秦时为杜县，汉宣帝葬在这里，因此叫杜陵。题下原有小序："伤农夫之困也。"
② 秀：植物抽穗开花。
③ 长吏：《汉书·百官公卿表》："县令、长皆丞、尉，秩四百石至二百石，是为长吏。"这里指地位较高的县级官吏。申破：向上陈述，说明真实情况。求考课：指在考课中求得升迁。考课：封建时代对官吏的按时考核，根据考核成绩的优劣或升或降。
④ 钩爪锯牙：像钩一样的爪，像锯一样的牙。
⑤ 人弊：即"民弊"，百姓的痛苦。唐朝避唐太宗李世民的讳，"民"多改为"人"。
⑥ 白麻纸：唐代中书省用的公文纸有黄麻纸和白麻纸两种，重要的命令都写在白麻纸上。德音：指唐代一种下达到百姓的诏书，内容是宣布皇帝的恩德。京畿（jī）：京城附近。放：免。元和四年春，白居易和李绛联名奏请宪宗，免除江淮等地当年的赋税，为宪宗所采纳。
⑦ 里胥：指里正等。唐代以一百户为一里，设里正，是封建政权最基层的官吏。胥：小吏。尺牒：公文。这里指宣布免税的公文。榜：张贴。
⑧ 蠲（juān）：免除。

译文

杜 陵 老 人

杜陵老人在杜陵地方居，
种了瘦田百亩余。
三月无雨旱风呼啸，
麦苗不开花，多半枯槁。
九月降霜秋早寒，
禾穗未熟全青干。
官吏明知灾情却不向上申明，

急收强征争取考核提升。
农民卖桑卖地交公粮,
不知明年的穿吃又怎样?
夺我身上的衣,
夺我口中的粮。
何必张牙舞爪吃人肉,
伤人损物是豺狼!
不知是谁禀告了皇帝,
皇帝哀怜人民的痛疾。
白麻纸上写圣君的德音,
京城附近税收今年全免征。
昨天基层小官刚到门,
手持公文贴乡村。
十家租税九家已交完,
空受我君的免税恩。

荔 支 叹 (苏轼)

苏轼(1037—1101)字子瞻,号东坡居士,北宋著名文学家,书画家,散文家,诗人,词人,豪放派词人代表。与他父亲,弟弟并称为三苏,唐宋八大家之一。

[说明]　这首诗是宋哲宗绍圣二年(公元1095年)苏轼被贬在惠州(今广东惠州市)时写的。作者通过对催送荔枝的描绘,对"争新买宠"的权贵们为了向皇帝进贡新奇物品而不顾人民疾苦的做法,进行了愤怒的斥责。

十里一置飞尘灰,五里一堠兵火催①。颠阬仆谷相枕藉,知是荔支龙眼来②。飞车跨山鹘横海,风枝露叶如新采③。宫中美人一破颜,惊尘溅血流千载④。永元荔支来交州,天宝岁贡取之涪⑤。至今欲食林甫肉,无人举觞酹伯游⑥。我愿天公怜赤子,莫生尤物为疮痏⑦。雨顺风调百谷登,民不饥寒为上瑞。君不见武夷溪边粟粒芽⑧,前丁后蔡相笼加⑨。争新买宠各出意,今年斗品充官茶⑩。吾君所乏岂此物?致养口体何陋耶⑪!洛阳相君忠孝家,可怜亦进姚黄花⑫。

① 置:古时用马传送公文信件,名叫驿站。堠(hòu):道旁的土堡。唐代五里一只堠,十里一双堠。兵火催:意思是如同军事行动一样紧急。
② 颠阬:跌倒在土坑里。阬:"坑"的异体字。仆谷:仆倒在谷里。相枕藉:指运送荔枝者的尸体交错地倒在一堆。龙眼:水果名,又名桂圆,盛产于广西一带。
③ 飞车跨山:《博物志》:"奇肱国民能飞车从风远行。"鹘(hú):一种猛禽,又名隼,飞得很快。这两句是说运送荔枝十分急速,像飞车跨山和鹘横海一样,所以运到的荔枝还很新鲜,枝叶上还带着新鲜风味和露水。
④ 破颜:即开颜,笑。溅血:指因赶送荔枝而死亡。这两句是用杜牧《过华清宫》"一骑红尘妃子笑,无人知是荔支来"的语意。
⑤ 永元:东汉和帝年号。交州:汉代州名,在今广东广西一带。涪(fú):涪州,唐代州名,州府在今四川涪陵市。
⑥ 林甫:指李林甫,唐玄宗时的宰相,专以谄媚为事。酹(lèi):用酒浇地祭神。苏轼自注:"汉永元中,交州进荔支、龙眼,十里一置,五里一堠,奔腾死亡,罹猛兽青虫之害者无数。唐羌,字伯游,为临武(今湖南临武县)长,上书言状,和帝罢之。唐天宝中,盖取涪州荔支,自子午谷(今陕西秦岭山中)路进入。"
⑦ 赤子:百姓。尤物:尤异之物,珍贵稀有的物品,指荔枝、龙眼、武夷茶和姚黄花等。疮痏(wéi),指民间疾苦。痏:指有斑痕的疮。
⑧ 武夷:五夷山,在今福建西部。粟粒芽:武夷山产的名茶,因嫩芽形似粟粒而得名。
⑨ 丁:指丁谓,宋真宗的宰相,封晋公。蔡:指蔡襄,字君谟,是宋代四大书法家之一,也是茶业专家。笼加:以笼加之,即把茶放到笼中进贡。苏轼自注:"大小龙茶,始于丁晋公,而成于蔡君谟。欧阳永叔闻君谟进小龙团,惊叹曰:'君谟士人也,何至做此事耶!'"
⑩ 斗品:当时有比赛茶叶的赛会,叫"茗战"。"斗品"指用来比赛的茶叶。官茶:贡给朝廷的茶。苏轼自注:"今年闽中监司乞进斗茶,许之。"这两句是说为了求宠,后来想的办法越来越新奇了,今年又以斗品来进贡。
⑪ 致养口体:《孟子·离娄上》说"曾元养曾子必有酒肉",但不能进一步体会曾子的心意,"此所谓养口体者也"。这里指只知道满足君主口腹的需要。

⑫ 洛阳相君：指钱惟演。他是吴越王钱俶的儿子，仕宋后官至枢密副使。宋太宗曾称赞钱俶"以忠孝而得社稷"。可怜：可叹。姚黄：牡丹的一种，人称之为牡丹之王。苏轼自注："洛阳贡花，自钱惟演始。"

译文
为送荔枝而哀叹

十里一个驿站马飞快，
五里一个土堡急如军差。
尸体交错倒在土坑山谷中，
知是荔枝龙眼进贡来。
快如飞车跨山、猛鹘横海，
枝叶的气息和露水如新采。
宫中美人开颜笑，
人民劳累死亡恨千载。
汉代永元荔枝来自交州（两广），
唐代天宝荔枝来自涪陵（四川）。
至今人民要吃奸臣林甫的肉，
举杯酹祭伯游却没有人。
我希望天公可怜老百姓，
莫生珍贵稀有物品苦人民。
只要风调雨顺百谷丰登，
人民不饥不寒是头等良辰。
君不见武夷溪边的粟粒芽，
丁谓和蔡襄相继用箱笼加护它。
大家争着进献新奇来取宠，
今年赛品充当进贡的茶。
难道国君所缺乏的是这些吗？
只求满足口体需求多鄙陋啊！
洛阳钱惟演是个著名忠孝家。
可叹他也进献最佳牡丹花。

唐宋近体诗

五言绝句

夜宿山寺 （李白）

李白（701—762）字太白，是我国古代伟大的浪漫主义诗人。他的诗歌反映了他对理想政治的追求和对黑暗现实的不满，表现了他对王侯权贵的高度蔑视和反抗。李白的诗题材多样化，反映的生活面很广。有《李太白全集》。

[说明]　这首诗表现了诗人奇特的想象。

危楼高百尺①，手可摘星辰。不敢高声语，恐惊天上人。

① 危楼：高楼。

译文

夜晚住在山中寺庙里

高楼足有百尺高，
伸手可以摘天上的星辰。
人们不敢高声说话，
担心惊吓了天上的人。

江　雪 （柳宗元）

[说明]　这首小诗描写了江上的雪景，也写出了作者的情操。

千山鸟飞绝，万径人踪灭。孤舟蓑笠翁①，独钓寒江雪。

① 簑（suō）：簑衣，用草或棕制成的遮雨用具。笠（lì）：斗笠，用竹篾等编成的遮阳挡雨的帽子。

译文

江　雪

所有的山上没有鸟飞，
所有的路上没有人踪。
只有孤舟上一个身着簑笠的渔翁，
独自垂钓在江边的寒雪中。

八　阵　图① （杜甫）

功盖三分国②，名成八阵图。江流石不转③，遗恨失吞吴④。

① 八阵图：传说中的一种古代布阵法。《三国志·诸葛亮传》："推演名法，作八阵图。"据说诸葛亮曾聚石垒成天地风云龙虎鸟蛇八阵。关于"八阵图"的所在地，历来说法不一。一般认为是在当时的永安县（蜀县名，在今重庆市奉节县东）永安宫（刘备的行宫）前的平沙上。
② 这是说诸葛亮的功业盖天下。三分国：指三国鼎立，即魏蜀吴。
③ 这句是说虽然数百年来每至夏日长江水涨时，八阵图就遭江水冲击，但都屹然不动。《诗经·邶风·柏舟》："我心匪石，不可转也。"这里暗用了《柏舟》的典故。
④ 遗恨：遗憾。失：指失策。全句大意是：遗憾的是出兵想吞并东吴，做错了。刘备曾于章武元年（公元221年）亲征东吴，诸葛亮未能谏止，结果大败而归，国力从此削弱。

译文

八　阵　图

（诸葛亮）的功绩超过了魏蜀吴，尤其著名的是排成了八阵图。大江的洪流冲不动排八阵的石，只可惜失策未阻拦刘备并吞东吴。

杂 诗 （王 维）

王维（701—761）字摩诘，721 年，中进士，官至给事中。王维早年写过一些有积极意义的作品，后期的作品大多是反映士大夫的生活，他的山水诗清新明丽，状写传神。有《王右丞集》。

君自故乡来，应知故乡事。来日绮窗前，寒梅著花未①？

① 这两句的大意是：你由故乡来的时候，窗前的梅枝上添了花朵没有？绮（qǐ）：画有交错方文的绢绫一类的丝织品。绮窗：雕空了像绮文的窗子。寒梅：指寒冬的梅花。著（zhuó）："着"的本字。著花：开花。

译文

杂 诗

您从家乡来，应该知道家乡的事。您来的那天看绮文的窗前，寒梅开花了没有？

附： 登鹳雀楼 王之焕

王之涣（688—742）字季凌，盛唐著名边塞诗人。王之涣出身于普通仕宦之家，排行第四，他的诗仅有六首传世，其诗用词朴实明快，然意境极为深远。王之涣"孝闻于家，义闻于友"，小康慨有大略，倜傥有异才。

白日依山尽，黄河入海流。欲穷千里目，更上一层楼。

悯 农 李 绅

李绅（772—846）字公垂，唐代诗人，李绅 806 年中进士，此后仕途多有波折。李绅在文学上主张文章合为时而著,诗歌合为事而作,他的诗作有《追昔游踪》等。《全唐诗》收他的诗四卷。

锄禾日当午,汗滴禾下土;谁知盘中餐,粒粒皆辛苦!

汉乐府《长歌行》名句

少壮不努力,老大徒伤悲。

七 言 绝 句

从 军 行 （王昌龄）

王昌龄(公元698—757年),字少伯,江宁(今江苏南京)人。一说京兆长安(今陕西西安)人。唐玄宗开元十五年(公元727年)进士,曾做过江宁丞和龙标(今湖南黔阳县)尉等小官。安史之乱起,被刺史闾丘晓所杀。王昌龄擅长写七言绝句,特别是一些描写边塞征戍的诗更为人称道。《全唐诗》有他的诗四卷。

[说明]　这首诗描写了远在玉门关以外的战士的昂扬斗志。

青海长云暗雪山①,孤城遥望玉门关②。
黄沙百战穿金甲,不破楼兰终不还③。
① 青海:即青海湖。雪山:即祁连山,在今甘肃境内。
② 孤城:指古凉州城(今甘肃武威),唐置河西节度使在此,统兵三万七千人,以抵抗匈奴和吐蕃统治者的侵犯。木斋先生说孤城和玉门关是同一地方。似非。
③ 穿:磨破。楼兰:汉代西域国名。楼兰国王与匈奴勾通,屡次杀害汉朝通西域的使臣,汉昭帝时霍光派傅介子用计杀楼兰国王。唐代已无楼兰,这里泛指玉门关外的部族。

译文

从 军 行

青海湖上的乌云遮暗了祁连山,
我在塞外的孤城上瞭望遥远的玉门关。
勇士身经百战磨穿了金属的盔甲,
他们不攻破楼兰,决心不返还。

赤 壁① (杜 牧)

杜牧(公元803—853年)字牧之,号樊川,京兆万年(今陕西长安县)人。曾任监察御史,黄州、池州、睦州等地的刺史和中书舍人。他是晚唐杰出的诗人,和李商隐齐名。有《樊川集》。

[说明] 这首诗是作者任黄州刺史时作的。他注过《孙子兵法》,颇以军事才能自诩(xǔ)。这首诗说周瑜赤壁之战的胜利是出于侥幸,就隐含着对自己军事才能的自负和不得志的感慨。

折戟沉沙铁未销,自将磨洗认前朝②。东风不与周郎便,铜雀春深锁二乔③。

① 赤壁:三国时孙权刘备联军破曹操处,在今湖北赤壁市西北长江南岸。杜牧所咏的赤壁,其实是黄州(今湖北黄冈市)南面的赤壁(今属湖北黄冈市黄州区),和苏轼《赤壁赋》所写的是同一地方。
② 将:取,拿起来。认前朝:指辨认前朝的遗物。
③ 周郎:即周瑜。周瑜成名时很年轻,故时人呼为周郎。
④ 铜雀:铜雀台。在邺城(今河北临漳县),曹操为他的姬妾歌妓而筑。二乔:三国时桥玄的两个女儿,大女儿嫁给孙策,小女儿嫁给周瑜。后人将"桥"讹作"乔",因称"二乔"。

译文
赤　壁

断戟沉沙多年铁器未蚀销，
自己拾取洗净来辨认前朝。
交战那天，如果不是东风给周瑜方便，
曹操的铜雀台将深锁大乔和小乔。

泊　秦　淮① 　　（杜　牧）

烟笼寒水月笼沙②，夜泊秦淮近酒家。
商女不知亡国恨③，隔江犹唱后庭花④。

① 秦淮：水名，发源于江苏溧水县，穿过金陵（南京）入长江。金陵是陈国的国都，陈后主沉于声色，终于亡国。诗中的"亡国恨"就是指此事。
② 烟：指水上的雾气。笼：笼罩。这句互文见义，意即月光和雾气笼罩着河水及泥沙。
③ 商女：指歌妓。
④ 江：指秦淮河。后庭花：《玉树后庭花》的简称，为陈后主所作的乐曲。

译文
在秦淮河停船靠岸

月光和雾气笼罩着河水和泥沙，夜晚停船在秦淮河靠近一酒家。歌女们不知亡国的愁恨，隔着秦淮河还唱《玉树后庭花》。

黄鹤楼送孟浩然之广陵① 　　（李　白）

故人西辞黄鹤楼，烟花三月下扬州②。

孤帆远影碧空尽,唯见长江天际流③。

① 黄鹤楼:在今武昌黄鹄山(俗名蛇山)上。广陵:在今江苏扬州市。
② 烟花:指春天艳丽的景物。
③ 际:边际。

译文
在黄鹤楼送孟浩然去往广陵

送老朋友辞别西边的黄鹤楼,在春光明媚的三月下扬州。孤帆远影在碧色的天空消失,只见长江在天边奔流。

附:韩愈名句:业精于勤荒于嬉,行成于思毁于随。
　　谚语名句:宝剑锋从磨砺出,梅花香自苦寒来。
　　　　　　书山有路勤为径,学海无涯苦作舟。(邓遂人)

五 言 律 诗

送杜少府之任蜀川① 　　(王　勃)

[说明]　这首诗是作者任职长安时送别友人的作品,"海内存知己,天涯若比邻"是历来传颂的名句。

城阙辅三秦②,风烟望五津③。与君离别意,同是宦游人④。
海内存知己,天涯若比邻⑤。无为在歧路,儿女共沾巾⑥。

① 杜少府:名不详。少府:对县尉的尊称。之任:赴任。蜀川:蜀地,即今四川省一带。一说为"蜀州"。唐代当为蜀州。
② 城阙:都城,指长安,帝王所在地。辅三秦:即辅以三秦。项羽灭秦,分关中地为雍、塞、翟三诸侯国,封章邯为雍王;司马欣为塞王;董翳为翟王,所以称关中为三秦,在今陕西省。
③ 五津:岷江从湔堰(今四川灌县西)至犍为(今四川犍为县)一段,有五个著名渡口,即白华津、江首津、涉头津、万里津和江南津,合称"五津"。此指蜀地。

④宦游：为求官或做官而离家远游。
⑤比邻：邻居。《周礼·大司徒》："五家为比。"《周礼·遂人》："五家为邻。"
⑥无为：不要。歧路：指分手处。儿女：青年男女。这里是说像儿女一样。沾巾：指流泪。

译文
送杜少府赴蜀川任职

我们在三秦护卫着的长安分手，
您要去那在烟雾迷漫中的五津。
与您离别我有依依不舍的情意。
我俩同是在外做官的远游人。
在天下有着自己的知心朋友，
即使在天边也像是近邻。
我俩不要在分手的岔路上，
像小孩那样的眼泪沾巾。

渡荆门送别 （李 白）

［说明］ 这是李白青年时期出蜀时赠给送别友人的一首诗。面对着壮丽的山川，诗人心中充满了豪情。

渡远荆门外①，来从楚国游。山随平野尽，江入大荒流②。
月下飞天镜，云生结海楼③。仍怜故乡水④，万里送行舟。

① 荆门：山名，在今湖北宜都县西长江南岸。
② 平野：平原。大荒：广阔无边的原野。蜀地多山，自荆门以东地势平坦，所以这样说。
③ 下：动词，下来。海楼：即海市蜃楼。
④ 怜：爱。故乡水：指长江。长江从蜀地流来，所以这样称说。

译文

渡江出荆门送别

我渡江远行来到了荆门外，
进入到古代楚国的境内漫游。
西面的群山随着平原到尽头，
长江朝着广阔无边的荒野流。
月亮映在水中像是飞天镜，
江上的雾气结成了海市蜃楼。
我依旧喜爱故乡的水，
不远万里送行舟。

送梓州李使君[①]　　（王　维）

　　万壑树参天，千山响杜鹃[②]。山中一夜雨[③]，树杪百重泉[④]。汉女输橦布[⑤]，巴人讼芋田[⑥]。文翁翻教授[⑦]，不敢倚先贤？

① 梓（zǐ）州：故治在今四川三台县。使君：古代对刺史的尊称。
② 杜鹃，鸟名，相传为古蜀帝杜宇之魂所化。
③ 夜：一本作"半"。
④ 树杪（miǎo）：树梢，这是说下一夜雨，层层树梢之上就见流泉直泻。以上两联描写巴蜀的景物特点。
⑤ 汉女：泛指蜀中妇女。输：纳税，进贡。橦（tóng）：树名，花可以织布，剑南道巂（suī）州（今四川西昌市）出产橦布。一本作賨（cóng）布（賨布是南蛮的贡品）。
⑥ 巴：古国名，故都在今重庆市，后为秦所灭，这里泛指蜀地。讼：打官司。芋田：种芋头的田。讼芋田：为争夺芋头田而打官司。以上一联是描写巴蜀的风俗特点。
⑦ 文翁：西汉卢江舒（今安徽舒城县）人，景帝末，举为蜀郡守。他见蜀郡僻陋，想推行教化，于是选聪明而有才干的郡县小吏十多人，派往京都学习，学成回来，都派任官职。又在成都设学官，招各县子弟

入学,从此教化大行。翻:副词、倒反。文翁不要汉女输布,不理巴人讼田,反而推行教化。倚先贤:指向文翁学习。不敢倚先贤:这是反问句,是说李使君敢于学文翁。

译文

送梓州李刺史

众山谷古木参天,众山峰处处闻杜鹃。山中　夜雨,树梢挂流泉。蜀妇交橦布,巴人诉讼争芋田。文翁移风施教化,难道您不敢学习这位先贤?

别房太尉墓① （杜 甫）

他乡复行役②,驻马别孤坟。近泪无干土③,低空有断云。对棋陪谢傅④,把剑觅徐君⑤。唯见林花落,莺啼送客闻⑥。

① 房太尉:房琯,字次律,唐玄宗入蜀,拜为相。肃宗乾元元年(公元758年),贬为邠(bīn)州(今陕西彬县)刺史,肃宗宝应二年(即代宗广德元年,公元763年),拜特进刑部尚书,在途中得病,后来死在阆州(故治在今四川阆中县),死后追赠太尉。杜甫和房琯交谊颇深,房琯被罢相时,杜甫为左拾遗,曾上疏营救,自己也因而遭贬。这首诗写于代宗广德二年(公元764年),当时蜀中乱平,杜甫将要由阆州回成都。
② 行役:行旅,此指离开阆州回成都。
③ 近泪:指泪落之处的附近。
④ 谢傅:指谢安。谢安,晋阳夏(今河南太康县)人,晋孝武帝时为尚书仆射,领中书令。平时喜欢下围棋。淝水战中,其侄谢玄大破秦苻(fú)坚,捷书送来的时候,他正与客人下围棋。他看了捷书后,放在几上,脸上毫无喜色。客人问他,他才慢慢答道:"小儿辈遂已破贼。"于是传为佳话。死后追赠太傅,世称谢太傅。这里的谢傅和下文的徐君,都是比喻房琯。
⑤ 把:握、持。据《史记·吴太伯世家》载,吴国的季札去晋国访问,

经过徐国，心知徐君喜欢他所佩的宝剑，但因为要访问大国，没有把剑送给他。等回来经过徐国时，徐君已死，于是他便系剑于徐君墓旁的树上而去。

⑥ 闻：听见。这里是使动用法。

译文

离别房太尉的坟墓

在异乡又要远行，停下车马告别孤坟。落泪处的附近无干土，低层的天空有断云。（我曾经）下棋陪谢太傅，握剑找徐君。只见林中花飘落，黄莺声声送客使您闻。

七 言 律 诗

登柳州城楼寄漳汀封连四州① （柳宗元）

[说明] 这是柳宗元被贬柳州时所作，表达了诗人备受打击后怨愤的心情。

城上高楼接大荒，海天愁思正茫茫②。
惊风乱飐芙蓉水，密雨斜侵薜荔墙③。
岭树重遮千里目④，江流曲似九回肠。
共来百越文身地⑤，犹自音书滞一乡⑥。

① 漳、汀、封、连四州：指韩泰、韩晔、陈谏、刘禹锡。他们和柳宗元一起参加了王叔文的政治改革运动，失败后一道被贬。唐宪宗元和十年（公元815年）奉召他们回京，但不久又被贬到更远的南方。柳宗元被贬为柳州（今广西柳州市）刺史，韩泰为漳州（今福建漳州市）刺史，韩晔为汀州（今福建长汀县）刺史，陈谏为封州（今广东封开县）刺史，刘禹锡为连州（今广东连县）刺史。
② 大荒：广阔的原野。海天愁思（sī）：形容愁思无限，并寓忆念东南近海处四州刺史之意。
③ 飐（zhǎn）：风吹物颤动。芙蓉：荷花。薜荔：一种蔓生植物，经常

爬在墙上或树上。这是写柳州城楼风雨交加的景象。
④ 重遮：一层层遮住。意思是被山岭和一层层树林挡住了视线，不能远望。
⑤ 百越文身地：指今广东、广西、福建一带。古代居住在这一带的少数民族总称为"越"，越的种类很多，所以称"百越"。文身：在身上刺花纹，这是百越的一种风俗。
⑥ 犹自：依然。滞：停滞、阻隔。一乡：一方。

译文

登柳州城楼寄语漳汀封连四州友人

柳州城的高楼连接着城外的大荒，
如海的愁思无边无际正茫茫。
急风直吹打乱了荷花塘的水，
密雨斜浇浸湿了爬满薜荔的墙。
山岭和树林层层遮住我遥望的视线，
江流弯曲恰似我一日九回的愁肠。
虽然我们五人同来百越文身地，
但依然音讯不通，彼此天各一方。

西塞山怀古① （刘禹锡）

刘禹锡（772—842）字梦得，洛阳人唐代中期诗人，文学家，哲学家，政治上主张革新，著有《浪淘沙》等。

[说明]　作者以此怀古诗说明江山险阻与国家兴亡无关。

王浚楼船下益州②，金陵王气黯然收③。
千寻铁锁沉江底④，一片降幡出石头⑤。
人世几回伤往事，山形依旧枕寒流⑥。
今逢四海为家日，故垒萧萧芦荻秋⑦。

① 西塞山：在今湖北黄石市东，是长江中游的要塞之一。
② 王浚（jùn）：晋武帝时任益州（州府在今四川成都市）刺史，是晋灭吴的功臣，曾从益州沿江而下直抵建业（今江苏南京市）擒吴王孙

皓。楼船：有叠楼的大战舰。
③ 金陵：今江苏南京市。孙吴建都于此，名建业，南北朝时称金陵。王气黯然收：指孙吴灭亡。
④ 千寻铁锁：孙吴为了抵御王浚，在丹阳（今湖北秭归县）到西陵（今湖北宜昌市）一段的江中险要处用铁链横截江面，以阻止军舰通过。沉江底：指王浚用火炬灌麻油，烧断铁锁。
⑤ 降幡（xiáng fān）：指王浚军至石头城时，孙皓出降。幡：长方形的旗子。石头：即石头城。孙吴建都建业时所筑。
⑥ 寒流：指长江。这两句是说人间几经兴亡，而江山形势依旧。
⑦ 四海为家：指国家统一。故垒：指孙吴所筑的江防工事。萧萧：萧瑟，冷落衰败的样子。

译文

在西塞山怀念古代

王浚的战船出发离开了益州，
东吴孙皓的王气失色黯然收。
万丈铁锁被烧断沉江底，
孙吴的降旗成片出现在石头。
人生在世几回伤心忆往事。
江山形势依旧是西塞山抗守着寒流。
现在是全国统一了，
唯吴垒萧条，如同芦荻在寒秋。

安定城楼① （李商隐）

李商隐（812—858）字义山，号玉溪生，怀州河内（今河南沁阳市）人，李商隐是唐朝一位有着独特成就，对后世产生过巨大影响，而大家的评价又极为分歧的诗人，著有《玉溪生诗》等。

迢递高城百尺楼②，绿杨枝外尽汀洲③。
贾生年少虚垂涕④，王粲春来更远游⑤。

永忆江湖归白发，欲迴天地入扁舟⑥。

不知腐鼠成滋味，猜意鹓雏竟未休⑦。

① 唐文宗开成三年（公元838），李商隐应宏词科试，不中，到泾源做王茂源节度使的幕僚，写了这首诗抒发自己的愤懑心情。安定：即泾州（故治在今甘肃泾川县北五里）是泾源节度使的衙门所在地。

② 迢递（tiáo dì）：高峻的样子。

③ 汀洲：平坦的沙洲。

④ 贾生：指贾谊，这里是作者用来自比，感叹不为世用。虚垂涕：贾谊在《治安策序》中说"臣窃唯事势可为痛哭者一"。这句是说自己如同贾谊一样忧国忧民，但无人理会，是枉然。

⑤ 王粲：字仲宣，东汉末年建安诗人，因避西京（长安）之乱，往荆州投靠刘表，未被重用，曾作《登楼赋》，感叹"虽信美而非吾土兮，曾何足以少留"。这句也是自己如同王粲一样，流寓他乡，寄人篱下。

⑥ 永忆：老是想做。江湖归白发：即白发时归隐江湖。迴天地：即扭转乾坤，指干一番大事。扁（piān）舟：小船。春秋时越国范蠡辅佐勾践灭吴后，乘扁舟游于五湖。这里指自己想干一番大事后归隐江湖。

⑦ 不知：不料。猜意：猜度。"意"也是猜的意思。腐鼠、鹓雏（yuán chú）：《庄子·秋水》中说，鹓雏（凤凰一类的鸟）非梧桐不栖，非练实不食，非醴泉不饮。鸱（chī）得腐鼠而食之，见鹓雏飞过，就异常惊慌，以为来抢自己的腐鼠了。详见《庄子·惠子相梁》。这两句用鹓雏自比，以食腐鼠的鸱比喻嫉妒的小人，来抒发自己的愤懑。

译文

安 定 城 楼

高高的百尺城楼，绿杨外面一片平坦的沙洲。我如同贾谊空自流涕，也如同王粲更远离游。总想老年归隐江湖，干番大事入扁舟。不料腐鼠成美味，猜忌鹓雏竟不休。

登　　楼① （杜　甫）

花近高楼伤客心，万方多难此登临②。
锦江春色来天地③，玉垒浮云变古今④。
北极朝廷终不改，西山寇盗莫相侵⑤。
可怜后主还祠庙⑥，日暮聊为梁甫吟⑦。

① 这首诗大约是在唐代宗广德二年（公元764年）杜甫由阆州回成都以后写的。
② 万方多难：指广德元年冬，吐蕃（bō）曾攻陷京师，后来郭子仪收复长安，代宗回长安复位。这年十二月，吐蕃又侵占了松、维、保三州（都在四川省）。
③ 锦江：即岷江的支流，由四川郫（pí）县流经成都西南。来天地：来自天地。
④ 玉垒：山名，在四川灌县西北。
⑤ 北极：北极星，又名北辰。终不改：北极的位置是永不改变的，比喻朝廷不可动摇。西山寇盗：指西边的吐蕃统治者。这一联是对吐蕃统治者的警告，意思是说吐蕃想推翻唐室是不可能的。
⑥ 后主：指刘备的儿子刘禅。祠庙：用作动词，是"立祠庙"的意思。成都锦宫门外有先主庙，西有武侯祠，东有后主祠。
⑦ 梁甫吟：乐府篇名，相传诸葛亮隐居时好为梁甫吟。

译文

登 高 楼

登楼见花作客倍感伤心，中原各处遭灾难我却独此登临。锦江美好的春色来自天地，山岳浮云依旧，世事却变了古今。唐王朝终究不更改，西方的吐蕃别相侵。可怜刘后主还立有祠庙，暮年穷尽的时候还唱梁甫吟。

宋　词

渔　歌　子
（西塞山前白鹭飞）　　　　（张志和）

张志和（730—810），字子同，唐肃宗时金华（今浙江金华市）人，他是唐代文人中作词较早的作家，歌、词、诗、画俱佳，传有《渔歌子》五首，曾著《玄真子》。

[说明]　这首词描绘江南水乡风光，写得清新、活泼。

西塞山前白鹭飞①，桃花流水鳜鱼肥②。青箬笠③，绿蓑衣，斜风细雨不须归。

① 西塞山：在今浙江吴兴县西。
② 鳜（guì）鱼：一种肉味鲜美的淡水鱼，又称"桂鱼"。
③ 箬（ruò）笠：用箬竹叶制成的斗笠。

译文
渔　歌　子

在西塞山前，白鹭成群地飞，
有桃花流水，水中的鳜鱼大又肥。
渔翁戴着青色的斗笠，披着绿色的蓑衣，
刮风下小雨，不需要回归。

浣　溪　沙
（一曲新词酒一杯）　　　　（晏　殊）

晏殊（公元991—1055年），字同叔，抚州临川（今江西抚州）

人。官至宰相，死后谥元献。他是北宋初期的著名词人。他写的词温润工丽，但思想内容较贫乏。有《珠玉词》、《浣溪沙》等。

[说明]　这首词中"无可奈何花落去，似曾相识燕归来"是为人传诵的名句，但整首词不过是表达了对年华流逝的伤感而已。

一曲新词酒一杯，去年天气旧亭台，夕阳西下几时回？无可奈何花落去，似曾相识燕归来，小园香径独徘徊①。

① 香径：指铺着落花的小路。

译文
浣　溪　沙

喝一杯酒，一曲新词写了出来，
回想年年如故的天气和旧亭台，
夕阳西下，几时能再回来？
没有办法，年华流逝如落花①，
不如曾经认识的燕子飞去又飞来②，
只好在园中铺着落花的路上独自徘徊。

①② 一说这两句的意思是没有办法，如今已物是人非，在愁闷中仿佛见到曾经相好的朋友又回来了。

望　海　潮
（东南形胜）　　　　　　　　（柳　永）

柳永（公元987？—1053？年），原名三变，字耆卿，崇安（今福建崇安县）人。少年时应试不第，曾为乐工、歌妓填词。后改名柳永，中进士，做过屯田员外郎。

柳永的词多反映都市景象和中下层的市民生活，对词的题材范围有所突破。他写作了大量慢词，对词的发展作出了贡献，有《乐章集》。

[说明]　杭州是宋代一个繁华的都会。这首词对杭州的景象

作了生动的描绘，使我们能了解到宋代都市生活的面貌。

　　东南形胜，江吴都会，钱塘自古繁华①。烟柳画桥，风帘翠幕，参差十万人家②。云树绕堤沙。怒涛卷霜雪，天堑无涯③。市列珠玑，户盈罗绮，竞豪奢④。

　　重湖叠巘清嘉⑤。有三秋桂子⑥，十里荷花。羌管弄晴，菱歌泛夜，嬉嬉钓叟莲娃⑦。千骑拥高牙⑧。乘醉听萧鼓，吟赏烟霞⑨。异日图将好景，归去凤池夸⑩。

① 形胜：指形势便利、风景优美的地方。江吴都会：杭州古时属吴国。东汉至梁属吴郡，处钱塘江北岸，故称。钱塘：秦至六朝，杭州称钱塘县，隋称杭州。
② 风帘：挡风的帘子。翠幕：翠色的帷帐。参差：别处作"不齐"，这里作"众多"讲。
③ 天堑：天然的壕沟。这里指钱塘江。
④ 珠玑（jī）：圆的叫"珠"；不圆的叫"玑"。这里泛指珍宝。罗绮（qǐ）：有孔的丝织品叫"罗"；有文采的丝织品叫"绮"。这里泛指精美的丝织品。
⑤ 重（chóng）湖：西湖中的白沙堤，把西湖分成"里湖"和"外湖"。叠巘（yǎn）：重叠的山峰。清嘉：清秀美丽。
⑥ 三秋：指秋季的第三个月。桂子：桂花。
⑦ 羌管：羌笛。弄晴：在晴天吹弄。菱歌：采菱人唱歌。泛夜：在夜间泛舟。
⑧ 拥：簇拥。高牙：军前的大旗叫"牙旗"，这里指高级官吏。据说这首词是柳永给两浙转运史孙何写的，"高牙"指孙何。
⑨ 烟霞：指山水美景。
⑩ 图将：即"画了"，"将"是唐宋语助词"了"。凤池：即凤凰池，指中书省，中央级机关。

译文

望　海　潮

杭州是东南重镇，景色极佳，
钱塘是古代的都会，
自古繁华。

有笼罩轻烟的柳树、有画饰的小桥,
有挡风的竹帘、有翠色的帐幕,
还有大约十万户的人家。
高耸入云的大树环绕白沙,
怒涛翻卷如霜雪,
天然壕堑没有际涯。
杭州市上摆齐了各种珍宝,
家家户户装满了高级丝绸,
俨然是在比赛,看谁最豪华。
重叠的西湖和山峰风景清秀宜人,
夏天有绵延十里艳丽的荷莲,
秋天还有芳香扑鼻的桂花。
白天游人吹奏着羌笛,
夜晚采菱人泛舟歌唱,
乐坏了渔翁和采莲的女娃。
大批人马簇拥着孙何大驾,
您趁酒兴喜听湖上的箫鼓,
也吟诗作赋共赏山水烟霞。
哪天画了杭州西湖的美景,
上到中央机关把它们夸。

水 调 歌 头
（中秋） （苏 轼）

[说明] 这是一首咏月的名作。作者把自己对人生的看法织入了对中秋月夜的描写之中。开始想超凡出世,后来又自己宽解,最后又自慰希望,说明作者对人世的热爱。

丙辰中秋[①],欢饮达旦,大醉,作此篇,兼怀子由[②]。
明月几时有?把酒问青天[③]。不知天上宫阙,今夕是何年?我欲乘风归去④，又恐琼楼玉宇⑤，高处不胜寒。起舞弄清影，何似在人间⑥？转朱阁，低绮户，照无眠⑦。不应有恨，何事长向别时圆⑧？人有悲欢离合，月有阴晴圆缺，此事古难全。但愿人长久，千里共婵娟⑨。

① 丙辰：宋神宗熙宁九年（公元 1076 年），此时苏轼在密州。
② 子由：苏轼的弟弟苏辙的字。苏辙也因反对新法而出为济南官，兄弟七年未见。
③ 几时：何时。把酒：拿着酒。李白《把酒问月》："青天有月来几时？我今停杯一问之。"此句化李白诗而成。
④ 这句用《列子·黄帝》的典故。列子从老商氏学道，最后达到"心凝神释，骨肉都融"，"竟不知风乘我邪？我乘风邪？"苏轼用此典故，暗写物我两忘之意。
⑤ 琼楼玉宇：指月中高贵的宫阙。
⑥ 这两句是现在这样月下起舞也很好，天上哪里比得上人间呢？
⑦ 转朱阁：月光从朱红楼阁的一面转到另一面。低：指月光渐低。绮户：刻有纹饰的门窗。无眠：因相思而不能入睡的人。
⑧ 这两句是说月亮不应对人有什么怨恨，为什么偏偏当人们离别的时候而圆呢？
⑨ 婵（chán）娟：美好的样子，这里指明月。语本谢庄《月赋》："美人迈兮音尘绝，隔千里兮共明月。"但谢庄是望月生悲，而苏轼是共明月自慰。

译文

水 调 歌 头

天上的明月是何时开始有的呢？
端起酒来请问青天。
不知天上的月宫，
今天晚上是哪年？
我想驾风回到天上去，
又害怕在月宫的楼阁里，
自己受不了那高处的风寒。
我自由自在地翩翩起舞，

天上哪里比得上人间?!
月光转照着朱红的楼阁,
又下移照到了纹饰的门窗,
照得相思的人更难眠。
月亮你不应该对人怨恨,
为什么当人们分离你竟圆?
啊!人生有悲欢离合的时候,
月亮也有阴晴圆缺的时候,
这些事情有变异自古难全。
只希望亲友们都健康长寿,
远隔千里共赏一轮明月也心甜。

渔 家 傲
（天接云涛连晓雾） （李清照）

李清照（公元1084—1151?年），号易安居士，济南人，是宋代著名的女作家。她前期的词内容比较狭窄，以写闺情为主。北宋灭亡后，李清照奔渡淮南，不久丈夫赵明诚病死，她自己饱经战乱之苦。这以后她的词风大变。那些描写自己悲苦的词，具有一定的社会意义。李清照的词艺术水平较高，善于用白描的手法抒情写物，历来为人称道。有《漱玉词》。

[说明] 这首词反映了作者精神上的苦闷和对理想的追求。

天接云涛连晓雾，星河欲转千帆舞[1]。仿佛梦魂归帝所，闻天语，殷勤问我归何处[2]。我报路长嗟日暮，学诗谩有惊人句[3]。九万里风鹏正举[4]，风休住，蓬舟吹取三山去[5]。

① 这两句是下文"梦魂归帝所"见到的景象。天上一片雾海云涛，银河流转，千帆起舞。
② 帝所：天帝的住处。
③ 报：回答。谩：徒然。这两句是说自己虽然能写惊人的语句，但仍日

墓途远，没有归宿。

④ 举：指举翼。这是用《庄子·逍遥游》的典故，即大鹏借风举翼能飞上九万里的高空。

⑤ 蓬舟：像蓬草一样的轻舟。三山：指神话中的蓬莱、方丈、瀛州三座仙山。这是说希望借助风力到理想的地方去。

译文

渔 家 傲

天上一片云涛晓雾，
银河流转，千帆飘舞。
仿佛梦魂去到了天帝的住所，
也听到了天帝说话的词语，
天帝热情恳切地问我归宿在何处？
我回答前路尚长可惜日将暮，
作诗徒有惊人的语句。
我像大鹏鸟正要展翅高飞，
希望大风不要止住，
把我吹送到理想的仙山去。

诉 衷 情
（当年万里觅封侯）　　　　（陆 游）

陆游（公元 1125—1210 年），字务观，号放翁，越州山阴（今浙江绍兴）人。早年做过主簿、通判等小官，后来先后在王炎和范成大的幕下做属，在川陕过了九年戎马生活。离蜀东归后，做过几任地方官。在他的一生中，曾多次因主张抗金而被罢官，最后二十年是在他家乡度过的。陆游是我国古代最著名的爱国主义诗人，他为恢复失地而呐喊，爱国热情至死不衰。是南宋时最杰出的诗人，也是南宋词坛的名家。有《陆游集》。

[说明]　南宋小朝廷的苟安偷生,使许多爱国志士的热望成为泡影。此词就是抒发这种悲愤的。

　　当年万里觅封侯,匹马戍梁州①。关河梦断何处②?尘暗旧貂裘③。胡未灭,鬓先秋④,泪空流。此生谁料,心在天山,身老沧洲⑤。

① 梁州:古代梁州在今四川及陕西南部、湖北西部一带。宋孝宗乾道八年(公元1171年)陆游曾在川陕安抚使王炎部下任干办公事,驻守汉中。汉中地处古梁州。
② 关河:山川险要之处,此指边塞。梦断:梦醒。这句是昔日边塞从军的生活像梦境一样消失了。
③ 语出《战国策·秦策》:"苏秦说秦王。书十上而说不行,黑貂之裘弊,黄金百斤尽。"后来的诗词中常用此典故表示功业不就。
④ 鬓先秋:指鬓发已衰落。
⑤ 天山:在今新疆,这里泛指边疆。沧洲:水边,这里指隐者居住的地方。

译文

诉　衷　情

　　当年不远万里从军,想立功封侯,
　　我曾戎马戍边在古代的梁州。
　　往昔军事生涯若梦,现在何处?
　　我磨穿金甲,壮志未酬。
　　金人尚未消灭,
　　我的双鬓已先衰疏,
　　热泪常空流。
　　今生谁会想到,
　　我竟是心在边疆,
　　身体却老在隐者居住的沧洲。

摸 鱼 儿
（更能消几番风雨）　　　　　（辛弃疾）

辛弃疾（公元1140—1207年），字幼安，号稼轩，历城（今山东济南市）人。他出生时中原地区已被金人占领，二十一岁时，他组织了一支抗金的义军，后投归南宋，历任湖北、湖南、江西安抚使，任职时积极准备收复失土。他的抗金主张不为朝廷所容，四十三岁后罢职闲居，最后病死在江西铅山。

辛弃疾是我国文学史上第一个用词广泛描写时代和社会的作家。他的词充满了强烈的爱国主义精神。也有些词描写田园景色，还有些抒情小令都写得很好。他的词比苏轼进一步扩大了范围，风格也更加多样，代表了宋词的最高成就。有《稼轩词》四卷。

[说明]　这首词用比喻的手法表达了作者对主和派的愤慨和对国家前途的忧虑。

淳熙己亥[1]，自湖北漕移湖南[2]，同官王正之置酒小山亭[3]，为赋。

更能消，几番风雨[4]？匆匆春又归去。惜春长怕花开早，何况落红无数。春且住。见说道，天涯芳草无归路[5]。怨春不语，算只有殷勤，画檐蛛网，尽日惹飞絮[6]。

长门事[7]，准拟佳期又误[8]，蛾眉曾有人妒[9]。千金纵买相如赋，脉脉此情谁诉[10]？君莫舞[11]！君不见，玉环、飞燕皆尘土[12]？闲愁最苦。休去倚危栏[13]，斜阳正在烟柳断肠处。

① 淳熙己亥：宋孝宗淳熙六年，公元1179年。
② 湖北：宋朝的湖北路（大致相当于今湖北省及湖南、河南的一部分）。漕：漕司，宋朝对转运使的通称。转运使是负责一路粮饷的筹运并兼管民政的长官。移：移官，调任官职。湖南：宋朝的湖南路（大致相当于今湖南省）。辛弃疾此时由湖北路转运副使改任湖南路转运副使。
③ 同官：同僚。小山亭：在郑州（今湖北武昌）湖北路转运使的衙

门里。
④ 更：还。消：禁得起。
⑤ 见说道：听说。天涯芳草无归路：芳草一直长到天边去了，遮断了春的归路。
⑥ 算：算来。画檐：彩画的屋檐。惹飞絮：沾惹柳絮。三句之意是算来只有檐下的蛛网整日沾惹柳絮，像是在留春。
⑦ 长门事：《文选·长门赋序》说．汉武帝的妻子陈皇后失宠后住在长门宫，以百金请司马相如写一篇解愁的文章。司马相如写了《长门赋》，使汉武帝感悟，陈皇后因此又得宠。
⑧ 准拟：预料。佳期：指重新得宠的日子。
⑨ 蛾眉：形容女子美好的眉毛，指美人。这句用《楚辞·离骚》："众女嫉余之蛾眉兮，谣诼谓余以善淫。"
⑩ 脉脉：含情的样子。谁诉：向谁诉说。以上五句是反用《长门赋》的典故。
⑪ 君：指嫉妒蛾眉的人。
⑫ 玉环：杨贵妃的小名。飞燕：赵飞燕，汉武帝宠爱的皇后，后来被废为庶人，自杀。这两个人都宠极一时，又都好嫉妒。
⑬ 危栏：高楼上的栏杆。

译文

摸鱼儿

还能经得起几番风雨？
春天又在匆匆忙忙地回去。
爱惜花常常害怕花开早，
何况现在已落花无数。
请春天暂且停住。
听说芳草长到了天边，
你已经失去了归路。
可恨春天不言不语，
只有画檐下面的蛛网，
整天殷勤沾惹飞絮，
一心想把春天留住。

当年汉武帝得了《长门赋》,
预料得宠的佳期又失误。
美女曾经有人嫉妒。
即使用千金买得了相如赋,
我的这片衷情向谁倾诉?
嫉妒的小人不要高兴起舞。
你不见杨贵妃赵飞燕终成尘土?
满腹忧愁最苦。
忧心人不要倚楼远眺,
夕阳正在烟柳中西下,
正是愁人断肠处。

破 阵 子
(醉里挑灯看剑)
为陈同甫赋壮词以寄之①　　　　(辛弃疾)

[说明]　这确是一首写得有声有色的"壮词"。可惜南宋统治者不图恢复,作者这种杀敌报国的壮志虽然在醉梦中也不能忘怀,但是最终不能实现。

醉里挑灯看剑,梦回吹角连营②。八百里分麾下炙③,五十弦翻塞外声④,沙场秋点兵。

马作的卢飞快⑤,弓如霹雳弦惊。了却君王天下事,赢得生前身后名⑤,可怜白发生!

① 陈同甫:陈亮,字同甫。
② 这两句是说醉后还不忘杀敌,梦醒后耳边还响着一片军号声。以下即是醉梦中都不忘怀的壮志。
③ 八百里:指牛。《晋书·王济传》载有牛名八百里驳。麾(huī)下:部下。这句是说分给部下牛肉。
④ 五十弦:指瑟。这里泛指各种乐器。翻:这里指演奏。塞外声:指边塞的军乐。
⑤ 作:如。的卢:马名。相传刘备在荆州遇危难时,他乘的的卢马一跃

⑥ 生前身后名：指活着时的功名和死后的名声。

译文
破　阵　子

我喝醉了也挑起灯来看剑，
睡梦中也似乎回到了吹军号的连营。
把牛肉分给部下去烤，
弹起了边塞的琴瑟，
秋天在战场上点兵。
我的马像的卢名马一样飞快，
射箭响弓如震雷箭弦大惊。
了结了君王的天下事，
赢得了生前与死后的名声，
可怜我的白发竟生。

浪　淘　沙①
（帘外雨潺潺）　　　　　（李　煜）

李煜（937—978）五代十国时南唐最后一个国君，在位十五年，字重光，号钟隐，莲峰居士，江苏徐州人，李煜虽不通政治，但其艺术才华却非凡，他精书法，善绘画，通音律，诗和文均有一定造诣，是被后人千古传诵的一代词人，著有《虞美人》等。

帘外雨潺潺②，春意阑珊③，罗衾不耐五更寒④。梦里不知身是客，一晌贪欢⑤。

独自莫凭阑，无限江山⑥，别时容易见时难。流水落花春去也，天上人间⑦！

① 这是他亡国后所作，表达了他思念故国的悲苦心情。实际也是怀恋他过去的宫廷生活。

② 潺潺（chán chán）：水流的声音，这里形容雨声。
③ 阑珊：叠韵词，衰落的样子。
④ 罗：丝织品。衾（qīn）：被子。
⑤ 等于说贪一晌（shǎng）欢。一晌：一会儿
⑥ 指故国的江山。
⑦ 春：暗喻过去的美好生活。这是说过去的生活和现在相比，有着天上和人间的差别。

译文

浪 淘 沙

　　帘外的雨声潺潺，美好的春天已衰落阑珊，丝棉被子受不了夜晚的寒。梦中不知自己是客，贪享片刻心欢。一个人不要远眺凭栏，祖国无边的江山，分别容易再见很难。如同流水落花美好的一切失去了，从天上降到了人间。

水 调 歌 头
（不见南师久）
送章德茂大卿使虏①　　　　　　（陈　亮）

　　[作者介绍]　陈亮（公元1143—1194年），字同甫，婺州永康（今浙江永康县）人。他是主张抗金的主战派，也是思想家和著名词人。词的风格与辛弃疾相近。有中华书局出版的《陈亮集》。

　　[说明]　这首词气势豪迈，感情奔放，充满了强烈的民族自豪感和对主和派的极大愤慨。

　　不见南师久，漫说北群空②。当场只手，毕竟还我万夫雄③。自笑堂堂汉使，得似洋洋河水，依旧只流东④？且复穹庐拜，会向藁街逢⑤。

尧之都，舜之壤，禹之封，于中应有，一个半个耻臣戎⑥。万里腥膻如许，千古英灵安在，磅礴几时通⑦？胡运何须问，赫日自当中⑧。

① 章德茂：名森，德茂是字。据《金史》记载，金世宗大定二十六年（公元1186年）宋试户部尚书章森等至金贺万寿节。大卿：《周礼》称六官（天官、地官、春官、夏官、秋官、冬官）之长为大卿。后代以六部比六官，故称六部尚书为大卿。

② 谩：随意地，胡乱地。北群空：比喻没有人材。语出韩愈《送温处士赴河阳军序》："伯乐一过冀北之野，而马群遂空。"这两句的意思是说宋军很久没有北伐了，金人因此就说宋朝没有人材。

③ 只手：独立支撑的意思。这两句是说章森能在金人面前独立支撑。

④ 自笑：自喜。洋洋河水：语出《诗经·卫风·硕人》："河水洋洋。"洋洋：水盛大的样子。这三句是以河水东流的方向不变来比喻章森能保持宋朝的国威。

⑤ 且：暂且。穹（qióng）庐：北方游牧民族住的帐篷。会：当。藁（gǎo）街：汉朝长安城内，外国使臣住的地方。《汉书·陈汤传》载：陈汤出使西域，斩郅支单于，奏请"县头藁街"。这两句是说，现在暂且向金人朝拜，将来终将灭金国。"县"为古"悬"字。

⑥ 封：疆域。臣戎：指向金称臣，即臣于戎。这四句是对南宋朝廷屈辱求和的愤慨之语。

⑦ 腥（xīng）：腥气。膻（shān）：羊臊气。如许：（如此）这样。磅礴：充塞的样子。这里指浩然之气。几时：何时。这句是说浩然正气何时才能通达于天地之间。

⑧ 赫日：光明的太阳，比喻宋朝。中：指上升到中天。

译文

水 调 歌 头

很久不见南宋的军队北伐金国的统治者，金人因此胡说宋朝（国）没有人材。（章森奉命出使金国）在金人面前能独立抵抗住一切压力，毕竟是力敌万夫的英雄。可喜的是堂堂的汉人使者，能够像浩大的河水依旧只向东方流，不会改变。今天，暂且去向金人统治者朝拜朝拜，将来我们一定会在悬挂敌酋头颅的藁街相逢。（中原地区曾是）尧、舜、禹等圣人教化过的地方，其中总会有个别人以当戎人的臣民为耻。如今万里中原这样一片腥臊，那些保家卫国的英灵在哪儿，充塞的浩然正气何时通达于天地间？金酋的命运何必问，光明的太阳（宋朝）自然会上升到中天。

古汉语常识

语音简介

  语言是一种社会现象，它是随着时代的产生而产生，随着时代的发展而发展的。古代汉语和现代汉语是一种语言的两个历史阶段，即古代汉语是现代汉语的源头；现代汉语是古代汉语的继承和发展，二者有同有异。随着时代的推移，历史的向前，汉语语音起了很大的变化。下面重点谈谈上古音及其简要演变。

第一章 古汉语声母简介

  为了便于学习古汉语语音，也为了便于用上古音跟汉语方言和民族语文进行比较研究，我们在这里介绍汉语上古音（汉代以前）。
  研究汉语上古音的专家学者很多，各家研究的结果大同小异。这里我们仅介绍王力先生一家的研究成果。王力先生把上古汉语的声母定为三十三个，并拟构了上古声母的音值。王力先生既能采纳前贤的正确意见，又能创新，王先生增加一个俟母，说明语音系统是整齐的。

上古、中古到三十六字母的简况

上古音声母表（先秦）

喉音：	影[ʔ]	晓[x]	匣[ɣ]					
牙音：	见[k]	溪[kh]	群[g]	疑[ŋ]				
舌音：	端[t]	透[th]	定[d]	泥[n]	来[l]			
	照[ȶ]	穿[ȶh]	神[ȡ]	日[ȵ]	余[ʎ]	审[ɕ]		禅[ʑ]
	庄[tʃ]	初[tʃh]	床[dʒ]			山[ʃ]	俟[ʒ]	
齿音：	精[ts]	清[tsh]	从[dz]			心[s]		邪[z]
唇音：	帮[p]	滂[ph]	並[b]	明[m]				

上表拟音依王力《汉语语音史》。

现在有的专家认为上古汉语还有 pl、tl、kl、xm、mp、nt、ŋk 等复辅音声母,那也是有根据的。

下面介绍上古声母的演变简况。

汉语由古代汉语发展演变为现代汉语普通话,经过几千年的历史变迁,有的分化了,有的合流了,只有极个别的声母古今不变。如:

中古前期(魏晋至隋唐),上古的端透定泥分化成端透定泥和知彻澄娘两套声母。如:

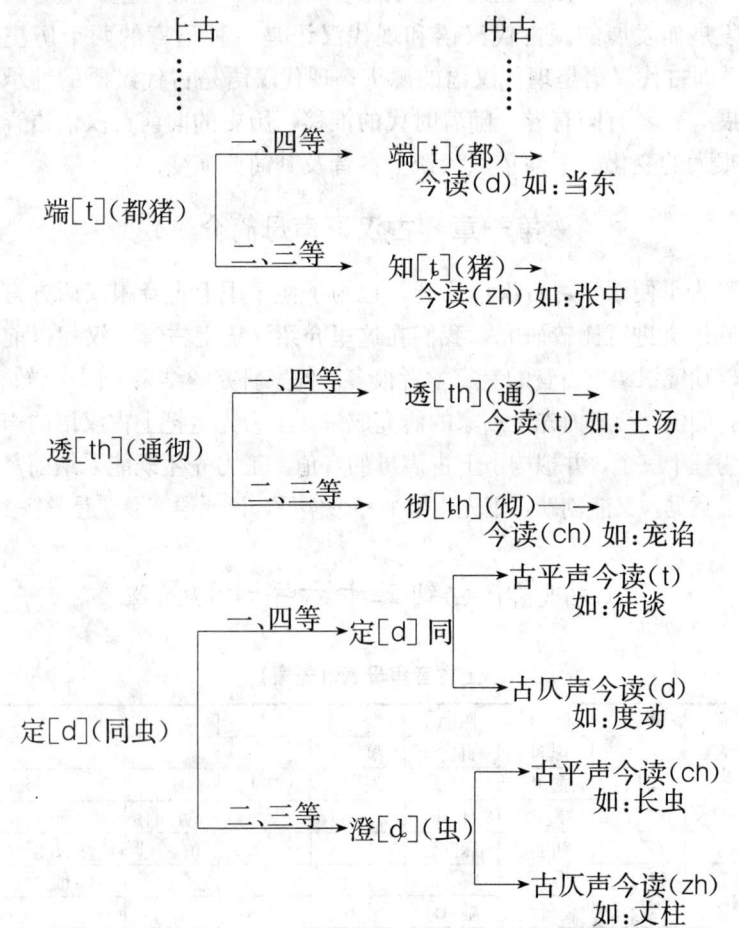

上古　　　　　　　中古
⋮　　　　　　　　⋮

端[t](都猪) ─┬─ 一、四等 ──→ 端[t](都) →
　　　　　　│　　　　　　　今读(d) 如:当东
　　　　　　└─ 二、三等 ──→ 知[ȶ](猪) →
　　　　　　　　　　　　　今读(zh) 如:张中

透[th](通彻) ─┬─ 一、四等 ──→ 透[th](通) ─→
　　　　　　　│　　　　　　　今读(t) 如:土汤
　　　　　　　└─ 二、三等 ──→ 彻[ȶh](彻) ─→
　　　　　　　　　　　　　今读(ch) 如:宠诏

定[d](同虫) ─┬─ 一、四等 ──→ 定[d]同 ─┬─ 古平声今读(t)
　　　　　　│　　　　　　　　　　　　│　　如:徒谈
　　　　　　│　　　　　　　　　　　　└─ 古仄声今读(d)
　　　　　　│　　　　　　　　　　　　　　如:度动
　　　　　　└─ 二、三等 ──→ 澄[ȡ](虫) ─┬─ 古平声今读(ch)
　　　　　　　　　　　　　　　　　　　│　　如:长虫
　　　　　　　　　　　　　　　　　　　└─ 古仄声今读(zh)
　　　　　　　　　　　　　　　　　　　　　如:丈柱

```
                    ┌─ 一、四等 ──→ 泥[n](农) ──→ 今读(n)
                    │                          如:农奴
泥[n](农浓) ────────┤
                    │
                    └─ 二、三等 ──→ 娘[ȵ](浓) ──→ 今读(n)
                                               如:酿女
```

　　中古中期(五代),上古的帮滂並明分化成帮滂並明和非敷奉微两套声母。如:

```
                    ┌─ 一、二、四等 ──→ 帮[p](布) ──→ 今读(b)
                    │                              如:北并
帮[p](布夫) ────────┤
                    │
                    └─ 合口三等 ────→ 非[f](夫) ──→ 今读(f)
                                                  如:法封
```

```
                    ┌─ 一、二、四等 ──→ 滂[pʰ](潘) ──→ 今读(p)
                    │                                如:普判
滂[pʰ](潘芬) ───────┤
                    │
                    └─ 合口三等 ────→ 敷[fʰ](芬) ──→ 今读(f)
                                                    如:俘肺
```

```
                                                  ┌─→ 古平声今读(p)
                                                  │     如:旁婆
                    ┌─ 一、二、四等 ──→ 並[b](皮) ──┤
                    │                             └─→ 古仄声今读(b)
並[b](皮肥) ────────┤                                   如:步勃
                    │
                    └─ 合口三等 ────→ 奉[bv](肥) ──→ 今读(f)
                                                    如:伏房
```

```
                    ┌─ 一、二、三等 ──→ 明[m](目) ──→ 今读(m)
                    │                              如:目忙
明[m](目武) ────────┤
                    │
                    └─ 合口三等 ────→ 微[ɱ](武) ──→ 今读零声母
                                                  如:武尾
```

　　中古末期(唐末五代至宋),上古的照穿神审禅和庄初床山俟合流成一套声母了,合并仍称照穿床审禅。如:

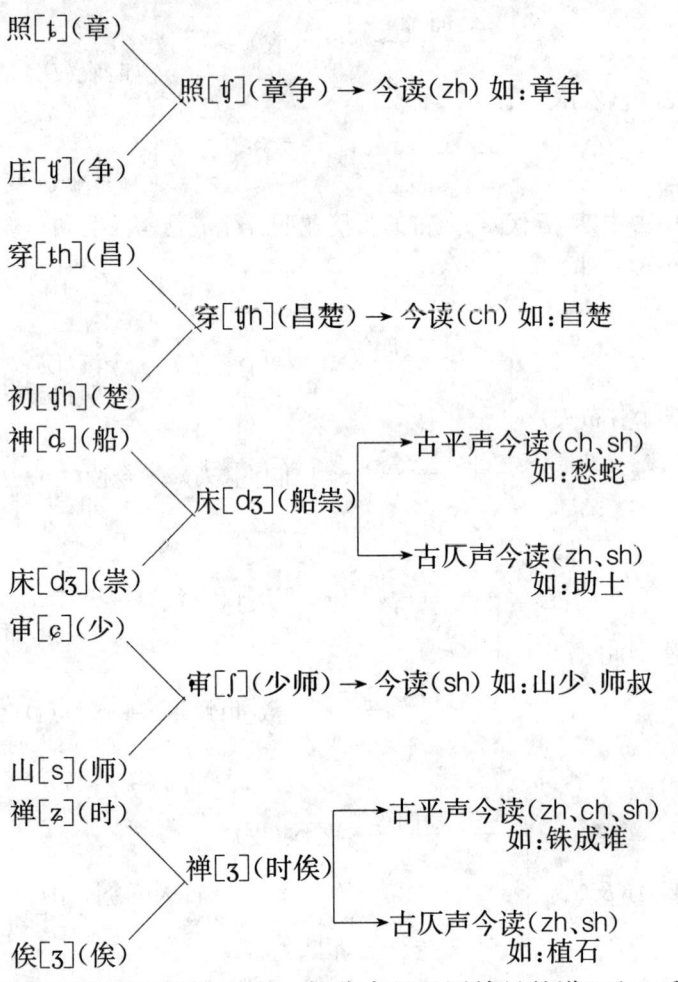

照[tɕ](章)
　　　照[tʃ](章争) → 今读(zh) 如:章争
庄[tʃ](争)

穿[tɕh](昌)
　　　穿[tʃh](昌楚) → 今读(ch) 如:昌楚
初[tʃh](楚)

神[dʑ](船)
　　　　　　　　　→古平声今读(ch、sh)
　　　床[dʒ](船崇)　　如:愁蛇
床[dʒ](崇)　　　　　→古仄声今读(zh、sh)
　　　　　　　　　　如:助士

审[ɕ](少)
　　　审[ʃ](少师) → 今读(sh) 如:山少、师叔
山[s](师)

禅[z](时)
　　　　　　　　　→古平声今读(zh、ch、sh)
　　　禅[ʒ](时俟)　　如:铢成谁
俟[ʒ](俟)　　　　　→古仄声今读(zh、sh)
　　　　　　　　　　如:植石

到了近代(元明清)又有一部分声母,因韵母的洪(开口呼、合口呼)细(齐齿呼、撮口呼)不同而起变化,有的则不变。如:

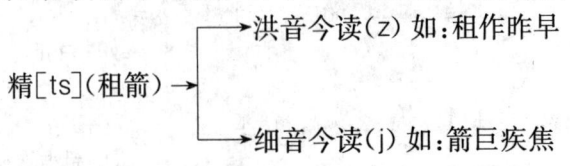

　　　　　　　　→洪音今读(z) 如:租作昨早
精[ts](租箭)→
　　　　　　　　→细音今读(j) 如:箭巨疾焦

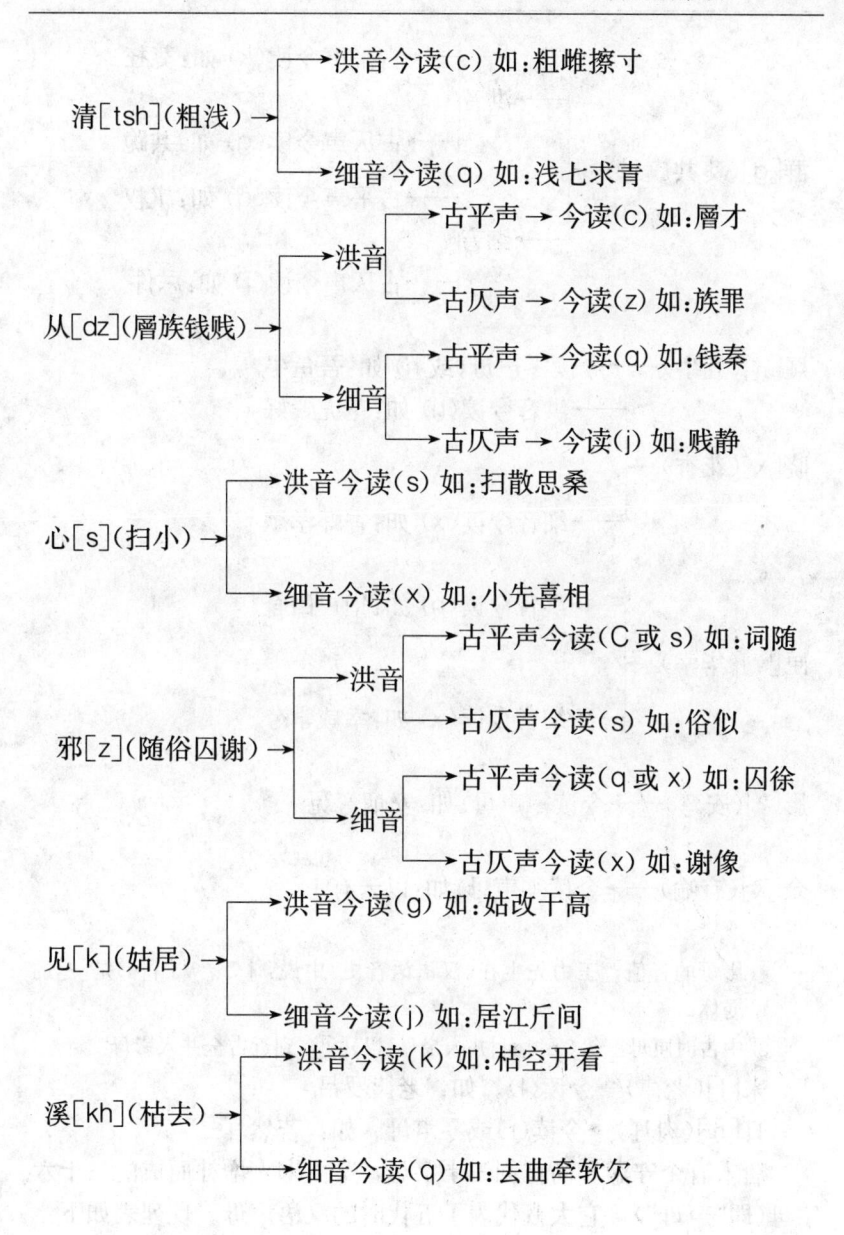

清[tsh](粗浅) →
- → 洪音今读(c) 如:粗雌擦寸
- → 细音今读(q) 如:浅七求青

从[dz](层族钱贱) →
- → 洪音
  - → 古平声 → 今读(c) 如:层才
  - → 古仄声 → 今读(z) 如:族罪
- → 细音
  - → 古平声 → 今读(q) 如:钱秦
  - → 古仄声 → 今读(j) 如:贱静

心[s](扫小) →
- → 洪音今读(s) 如:扫散思桑
- → 细音今读(x) 如:小先喜相

邪[z](随俗囚谢) →
- → 洪音
  - → 古平声今读(C 或 s) 如:词随
  - → 古仄声今读(s) 如:俗似
- → 细音
  - → 古平声今读(q 或 x) 如:囚徐
  - → 古仄声今读(x) 如:谢像

见[k](姑居) →
- → 洪音今读(g) 如:姑改干高
- → 细音今读(j) 如:居江斤间

溪[kh](枯去) →
- → 洪音今读(k) 如:枯空开看
- → 细音今读(q) 如:去曲牵软欠

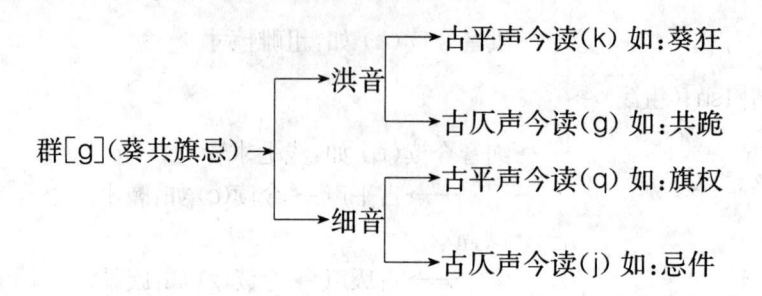

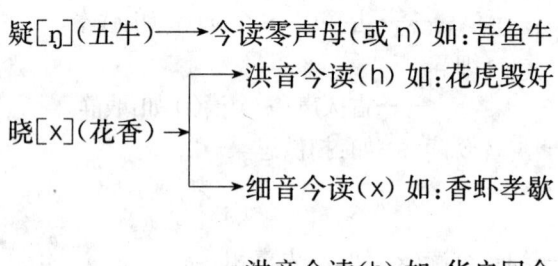

群[g](葵共旗忌)→
- 洪音→
  - 古平声今读(k) 如:葵狂
  - 古仄声今读(g) 如:共跪
- 细音→
  - 古平声今读(q) 如:旗权
  - 古仄声今读(j) 如:忌件

疑[ŋ](五牛)——→今读零声母(或n) 如:吾鱼牛

晓[x](花香)→
- 洪音今读(h) 如:花虎毁好
- 细音今读(x) 如:香虾孝歇

匣[ɣ](华幸)→
- 洪音今读(h) 如:华户回合
- 细音今读(x) 如:幸咸学兮

影[ʔ](安弯)——→今读零声母。如:安烟弯冤①

余[ʎ](有喻)——→今读零声母。如:以云有王②

---

① 影母的音值,王力先生在《汉语语音史》中说:[0、w、j]都是[ʔ]的变体。
② 中古时匣母三等(云)[ɣj]并入余母(以)[j],到近古全并入影母。
　来[l](老律)→今读(l)。如:老律罗吕
　日[ȵ](肉耳)→今读(r)或零声母。如:若然耳二
　唐末有个守温和尚首创三十字母,又由宋人增补而成的三十六字母(即"声母"),它大概代表了五代时的汉语声母。现列表如下:

三十六字母表（王力先生拟音照录）

发音部位（旧名）	三十六字母 旧名	发音方法 全清	次清	全浊	次浊	全清	全浊
唇音	重唇（双唇）	帮 p	滂 ph	並 b	明 m		
	轻唇（唇齿）	非 f	敷 fh	奉 v	微 ɱ		
舌音	舌头（舌尖中）	端 t	透 th	定 d	泥 n		
	舌上（舌面前）	知 ȶ	彻 ȶh	澄 ȡ	娘 ȵ		
齿音	齿头（舌尖前）	精 ts	清 tsh	从 dz		心 s	邪 z
	正齿（舌面、舌叶）	照 tʃ	穿 tʃh	床 dʒ		审 ʃ	禅 ʒ
牙音（舌根）		见 k	溪 kh	群 g	疑 ŋ		
喉音（零声母、舌根、半元音）		影 ɸ			喻 j	晓 x	匣 ɣ
半舌音	（舌尖边）				来 l		
半齿音	（舌尖中）				日 r		

① 王力先生在《汉语语音史》中把泥、娘都拟作[n]。这里把"娘"n 改作 ȵ。

从上述演变情况看，汉语声母从上古到现代发生了巨大的变化，除"来"母和"泥"母等完全不变或基本不变以外，其余有的部分变化，有的全部变化，已变得面目全非了。

第二章 古汉语韵部简介

汉语韵母的古今演变比声母更加复杂。下面我们依王力先生的研究结果，向大家介绍几个主要阶段的情况：

上古二十九部到中古二百零六韵

一、上古韵部（十一类、二十九部）

先秦 30 个韵解（含战国时冬部）

阴声韵	入声韵	阳声韵
之部 ə	职部 ək	蒸部 əŋ
支部 e	锡部 ek	耕部 eŋ
鱼部 a	铎部 ak	阳部 aŋ
侯部 ɔ	屋部 ɔk	东部 ɔŋ
宵部 o	沃部 ok	
幽部 u	觉部 uk	冬部 uŋ
微部 əi	物部 ət	文部 ən
脂部 ei	质部 et	真部 en
歌部 ai	月部 at	元部 an
	缉部 əp	侵部 əm
	盍部 ap	谈部 am

上表引自王力《汉语语音史》第 34 页。

　　上古韵部二十九部代表西周至春秋时期的语音，以《诗经》为研究对象。到战国时期王力先生又从《楚辞》中发现有个冬部[uŋ]。继上古音之后是中古音，这在汉语音韵学界有过深入的研究。公元 601 年（隋文帝仁寿元年）由陆法言等撰写成的《切韵》是一部影响很大的权威著作。公元 1008 年（宋真宗大中祥符元年）又由陈彭年等人奉命沿《切韵》编写出《大宋重修广韵》简称《广韵》。由于不同声调的分为不同的韵，再有开合等呼的区别，还有古今音变和南北方音的区别，古人将《切韵》分为一百九十三韵，《广韵》分为二百零六韵：平声五十七韵，上声五十五韵，去声六十韵，入声三十四韵。下面简介王力先生在《汉语史稿》中对中古《广韵》的拟音：

　　　　　　　宋《广韵》206 个韵目

韵摄	平上去	入
通	1. 东董送 uŋ, ĭuŋ	屋 uk ĭuk
	2. 冬○宋 uoŋ	沃 uok
	3. 钟肿用 ĭwoŋ	烛 ĭwok

古汉语常识　411

江　　4. 江讲绛 ɔŋ　　　　　　　觉 ɔk
止　　5. 支纸寘 ǐe，ǐwe
　　　6. 脂旨至 i，wi
　　　7. 之止志 ǐə
　　　8. 微尾未 ǐəi，ǐwəi
遇　　9. 鱼语御 ǐo
　　 10. 虞麌遇 ǐu
　　 11. 模姥暮 u
蟹　 12. 齐荠霁 iei，iwei
　　 13. ○○祭 ǐɛi，ǐwɛi
　　 14. ○○泰 ɑi，uɑi
　　 15. 佳蟹卦 ai，wai
　　 16. 皆骇怪 ɐi，wɐi
　　 17. ○○夬 æi，wæi
　　 18. 灰贿队 uɒi
　　 19. 咍海代 ɒi
　　 20. ○○废 ǐɐi，ǐwɐi
臻　 21. 真轸震 ǐĕn，ǐwĕn　　　质 ǐĕt，ǐwĕt
　　 22. 谆准稕 ǐuĕn，　　　　　术 ǐuĕt
　　 23. 臻○○ ǐen　　　　　　栉 ǐet
　　 24. 文吻问 ǐuən　　　　　物 ǐuət
　　 25. 欣隐焮 ǐən　　　　　　迄 ǐət
山　 26. 元阮愿 ǐɐn，ǐwɐn　　　月 ǐɐt，ǐwɐt
臻　 27. 魂混恩 uən，　　　　　没 uət
　　 28. 痕很恨 ən　　　　　　○
山　 29. 寒旱翰 ɑn　　　　　　曷 ɑt
　　 30. 桓缓换 uɑn　　　　　 末 uɑt
　　 31. 删潸谏 an，wan　　　　鎋 at，wat
　　 32. 山产裥 æn，wæn　　　　黠 æt，wæt
　　 33. 先铣霰 ien，iwen　　　 屑 iet，iwet
　　 34. 仙狝线 ǐɛn，ǐwɛn　　　 薛 ǐɛt，ǐwɛt

效	35. 萧篠啸 ieu	
	36. 宵小笑 ĭɛu	
	37. 肴巧效 au	
	38. 豪皓号 ɑu	
果	39. 歌哿箇 ɑ	
	40. 戈果过 uɑ, ĭɑ, ĭuɑ	
假	41. 麻马祃 a, ĭa, wa	
宕	42. 阳养漾 ĭɑŋ, iwɑŋ	药 ĭɑk, ĭwɑk
	43. 唐荡宕 ɑŋ, uɑŋ	铎 ɑk, uɑk
梗	44. 庚梗映 ɐŋ, ĭɐŋ, wɐŋ, ĭwɐŋ	陌 ɐk, ĭɐk, wɐk
	45. 耕耿诤 æŋ, wæŋ	麦 æk, wæk
	46. 清静劲 ĭɜŋ, ĭwɜŋ	昔 ĭɜk, ĭwɜk
	47. 青迥径 ieŋ, iweŋ	锡 iek, iwek
曾	48. 蒸拯证 ĭəŋ, —	职 ĭək, ĭwək
	49. 登等嶝 əŋ, uəŋ	德 ək, uək
流	50. 尤有宥 ĭəu	
	51. 侯厚候 əu	
	52. 幽黝幼 iəu	
深	53. 侵寝沁 ĭěm	缉 ĭěp
咸	54. 覃感勘 ɑm	合 ɑp
	55. 谈敢阚 ɑm	盍 ɑp
	56. 盐琰艳 ĭɛm	叶 ĭɛp
	57. 添忝㮇 iem	帖 iep
	58. 咸豏陷 ɐm	洽 ɐp
	59. 衔槛鉴 am	狎 ap
	60. 严俨酽 ĭɐm	业 ĭɐp
	61. 凡范梵 ĭwɐm	乏 ĭwɐp

  章炳麟说："《广韵》所包，兼有古今方国之音。"足见《切韵》系统不代表一时一地的语音，因此，上面所列 61 个韵类和 92 个韵母就不能理解为同时存在的语音。但唐代以《切韵》作为指导做诗押韵的权威韵书，分韵这样的细，对诗人来说，确实是件头痛的事，所

以说"属文之士共苦其苛细"。其实唐代语音很多已是同韵了,正如戴震的《考定广韵独用同用四声表》中已注明:"冬钟同用;支脂之同用"了。因此,南宋时期,江北平水刘渊著《壬子新刊礼部韵略》时,索性把同用的韵合并起来,而成为 107 韵,金人王文郁著《平水新刊韵略》又归并为 106 韵,详见下表:

东董送屋	冬肿宋沃	江讲绛觉	
支纸寘	微尾未	鱼语御	虞麌遇
齐荠霁	泰	佳蟹卦	灰贿队
真轸震质	文吻问物	元阮愿月	
寒旱翰曷	删潸谏黠	先铣霰屑	
萧筱啸	肴巧效	豪皓号	
歌哿箇	麻马祃		
阳养漾药	庚梗敬陌	青迥径锡	蒸拯證职
尤有宥			
侵寝沁缉	覃感勘合	盐琰艳葉	咸豏陷洽

由 206 韵可推知 106 韵,即凡是 106 韵中没有的便是并入上面的韵目了。如"钟"并入"冬","脂之"并入"支",只有"严俨酽业"并入"盐琰艳葉"了。

上古韵部从周秦两汉发展演变到现在,已经变化很大了。像《诗经》的很多篇章,已经看不出押韵了。如《诗经·召南·羔羊》

羔羊之皮(biai),

素丝五紽(dai)

退食自公,委蛇委蛇(jiai)。

在上古,"皮"、"紽"、"蛇"同属歌部,故可以押韵。

而在现代汉语中,"皮(pí)"、"紽(tuó)、蛇(shé 或 yí)"是不能押韵的,其实到东汉以后就已经不同韵了。

到中古时候,诗人对《切韵》普遍"苦其苛细",基本都按同用作诗,即等于用《平水韵》作诗。如:

《草》 白居易

离离原上草,一岁一枯荣。

野火烧不尽，春风吹又生。
　　　　　△
远芳侵古道，晴翠接荒城。
　　　　　△
又送王孙去，凄凄满别情。
　　　　　△

白居易是唐代的著名诗人，他写的《草》一诗中的"荣、生、城、情"四个韵脚字，在唐代分属庚清两韵，但实际是按庚耕清同用作诗的，即如平水韵。如：

韵脚字	上古韵部	《广韵》	《平水韵》	2009年音
荣	耕[eŋ]	庚[eŋ]	庚[eŋ]	—ong
生	耕[eŋ]	庚[eŋ]	庚[eŋ]	—eng
城	耕[eŋ]	清[εŋ]	庚[eŋ]	—eng
情	耕[eŋ]	清[εŋ]	庚[eŋ]	—ing

上面这四个韵脚字在上古是同一个耕部，到中古《广韵》分成庚清两韵，《平水韵》合成一个庚韵，在当时这四个字是押韵的，但到现代汉语普通话中又分成了三个韵母，所以今天我们读唐诗，觉得有的不押韵了。

第三章　古汉语声调简介

对古汉语上古声调的研究各家说法不一。王力先生在1957年《汉语史稿》（上册）里认为最早汉语只有平入（又叫舒促）两个声调，由于平入两调都分长短，后来发展演变成为平上去入四个声调，到南北朝时期，除个别平声字转为去声（如：庆），还有个别上声字也转为去声（如：弟），其余入声中的长入都转为去声，短入仍为入声，这样到南北朝时，汉语的声调就是平上去入四个调了。

古代诗歌不仅押韵，而且也同调。由于声调发展演变起了变化，所以有些古诗现在读起来，往往感到声调不合了。如：

　　《乌衣巷》　　　刘禹锡

朱雀桥边野草花，乌衣巷口夕阳斜。
　　　　△　　　　　　　　　△
旧时王谢堂前燕，飞入寻常百姓家。
　　　　　　　　　　　△

这首诗的韵脚"花、斜、家"三字，在元代以前都是平声一个调，它当时押的是平声调，但平声调从元代起分成了阴平和阳平两个调，因此，我们现在读它就是不合调的了，即"花、家"是阴平，"斜"是阳平。王先生在《汉语语音史》525页中说：

汉语语音的演变，往往声母、韵母和声调是互为条件，互相制约的，所以我们谈声调的变化，要看声母的清浊。汉语平声分阴阳是古平声的清音声母字今普通话读阴平（如：东）；古平声的浊声母字今读阳平（如：同）。下面我们把王力先生的声调表照录如下：

由平、上、去、入到阴、阳、上、去

时代 调类	先秦	西汉	东汉	南北朝	隋唐	五代	宋	元	明清	现代
长平(姜)	平	平	平	平	平	平	平	阴平	阴平	阴平
长平(强)	平	平	平	平	平	平	平	阳平	阳平	阳平
长平(享)	平	平	平	上	上	上	上	上	上	上
长平(庆)	平	平	平	去	去	去	去	去	去	去
短平(体)	上	上	上	上	上	上	上	上	上	上
短平(弟)	上	上	上	上	上	去	去	去	去	去
短平(礼)	上	上	上	上	上	上	上	上	上	上
短平(顾)	上	上	上	去	去	去	去	去	去	去
长入(意)	长入	长入	长入	去	去	去	去	去	去	去
长入(异)	长入	长入	长入	去	去	去	去	去	去	去
短入(速)	短入	短入	短入	入	入	入	入	上	去	去
短入(族)	短入	短入	短入	入	入	入	入	阳平	阳平	阳平
短入(节)	短入	短入	短入	入	入	入	入	上	阳平	阳平
短入(列)	短入	短入	短入	入	入	入	入	去	去	去
短入(接)	短入	短入	短入	入	入	入	入	上	去	阴平

古上声清音声母字(如：体)和次浊声母字(如：礼)，今普通话都读上声；古上声全浊声母字(如：弟)今普通话读去声；古长入字不论声母清浊今普通话一律读去声，古入声清音声母字今普通话读阴、阳、上、去四声的都有，古入声全浊声母字今普通话读阳平(如：族)；古入声次浊声母字今普通话读去声(如：列)。

附唐诗平仄简介

古人作诗不仅押韵，而且押调。声调分平仄两大类。平就是平声；仄包括上声、去声和入声。唐代近体诗很讲究平仄，也即是说平仄是形成近体诗的最重要的因素。我们在这里重点介绍作律诗的四种平仄格式：

(一) 仄起仄收式(七言为平起仄收)如：

(平平)仄仄平平仄　　(仄仄)平平仄仄平
(仄仄)平平平仄仄　　(平平)仄仄仄平平
(平平)仄仄平平仄　　(仄仄)平平仄仄平
(仄仄)平平平仄仄　　(平平)仄仄仄平平

例如：五律《旅夜书怀》(杜甫)

｜｜－－｜　－－｜｜－
细草微风岸，危樯独夜舟。
－－－｜｜　｜－－｜－
星垂平野阔，月涌大江流。
①｜－－｜　－⊖｜｜－
名岂文章著，官应老病休。＊
(救)　　　　(拗)
－－－｜｜　｜｜｜－－
飘飘何所似？大地一沙鸥。

平声用"－"表示，
仄声用"｜"表示。
当时规定第一三五字可不押平仄，但第二四六字必须押，即"一三五不论，二四六分明"。

＊此为拗救相抵，算合格律。下同。

上诗只有一个"应"字不合平仄。这称拗，但必有另字"名"字不合来救。

(二) 平起仄收式(七言为仄起仄收)如：
(仄仄)平平平仄仄　(平平)仄仄仄平平
(平平)仄仄平平仄　(仄仄)平平仄仄平
(仄仄)平平平仄仄　(平平)仄仄仄平平
(平平)仄仄平平仄　(仄仄)平平仄仄平

例如：五律《山居秋暝》(王维)
－－－｜｜　①｜｜－－
空山新雨后，天气晚来秋。
㊀－－｜｜　－－｜｜－
明月松间照，清泉石上流。
①－－｜｜　①｜｜－－
竹喧归浣女，莲动下渔舟。
①｜－－｜　－－｜｜－
随意春芳歇，王孙自可留。

左边的诗有五个字不合平仄，但它们是属于一三五可以不拘的。

(三) 仄起平收式(七言为平起平收)如：
(平平)仄仄仄平平　(仄仄)平平仄仄平
(仄仄)平平平仄仄　(平平)仄仄仄平平
(平平)仄仄平平仄　(仄仄)平平仄仄平
(仄仄)平平平仄仄　(平平)仄仄仄平平

例如：五律《送杜少甫之任蜀州》(王勃)
①｜｜－－　－－｜｜－
城阙辅三秦，风烟望五津。
㊀－－｜｜　①｜｜－－
与君离别意，同是宦游人。
｜｜－－｜　－－｜｜－
海内存知己，天涯若比邻。
－－㊀①｜　①｜｜－－
无为在歧路，儿女共沾巾。

左诗不合平仄的六字中，有五个是属于一三五不论的，实际只有一个"歧"字不合平仄，但"在"字也不合，属拗救相抵。

(四) 平起平收式(七言为仄起平收)如：
(仄仄)平平仄仄平　(平平)仄仄仄平平
(平平)仄仄平平仄　(仄仄)平平仄仄平
(仄仄)平平平仄仄　(平平)仄仄仄平平
(平平)仄仄平平仄　(仄仄)平平仄仄平

例如：五律《晚晴》（李商隐）：

－－｜｜－　①｜｜－－
深居俯夹城，春去夏犹清。
①｜－－｜　－－｜｜－
天意怜幽草，人间重晚晴。
㊀－－｜｜　①｜｜－－
并添高阁迥，微注小窗明。
｜｜①－㊀　－－｜｜－
越鸟巢干后，归飞体更轻。

左诗不合平仄的六字全属一三五不论的范围，故都合格律。

又如七律《登高》杜甫
①｜－－｜－　㊀㊀｜｜｜①－－
风急天高猿啸哀，渚青沙白鸟飞回。
－－｜｜｜｜　｜｜－－｜｜－
无边落木萧萧下，不尽长江滚滚来。
｜｜｜－－｜｜　㊀－①｜｜－
万里悲秋常作客，百年多病独登台。
－－｜｜－－①　
艰难苦恨繁霜鬓，潦倒新停浊酒杯。

上诗虽然有八个字不合平仄，但没有一个是属于二四六，即非押不可的。因此是合格律的标准诗。

由于押平仄的诗非常难作，以后不严格押平仄的诗渐渐多起来。那就是常说的"自由诗"。

以上平仄资料摘自北京大学《古代汉语》，笔者略有删改。

古汉语特殊语法简介

由古代汉语发展演变成现代汉语，已经起了不小的变化。这里只讲古汉语的特殊语法，也就是着重讲古汉语语法与现代汉语不同的部分，而且只简要介绍一些主要的现象。

第一章　词类活用

根据词的意义和语法功能,我们可以把词划分成实词和虚词两大类。实词是有实际意义、能单独作句子成分的词。通常指名词、动词、形容词、数词、量词和代词六类,其余是虚词。古汉语名词、动词、形容词都有活用的现象。如:

第一节　名词的活用

(一) 人、事物名词用作一般动词

在古汉语里,有些表示人或事物的名词,可以活用作一般动词,作句子的谓语。如:

①余姑翦灭此而朝食,不介马而驰之。(《左传·齐晋鞌之战》) 介:甲,名词活用作动词,是"披上甲"的意思。译:(齐侯说)我暂且消灭这些人再回来吃早饭,没有给马披上甲就追击晋军。

②假舟楫者,非能水也,而绝江河。(《荀子·劝学》)　水:名词活用作动词,是"游水"的意思。译:能借助船桨的人,不是因为会游水,而他能横渡江河。

③既臣大夏而君之。《汉书·张骞传》　君:名词用作动词,是"统治"的意思。译:(大月氏)已经使大夏臣服自己而且统治着它。

④吾不能以春风风人,吾不能以夏雨雨人,吾穷必矣!《说苑·贵德》　风:名词作动词用,是"吹拂"的意思;雨:名词作动词用,是"滋润"的意思。译:我不能用春风吹拂人,我不能用夏雨滋润人,我穷困是必然的啊!

(二) 方位名词用作一般动词

在古汉语中,表示方位的名词上、下、左、右、前、后、东、南、西、北、里、外等也可以活用作一般动词,即表示当事者按照所表示的方向行动。如:

①奚以之九万里而南为?《庄子·逍遥游》　南:方位名词用作

动词，是"向南飞"的意思。译：哪里用得着飞上九万里的高空再向南飞呢？

②秦师遂东。（《左传·蹇叔哭师》）　东：方位名词，这里用作动词，是"向东去"的意思。译：（蹇叔跟儿子说完话）于是秦国的军队向东边开去。

③卫鞅复见孝公，公与语。不知䣛之前于席也。（《史记·商君列传》）　卫鞅：商鞅，曾辅佐秦孝公变法，使秦国得到富强。"䣛"同"膝"。"前"：方位名词，这里用作动词，是"向前挪动"的意思。译：商鞅又去拜见秦孝公，秦孝公跟商鞅谈话，不知不觉地把两膝挪到商鞅的座位前。

（三）名词用作使动动词

使动动词就是含有使令意义的动词，它具有使动作行为的对象（宾语）产生某种动作或变化的作用。它不是指"使、令、命"等动词，而是活用为动词的名词等，又称为使动用法。如：

①既臣大夏而君之。《汉书·张骞传》）　臣：名词活用作动词，是"臣服"的意思。译：（大月氏）已经使大夏臣服自己而且统治着它。

②先生之恩，生死而肉骨也。（马中锡：《中山狼传》）　肉：名词活用作动词，是"长肉"的意思。译：先生的恩德是使死人复生使白骨长肉呀。

③纵江东父兄怜而王我，我何面目见之？（《史记·项羽本纪》）　王：名词活用作动词，是"称王"的意思。译：即使江东的父老兄弟都爱怜我而使我称王，我又有什么脸面去见他们呢？

④我疆我理，南东其亩。（《诗经·小雅,信南山》）　南东：方位名词活用作动词，是"往南往东"的意思。译：我规划大的疆界，整治沟渠，使田亩往南，使田亩往东。

（四）名词用作意动动词

意动用法就是名词等活用作动词后，含有认定意义，对宾语含有以为什么或以为怎么样的意思。除"以"、"以为"、"认为"等意动动词外，还有由名词活用作意动动词的。如：

①夫物不产于秦，可宝者多。(李斯《谏逐客书》) 宝：名词活用作动词，是"当作宝"的意思，"宝"后面省略了"之"。译：物品虽然不是在秦国出产，但值得把它当作宝的很多。

②于是乘其车，揭其剑，过其友曰："孟尝君客我"。(《战国策·齐人有冯谖者》) 客：名词活用作动词，是"当作客"的意思。译：于是(冯谖)乘坐他的车，高举他的剑，路过他的朋友说："孟尝君把我当作客人。"

(五) 名词作状语

状语是加在动词或形容词前面的修饰或限制成分。现代汉语一般只有表示时间或处所的名词可作状语，而古汉语，除了表时间或处所的名词外，普通名词也经常用作状语。名词作状语时，可表示比喻、处所、时间、态度、工具、方式等各种意义。如：

①嫂蛇行匍伏。(《战国策·苏秦以连横说秦王》)"蛇行"是状动结构。"蛇"是名词作状语，像蛇一样。译：嫂嫂像蛇一样爬行。

②夫以秦王之威，而相如廷叱之。(《史记·廉颇蔺相如列传》)"廷"是名词作状语，修饰谓语"叱"。"廷叱"是状动结构，在朝廷叱责。译：凭着秦王这样的威势，我蔺相如还在朝廷上当众叱责他。

③朝而往，暮而归。(欧阳修《醉翁亭记》)"朝、暮"是名词作状语；"往、归"都是动词作谓语，连词"而"连接状语和谓语。译：早上出去，晚上回来。

④君为我呼入，吾得兄事之。(《史记·项羽本纪》)"兄"是名词作状语，"兄事"是状动结构，是用对待哥哥的态度来对待。译：(沛公对张良说)您替我把项伯叫进来，我要用对待兄长的态度来对待他。

第二节 动词的活用

(一) 动词用作使动动词

一般动词用作使动动词，就是这种动词放在宾语前面，使宾语所表示的人或事物产生这个使动动词所表示的动作行为。

①先生之恩，生死而肉骨也。（马中锡《中山狼传》）"生"是不及物动词，这里是使动用法。"生死"是动宾结构，而不是并列结构。译：（将来如有出头的时候），先生的恩德是使死者复生使白骨长肉呀。

②项伯杀人，臣活之。（《史记·项羽本纪》）"活"是不及物动词活用作使动动词。"之"代"项伯"。"活之"是动宾结构。译：（张良说）项伯曾杀人，（犯了死罪）我救活了他。

③庄公寤生，惊姜氏，遂恶之。（《左传·郑伯克段于鄢》）"惊"是不及物动词用作使动动词。"惊姜氏"是动宾结构。译：生庄公难产，使姜氏吃了一惊，于是就讨厌庄公。

④晋侯饮赵盾酒。（《左传·晋灵公不君》）"饮"是及物动词用作使动动词。"饮赵盾"是动宾结构，"使赵盾饮"的意思。译：晋侯使赵盾饮酒。

（二）动词用作状语

动词用作状语具有副词的性质。一般是不及物动词和单音词多，用在动词谓语之前，表示动作行为的方式、状态等。如：

①邻人京城氏之孀妻有遗男，始龀，跳往助之。《列子·汤问》"京城"是姓。龀（chèn）：换牙。"跳往"是状动结构，意思是蹦蹦跳跳地去。译：邻居姓京城的寡妇有个遗腹子，才开始换牙，蹦蹦跳跳地前去帮助他们。

②国无一年之储，家无经夜之畜，而后宫之中坐食者，万有余人。《三国志·吴书·贺邵传》"畜"同蓄，"坐食"是状动结构，意思是坐着吃闲饭。译：国家没有一年的粮食储存，家中没有过夜的储粮，然而（国君）后宫里坐着吃闲饭的却有一万多人。

③黔无驴，有好事者，船载以入。（柳宗元《三戒·黔之驴》）"载入"是状动结构，中间用"以"（或"而"）连接，意思是装载着进入。译：贵州本来没有驴，有喜欢多事的人，用船装着运了进来。

（三）动词用作名词

动词用作名词，就是这个动词在句子中，明显地有表示人或事物的意义，把它当名词使用，表示与这个动作有关的人或事。如：

①赵主之子孙侯者，其继有在者乎？（《战国策·赵策·触龙说赵太后》）"继"是动词作名词用，意思是"继承者"。译：赵国国君的子孙封侯的，他们的继承者还有存在的吗？

②丑父使公下，如华泉取饮。（《左传·齐晋鞍之战》）"饮"是动词作名词用，意思是"饮料"。译：逢丑父命令齐公下车，往华泉去取水。

③又私自送往迎来，吊死问疾。（《汉书·食货志上》）"往、来"是往来的客人。"死"是"死者"。都是动词作名词用。译：（农民们）又在私人方面要欢送来来往往的客人，祭吊死者，慰问病人。

第三节　形容词的活用

（一）形容词用作一般动词

形容词用作一般动词，就是指形容词用作及物动词或不及物动词。如：

①发鸠之山，其上多柘木。（《山海经·北山经》）"多"是形容词作及物动词用。"多柘（zhè）木"是动宾结构。意思是"有很多柘木"。译：发鸠山，它上面有很多柘树。

②（令尹子兰）卒使上官大夫短屈原于顷襄王。（《史记·屈原贾生列传》）"短"是形容词作及物动词用。"短屈原"是动宾结构。是说屈原的坏话的意思。译：（名叫子兰的令尹官）终于使上官大夫在顷襄王面前诋毁屈原。

③苟富贵，毋相忘！（《史记·陈涉世家》）"富贵"是形容词作不及物动词用。是富贵起来了的意思。译：如果（有谁）富有显贵了，可不要忘了在一起干活的伙伴们！

(二) 形容词用作使动动词

形容词用作使动动词,就是形容词带上宾语以后,使宾语所表示的人或事物具有这个形容词所表示的性质或状态。如:

① 强本而节用,则天不能贫。(《荀子·天论》)"本"是指农业生产。"天"指大自然。"贫"是形容词作使动动词用,它的后面省略了宾语(之)指代"人们"。译:(人们如果)加强农业生产而且节省用费,那么大自然也不能使(人们)贫穷。

② 夫定国之术,在于强兵足食。(曹操:《屯田令》)"术"是方术、法术。"强"和"足"都是形容词作使动动词用。译:稳定国家的方法,在于使武器优越、使粮食充足。

③ 春风又绿江南岸,明月何时照我还?(王安石:《泊船瓜洲》)"绿"是形容词用作使动动词。"绿江南岸"是动宾结构,"江南岸"是"绿"的宾语。意思是使江南岸变绿了。译:春风又把江南岸上的草吹绿了,明月什么时候才能照我回家呢?

(三) 形容词用作意动动词

形容词用作意动动词,就是形容词带了宾语以后,表示当事者(即主语)认为宾语所表示的人或事物具有这个形容词所表示的性质或状态。如:

① 甘其食,美其服,安其居,乐其俗。(《老子·小国寡民》)"甘"、"美"、"安"、"乐"都是形容词用作意动动词:"食"、"服"、"居"、"俗"分别作它们的宾语。意思是以其食为甘,以其服为美,以其居为安,以其俗为乐。译:(上古的人们)觉得他们的食物很甜美,认为他们的衣服很漂亮,觉得他们的住房很安适,认为他们的风俗很快乐。

② 田忌信然之。(《史记·孙膑》)这句话应是"田忌信(之)然之"。"然"是"正确"的意思,在这里是形容词用作意动动词。"然之"是动宾结构,意思是认为他是正确的。译:田忌相信他,认为他说的是对的。

③ 时充国年七十,上老之。(《汉书·赵充国传》)"老"形容

词用作意动动词。"老之"是动宾结构,意思是以之为老。译:当时赵充国已七十岁了,汉宣帝认为他老了。

(四) 形容词用作名词

形容词用作名词,就是说形容词在句中具有明显的表示人或事物的含义,是把它当作名词来使用的。如:

① 猛兽食颛民,鸷鸟攫老弱。(《淮南子·览冥训》)"颛(zhuān 专)民",善良的人民。"攫(jué 决)",用爪抓取。"老""弱"是形容词用作名词,即老人和弱小的人,作"攫"的宾语。译:(在那远古的时候)猛兽吃善良的人,凶恶的大雕抓取老人和弱小的人。

② 吾与汝毕力平险。(《列子·汤问》)"险"是形容词用作名词,在这里作"平"的宾语。译:我和你们用全部精力铲平险峻的大山。

③ 小学而大遗,吾未见其明也。(韩愈《师说》)"小"和"大"都是形容词用作名词,意思是小的问题和大的问题,充当句子的主语。译:小的问题能从师学习,然而大的问题却放弃不去学,我看不出他的明智。

④ (肃)且问备曰:"豫州今欲何至?"备曰:"与苍梧太守吴巨有旧,欲往投之。"(《资治通鉴·汉纪五十七》)"豫州"是鲁肃对刘备的称呼。刘备曾作豫州牧。"旧"是形容词用作名词,意思是旧交情。充当"有"的宾语。译:(鲁肃)并问刘备说:"豫州现在想要到哪里去?"刘备说:"跟苍梧太守吴巨有老交情,想去投奔他。"

第二章 特殊语序

语序固定,这是现代汉语语法的一个重要特点。所谓语序固定就是指在正常情况下。汉语的词在充当句子成分时,它是有一定顺序的,即主语在前,谓语在后;动词谓语在宾语前,在主语后;介词的宾语在介词后;定语和状语在它们所修饰的中心语前;补语在它所补充的中心语后。但在古代汉语里，有些词作句子成分时，在词序方面有许多与今不同特殊的地方。如：

第一节 部分谓语在主语之前

①谁与，哭者？《礼记·檀弓上》"与"同"欤"，是疑问词。"哭者"是主语，"谁"是谓语。一般语序应当是"哭者谁与？"这里表示强调询问，把谓语提前。译：哭的（那个人）是谁呀？

②展矣君子！《诗经·邶风·雄雉》"展"，展眉。"君子"是主语，"展矣"是谓语。一般语序是"君子展矣！"这里表示赞叹，把谓语放在主语之前。译：君子得意呀！

③桃之夭夭，灼灼其华。之子于归，宜其室家。《诗经·周南·桃夭》"夭夭（yāo yāo）"是美丽茂盛的样子。"灼灼"（zhuó zhuó）是鲜艳的样子。"之"是指示代词"这"，"子"是女子。"于归"是指女子出嫁。"华"是主语，"灼灼"是谓语，这里为了与"家"押韵，把"华"放在谓语之后。一般说法应当是"其华灼灼"。译：这桃树长得多么美丽茂盛，开了一树鲜艳的花。这个女子出嫁，一定会顺应她的丈夫及一家。

第二节 部分宾语在动词之前

在古代汉语里，宾语前置的现象很多，它们有些可以找到一定的原因，也有些根本找不出任何原因。下面按有条件与无条件的依次举例。

一、有条件的

（一）在否定句中，代词宾语前置

①自书典所记，未之有也。《后汉书·张衡传》"所记"是记载的东西。"有"是谓语，"之"是代词宾语，指代地动仪。今说当是"未有之"。译：自从有书籍记载以来，还没有过地动仪这种东西。

②然民虽有圣知，弗敢我谋，勇力弗敢我杀。（《商君书·画策》）"弗敢我谋"，"我"是宾语前置，"谋"是谓语。今说应是"弗敢谋我"。"弗敢我杀"，"我"是宾语前置，"杀"是谓语。今说

应是"弗敢杀我"。译：虽然民有圣人的智慧，也不敢谋取我；（虽然人有）勇气和力量也不敢杀害我。

③ 已矣哉！国无人莫我知兮，又何怀乎故都？（《楚辞·离骚》）"莫"是表否定的无定代词，意思是"没有谁"。"莫我知"，"知"是谓语，"我"是宾语前置。今说是"莫知我"。译：算了吧！国中没有人理解我，我又何必要怀恋故土呢？

（二）在疑问句中，疑问代词宾语前置

① 公曰："寡人有子，未知其谁立焉？"（《左传·闵公二年》）"立"是谓语，"谁"是疑问代词作宾语前置。"谁立"今说应是"立谁"。译：晋献公说："我有许多儿子，不知道该立他们当中的哪一个继承我的帝位？"

② 良问："大王来，何操？"（《史记·项羽本纪》）"操"是谓语，"何"是疑问代词作宾语提前。"何操"，今说应是"操何"。译：张良问道："大王您来的时候拿了什么东西？"

③ 皮之不存，毛将安傅？（《左传·僖公十四年》）"傅"，同"附"，是谓语，"安"是疑问代词作宾语前置。"安傅"，今说应是"傅安"。译：皮都不存在了，毛还能附着在哪里呢？

（三）谓语之前凡带有"之"、"是"、"焉"、"斯"等标志的句子，动词的宾语一定前置。如：

① 宋何罪之有？《墨子·公输》"何罪"是前置宾语，"之"是代词复指宾语，起宾语提前的作用，"有"是谓语。"何罪之有"，今说应是"有何罪"。译：宋国有什么罪呢？

② 君亡之不恤，而群臣是忧，惠之至也。《左传·僖公十五年》"恤（xù）"：忧。"亡之不恤"，"群臣是忧"，今说分别是"不恤亡"、"忧群臣"，为了强调，加"之"、"是"作标志，使宾语提前。译：（瑕吕饴甥说）国君不忧虑自己流亡在外，却担心我们这些臣子，真是仁惠到极点了。

③ 二三子其佐我明扬仄陋，唯才是举。（曹操《求贤令》）"仄（zè）陋（lòu）"：狭窄简陋，指社会地位低下的人。"是"是复指代词，起宾语提前的作用。"唯……是……"或"唯……之为……"是一种固定格式。译：你们大家要帮助发现那些埋没在下边的人

才，只要是贤才就推荐上来。

④ 我周之东迁，晋郑焉依。(《左传·隐公六年》)"焉"，起宾语提前的作用。"晋郑焉依"今说应是"依晋郑"。译：我们周王室迁往东边，(是为了) 依靠晋国和郑国。

二、无条件的

为了强调和突出宾语，有时可以无条件地把宾语提到动词前面。

如：

① 肉食者鄙，未能远谋。《左传·庄公十年》"肉食"，今说应是"食肉"，为了强调宾语"肉"而把它提到谓语之前。译：吃肉的大官们眼光短浅，不能深谋远虑。

② 项王曰："壮士！能复饮乎？"樊哙曰："臣死且不避，卮酒安足辞？"(《史记·项羽本纪》)"卮 (zhī)"：古代的酒盅。"死且不避"，今说应是"且不避死"，"死"是宾语，为了突出它而把它提到动词谓语"避"的前面。译：项羽说："真是壮士！还能再饮一杯吗？"樊哙说："我死都不怕，一杯酒还值得推辞么？"

此外，"师说"就是"说师"；"马说"就是"说马"；"天论"就是"论天"；"桔颂"就是"颂桔"等等，都是无条件地把宾语放在动词谓语的前面。难怪王力先生在他的《汉语史稿》(中册) 词序的发展一节中说："在原始时代的汉语里，可能的情况是这样，代词作为宾语的时候，正常的位置本来就在动词的前面。"

第三节 部分宾语在介词之前

介词和它的宾语组成介宾结构。介宾结构的宾语现在通常是在介词之后，但在古汉语里，介词的宾语有时也可以放在介词的前面。一般在以下几种情形中，介词宾语前置。如：

(一) 在疑问句中，介词宾语前置

① 问：何以战？(《左传·庄公十年》)"何"：疑问代词，是介词"以"的宾语，放在"以"的前面。"何以"，今说应是"以何"。译：(曹刿) 问：靠什么作战？

② 水奚自至？（《吕氏春秋·贵直》）"奚"是疑问代词，充当介词"自"的宾语，放在介词"自"的前面。"奚自"，今说应是"自奚"，意思是"从哪儿来"。译：水从什么地方来？

③ 学恶乎始？恶乎终？（《荀子·劝学》）两个"恶"都是疑问代词，充当介词"乎"的宾语，放在介词"乎"的前面。"乎"相当"于"，是"从"或"到"的意思。译：学习从哪儿开始？又到哪儿终结呢？

（二）有代词"之"、"是"作标志的句子，介词的宾语必定前置。如：

① 鼋鼍鱼鳖之与处，而鼃黾之与同渚。（《国语·越语》）"鼋（yuán）"：鳖一类的动物，"鼍（tuó）"鼍龙，是鳄鱼的一种。"鳖（bié）"，爬虫类动物，俗称甲鱼。"鼃（wā）"、"黾（mǐng）"：都属于蛤蟆一类。"鼃"，同"蛙"。"渚（zhǔ）"通"渚"，水中小陆地。"鼋鼍鱼鳖"和"鼃黾"，是介词"与"的宾语，为了强调它们而前置。加"之"作标志。译：（我们整年）跟鼋鼍鱼鳖相处在一起，跟蛤蟆住在一个地方。

② 齐侯曰："岂不谷是为？先君之好是继。（《左传·僖公四年》）"不谷'是"我"的谦称，充当介词"为"的前置宾语。"先君之好"是动词"继"的前置宾语。两个前置宾语都加"是"作标志。译：齐国的国君说："难道是为了我自己？是为了继承我们两国先君的友好关系。"

（三）方位名词和时间名词作介词的宾语，往往前置

① 沛公北向坐，张良西向坐。（《史记·项羽本纪》）"北"和"西"都是方位名词，作介词"向"的宾语，位置在介词"向"之前。译：沛公向北坐，张良向西坐。

② 若晋君朝以入，则婢子夕以死；夕以入，则朝以死，唯君裁之。（《左传·僖公十五年》）"晋君"，即晋惠公，秦穆夫人之兄。"君"，指秦穆公。"朝"、"夕"都是时间名词，作介词"以"的宾语，放在介词"以"的前面。译：（秦穆夫人说）如果晋君在早上被俘虏到秦国京城，那我晚上就死；晚上俘虏到秦国京城，那我一早就死。希望君王裁决。

(四) 介词"以"的宾语表强调提前

在古代汉语里,介词"以"如有"用"、"把"、"拿"等意义,则其宾语往往在介词之前。如:

① 汝颍以为险,江汉以为池。(《荀子·议兵》)"汝颍以为险"、"江汉以为池",今说应是"以汝颍为险"、"以江汉为池"。"汝颍"、"江汉"都是作介词"以"的宾语,放在介词"以"的前面。译:把汝水和颍水作为险隘,把长江和汉水当作城池。

② 楚战士无不一以当十,楚兵呼声动天,诸侯军无不人人惴恐。(《史记·项羽本纪》)"惴(zhuì)"忧惧。"一以当十",今说应是"以一当十"。"一"充当介词"以"的宾语,放在介词"以"的前面。译:楚军战士没有不用一个顶十个的,楚军喊声震天,各诸侯国的军队,没有不人人惊恐的。

第四节 部分定语在中心语之后

现代汉语里,定语一般都在名词中心语的前面,用来修饰中心语。但在古代汉语里,有些定语在中心语的后面。如:

(一) 数量词作后定语

① 命子封帅车二百乘以伐京。(《左传·隐公元年》)"帅"通"率",率领。"乘"是古代军队组织单位。一乘有带盔甲的士兵三人,步卒七十二人;一说一车四马为一乘。"车二百乘"的"二百乘"是"车"的后定语。译:(郑庄公)命令子封率领一万五千人(或二百辆战车)去讨伐京城。

② 不稼不穑,胡取禾三百廛兮?(《诗经·魏风·伐檀》)"稼(jià)":耕种。"穑(sè)":收割。"胡":何。"廛(chán)":束。"禾三百廛"的"三百廛"是"禾"的后定语。译:(你们统治者)不耕种不收割,怎么获取几百束粮食呢?

古汉语中,还有很多单独由数词作后定语的。

③ 吏皆送奉钱三。(《史记·萧相国世家》)"钱三"的"三"是数词单独作后定语。译:官吏们都奉送三枚钱。

(二) 形容词（或状词）作后定语

① 复为羽声慷慨。(《史记·刺客列传》)"羽声"：古代音乐的调名。译：(一下子)又变作慷慨激昂的羽声。

② 驾八龙之婉婉兮，载云旗之委蛇。(《楚辞·离骚》)"婉婉"：同"蜿蜿"，形容龙身游动的样子。"云旗"：饰有云霓的旗子。"委蛇(wēiyí)"：弯曲起伏的样子。译：我驾着摇摇摆摆的八龙啊，打着飘飘的云旗。

③ 带长铗之陆离兮，冠切云之崔嵬。(《楚辞·九章·涉江》)"铗(jiá)"：剑。"陆离"：长的样子。"切云"：帽子名。"崔嵬""(cuīwéi)"：高的样子。译：我身上佩带着长长的宝剑啊，头上戴着高高的切云帽。

(三) 名词（或名词词组）作后定语

① 求人可以报秦者。(《史记·廉颇蔺相如列传》)"人可以报秦者"的"可以报秦者"是"人"的后定语。译：寻找可以用来回报秦国的人。

② 人不难以死免其君，我戮之不祥。(《左传·成公二年》)"不难以死免其君"是"人"的后定语。译：一个不把以死来免除他的国君的灾难的人，(这样的人)我杀掉他是不吉祥的。

上述句式不多，但保存在复合词（或词组）中还有不少。如：

帝尧，即是尧帝　　　　神农，即是农神
帝舜，即是舜帝　　　　女婴，即是婴女

第五节　部分状语在中心语之后

状语是动词或形容词的修饰语，它在现代汉语中，位于动词或形容词之前。因此，未见任何人提"状动倒序"或"状语后置"的问题，也即是说一般都不认为古汉语有后状语。我们研究古代汉语，发现古汉语中有很多奇特的语言格式或词，它们不是修饰名词的定语，而是修饰动词或形容词的状语，而且它们的位置在动词或形容词的后面，这一词序与现在的苗语极为相似，因此，我们对照民族语言，觉得古汉语中的这些特殊现象很好理解。如：

（一）状词作后状语

① 佩缤纷其繁饰兮，芳菲菲其弥章。（《楚辞·离骚》）"佩"指佩饰物。"菲菲"，香气盛的样子，是"芳"的后状语。译：我的佩饰杂乱而且繁多，浓郁的芳香更加显著。

② 高余冠之岌岌兮，长余佩之陆离。（《楚辞·离骚》）"岌岌"，高高的样子，它隔着"余冠"作"高"的后状语。"陆离"，长长的样子，它隔着"余佩"作"长"的后状语。译：把我的帽子戴得高高的啊，把我的佩饰佩带得长长的。

③ 二之日凿冰冲冲。（《诗经·豳风·七月》）"二之日"，指周历二月即夏历十二月。"冲冲"："凿"的响声，它隔着"冰"作"凿"的后状语。译：周历二月的时候，冲冲直响地凿取冰块。

④ 释之叟叟，烝之浮浮。（《诗经·大雅·生民》）"释"，淘洗。两个"之"：代词，指代粮食。"叟叟（sōusōu）"：淘米声，它隔着"之"作"释"的后状语。"烝"同"蒸"。"浮浮"：蒸气上升的样子，它隔着"之"作"烝"的后状语。译：沙沙地淘洗粮食，（然后）蒸煮粮食蒸得热气腾腾的。

（二）"以"字结构作后状语（含"于"字结构）

由于大家不认为古汉语有后状语，一般都把"以"字结构叫做补语，其实，这类"以"字结构和"打倒"的"倒"；"煮熟"的"熟"是不同的，它们在意义上都必须提到谓语前面来翻译。如：

① 我非爱其财而易之以羊也。（《孟子·齐桓晋文之事》）"易之以羊"的"以羊"是介宾结构，它隔着"之"作"易"的后状语。译：我不是舍不得这点财富而用羊去换牛啊。

② 吾令凤鸟飞腾兮，继之以日夜。（《楚辞·离骚》）"继之以日夜"的"以日夜"是介宾结构，它隔着"之"作"继"的后状语。译：我让凤鸟高飞远逝啊，用白天继续黑夜，用黑夜继续白天不停地飞。

③ 先帝知臣谨慎，故临崩寄臣以大事。（《三国志·蜀书·诸

葛亮传》）"崩"，古代国君死叫"崩"。"寄"，寄托、嘱托。"寄臣以大事"的"以大事"是介宾结构，它隔着"臣"作"寄"的后状语。译：先帝（刘备）知道我（诸葛亮）一生很谨慎，所以临终前把国家大事寄托给我。

还有"于"字结构，情况与"以"字结构同。

④ 汉击走单于于幕北。（《汉书·张骞传》）"幕北"，即漠北。"于幕北"是介宾结构，它隔着"走单于"作"击"的后状语。译：汉王朝在漠北地方把单于打跑了。

第三章　特殊句式

古代汉语里特殊句子很多，有省主语句、省谓语句和省宾语句等等。这里只简要谈点判断句和被动句的情况。

第一节　判断句

判断句是判断主语是什么的句子。根据判断句的作用，可分为肯定判断句和否定判断句两种：

(一) 肯定判断句

肯定判断句，在现代汉语里主要是用判断词"是"来联系主语和谓语的。但在古代汉语里往往不用判断词"是"。如：

① 荀卿，赵人。（《史记·孟子荀卿列传》）译：荀卿是赵国人。

② 刘备，天下枭雄。（《资治通鉴·汉纪·五十七》）"枭(xiāo)"，雄健。译：刘备是天下杰出的英雄。

古代汉语的这种判断句，若译成现代汉语，一定要在停顿的地方加个判断词"是"。此外，古汉语的判断句还有句尾加"也"的（如：……，……也），和用"者、也"的句式（如……者，……也）。如：

① 张骞，汉中人也。（《汉书·张骞传》）译：张骞是汉中郡的人啊。

② 不穀之国家，蠡之国家也。（《国语·越语下》）"不穀"是

越王勾践的自称，意近"不才"。"蠡"：范蠡，越国大夫。译：我的国家，也是您范蠡的国家。

③ 南冥者，天池也。（《庄子·逍遥游》）"冥（míng）"，通"溟"，海。译：南海是个天然的池子。

④ 吴起者，卫人也，好用兵。（《史记·孙子吴起列传》）译：吴起是卫国人，喜欢用兵。

现代汉语的判断词"是"，是在秦汉以后由指示代词发展演变而来的。因此，我们学习古汉语时，注意不要把指示代词"是"误认为判断词"是"。如：

① 吾不能早用子，今急而求子，是寡人之过也。（《左传·僖公三十年》）"是"：指示代词，当"这"讲，是指代"不能早用子"这件事。译：我没有早用您，现在国家有急事才来求您，这是我的过失。

② 今子食我，是逆天帝之命也。（《战国策·楚策》）"是"：指示代词，当"这"讲，指"子食我"这件事。译：（狐狸对老虎说）现在您要吃掉我，这是违背天帝旨意的。

秦以后，"是"作判断词用就开始常见了。如：

① 客舍人不知其是商君也。（《史记·商君列传》）译：门客与亲近的人不知道他是商鞅。

② 余是所嫁妇人之父也。（《论衡·死伪》）译：我是你嫁掉的女人的父亲。

③ 问今是何世，乃不知有汉，无论魏晋。（陶潜（《桃花源记》））译：问现在是什么时代了，竟不知道有汉代，更不用说有魏晋了。

（二）否定判断句

在古代汉语里，否定判断句的主语和谓语之间，必定有个"非"字。如：

① 惠子曰："子非鱼，安知鱼之乐？"庄子曰："子非我，安知我不知鱼之乐？"（《庄子·秋水》）"惠子"：惠施，战国时宋国人，曾做梁惠王的国相。"庄子"：庄周。译：惠子说："您不是鱼，怎

么知道鱼的快乐呢?"庄子说:"您又不是我,怎么知道我不知道鱼的快乐呢?"

② 我心匪石,不可转也。我心匪席,不可卷也。(《诗经·邶风·柏舟》)"匪",同"非"。译:我的心不是(像)可以转动的石头,是不能随俗转移的。我的心不是(像)可以卷起来的席子,是不能任人卷曲的。

第二节 被动句

被动句是表示被动意义的句子。这种句子的主语不是动作行为的发出者,而是动作行为的承受者。这和叙述句中的主动句是不同的。叙述主动句是突出动作的主动者,而被动句则是强调突出行为的被动者。现代汉语被动句常用"被"、"叫"、"让"、"给"等动词来表示被动。古代汉语没有上述各词,但有"于"、"为"、"见"等介词和动词,可以表示被动。如:

(一)在动词后面用介词"于",以引进动作行为的主动者(即主语+动词+介词"于"+名词)如:

① 郤克伤于矢,流血及屦。(《左传·成公二年》)"郤(xì)克":晋国大夫,姓"郤"。"屦(jù)":古代的一种麻鞋。译:郤克被箭射伤了,血流到了鞋上。

② 君子役物,小人役于物。(《荀子·修身》)"役":驾役,支配。译:通达事理的人能支配事物,愚笨的人被事物支配。

③ 善战者致人,而不善战者致于人。(《孙子·虚实》)"致",使。译:善于作战的人能驱使敌人,不善于作战的人被敌人牵着鼻子走。

(二)在主语后面加介词"为"以引进动作行为的主动者(即主语+介词"为"+名词+动词)。如:

① 身客死于秦,为天下笑。(《史记·屈原贾生列传》)译:(楚怀王)自身死在异乡的秦国,被天下的人耻笑。

② 然则今有美尧、舜、鲧、禹、汤、武之道于当今之世者,必为新圣笑矣。(《韩非子·五蠹》)译:那么,如果现在还有人赞美尧、舜、鲧、禹、汤、武的政治主张,并强迫人们照办的人,一定

会被今天新的圣人所讥笑。

③多多益善，何以为我禽？（《史记·淮阴侯列传》）"何以"是介词"以"带前置宾语"何"。"禽"：同"擒"。译：（刘邦说：你不是说士兵）越多越好吗？为什么（现在你）被我抓获了呢？

（三）在动词前面加动词"见"（即主语＋见＋动词）如：

①屈原曰："举世皆浊而我独清，众人皆醉而我独醒，是以见放。"（《楚辞·渔父》）译：屈原说："全社会的人都混浊而我却独自洁净，大家都昏醉而我却独自清醒，因此，（我）被流放"。

②厚者被（一作"为"）戮，薄者见疑。（《韩非子·说难》）译：情节严重的被杀戮，情节轻微的被怀疑。

③先绝齐而后责地，则必见欺于张仪。（《史记·楚世家》）译：（楚怀王）首先与齐国断绝（联盟）关系，然后往秦国索取（六百里）土地，那么一定会被张仪欺骗。

古代汉语还有表示被动的"为……所……"式。如：

①高祖击布时，为流矢所中。（《史记·高祖本纪》）译：汉高祖（刘邦）攻打淮南王黥布时，被飞箭所射中。

②世子申生为骊姬所谮。（《礼记·檀弓上》）"世子"，太子。"申生"，晋献公之子。"骊姬（lí jī）"：春秋骊戎女。晋献公伐骊戎，俘骊戎女归晋，立为夫人。"谮（zèn）"，诬陷，谗毁。译：申生太子被骊姬所诬陷。

③羸兵为人马所蹈籍陷泥中，死者甚众。（《资治通鉴·汉纪·五十七》）"羸（léi）"：瘦弱。译：曹操瘦弱的士兵被人马乱踩乱踏，陷进烂泥里，死亡的人很多。

语法部分参考书：廖振佑《古代汉语特殊语法》等。

第四章　部分词组的古今演变

古代汉语发展演变成今天的现代汉语，不仅语音（包括声母、韵母和声调）、词汇（包括旧词死亡，新词产生和词义演变等）、语序（包括部分动词、介词和它们的宾语；部分定语、状语和它们的

中心语的次序)等起了很大的变化,而且部分词组也发展演变成了合成词。如:

一、所以

"所以"在先秦通常是词组。如《论语·里仁》:子曰:"不患无位,患所以立。"——孔子说:"不发愁没有官职,只担心没有自立的本领。"这句的"以"是"用";"所"是指代用来自立的本领。这句的"所以"是词组,但现代汉语的"所以"是一个连词。如:他能严格要求自己,所以处处表现很好。

二、以为

"以为"在先秦通常是词组。如《论语·季氏》:子曰:"……夫颛臾,昔者先王以为东蒙主。"——孔子说:"……那个颛臾,从前鲁国的先君曾经把他作为在东蒙山祭祀的主祭人。"这句的"以"是"用",后面省略了宾语"他";"为"是"作为"。这句的"以为"是词组;现代汉语的"以为"是一个合成词。如:他以为猜题能得高分,结果后悔莫及。

三、非常

"非常"在先秦通常是词组。如《吕氏春秋·离俗览·举难》:"异哉!之歌者非常人也。"——"奇怪啊!那个唱歌的不是一个平常的人啊。"这句的"非"是"不是";"常"是"平常","非常"是词组。现代汉语的"非常"是一个合成词。如:华侨都非常爱国!

四、虽然

"虽然"在先秦普遍是词组。如《孟子·许行》:"曰:滕君,则诚贤君也,虽然,未闻道也。"——"(陈相)说:滕国的国君,那真是个贤君呀!虽然是这样,但他还不懂得贤君治国的方法。"这句的"虽"是"虽然";"然"是"这样"。"虽然"是词组。现代汉语的"虽然"是一个合成词。如:他虽然年纪不大,但很懂事。

五、然后

"然后"在先秦通常是由两个词组成的词组。如《论语·雍也》：子曰："质胜文则野，文胜质则史。文质彬彬，然后君子。"——孔子说："朴实多于文采，那未免粗野；文采多于朴实，那又未免虚浮。文采和朴实（形式与内容）配合恰当，这样之后才是君子。"这句的"然"是"这样"，"后"是"以后"。所以"然后"是词组。现代汉语的"然后"是一个合成词。如：我们先订计划，收齐资料，然后动笔写文章。

六、可以

"可以"在先秦也通常是一个词组。如：《庄子·秋水》：北海若曰："井蛙不可以语于海者，拘于虚也。"——北海若说："井底之蛙不可以与它谈论大海的原因，是它受住地的拘限。"后面省略了宾语。这句的"可"是"可以"；"以"是"用"或"与"。"可以"是由两个词组成的词组。现代汉语的"可以"是一个合成词。如：你可以看书，也可以运动。

七、以及

"以及"在先秦也是由两个词组成的词组。如《孟子·齐桓晋文之事》："老吾老，以及人之老；幼吾幼，以及人之幼。"——（孟子说）："尊敬我的老人，并把这种尊敬之心加到别人的老人身上；爱护我的小孩，并把这种爱护之心加到别人的小孩身上。"这两个分句中的两个"以"都是"用"或"把"的意思，它们的后面都省略了宾语；两个"及"也都是"加到"的意思。所以"以及"是由两个词组成的词组，可以分开成"以之及"。现代汉语的"以及"是一个不能分开的合成词。如：院子里种着枣树、香椿、石榴、葡萄以及其他丝瓜、扁豆和苋菜。

八、足以

"足以"在古代也是一个词组。如《孟子·齐桓晋文之事》："故推恩足以保四海，不推恩无以保妻子。"——"所以推广恩德足够用它来保住全国，不推广恩德就没有办法保住妻子和儿女。"这句古文的"足"是"足够"；"以"是"用"，后面省略了宾语。所以是由两个词组成的词组。现代汉语的"足以"已经发展演变成了一个不再分开的合成词。如："这些事实足以说明问题。""足以"成了偏义词，"足够"的意思。"以"成了辅助成分，如同"可以"、"得以"、"借以"等词的构词形式。

九、于是

"于是"在古代有些也是由两个词组成的词组。如《孟子·齐桓晋文之事》："王曰：吾不能进于是矣。"——"齐宣王说：我不能进到这个地步了。"这句的"于"是"到"；"是"是"这个地步"。"于是"是"到这个地步"的意思。因此是词组。古代汉语的"于是"也有是合成的现象。如《史记·孙子吴起列传》："齐威王欲将孙膑，膑辞谢曰：'刑余之人不可。'于是乃以田忌为将。"——"齐威王要用孙膑当将，孙膑推辞谢绝说：'受过刑的人不能当将。'于是就用田忌当将。"这句古文中的"于是"，与现代汉语的"于是"一样，是个不能分开解释的合成词了，可见早在汉代的时候，"于是"就由词组发展演变成了合成词。

十、然则

"然则"在古代也是词组。如《韩非子·五蠹》："然则今有美尧、舜、禹、汤、武之道于当今之世者，必为新圣笑矣。"——"既然这样，现在在今天的时代，还有人赞美唐尧、虞舜、夏禹王、商汤王、周武王的治国方法的话，那就一定会被今天的新主所耻笑。"这句古文的"然"是"这样"；"则"是"那就"。"然则"是"既然这样，那就……"的意思。因此"然则"是词组。"然则"这个词组与古代的其他词组不一样，它在古代用得较普遍，但今天很少见流传下来，因此在现代汉语中很难找到。

在古代汉语中是词组，到今天现代汉语中演变成合成词的还有不少。如：必然（一定这样）、不但（不只是）、因为（因而被认为）、明日（第二天）、中国（国家的中心地带）、妻子（妻子和子女）……

古汉语字、词简介

第一章 文　字

从商周甲骨文算起，到现在汉字已有三千四百多年的历史。我国古代丰富的文化遗产，主要是用汉字记录下来的。从总体看，汉字基本上是属于表意文字，字形与字义有密切关系。

汉字的形体结构大致可分为三种：第一种是表义的，即通过字形来体现词的含义。如："羊"、"步"等；第二种是纯表音的，即借用同音字来代表语言中的某一个词。如"我"本义为兵器，"而"本义为胡须；第三种是半表意半表音的，即同时使用表意、表音的两种方法造字，以代替语言中的词。如："唱"、"江"、"河"等，这第三种字叫做形声字。就汉字的构成来说，实际只有表意和形声两大类。形声字虽带有表音成分，但只是一种譬况，还不能确切地表示出该字的读音，而且有时还兼有表意的作用。所以汉字基本上是属于表意体系的文字。

第一节　六　书

"六书"是关于汉字结构类型和运用规律的总结，尽管有其不够完备的地方，但影响非常大，对汉字的研究和教学起到了良好的作用，成为我国传统文字学理论的基本组成部分。下面我们主要根据许慎的说法对"六书"作简单的介绍：

（一）象形

许慎云："象形者，画成其物，随体诘屈，日月是也。"这意思是说，所谓象形，就是把某种物体描摹下来，而笔画（线条）随着物体的形状而弯曲变化，日、月两字就是这样的。许慎的这个解释是很准确的。需要说明的是，文字不同于图画，不能描绘得那样细致逼真，而只能简略勾画出其轮廓或特征。如：

日，金文作 ⊙，象太阳之形。

月，甲骨文作 𐏑。象弦月之形。

牛，甲骨文作 ꭡ，象两角突出的牛头之形。

川，甲骨文作 ⑅，象两岸间流水之形。

州，甲骨文作 ⑆，象水中有陆地之形。

果，甲骨文作 ✹，象树上结有果实之形。

（二）指事

许慎云："指事者，视而可识，察而见意，上下是也。"所谓"视而可识"，是说这种字的字形并不难辨认，一看便知；所谓"察而见意"是说这个字所表示的意义需要体察才能了解，上、下两个字就是这样的，许慎的这个定义是就认字过程来说的。如：上，甲骨文作 ⌒ 或 ⌣，用短的一画放在上面表示"上"的意思。下，甲骨文作 ⌒ 或 ⌢，用短的一画放在下面表示"下"的意思。大，甲骨文作 ✶，用成年人的正面形象来表示"大"的意思。高，甲骨文作 ⍍，用高高的楼阁形状来泛指"高低"的"高"。 ✾，本义为树根。在木（树木）的根部加上一横表示树根。 ✽，本义为树梢。在木（树木）的上部加上一横表示树梢。

(三) 会意

许慎云："会意者，比类合谊，以见指㧑，武信是也。"这意思是说，所谓会意，就是把两个或两个以上的字结合起来，使它们在意义上发生联系，从而显示出这个新字所指的意义，武、信两个字就是这样的。武，用止戈两字组成，意味着制止战争，显示的意义是武德的武。"止戈为武"是春秋以来的一种道德观念，并非"武"字的本义。它是一只脚加一件戈，表示持戈征伐的意思。

信，也是一种道德观念，取人、言会意，是意味着人说话要讲诚信。

析，本义为破木（劈木头）。《诗经·齐风·南山》："析薪如之何？匪（非）斧不克。"即用其义。析，从木从斤（斧）会意。

臭，即"嗅"的本字。犬的嗅觉最灵，故从自（即"鼻"的初文）从犬会意。

炎，《说文》云："火光上也。从重火。"即火上加火。

磊，《说文》云："众石也。从三石。"

以上象形、指事、会意三类字，是不带任何表音成分的纯表意字。表意字的特点是通过字形来表示词的概念。字形越古，形象化程度越高，形与意的关系就越密切。后来由于笔画和结构的变化，很多表意字在字形上已经看不出其表意的特点了。

(四) 形声

许慎云："形声者，以事为名，取譬相成，江河是也。"形声字由意符和声符两部分组成。意符表示意类；声符表示读音。所谓"以事为名"，就是根据为之造字的这个词所表示事物取一个字作为意符。事，指事物、事类。名，即字（古代"字"亦可称"名"）。所谓"取譬相成"，就是找一个读音相近的字作为声符，从而构成一个新字。譬，譬况，即读音相同或相近。如：

江，以水为名，譬其声如工，即从水，工声。"江"和"工"古音相近。

河，以水为名，譬其声如可，即从水，可声。

擒，本作禽，后加"手"旁作"擒"。

婚，本作昏，后加"女"旁作"婚"。

齿，本作凶形似齿，后加"止"字作"齒"，简化为齿。

鼻，"自"本象鼻形，后加"畀"作"鼻"。

许慎说的"形声相益"，主要是指的这类情况。这样又发展到了形以举类，声以标音的形声造字法。形声是最能产的而又是最简便的造字法，人们不仅用它来创制新字，而且也用它来改造旧字，所以在汉字中形声字占着绝对的多数。

(五) 转注

许慎云："转注者，建类一首，同意相受，考老是也。"关于转注，历来争论最多，我们仅依许慎的定义略作解释。所谓"建类一首"，就是为同一类属的字建立一个部首。类，指字类，首，指部首。如：老、考同属"老"部。所谓"同意相受"，就是两个转注字之间意义相同，可以彼此授受，互相训释。意义也能互训，即老，考也；考，老也。刊、剟（chuò）——刊，剟同属"刀"部。刊，剟也。从刀，干声；剟，刊也。从刀，叕声。

到、臻——到、臻同属"至"部。到，至也。从至，刀声；臻，至也。从至，秦声。

遭、遇——遭，遇也。从辵，曹声；遇，逢也，从辵，禺声。有些部首意义相通，也应视为转注。如：

问、讯——问，讯也。从口，门声；讯，问也。从言，凡声。转注与汉字的内部结构无关，因而不是造字之法。

(六) 假借

许慎云："假借者，本无其字，依声托事，令、长是也。"这意思是说，语言中有某个词，但当没有造专字来代表它，于是就依照那个词的读音找一个同音字来寄托那个词所表示的事物，令、长两字就是这样。许慎的定义是正确的，只是举例失当。在许慎看来，"令"的本义是发号，又可用作县令的令；"长"的本义是久远，而又可用作县长的长，这就是假借。实际上这是词义的引申，不是文字的假借。

来，本是"麦子"，语言中有"来"无字，于是就借"麦"代表来去的"来"。

求。本义是"皮衣"，语言中有"请求"的"求"而没有字，于是就借本来作"皮衣"讲的"求"来代替。

县，本义是"悬挂"，而语言中出现了"郡县"，于是就假借作"悬"讲的"县"来代替"郡县"的"县"。

第二节　古今字、异体字、通假字

一、古今字

"古今字"是个传统的训诂学术语，指称的内容比较广泛，往往因人而异，因时而异。我们这里所说的古今字、有区别作用的、形体不同的字，即古今区别字。古和今是相对而言的，没有绝对的时代标准。先产生的叫古字，后产生的叫今字。古字和今字不仅产生的时代不同，而且词的意义和用法，也不完全相同。如：

子为正卿，亡不越竟，反不讨贼，非子而谁？（《左传·宣公二年》）学而时习之，不亦说乎？（《论语．学而》）

以上两句中，"竟"，后来写作"境"；"反"，后来写作"返"；"说"，后来写作"悦"。"竟"有完毕、究竟、竟然、边境等意义，后起的"境"只有边境的意思。在边境这个意义上"竟"与"境"是古今字的关系。"反"与"返"、"说"与"悦"情况同此。下面列举几组古今字：

为了区别本义与假借义而加注或更换意符，从而形成古今字的。如：

禽——擒　　　采——彩　　　田——畋
戚——慼　　　適——嫡　　　说——悦

为了区别本义与引申义而加注或更换意符，从而形成古今字的。如：

昏——婚　　　取——娶　　　中——仲
内——纳　　　敛——殓　　　赴——讣

本义被他义所夺，为了明确这个字的本义而加注意符，从而形成古今字的。如：
益——溢　　　莫——暮　　　然——燃
正——征　　　须——鬚　　　其——箕

古今字还有：景——影；亨——烹；队——坠；田——畋；或——惑；曾——增；贾——價；风——讽；共——供（拱）；要——腰；匈——胸；畜——蓄；辟——避（闢僻嬖譬）；奉——捧（俸）；敖——遨（傲熬噈）；雕——彫；彫——凋；式——轼；支——枝；县——悬等等。

二、异体字

异体字是指音、义完全相同而只是形体不同的字，也就是一个字有两种或两种以上的写法。异体字在任何情况下都可以互相代替，但人们习惯把常用的词叫正体字（如：唇、暖），把不太常用的词叫异体字（如：脣，煖）。

异体字是汉字在发展和使用过程中所产生的一种历史现象。一九五五年公布了《第一批异体字整理表》，确定了正体字，废除了一批异体字，我们要认识古书中的异体字，但不要书写异体字。

异体字的构成，大致有以下几种：

1. 形声字的意符不同。如：

杯盃　　欤嘆　　瓶缾　　睹覩　　辉暉　　窥闚
侄姪　　鸡雞

2. 形声字的声符不同。如：

蚓螾　　猿猨　　馈餽　　洩泄　　绣繡　　线線
娘孃　　仙僊

3. 偏旁位置不同。如：

鹅䳘　　和咊　　秋秌　　概槩　　期朞　　惭慙
阔濶　　雜襍

4. 造字方法不同。如：

圈囷（象形与形声的不同）

岳嶽（会意与形声的不同）

5. 意符与声符均不同。如：

剩賸（"剩"从刀乘声，"賸"从贝朕声）
诉愬（"诉"从言斥声，"愬"从心朔声）
6. 繁体与简体的不同。如：
礼　禮礼　壽寿　與与　蟲虫　興兴　對对
親亲　戰战　聲声　讀读

异体字与古今字虽然同属字形的问题，但二者又有着明显的区别。这种区别不在于时代的古今，主要是看词义。如果两字在音、义上完全相等，那就是异体字；如果两字意义不完全相同，那就是古今字。

下面再列举一些异体字. 如：

俛——俯　唅——唸　徧——遍　竢——俟
筦——管　筴——策　齩——咬　跠——踞
檝——楫　蹯——蹸　遡——遁　竝——並
窀——阩　歠——啜　饟——饷　揜——掩
儁——俊　懽——歡

三、通假字

文字通假是指音同音近而意不同的字假借和通用。如甲乙两字读音相同或相近而意义不同，它们本来是分别代表语言中的两个词，可是古人往往借用甲字来代表乙字，这样甲字就与乙字通用。对乙字来说，那个被借用的甲字就是通假字。甲字被借用后便兼有乙字的意义，从词汇的角度来说，这个兼有的意义就是假借义。如："畔"本义是"田界"，当借用作"叛"时，"畔"是"叛"的通假字，这时"畔"所兼有的"背叛"义就是假借义。

文字通假与"六书"中的假借是不同的。假借是本无其字，故用已有的同音字代替它。而通假是本有其字，再增添假借义。两者都是同音代替，原则是一样的，但实情不同，不能混为一谈。

古音同音通假，今音不一定相同。如：

"归"通假作"馈"　"有"通假作"域"　"锡"通假作"赐"

下面列举一些通假字。如：

壶通假作瓠	罢通假作疲	夕通假作亦
矢 " " 誓	请 " " 清	逢 " " 蜂
戮 " " 勠	矢 " " 兕	地 " " 蛇
瘠 " " 悟	剥 " " 攴	逝 " " 誓
时 " " 是	辩 " " 变	离 " " 罹
辁 " " 燦	慢 " " 漫	麋 " " 眉
彊 " " 强	信 " " 伸	错 " " 措
得通假作德	蚤通假作早	徇通假作殉
指 " " 恉	要 " " 邀	载 " " 戴
袴 " " 胯	燕 " " 宴	阳 " " 佯
趣 " " 促	鄂 " " 愕	惠 " " 慧
锋 " " 蜂	蕲 " " 祈	

以上文字部分摘引自人民大学中文系编的《古代汉语》上册，略有删改。

第二章 词汇简介

第一节 词义演变

词汇是语言三要素中发展变化最快的一部分。词汇的发展除了旧词消亡、新词产生的情况外，还表现为词义的不断演变。关于古今词义的异同，概括起来有三种情况：

（一）古今词义基本不变。如"马、牛、羊、山、水、日、月、人、手"等。这类词数量不多，却是汉语的基本词汇。正是由于这些词的意义在长时间的历史过程中基本没有发生变化，因而同发展缓慢的语法结构一起，保证了汉语的稳定性，也体现了古今汉语之间的继承关系。

（二）古今词义完全不同。这些词的形体古今一致，但词的意义迥然不同。如：

绸：古代是"缠绕"的意思。《楚辞·九歌·湘君》："薜荔拍（一作柏）兮蕙绸。"王逸注："绸，缚束也。"现在用于丝绸义，成语有"未雨绸缪"也已是"缠绕"的引申义了。

该：古代的常用意义是"完备"。如：《楚辞·招魂》："招具该备，永啸呼些。"王逸注："该，亦备也。言撰设甘美招魂之具，靡不毕备，故长啸大呼以招君也。"现代汉语"该"是"应当"的意思。但"言简意赅"的"赅"还保存"完备"的本义，但字形有所不同。

（三）古今词义既有联系，又有差别。这种有同有异的差异部分，最容易被人忽视，人们往往以为懂了，结果是用今义替代了古义，常常是一知半解，似懂非懂。所以学习这类有同有异的词，难处不在同，而在异；不在完全相异，而在同中有异。

下面着重将同中有异的词分为两类，分别举例说明。

一、词义范围的差异

有些词的意义范围古今不同。如：

菜：在古代专指蔬菜，不包括肉类、蛋类等在内。《说文》："菜，草之可食者。"这是"菜"的古义。现在说"办了一桌菜"。这个"菜"就包括蔬菜和肉类、蛋类等。"菜"的意义扩大了。

睡：在古代专指坐着打瞌睡。《说文》："睡，坐寐也。"《史记·商君列传》："孝公既见卫鞅，语事良久，孝公时时睡，弗听。"这里的"睡"就是"坐寐"的意思。现代汉语不管是坐着睡还是躺下睡都叫做"睡"，"睡"的词义也扩大了。

词义扩大是词义发展的重要途径，它的特点是今义大于古义，古义包括在今义之中。也有些词古义范围大于今义，也即是今义范围缩小了。如：

宫：上古泛指房屋。《诗经·豳风·七月》："上入执宫功。"《墨子·节用中》："古者人之始生，未有宫室之时，因陵丘堀穴而处焉。"上面例句中的两个"宫"字，前者指王宫；后者指普通人的住房。秦汉以后，一般民房就不能称之为"宫"了。只有"阿房宫"，"未央宫"、"广寒宫"等。

瓦：古代指纺锤。《诗经·小雅·斯干》："乃生女子，……载弄之瓦。"这个"瓦"是一种原始纺锤。又《楚辞·卜居》："黄钟毁弃，瓦釜雷鸣。"这里"瓦釜"就是"瓦锅"。许慎在《说文》中说："瓦，土器已烧之总名。"大概相当于现在的陶器。而"瓦"现在只作盖房顶用的一种建筑材料了。

汤：古义是"热水"。《孟子·告子上》："冬日则饮汤，夏日则饮水。"又《楚辞·九歌·云中君》："浴兰汤兮沐芳。""汤"的今义则是"菜汤"、"米汤"等，作为"热水"的意义在普通话中已经不存在了，只有在"赴汤蹈火"这个成语中还保存着。

二、词义感情色彩的差异

有些词的古今意义不同，不仅表现为词义范围的变化，而且在感情色彩上也有明显的差别。有的是褒贬意义的不同；有的是词义轻重的不同。如："复辟"、"爪牙"古代都是褒义词，现在是贬义词。

《明史·王骥传》："石亨、徐有贞等奉英宗复辟。"这里的"复辟"是指恢复君位，是褒义词。

韩愈《与凤翔邢尚书书》："今阁下为王爪牙，为国藩垣。"这里的"爪牙"是得力帮手的意思，也是褒义词。

又如："锻炼"古代是贬义词，现在是褒义词。在古代除有"冶炼"的意义外，还有玩弄法律对人进行诬陷的意思。如：

《汉书·路温舒传》："则锻炼而周纳之。"

《后汉书·韦彪传》："锻炼之吏，持心近薄。"注："锻炼，犹成孰（熟）也。言深文之吏，入人之罪，犹工冶铸陶锻炼，使之成熟也。"在现代汉语中，"锻炼"完全是褒义。如：劳动锻炼、思想锻炼、锻炼身体。

还有一些词，在古代无所谓褒贬，后来变成了贬义。如："谤"，《史记·夏本纪》："女无面谀，退而谤予。"（你不要当面说我好，背后又批评议论我。）古代的"谤"多指下级臣民背后批评议论上级，不是今天"诽谤"的意思，所以《战国策·齐策一》："群臣吏民……能谤议于市朝，闻寡人之耳者，受下赏。"这里的"谤讥"虽不如"面刺"能得到齐威王的上赏,但还能得到下等赏奖,说明"谤讥"没有贬义。

从词义的轻重看,有些词的古义轻,今义重。如:"诛"。《论语·公冶长》:"于予与何诛?"(对宰予么,值不得责备呀!)成语中还有"口诛笔伐"。这里的两个"诛"都是"责备"的意思。但今天"诛"是"杀戮"的意思,词义重多了。

与此相反的情况是古义重,今义轻。如:"感激"。《异苑》卷五:"正月十五日,感激而死"。这里的"感激"是"愤激"的意思,故可以愤怒和激动致死。今天的"感激"是"感谢"的意思,词义轻多了。

(三)词的本义和引申义

所谓词的本义,就是词的本来意义,但不一定都是原始意义。这是因为汉语历史悠久,而汉字从甲骨文起,不过是三千多年的历史。汉字是表意文字,它的形体结构和意义有密切的关系,特别是甲骨文、金文和篆文,比起楷书来,离造字时代要近一些,象形特点要明显一些,这为我们分析词的本义提供了条件。任何一种语言的词,不可能只有本义。相反,一词多义的现象是很普遍的。古代汉语也不例外。这就要谈词的本义和引申义了。下面我们非常简要地举几个例词。先看直接引申。如:

"日"字本义是"太阳"。后来人们依照太阳升降一次为一天,就直接引申出"天"、"日子"的意思了。

"月"字本义是"月亮"。人们根据月亮运行的明晦圆缺这种周期现象,把由朔(阴历初一)到晦(阴历月终)称为一月。

"城"的本义是"城墙"。后来由"城墙"直接引申出"城市"的意思。

此外,还有间接引申,即引申再引申。如:"朝"(zhāo)的本义是"早晨"(《说文解字》:"朝,旦也")。古代早晨朝(cháo)拜天子,故又引申为"朝见",又由"朝见"引申出"朝廷"、"朝代"等。

"任"的本义是"抱"、"担"。由担东西直接引申为两组意思:第一组指所担的东西,即担子,由担子又引申为责任、任务,由责任又引申为委任、任用,再引申为听凭。第二组,担当的意思。旧注常见的有"任:当也"、"堪也"、"胜也"、"能也。"由担当引申为担保，由担保再引申为信任。

"解"的本义第一义是解牛，直接引申出第二义是解体，再引申为开放。由解牛又引申出第三义是解结，再由解结引申出解脱、解说、晓悟、见解、和解。

词义引申是一种很复杂的现象，但如果充分占有材料，还是有规律可循的。词义引申是客观事物不断发展，人类抽象思维日益发达的反映。从本义与引申义所表示的内容看，由具体到抽象，由个别到一般，是本义发展为各种引申义的基本方式。

第二节　词义分析简例

词汇部分我们着重介绍词的含义，所以这一节我们仍重点讲词义问题。下面简介一部分词的本义和引申义：

一、"布"的本义只指麻布，后来引申为用棉麻等织物的通称。"布衣"指庶人、平民。后代又以指称未中功名的士人。在没有货币的时代，古人以物易物，又以布作交换的媒介，那就是布币，布是可以铺开的，所以又引申出陈列、展开的意思。展开又引申出宣布、公布的意思。

二、"裁"的本义是裁衣。后来词义扩大，产生剪裁、删减的意思，故说裁员、裁军。后又引申为裁断、判决。又作制裁、制服，故说自裁。

三、"道"的本义是路。后引申为水流通行的途径。后又引申为表示完成某一行动或达到某一目的的方法、途径。又引申为规律、道理。由道理、规律再引申出两个意义，一是封建社会所谓的好的政治主张；一是学术或宗教的思想体系，即"思想"、"学说"。"道"字还有"引导"和"述说"的意思。

四、"奉"的本义是"捧"（"捧"字是后起的）引申为"进献"，又引申为"送"。后引申为"给与"。由进献又引申为供养，再引申为名词俸禄。由捧的意义又引申为遵守，又再引申为尊奉，又再引申为奉读、奉陪等。

五、"好"的本义是貌美，特指女子的美。引申指一般事物的漂亮。后又引申为良好、佳。后又引申为动词，喜欢、爱好

(hào)。后又再引申为和好、友爱。

六、"脚"的本义是小腿。《说文》："脚，胫也。"胫即小腿。"膑脚"就是剔去膝盖骨。中古以后，"脚"的词义引申转移指踝骨以下部分，并在口语中逐渐代替"足"了。后又引申为物体的最下部，山脚、桌子脚。

七、"节"的本义是竹节。引申为木节，又引申为动物的骨节、关节。也指音乐的节拍、节奏。还指时间的季节、节气。进一步再用于抽象的事物。一是指法度（礼法方面的约束）；二是指节操。竹节又引申为束缚、节制、节约、节省、节俭。

"节"还有符节的意思。古代君主给使臣的一种权力的象征，使臣凭此可以节制诸事。

八、"将"的较早含义是扶、扶助。又为扶送、护送。引申为奉。奉养、带着。后又引申为持、拿着。"带着"的意义用于军事，就引申为领、率领。用于名词，又引申为将领、将帅。后来这种名词"将"读去声。

"将"作虚词，主要有三种用法：（一）用作副词：将要、快要。引申为将近；（二）用作连词：抑、且、又、与、共；（三）用作介词：把。

九、"金"本是金属的总称。故有"五金"之称，又特指铜。"金"在古代又引作货币，引申为钱，故称现金、助学金。在古代又作货币单位。秦以前以金一镒（二十两）为一金；汉代以金一斤为一金；近代以银为货币，又以银一两为一金。

十、"居"的本义是蹲坐，故后来写作踞。"居"假借为凥，它的常用意义是居住。由居住又引申为名词，即居住的地方，如：故居、新居，由居住还引申为处在，停留、积聚、囤积。"居"又有表时间的意思，如：平常、平时。又引申为过了一些时候。

"居"又假借为句尾语气词，表疑问，读（jī）。《左传·襄公二十三年》："谁居？其孟椒乎？"杜注："居，犹与（欤）也。"

十一、"狂"本指狗发疯。引申为指人的精神失常，又指一般生物失常态。由于疯狂状态失常，又引申为猛烈的、声势浩大的、超出常态的，后又引申为放荡、任性、不受拘束。再引申为轻狂，浮夸，虚妄。

十二、"理"的本义是治玉，即顺着玉的纹理把玉从石中剖出来。引申为治理别的东西，如：理丝、理水。又引申为天下太平，如：理乱相承。"理"又有决狱的意思，引申为决狱的官吏（法官）。

"理"又引申为纹理、再引申为抽象的条理。再引申为道理。由条理又引申为通顺、通达。

十三、"慢"的本义是懒惰。引申为轻慢、不重视、不恭敬。又引申为简慢、疏略。又再引申为缓慢。

十四、"钱"，铫（yáo）也，古田器，大锄，本是一种农具，上古时曾以农具作为交换的媒介物，所以早期曾仿照钱这种农具制作货币，后来"钱"就成了货币的通称。引申泛指金钱、钱财。

"钱"又用作重量单位，是一两的十分之一。

十五、"禽"，本指狩猎的对象。引申为鸟兽的总名。后来词义缩小，"禽"一般只指鸟类。《尔雅·释鸟》："二足而羽谓之禽，四足而毛谓之兽。"

"禽"又用作动词，捕捉、逮捕。作这个意义讲的"禽"，后来写作"擒"。

十六、"时"的本义指天时。引申为四时、时节。又特指历法。由天时还引申为时候、时常、经常。又引申为有时。由时候又引申为较抽象的意义，如：时机、时宜。用作形容词表示合时宜的。如：时雨、时装。由时候还引申为泛指时代、时世、时期。

"时"假借为伺、伺候、探听。还假借为"是"。《书经·汤誓》："时日曷丧，予及汝偕亡。"集传："时，是也。"（是：这、这个）

十七、"寺"的本义是官署（即衙门）。引申为官府名。汉代九卿主管的机构都叫"寺"。东汉明帝时佛教传入中国，修白马寺为其住处，以后"寺"就有了"佛寺"的意义。

"寺"又假借为"侍"。用作名词，指侍候君主的小臣。后来称寺人，特指宦官。

十八、"亡"的本义是逃亡、逃跑。由逃亡引申为失掉。再引申为灭亡、消亡。中古以后又引申为死亡。

"亡"假借为"无",读(wú)。如:《论语·颜渊》:"人皆有兄弟,我独亡。"《列子·汤问》:"河曲智叟亡以应。"

十九、"相"的本义是仔细看、察看。《左传·隐公十一年》:"相时而动。"引申为辨察人的形体容色,以判断他的将来。《荀子·非相》:"故相形不如论心。""相"的另一个意义是助、扶助。又作名词,扶助盲人的人。《论语·季氏》:"危而不持,颠而不扶,则焉用彼相矣。"又特指扶助君主。《论语.宪问》:"管仲相桓公。"又作名词,指扶助君主的人,如:国相、宰相。

"相"的扶助义虚化成为副词,互相,读(xiāng)。再引申为共同。《孟子·离娄下》:"相泣于中庭。""相"字还可以指代第一、二、三、人称。如:指代第一身(我、我们)《孔雀东南飞》:"便可白公姥,及时相遣归";指代第二身(你、你们)《三国演义·官渡之战》:"吾以诚相投而公见欺如是,岂吾所望哉?"指代第三身(他、他们)《列子·汤问》:"吾与汝毕力平险,指通豫南,达于汉阴,可乎?杂然相许。"

二十、"子"的本义是孩儿、小孩。《诗经.小雅·斯干》"乃生男子。"又"乃生女子。"这里"子"都是"孩儿"的意思。古代"子"最早不分男女。如:《诗经·周南·桃夭》:"之子于归,宜其室家。"(那个女孩出嫁,会顺应丈夫全家)又《战国策·赵策》:"丈夫亦爱怜其少子乎?(男子汉也痛爱他的小儿子吗?)后来词义扩大,引申为指禽兽虫鱼的初生者。《论衡·奇怪篇》:"兔吮毫不怀子,及其子生,从口而出。"《后汉书·班超传》:"不入虎穴,焉得虎子。""子"由"孩儿"引申为一切植物的种子。如:花籽、菜籽。

"子"在先秦有个很常用的意义,即对男子的尊称。《左传·僖公三十年》:"吾不能早用子,今急而求子,是寡人之过也。"这个表示尊称的"子"是名词,而不是代词,所以它的前面可加姓氏、谥号或数词,如:孔子、孟子、赵宣子、韩献子、三子、五子。在《论语》、《孟子》等著作里,"子"常常专指孔子。

"子"还指圆形小东西。如:眸子、黑子。后来再虚化成名词词尾。如:帽子、扣子。

这类词义分析的例字很多,限于篇幅,暂简介到这里。

第三节　同义词和同源词（各一组）

一、同义词（一组：哭、泣、号、啼）

"哭"在上古是有声地哭。《说文》："哭，哀声也。"《论语·述而》："子于是日哭，则不歌。"

"泣"是无声地哭，流泪。《战国策·赵策·触龙说赵太后》："持其踵为之泣。"上古有声的哭也可叫泣。如：《尚书·益稷》："启呱呱而泣。"但后代不用这个意思。"泣"还可指"眼泪"，《史记·项羽本纪》："项羽泣数行下。"这是"哭"所没有的意思。

"号"（háo）是带言词的哭、哭中带有呼号和诉说。《庄子·养生主》："老聃死，秦失吊之，三号而出。"

"啼"是放声哭，发出的悲痛声比哭声大。《庄子·天运》：有弟而兄啼。"啼"还可以指动物的鸣叫。《左传·庄公八年》："豕人立而啼。"范仲淹《岳阳楼记》："虎啸猿啼。"

上古这四个字是有区别的，后代"哭"和"啼"的区别已经含混，可以互相替换，也常连用为"啼哭。"

二、同源词（一组：枯、涸、竭、渴）

所谓同源词是同一语源，后来分化成若干意义相关而不完全相同的词。由于语言的发展，这些词的读音和字形也随着变化，变得读音不同，字形和意义都很难辨认。但只要深入分析探索，还可以找着它们的联系，这样我们所看到的词，就不是一个一个孤立的，而是一组一组的同源词。确立同源词必须具备三个条件：（一）这些词的读音必须是相通的（指韵母属于同一韵部或是对转，即主要元音相同，韵尾有对应关系），声母是双声或发音部位相同。（二）这些词的意义相同、相近或相关。（三）有古代训诂资料或字形为证；证明它们出自同一语源。下面我们选一组照录如下：

"枯"是干枯。《说文》："枯，槁也。"《庄子·外物》："曾不如早索我于枯鱼之肆。"

"涸"是水干。《说文》："涸，渴也。"《庄子·大宗师》："泉涸，鱼相与处于陆。""枯"是溪母，鱼部；"涸"是匣母、铎部。铎部和鱼部同类，可以对转；溪母和匣母同属喉牙音。

"竭"也是水干。《国语·周语》："伊洛竭而夏亡。"注："竭，涸也。"这个意义还保留在成语"竭泽而渔"中。

"渴"也是水干，原是"竭"的本字。《说文》："渴，尽也。"段注："渴竭古今字，古水竭多用渴，今则用渴为㵣字矣。"由此引申为口中无水而欲饮，即"饥渴"的"渴"，《说文》作"㵣。"

"竭"、"渴"都是月部字。"渴"是溪母，"竭"是群母，同属牙音。

这组同源字声都是喉牙音，韵部有的是鱼部，有的是铎部，有的是月部，在上古主元音相同，都是 [a]。声音可以相通，意义也都与"干枯"、"竭尽"相关。只是谐声偏旁"古"和"曷"与它们的意义没有关系。

附一：天干、地支、六甲和农历一年中的二十四个节气

一、十天干：甲乙丙丁戊己庚辛壬癸。

二、十二地支：子丑寅卯辰巳午未申酉戌亥。

三、六甲（十天干与十二地支配合）：

甲子	乙丑	丙寅	丁卯	戊辰	己巳	庚午	辛未	壬申	癸酉	甲戌	乙亥
丙子	丁丑	戊寅	己卯	庚辰	辛巳	壬午	癸未	甲申	乙酉	丙戌	丁亥
戊子	己丑	庚寅	辛卯	壬辰	癸巳	甲午	乙未	丙申	丁酉	戊戌	己亥
庚子	辛丑	壬寅	癸卯	甲辰	乙巳	丙午	丁未	戊申	己酉	庚戌	辛亥
壬子	癸丑	甲寅	乙卯	丙辰	丁巳	戊午	己未	庚申	辛酉	壬戌	癸亥

四、农历一年中的二十四个节气：

正月立春、雨水；二月惊蛰、春分；三月清明、谷雨；

四月立夏、小满；五月芒种、夏至；六月小暑、大暑；

七月立秋、处暑；八月白露、秋分；九月寒露、霜降；

十月立冬、小雪；十一月大雪、冬至；十二月小寒、大寒。

附二：关于几个地图的说明

一、《尚书·禹贡》的上古九州分别是雍、冀、兖、青、徐、豫、梁、荆、扬。只有荆州和扬州在长江以南。

二、《诗经》十五国风分别是周南、召南、邶风、鄘风、卫风、王风、郑风、齐风、魏风、唐风、秦风、陈风、桧风、曹风、豳风；二雅（小雅、大雅）；三颂：依时间早晚分别是周颂、鲁颂、商颂，均出现在黄河沿岸。

三、在周王朝的统一领导下，春秋十二主要诸侯国分别是：秦、晋、卫、燕、齐、鲁、曹、宋、陈、蔡、郑、楚。只有楚国在长江南北，其余都在淮河以北的黄河沿岸。

四、在周王朝的统一领导下的战国七雄分别是：秦、楚、齐、燕、赵、魏、韩，其中秦国军力最强；楚国地域最大；齐国经济最富。春秋时期的晋国，到战国时期分化成为赵、魏、韩三国（即赵魏韩三家分晋）。

五、张骞两次通西域的路线：第一次是从长安到大宛→康居→大月氏→大夏，然后沿昆仑山往东，异路回长安；第二次是从长安往西往北直达乌孙，然后派遣副使分别从乌孙往大宛、康居、大月氏、大夏之后，张骞自己原路回长安。

附三：中国历史朝代简表

原始社会 ┌ 旧石器时代（约前 300 万年—前 1 万年）
　　　　 └ 新石器时代（约前 1 万—前 4 千年）

五帝：黄帝、颛顼、帝喾、唐尧、虞舜（约前 26—前 21 世纪）

奴隶社会
- 夏：（约前 21—前 16 世纪）
- 商：（约前 16—前 11 世纪）
- 周：
  - 西周（前 1100—前 770 年）
  - 东周
    - 春秋（前 770—前 476 年）
    - 战国（前 475—前 221 年）

封建社会
- 秦：（前 221—前 207 年）
- 汉：西汉 ——→（新）——→ 东汉 ——→
　　　（前 206—8 年）（9—25 年）　（25—220 年）
- 三国：（魏、蜀、吴）（220——→265 年）
- 晋：西晋（265——→316 年），东晋（317——→420 年）
- 南北朝：（420——→589 年）南朝（宋、齐、梁、陈）；
　　　　　　　　　　　　　北朝（北魏、东魏、西魏、北齐、北周）
- 隋：（581——→618 年）
- 唐：（618——→907 年）
- 五代：（907——→960 年）：后梁唐晋汉周；十国：吴越、吴、蜀、荆南（南平）、南汉、闽、辽耶律（契丹）、南诏、渤海、于阗。
- 宋：（960——→1279 年）北宋（辽）；南宋（金）。
- 元：（1271——→1368 年）
- 明：（1368——→1644 年）
- 清：（1644——→1911 年）

半封建半殖民地社会：中华民国：1911 年成立（1949 年迁居台湾省）（1912——→1949 年）

社会主义社会：中华人民共和国：1949 年成立。

注：此表依《中国历史年代简表》和《辞海》缩印本，有删改。

后　记

　　经过十余年的修改，补充和等待，这本《民族院校古汉语读本》在有关领导的关怀与支持下，终于要和读者见面了，我真有说不出的高兴和感激！饮水思源，首先要感激我的老师和学长：他们主要有我的私塾老师曹毓嵩舅父、北京大学中文系王力先生、郭锡良教授、唐作藩教授、中国社会科学院语言所杨耐思教授和我校张养吾副院长等等，他们在古汉语和汉语史的学习方面，都对我有过很多的帮助和鼓励，我的成长与他们的谆谆教导是分不开的！

　　前书得到了陈贻焮先生和张克武教授分别用行书和隶书题写书名，非常美观；本书初稿刚写完，又得到了丁宏高教授用大篆、小篆、隶书、草书、行书、楷书和简化字为本书题写书名，给本书增添了光彩。

　　就用途而言，本书是直接为教学服务的，为教师讲授、为同学学习和广大古文爱好者自学古汉语提供了便利的条件。因此很快得到了我校领导的重视和支持。如：文日焕院长见到书稿连声称赞，立即表示"要设法出版"。戴庆厦院长更是没有让我多说，就指出"本书对学生学习有利，走出版补贴之路"。我校出版社莫福山总编更是热情洋溢地接受了出版本书的任务。由于古代汉语不仅语言深奥，而且存在大量现代很少用的生僻文字，录入排版十分困难，虽然录入的同志十分认真，但还出现不少差错，校对工作十分棘手，张永祥教授带病帮助，我们都想把一切错误改正在出版之前，然而，我们都已年迈，视力模糊，心有余而力不足！幸亏小儿子张燕斌主动参战，十分仔细地校对，帮助改正了大批错误，尤其是责任编辑戴苏芽同志不辞劳苦，一再审改，十分认真地帮助改正了无数错误。此后又有幸得到了我的老同事、古汉语专家车如舜教授的审稿，他在通读清样的基础上，对全书的体例编排、引证论述、注释讲解和注音标点等方面，均提了很多宝贵的意见，提高了本书的质量。

最后，由出版社质量把关的领导同志审阅，领导对本书十分关心和重视，把书名由原来的《少数民族学习古汉语》改成《民族院校古汉语读本》。这大大提高了本书的地位和价值，要求再次审改。我们四处求教，又十分幸运地得到了大批专家、教授的热情帮助。（下面以时间先后为序）首先得到了北京大学中文系唐作藩教授的热情支持，唐先生不辞劳苦，不仅修改了《序》，而且十分认真负责地为全书把关，并重点审改了古汉语常识部分；其次又得到了中国社会科学院语言研究所杨耐思教授的热情支持，他带病认真负责审改了本书的韵文部分；最后，散文部分有八篇反映我国古代少数民族活动情况的《传》，都是新增加的，十分棘手，然而，它们都是应同事的要求增加的，必须克服一切困难，尽量改好它！这又十分幸运地得到了有关教授的热情支持，可谓有求必应，个个都认真负责审改了有关部分。如：朝鲜族专家崔宰宇教授负责审改了《朝鲜传》，并提供了朝鲜历史年表和古代朝鲜地图等；壮族专家梁庭望教授负责审改了《两粤传》及其地图等；彝族专家朱文旭教授负责审改了《西南夷传》并提供了西南夷地图；藏学专家剧宗林教授负责审改了《吐蕃传》；苗学专家张永祥教授负责审改了《南蛮传》并力图帮助复审全书；蒙古族专家佟德富教授在审阅《匈奴传》时重点指正了"白狼"、"白鹿"是指信奉白狼、白鹿图腾的部落等问题；最后，突厥学专家张铁山教授也十分热情帮助提供了关于《西域传》和《张骞传》的历史地图等；李桂芝教授提供了《汉书》和《唐书》等资料；郭毅生教授把宝贵的谭其骧先生主编的《中国历史地图集》借给我们使用；最后李绍尼教授还送来西南夷地图等等。总之，上面这些老专家教授个个都很热情在百忙中不辞劳苦，有的还带病认真负责地为本书作出了宝贵的指正，使我很感动、很受教育和启发。此外，还有胡男学士和唐嘉祥等都为本书出了力，特别是出版社负责录入排版的同志认真负责、精益求精、不怕麻烦、一再改录，为本书出了大力！如果本书真能对各民族同学学习有些帮助，那首先要感谢上述专家教授等的辛勤劳动。因此特在此向上述所有的领导、老师、同事和一切关心本书、为本书出了力的同志致以崇高的敬礼并表示衷心地感谢！

作者
2010 年 6 月 20 日